CSSCI 来源集刊

語言學論叢

ESSAYS ON LINGUISTICS

（第六十三辑）

北京大学中国语言学研究中心
《语言学论丛》编委会编

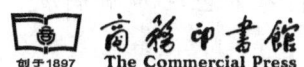
商务印书馆
创于1897 The Commercial Press

《语言学论丛》编委会

主　编：王洪君
副主编：陈保亚　郭　锐

编　委（按姓氏音序排列）：
　　贝罗贝　丁邦新　郭锡良　何九盈　何莫邪　江蓝生
　　蒋绍愚　鲁国尧　陆俭明　梅祖麟　平山久雄　裘锡圭
　　唐作藩　王福堂　王士元　余霭芹　郑锦全　朱庆之
　　邹嘉彦

编辑部成员（按姓氏音序排列）：
　　陈保亚　董秀芳　郭　锐　胡敕瑞　孔江平　林幼菁
　　宋亚云（副主任）　孙玉文　汪　锋（主任）　袁毓林
　　詹卫东　朱　彦

本辑执行编辑：胡敕瑞
编 辑 助 理：向筱路　汪静之

《语言学论丛》实行双向匿名审稿制度

目　录

从节律到韵律

　　——三种生成音系学理论评介 ……………… 周　韧（1）

先秦汉语无介词的旁格述宾式 ………………………… 苏　婧（40）

嘉戎语组语言动词的分类

　　——以绰斯甲（拉坞戎）语为例 …………… 赖云帆（68）

闽东区方言中表示｛屁股｝的词语 ……………… 秋谷裕幸（96）

汉语"屁股"义词的共时分布与历时

　　演变 …………………………… 张爱云　徐　建（116）

19世纪以来潮州方言的中性问句

　　——兼论句末词"咩"的来源 ………………… 黄燕旋（136）

《二十三母土音表》及其反映的200年前的

　　宁波方音 ………………………………………… 张　凯（154）

《西番译语》（川五）所记尔苏语方言考

　　——兼谈确定译语所记语言和方言的方法 …… 王　振（172）

基于修正标准分规整法的温州话阴声韵动态

　　特征研究 ………………………………………… 凌　锋（193）

嗓音发声类型的生理物理基础及其语言学价值 …… 刘　文（204）

从《切韵序》《音辞篇》看陆法言、颜之推的

　　"正音"观 ……………………………………… 侍建国（234）

论段玉裁的"上入声多转而为去声,平声多转为仄声"
——兼论声调源于韵尾假说 ………… 刘鸿雁 马毛朋(257)

"不"字入声读音考 ………………………………… 余 忠(282)
汉语语气词"罢了"源流探究 …………………… 张俊阁(304)
试论《毛诗笺》文意训释的语义构成 …………… 白 如(327)
"二反"语义探源 …………………… 魏启君 王闰吉(347)
试析战国竹书中的"貌"字 ……………………… 贾连翔(356)

《〈金瓶梅〉非山东方言补证》质疑 ……………… 汤传扬(364)

CONTENTS

From Rhythm to Prosody: A Review of Three Generative
    Phonology Theories ·· ZHOU Ren（1）
Oblique Object Constructions without Preposition in
    Pre-Qin Chinese ··· SU Jing（40）
The Classification of Verbs in Rgyalrongic Languages,
    from a Khroskyabs Perspective ······················· LAI Yunfan（68）

The Words 'Buttocks' in Eastern Min
    Dialects ·· AKITANI Hiroyuki（96）
Synchronic Distribution and Diachronic Evolution
    of the Words with the Meaning "Buttocks" in
    Chinese ······································ ZHANG Aiyun, XU Jian（116）
The Change of Neutral Questions in Chaozhou Dialect
    since the 19th Century and the Origin of the Final
    Particle "mē" ································· HUANG Yanxuan（136）
The Chart of Native Twenty-three Initial Consonants
    （二十三母土音表）and Its Reflected Ningbo
    Dialectal Accent 200 Years Ago ···················· ZHANG Kai（154）
The Ersu Dialect in Xifan Yiyu (Chuan V) and Methods
    on Confirming Languages and Dialects Tranliterated
    in Yiyu ·· WANG Zhen（172）

A Phonetic Study on the Dynamic Features of the Vowels in
　　Wenzhou Dialect Based on a Revised Z-Score Vowel
　　Normalization Procedure ················· LING Feng（193）
Physiological and Physical Basis of Phonation Types and
　　Its Linguistic Value ································· LIU Wen（204）

Examination of Lu Fayan and Yan Zhitui's 'Accepted
　　Pronunciation' Based on *Qieyun Xu*（切韵序）
　　and *Yinci Pian*（音辞篇）················· SHI Jianguo（234）
A Study on the View of the Change of Tones from Old Chinese to
　　Middle Chinese by Duan Yucai: The Hypothesis of Chinese
　　Tones Arising from Postcodas Revisited
　　　　················· LIU Hongyan, MA Maopeng Paul（257）

The Origin of the Ru Tone（入声）of Bu（不）······ YU Zhong（282）
Exploring the Origin and Evolution of Chinese
　　Modal Particle Bale ····················· ZHANG Junge（304）
The Semantic Structure of the Explanation of
　　Contextual Meaning in *Maoshijian* ················· BAI Ru（327）
A Semantic Exploration on Erfan
　　（二反）····················· WEI Qijun, WANG Runji（347）
Discussion on the Character "Mao 貌" in Warring
　　States Period Bamboo Slips ················· JIA Lianxiang（356）

Call in Question to the Article "Supplementary
　　Evidences of *Jin Ping Mei* is not Shandong
　　Dialect" ································· TANG Chuanyang（364）

从节律到韵律
——三种生成音系学理论评介*

周 韧

提要 节律音系学、韵律构词学和韵律音系学是当代生成音系学的三门重要子学科,是生成音系学发展到非线性阶段的杰出代表。"节律音系学"主要探讨以重音为基础建立的自然语言节奏,研究重音在词、复合词、短语和句子中的分布规律。"韵律构词学"是涉及音系学和形态学的交叉学科,主要研究形态构词操作中韵律所起的作用。"韵律音系学"是音系学和句法学、语用学的交叉学科,它的主要研究任务是:设计一套完整的韵律阶层,其中包含从摩拉、音节、音步到音系短语和话语等各级单位,而每级单位作为调试音系和句法交叉关系的重要工具,被用来定义音系规则的作用域。本文结合相关研究的经典案例,详细介绍了这三门学科的研究目标、研究方法、理论假设和重要代表论著,并厘清了其中的一些重要概念,包括重音、音步、韵律词、音系短语和音节重量,等等。在最后的总结中,我们列表展现了这三门学科之间的异同之处。

关键词 节律音系学 韵律构词学 韵律音系学 重音 音步 韵律阶层

0 引言

近年来,国内语言学界越来越重视音系层面与句法语义层面的交界研究,并且衍生了"韵律语法学"这门学科。韵律语法学重视音系和句法语义的关系,并拓展了语音学、历史语言学、文体学、词汇学以及其他一些相关语言学子学科的研究深度和广度。

在相关研究当中,学者们用了很多生成音系学的术语和概念来讨论问题,比如说"重音""音步""最小词"和"韵律词",等等。

收稿日期:2018-03-20;定稿日期:2019-07-11。
* 感谢中宣部文化名家暨"四个一批"人才支持计划项目对本文写作的支持。

这些术语和概念，本身就散布于不同的音系学子理论当中，而学者们又因为身处不同的立场，服务于解决不同的学科问题，因此不可避免地产生了理解或解读上的差异。同时，对于一部分术语和概念的定义，一部分学者选择严格遵守生成音系学理论的原有阐述，但也有学者愿意根据汉语实际情况做出一些调整，由此便造成了更大的误会和争论，以致彼此之间难以对话。这种情况的出现，又对相关研究造成了不小的负面影响。

在我们看来，上述难缠概念主要涉及当代生成音系学三门子学科的研究领域。这三门学科分别为"节律音系学"（Metrical Phonology）、"韵律构词学"（Prosodic Morphology）和"韵律音系学"（Prosodic Phonology）。

西方当代生成音系学发端于20世纪五六十年代，其正式确立学科地位以1968年为最重要标志，这一年，Chomsky和Halle合著发表生成音系学经典巨著 The Sound Pattern of English。这本书书名的简称"SPE"，则被后继学者直接作为生成音系学一个时代的代名词，代表着20世纪六七十年代生成音系学的理论取向和具体的技术手段。而到了20世纪70年代，随着音系学家考察的语言种类越来越多，尤其是考察到更多的非印欧语系语言后，生成音系学也从SPE时代开始迈进后SPE时代，也就是从单线性音系学进入了非线性音系学（或"多线性音系学"）时代。而这三门学科，正是非线性音系学发展到繁荣阶段的杰出代表。

上述三门学科在国内的影响力和介绍程度都各有不同。近年来，有不少学者对其中某一学科进行介绍，比如说，对于节律音系学的介绍，近年有宫琪（1993）、包智明等（1997）、赵忠德（2006）、端木三（2014），等等；对于韵律构词学的介绍，近年有冯胜利（2013）和王丽娟（2015）；而对于韵律音系学的介绍，近年有张洪明（2014）。同时，也有像Chen（陈渊泉2000）和王洪君（2008）这样综合利用不同音系学理论来解决汉语音系实际问题的著作。

不过，同时将三门子学科放在一起进行集中介绍和评述的文献还不多。在我们看来，这三门学科虽然有不同的研究目标，但在一些重要概念上又有不少重合或交叉之处。从我们的角度看，如果不理解节律音系学，就很难完全理解韵律构词学；而不理解节律音系学和韵律构词学，也绝难理解韵律音系学。所以，将这三门学科放在一起介绍和评述，是还原相关概念本来面目的最好方式，并且易于把握这些概念的核心要义和与之相对应的理论背景。

本文对这三门学科进行全面的介绍和评述。文章通过自然语言中具体的个案研究，详细介绍了这三门学科的研究目标、研究方法、理论假设和相关代表论著，并厘清了其中的一些重要概念，说明了这三门学科之间的异同之处，为读者还原其本来的面貌，期望方便学术讨论和学术交流。

我们的介绍从节律音系学开始。

1 节律音系学

1.1 节律音系学主要研究重音分布

"节律音系学"（Metrical Phonology）兴起于20世纪70年代。节律音系学主要探讨以重音（stress）为基础建立的自然语言节奏，研究重音在词、复合词、短语和句子中的分布规律。节律音系学的主要代表作有Liberman（1975）、Liberman和Prince（1977）、Hayes（1981, 1995）、Prince（1983）、Halle和Vergnaud（1987），等等。

重音指在语音上用力发出的一个音节，帮助这个音节在听感上凸显。例如，英语单词"Alabama"有四个音节，其中第二个音节和第四个音节最弱，第三个音节bam最强，而第一个音节a介于之间。

作为节律（metrics）最重要的组成部分，重音最早是西方诗律学的研究对象。[①]在结构主义语言学研究中，重音作为一种音位，它区别意义的功能得到重视。而节律音系学将重音本身的分布作为研究对象。

在SPE时期，重音被看成附属于音段的成分。在这种思路下，重音分布变得难以预测，请看例（1）：（例子选自Kenstowicz 1994:551，数字1234代表重音的等级，4最重，1最弱）

（1）a. teachers' union
　　　　 2　　　 1
　　　b. [teachers' union] president
　　　　　 3　　　 1　　　 2
　　　c. [[teachers' union] president] election
　　　　　 4　　　 1　　　 2　　　 3

例（1）中的情况，有两点是SPE理论难以应付的：

第一，重音不能用二分的正值和负值来进行描写。在SPE时期，所有的区别特征可以用正值"+"或负值"-"来标记，例如一个音段是否为响音（sonorant），就可以用正值或负值来确定。但例（1）中的重音不完全是"正负"或"有无"的问题，而是等级的问题。

第二，重音具有远距离影响力。在例（1a-c）中，"teachers"的重音等级随着其他成分的重音等级而变化，但是，比"teachers"重音低一级的成分可以在音段的线性距离上离它很远。例如（1c）中，"teachers"的重音等级为最高的4，但3级的"election"却在复合词的末尾。

上述两点造成重音的描写和预测难以依靠音段的线性环境完成，套用SPE时期著名的"A→B/C__D"分析公式只会把问题搞得越来越复杂。"A→B/C__D"这个公式主要依据音段的线性分布环境，表达的意思就是：A处于CD的环境之间会变为B。

节律音系学不把重音看成是音段成分的附属物，而将重音看成独立于音段成分之外并有着自己单独运作规律的成分。

1.2　音步和节律栅

音步（foot）和节律栅（metric grid）是节律音系学分析重音的重要工具。在节律音系学中，"音步"一般指的是一个强音节和一个弱音节构成的一个具有二分性质的单位。强音节即承载重音的音节，弱音节即不承载重音的音节（当然，具体承载重音的是音节的韵）。语言学家发现，在很多语言中，强音节构成的强拍（strong beat）和弱音节构成的弱拍（weak beat）往往以一种交替的形式出现。也就是说，一个强拍后会紧随一个弱拍，或者一个弱拍后会紧随一个强拍。那么，音系学家就将强弱交替的一轮先组成一种节律单位（metrical constituency），称之为"节律音步"（metrical foot），简称为"音步"（foot）。可见，在西方音系学理论当中，重音和音步是紧密关联的，有音步必有重音，反过来说，有重音也必有音步。

节律栅是由Liberman（1975）提出的一种重音分析方法。节律栅的分析方法简单直观，便于理解。以对英文单词"Apalachicola"和"compensation"的分析为例：

(2) 2行　　　　　　*　　2行　　　　　　*
　　1行(*　　*　　*)　1行(*　　　　*)
　　0行(* *)(* *)(* *)　0行(*　*) (*　*)
　　　Ａｐａｌａｃｈｉｃｏｌａ　　ｃｏｍｐｅｎｓａｔｉｏｎ

节律栅对于词重音的分析一般包括三行，0行代表重音承载单位（Stress Bearing Unit, SBU），1行代表音步层，2行代表词层。如果分析的是复合词和短语，还可以有3行、4行，等等。0行的星号一般代表音节，一个音节（严格说应为"一个音节韵"，即syllable rime）可以投射一个重音承载单位（记为一个星号）。不过，在有些语言当中，一个肥音节可以投射两个重音承载单位，也就是说，一个摩拉投射一个重音承载单位。1行代表音步层，0行的单位按照一定规则组成音步，音步中获得重音的强音节在1行保留星号。2行代表词层，1行所有的音步再合并为一个单位。在2行中，保留星号的音节获得词重音，除此音节外，1行中剩余的其他星号代表次重音。此外，除了节律栅之外，还有一种节律树的表达方法，本文不再介绍。

1.3 音节的肥瘦

我们需要先讲"音节重量"(syllable weight)的概念。音节重量是音系学中预测重音和建立韵律单位的重要依据。在很多语言中,重音分布与音节重量密切相关。音节重量不仅在节律音系学中重要,在韵律构词学和韵律音系学中也非常重要。

"摩拉"(mora)是节律学的传统术语[②],是音系学中音节重量的计量单位,也有学者将摩拉翻译成"韵素"或"莫拉"。在生成音系学的分析当中,音节的结构如(3)所示:

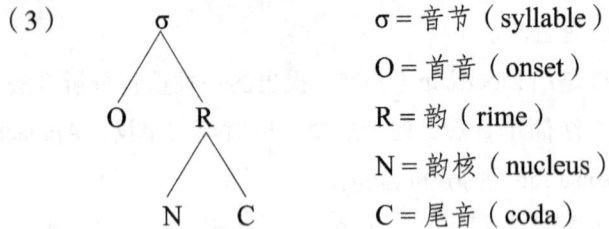

(3) σ = 音节(syllable)
O = 首音(onset)
R = 韵(rime)
N = 韵核(nucleus)
C = 尾音(coda)

摩拉只与音节的韵(rime或rhyme)相关,与音节的首音(onset)无关。一般说来,短元音V记为一个摩拉,长元音VV记为两个摩拉,一个元音和一个辅音VC,还有双辅音VG(双辅音在此指某个辅音既做前一个音节的尾音,又做后一个音节的首音)也可记为两个摩拉。[③]韵为两个摩拉的音节为"肥音节"(heavy syllable),韵只含一个摩拉的音节为"瘦音节"(light syllable)。[④]请看例(4),其中,(4a)只有一个摩拉,为瘦音节,而(4b)和(4c)中有两个摩拉,为肥音节:

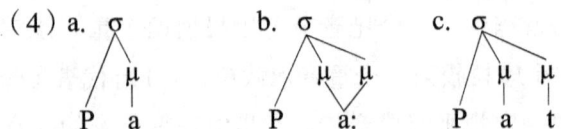

(4) a. σ   b. σ   c. σ
     | / \   / \
     μ   μ μ   μ μ
     | | / | |
     P a   P a: P a t

在很多语言当中,肥音节比瘦音节更能吸引重音。请看下面的埃及阿拉伯语的三音节词表:(例子摘自 Kenstowicz 1994: 292)

(5) a. garíida   'newspaper' (报纸)
    fukáaha   'humor'   (幽默)

kiníisa 'church'（教堂）
b. bisílla 'green peas'（绿豌豆）
žakítta 'jacket'（夹克）
c. fasúlya 'green beans'（绿豆子）
gawánti 'gloves'（手套）
ṭaráblus 'Tripoli'（的黎波里）
d. ʕínaba 'a grape'（一颗葡萄）
ʕárabi 'Arabic'（阿拉伯的）
ẓáḷaṭa 'stone'（石头）

在例（5a）、（5b）和（5c）的三音节词中，最末的音节都是瘦音节，如果倒数第二个音节是一个肥音节，则词重音都落在倒数第二个音节上。但如果像（5d）那种情况，倒数第二个音节也是瘦音节，则词重音落在倒数第三个音节，也就是词首音节上。

（5a）、（5b）和（5c）中的倒数第二个音节，分别代表着肥音节的三种情况：(5a)中的肥音节由长元音 VV 构成；（5b）中的肥音节由元音加双辅音 VG 构成；（5c）的肥音节由元音加辅音构成 VC。

1.4 重音参数

节律音系学的创立，并不只是用来分析英语或少数几种语言的。生成语法的主要目标是追求语言共性，节律音系学也不例外。人类各种语言中的重音体系彼此不同，多种多样。节律音系学为了处理多样的复杂情况，使用了参数的概念。Hayes（1981，1995）最早提出了重音参数，其中最重要的四个参数是：

（6）a. 左重 vs 右重（left headedness vs right headedness）
b. 从左至右 vs 从右至左（left to right vs right to left）
c. 音节重量敏感 vs 音节重量不敏感（quantity sensitive vs quantity insensitive）
d. 有界 vs 无界（bounded vs unbounded）

对这几个参数，下面我们分别介绍。

1.4.1 左重vs右重，从左至右vs从右至左

音步里头的音节，有的采取先强后弱的排列，有的采取先弱后强的排列。前者就是左重型（left-headed）⑤音步，传统上称为扬抑型（trochee）音步；而后者就是右重型（right-headed）音步，传统上称为抑扬型（iamb）音步。以下（7a）为左重音步，（7b）为右重音步。

```
(7) a. 1行    *         *          b. 1行    *         *
       0行  (*  *)(*  *)              0行  (*  *)(*  *)
             V  V  V  V                    V  V  V  V
```

如果音节数目整体为奇数，则必然有一个音节找不到合适的搭档与之构成一个双拍的音步，而这个剩余的音节也可以承载重音，独自在末端组成一个"蜕化音步"（degenerate foot），如（8a）所示。当然，也可以是这个剩余的音节不组成音步，成为一个无重音的节律外（extrametrical）成分，如（8b）所示。节律外成分是指不进入节律分析操作的成分，使用节律外成分是节律音系学家简化复杂情况的一种手段，一般来说，节律外成分只在词的边缘出现。⑥

```
(8) a. 1行    *       *        *      b. 1行   *       *
       0行  (*  *)(*  *)(*)              0行  (*  *)(*  *)
             V  V  V  V  V                    V V  V V <V>
```

"左重"和"右重"这个参数不仅在音步这个层面存在，在词层面、复合词或短语层面也是存在的。比如说，（2a）中Apalachicola在1层音步层是左重，但是在2层词层却是右重。Liberman和Prince（1977）也提出，英语的复合词为左重，而英语的短语为右重。

"从左至右"和"从右至左"是指音步组并的方向。例如，（9a）为从左至右，而（9b）为从右至左：（剩余单音节都按蜕化音步处理）

```
(9) a. →(*  *)(*  *)(*)     b. (*)(*  *)(*  *)←
         V  V  V  V  V          V  V  V  V  V
```

"左重"还是"右重","从左至右"还是"从右至左",这两个参数如果结合起来,便可以有四种情况,分别是:[左重,从左至右]、[右重,从右至左]、[左重,从右至左]和[右重,从左至右],如果一个单词是五音节,那么大致可以形成以下四种格局:

(10) a. 1行   *   *   *   [左重,从左至右]
     0行 (* *) (* *) (*)
         V V V V V

   b. 1行   *   *   *   [右重,从右至左]
     0行 (*) (* *) (* *)
         V V V V V

   c. 1行   *   *   *   [左重,从右至左]
     0行 (*) (* *) (* *)
         V V V V V

   d. 1行   *   *   *   [右重,从左至右]
     0行 (* *) (* *) (*)
         V V V V V

稍微麻烦的是(10c)和(10d)。以(10c)为例,按照"[左重,从右至左]"的音步组并方法,第一个音节和第二个音节获得重音,但是重音应该是强弱交替分布的,一般不存在两个相邻音节都获得重音的情况。这样的话,为了维护强弱交替的格局,在(10c)的模式中,第一个音节或第二个音节的重音会被删除,形成(11a)或(11b)的形式:

(11) a.   *   *   b.   *
      * * * * *   * * * * *

根据Hayes(1995:202—203)的报道,Warao语采取的是(11a)的处理方式,而Garawa语采取的是(11b)的处理方式。(10d)是(10c)的镜像情况,也面临和(10c)一样的问题,处理方法类似。

1.4.2 音节重量敏感vs音节重量不敏感

音节重量敏感型语言(quantity sensitive language,以下简

称"QS型语言")和音节重量不敏感语言(quantity insensitive language,以下简称"QI型语言")的区分说明音节重量的肥瘦对重音分布有影响。在前头的论述当中,我们都默认重音的承载单位是音节,但实际上,自然语言中还有另外一种类型,即以摩拉作为重音的承载单位。⑦

简单说来,QS型语言的重音承载单位为摩拉,QI型语言的重音承载单位为音节。也就是说,在QS型语言当中,每个摩拉在节律栅的0层投射一个星号。这样的后果是,由于肥音节拥有两个摩拉,便可以在0层投射两个星号,因此在节律栅的音步层1层时,肥音节肯定要得到重音。而QI型语言不区分音节重量,无论是肥音节还是瘦音节,都只能在0层投射1个星号。

为了帮助读者更好地理解QI型语言和QS型语言,我们选取Kenstowicz(1994:571—573)介绍的关于两种阿拉伯语方言中元音a省略的例证,作为说明。这两种阿拉伯语方言分别是约旦的Bani-Hassan方言和沙特的Riyadh(利雅得)方言,其中有一条元音省略规则,即:如果一个音步为双音节的左重音步,且音步内起始音节为短低元音[a]构成的瘦音节,那么,省略该元音[a]。

先看两种方言中的词形表:

(12) Bani-Hassan 方言　　　　Riyadh 方言
　　　ʕállamʔ　　　　　　　　ʕállamʔ
　　　　　　　　　　　　　　'he taught'(他教了)
　　　ʕállam-at　　　　　　　ʕállim-at
　　　　　　　　　　　　　　'she taught'(她教了)
　　　ʕàllam-át#uh　　　　　ʕallm-ít#ah
　　　　　　　　　　　　　　'she taught him'(她教了他)

可以提出来讨论的问题是,为什么在Riyadh方言的"ʕallm-ít#ah"中,第二个a被省略了,而Bani-Hassan方言中的"ʕàllam-át#uh",第二个a未被省略。(两种方言词尾部分at和it,以及uh和ah的差异是由其他音系规则造成的,与这里的讨论无关)。原因在于,

Bani-Hassan方言是一种QI型语言，音节是重音承载单位，音步切分是（HL）(L)<L>，如（13a）所示；而Riyadh方言是一种QS型语言，每一个摩拉是一个重音承载单位，因此肥音节"ʕal"自成一个音步。音步切分是（H）(LL)<L>，其中音步（LL）"lamat"满足"音步为双音节的左重音步，且音步内起始音节为短低元音[a]构成的瘦音节"这个条件，因此省略[a]发生。如（13b）所示：

（13）a.　　　　　　　　*
　　　　　　　　（*　　　*）
　　　　　　　（*　*）(*)<*>
　　　　　　　　ʕ a l l a m-a t-u h
　　　b.　　　*　　*　　　　　　　　*　　*
　　　　　（* *）(*　　*)　<*>　→　(**)　(*) <*>
　　　　　　ʕ a l l a m-at # ah　　　ʕ a l l m-at # ah

可见，是否对音节重量敏感，会对音系规则的运用造成重大的影响。利用参数的不同，节律音系学就可以从容地处理各种不同的情况。尽管情况是多种多样的，但是参数毕竟是有限的。

1.4.3　有界和无界

在音步的类型中，还要区分"有界音步"（bounded foot）和"无界音步"（unbounded foot）。前头讲到的音步都是"有界音步"，这种音步的主要特点是：音步规模固定，以双音节音步为标准音步，少数蜕化音步由一个音节组成。并且，音步的界限和词的界限未必一致，例如"Alabama"就要拆分为两个音步"(Ala)(bama)"。

但在有些语言当中，一个词里头无论有多少个音节，整个词就是一个音步，词的界限和音步界限完全一致。而整个词只有一个重音，居于词首或词尾，如（14）所示：

（14）a. 2行　　　　　　*　　　b. 2行　　*
　　　　 1行　　　 (*)　　　　　　 1行　(*)
　　　　 0行 (* * * * *)　　　　　 0行 (* * * * *)
　　　　 　　 ∨∨∨∨∨　　　　　　　 ∨∨∨∨∨

例（14）的音步被称为"无界音步"。英语的音步是有界音步，而法语是无界音步的典型代表。比如英语单词"originality"音步切分为"（o）(rìgi)(náli)<ty>"；而法语单词"originalite"的音步切分就是"(originalité)"，整个词只有一个重音，落在最后一个音节。

关于无界音步，有两点需要说明：

第一，由于无界音步的边界与词边界保持一致，因此没有词内音节的音步组并问题。那么，"从左至右 vs 从右至左"和"音节重量敏感 vs 音节重量不敏感"这两个参数只在有界音步内起作用，而在无界音步内是不存在的。

第二，在节律栅的不同层级，可分别具有"有界"和"无界"的属性。例（2）的"Apalachicola"在1层音步层是有界，但在2层，尽管是三个音步，但只有一个词重音，在这个层面，又是无界的。

1.5 音步类型学和音步库藏

参数的设置可以将各种语言的不同情况做一个系统的描写。但同时，重音分布也具有一些跨语言的共性。例如在语言当中，普遍存在着回避"重音碰撞"（stress clash）的操作。例（11）的操作已经说明了这一点。复合词中的例子也是这样，比如例（15）：

```
(15) 3行                  *                    *
     2行         *     *  → *              *
     1行      *  *  *     *  *           *
     0行    * * * * *     * * * * *
              Mìssissíppi River   Míssissìppi River
```

由于在2行上，音节"sip"和"riv"的星号紧邻，因此两个星号需要回避，于是第一个星号左移至整个复合词第一个音节上。简单说来，节奏一般是强弱交替或者是弱强交替，两个强拍不能紧邻。类似的例子还有"thirteen men"和"raccoon coat"，等等。

而更大规模的关于重音分布的共性研究来自Hayes（1995）。

Hayes（1995: 71）考察了各种语言的音步类型，对于有界音步的类型考察结果如下表所示：

表1　Hayes（1995）的有界音步类型表

QS型音步		QI型音步，音节型
抑扬型（iamb），即右重型	扬抑型（trochee），即左重型	
(L'H)、(L'L)、(H)	('LL)、(H)	('σσ)

（说明：L=瘦音节　H=肥音节　σ=音节　'H=承载重音的肥音节　'L=承载重音的瘦音节）

表1代表人类语言中的音步库藏（foot inventory）。Hayes（1995: 75）指出了两条对应关系，分别是：

（16）a.抑扬型＝音节重量敏感型右重＝(L'L)或(L'H)
　　　b.音节型扬抑型＝音节重量不敏感型左重＝('σσ)

这两条对应关系实际上提出了人类语言中音步类型的重要限制性条件。这主要包括：第一，音节型音步中都是扬抑型（'σσ）音步，缺乏抑扬型（σ'σ）音步；第二，在QS型抑扬型音步中，缺乏（H'L）型音步。或者说，在抑扬型音步中，肥音节不能处于弱拍位；第三，在QS型扬抑型音步中，缺乏（'HL）型音步。

1.6　扬抑律和抑扬律

对于上述不对称现象，Hayes（1995: 79—81）借鉴当代心理学，从人类的知觉本能上寻找答案。根据Hayes（1995: 80）的介绍，在心理语言学的实验中，受试被要求听一串人工合成的并且具备节奏的语音。但造成节奏的方式却分成两种类型：一种是强弱间隔交替的语音，如（17a）所示；另一种是长短间隔交替的语音，如（17b）所示：

（17）a. ……x́ x x́ x x́ x x́ x x́ x……
　　　b. …… - _ - _ - _ - _ ……

令实验科学家和Hayes感兴趣的是，对于强弱间隔交替的语音串，被试都倾向于将其组并成"（强弱）（强弱）（强弱）……"的扬抑模式，如（18a）所示；而对于长短间隔的语音串，被试都倾向于将其组并成"（短长）（短长）（短长）……"抑扬模式，如（18b）所示：

(18) a. ……[x́ x][x́ x][x́ x][x́ x][x́ x]……
     b. ……[— —][— —][— —][— —][— —]……

Hayes（1995: 80）根据上面这种情况，提出了针对节律音系学研究的"抑扬律"（Iambic Law）和"扬抑律"（Trochaic Law），表述如下：

(19) a. 扬抑律：以强弱对立形成的一串成分经自然组并后，形成的节奏单位一般为首部显著。

　　　b. 抑扬律：以长短对立形成的一串成分经自然组并后，形成的节奏单位一般为尾部显著。

有了"抑扬律"和"扬抑律"，Hayes（1995: 81—82）就能解释前面所说的三个不对称现象：

第一，扬抑型音步内部组成成分主要依靠强弱形成对立，而在时长上大致相等。用内部时长相等的成分构成音步，可以有两种方式：在一种方式中，音步内部成分都是音节，这样形成的音步就是($^{\prime}\sigma\sigma$)；在另一种方式中，音节内部成分都是摩拉，这样形成的音步内部可以是两个瘦音节，为($^{\prime}$LL)，或者是一个包含两个摩拉的肥音节，为(H)。

第二，抑扬型音步内部组成成分注重长短对立，因此抑扬型音步的典型格式为(L$^{\prime}$H)。对于抑扬型音步中还存在(H)型的音步，Hayes（1995: 82）认为是由于肥音节容易吸引重音的缘故。

第三，扬抑型音步没有($^{\prime}$HL)型音步，是因为即使在底层有"$^{\prime}$HL"的序列，表层也会被分析成"(H)L"，或者前头的肥音节H变成L，成为($^{\prime}$LL)音步。⑧抑扬型音步虽然有(L$^{\prime}$L)，但是从类型学的角度看，这种音步极不稳定，很容易转换成(L$^{\prime}$H)音步⑨。相关讨论可见Hayes（1995: 83、145—149）的讨论。

2　韵律构词学

2.1　韵律构词学和模板

"韵律构词学"英文名为"Prosodic Morphology",也可译为"韵律形态学"。韵律构词学是涉及音系学和形态学的交叉学科,主要研究形态构词操作中韵律所起的作用。这里讲的"形态构词操作",指的是诸如重叠、词缀附加、借词音译、昵称音变等形态语法现象。

"模板"(template)是韵律构词学中的重要工具,指的是一种预先设定好的框架,再按照这个框架往里面填充材料。比如英语诗律中的"五步抑扬格",还有汉语诗律中平仄的要求,都可以看成是一种模板。

为了说明韵律构词学中模板的概念,我们选用关于Ilokano语(一种菲律宾土著语)重叠形式的例子作为说明。请看Ilokano语中动词进行体的例子:(例子摘自Kenstowicz 1994: 623)

(20) 词根　　　　　进行体

　　　[basa]　　　　ag-bas-basa　　　　'读'

　　　[adal]　　　　ag-ad-adal　　　　'学习'

　　　[dait]　　　　ag-da-dait　　　　'缝'

　　　[takder]　　　ag-tak-takder　　　'站'

　　　[trabaho]　　 ag-trab-trabaho　　'工作'

在(20)中,Ilokano语动词进行体第一个词头都是ag,而第二个词头的形式需要复制词根左端的一部分。问题集中在:到底复制词根左端的哪一部分作为重叠形式,其中的规律是什么?第一,为什么有的重叠形式复制两个音段成分(如"ad"),有的复制三个音段成分(如"tak"),有的复制四个音段成分("trab")?第二,有些重叠形式是复制词根的第一个音节,如[tak.der]("."代表音节划分界限);但有的重叠形式并不符合音节划分,例如音节划分为

[ba.sa]、[tra.ba.ho]的单词，但重叠形式却是"bas"和"trab"。这里头的原因又是什么？

为了解决这个问题，Marantz（1982）设计了一个基于音段的模板"CCVC"，这个模板有四个音段槽位（slot），重叠形式需要从词根线性切割一部分，和模板进行映射（mapping），最大限度地填充模板中"CCVC"槽位。

有些词根形式可以完全满足"CCVC"这个模板，例如"trabaho"中"trab"为"CCVC"序列；有些词根形式因为没有"CCVC"的序列，就只能最大限度地满足这种需求，例如"basa"中最多只能凑齐"CVC"的"bas"，而"dait"只能凑齐"CV"。

另外，Itô（1986，1989）对于阿拉伯语Bedouin方言省音现象的描写和解释，是音段模板应用的经典案例，读者可参看王洪君（2008：148—151）的介绍。

但是，基于音段设计的模板也有局限：第一，音段模板要依据具体语言的具体情况进行设置，因此模板数量众多；第二，音段模板常常是按最大容量设定，模板所允准的情况可能远远超过实际出现的情况。

2.2 基于韵律阶层的韵律模板

McCarthy和Prince（1986，2001）正是看到了上述音段模板的局限性，而推出了韵律构词学研究的新思路。McCarthy和Prince倡导的"韵律构词学"坚持的主要原则是：第一，形态构词操作（morphological operation）不仅会受到形态规则的制约，也会受到韵律规则的制约；第二，韵律对形态构词的制约，体现为韵律模板对形态构词操作的限定作用，而韵律模板是由韵律阶层的韵律单位来定义的。

McCarthy和Prince倡导的韵律构词学中不使用音段作为设计模板的依据。他们使用的模板是基于"韵律阶层"（prosodic hierarchy）的韵律单位。McCarthy和Prince使用的韵律阶层如（21）所示，其中有四级韵律单位，从小到大分别是摩拉、音节、音步和韵律词。

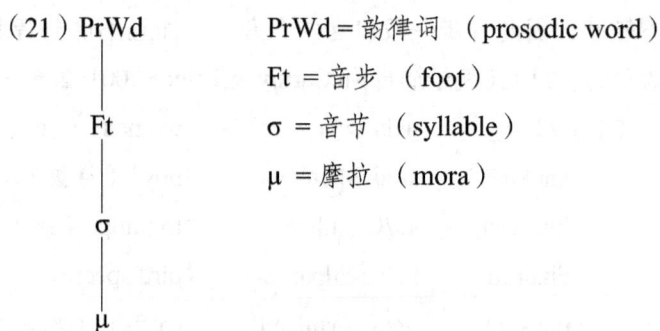

(21) PrWd　　　　　PrWd = 韵律词 (prosodic word)
　　　　　　　　　　Ft = 音步 (foot)
　　　Ft　　　　　　σ = 音节 (syllable)
　　　　　　　　　　μ = 摩拉 (mora)
　　　σ

　　　μ

再回到例（20）中 Ilokano 语的例子。在仔细研究之后，McCarthy 和 Prince（1986）提出了一个重要论断：对于上面的重叠式来讲，例（20）中的动词进行体重叠形式需要满足肥音节模板"σ$_{μμ}$"的要求，即重叠式必须为一个包含两个摩拉的肥音节。

所以，(20) 中的重叠形式"bas""ad""tak""trab"都是 VC 型的肥音节，而看上去是瘦音节的"da"，经过 Hayes 和 Abad（1989）的研究，实际上真正的词根和动词进行体重叠形式应该是：

(22) ag-da:-daʔit　　或者　　ag-dad-daʔit

这样，重叠式无论是 VV 型"da:"，还是 VC 型的"dad"，其实都是肥音节，是符合韵律模板"σ$_{μμ}$"的要求的。⑩

再看例（23），这是 Ilokano 语名词覆盖体形式。其中第一个词头统一是"si"。而第二个词头也涉及复制一部分词根形式。问题还是：到底复制词根的哪一部分呢？

(23) 词根　　　　　覆盖体形式
　　　buneŋ　　　　si-bu-buneŋ　　　　'带着 buneng'
　　　jyaket　　　　si-jya-jyaket　　　　'穿着夹克'
　　　pandiliŋ　　　si-pa-pandiliŋ　　　'穿着衬衫'

对此，McCarthy 和 Prince（1986, 2001）的分析很简单，上述重叠形式"bu""jya"和"pa"都只是包含一个摩拉的单音节。因此，Ilokano 语名词覆盖体的重叠形式需要满足一个瘦音节模板"σ$_μ$"的要求。

下面的一个例子来自澳洲的 Diyari 语，这种语言也以重叠形式作为前缀，但是前缀的模板是"音步模板"。由于Diyari语对音节重量不敏感，因此音步一般包含两个音节，而且不区分音节的肥瘦。请看例（24）：（例子摘自McCarthy & Prince 2001: 286—287）：

（24）wiḻa　　　　wiḻa-wiḻa　　　　'woman'（女人）
　　　kanku　　　kanku-kanku　　　'boy'（男孩）
　　　kuḻkuŋa　　kuḻku-kuḻkuŋa　　'to jump'（跳）
　　　tʲlparku　　tʲilpa-tʲilparku　　'bird species'（鸟类）
　　　ŋankaṉṯi　　ŋanka-ŋankaṉṯi　　'catfish'（鲶鱼）

在（24）中，重叠的前缀形式都是一个包含两个音节的扬抑型音步。

从上面的例子可以看出，运用韵律构词学中的韵律模板的概念，可以简单明了地说明和界定形态构词中韵律所起的作用。

2.3 "音步双分规则"和"最小词"限制

前面我们指出过，Hayes（1985, 1995）对音步做了一个类型学上的考察，将各种语言中实际出现的音步种类归纳为表1。

McCarthy和Prince（1986）针对表1提出：在QS型音步当中，一个瘦音节L无法单独构成音步，而在QI型的音步中，一个音节不宜单独构成音步。而综合QS和QI型音步来看，一条关于语言共性的限制就是：一个瘦音节L无法构成一个音步。（尽管一个肥音节H在QI型语言不宜单独组成一个音步，但肥音节H在QS型语言中还是可以存在的。）

McCarthy和Prince（1986）针对Hayes（1985）的发现，提出了"音步双分"（Foot Binarity）规则：

（25）**音步双分规则**：无论音步以摩拉计数还是音节计数，音步都是双分的。（Foot Binarity: Feet are binary under syllabic or moraic analysis.）

在QS型语言中，只含一个摩拉的瘦音节L不能自成音步；在QI型语言中，一个音节σ不能自成音步。

结合（21）和（25）中的韵律阶层和"音步双分"规则，便可得出"最小词"（Minimal Word, MinWd）的定义。在韵律阶层中，韵律词比音步高一个层级，每一个韵律词应该至少含有一个音步。而根据"音步双分"规则，每一个音步都含有两个摩拉或两个音节。那么，就可以顺势推导出最小词规则：

（26）**最小词规则**：一个韵律词至少含有两个摩拉，或者，一个韵律词至少含有两个音节。

可以说，一个最小词至少是由一个音步组成，不能小于一个音步。例（24）中，Diyari语中前缀的重叠形式在韵律上要求是一个音步，实际上也可以将这个"音步模板"看成是"最小词模板"。

2.4　人名称呼中的最小韵律词效应

音步只是一个纯粹的音系学概念，而韵律词就是一个音系学和形态学的交叉概念了。在韵律构词学的研究中，关于人名称呼的"呼格"（vocative）系统的研究构成了最小词模板的最好例证。

下面，我们先后通过日语的尊称和英语的昵称来说明这一点。Poser（1990）研究了日语尊称的构词，请看下面对于人名构成尊称的词例：（例子摘自 Poser 1990）

（27）

人名	尊称	
ti	tii-čan	
šuusuke	šuu-čan	*šuusu-čan
yousuke	yoo-čan	*yoosu-čan
taizoo	tai-čan	*taizo-čan
kinsuke	kin-čan	*kinsu-čan
midori	mii-čan	mit-čan
	mido-čan	*mi-čan
wasaburoo	waa-čan	*wa-čan
	sabu-čan	wasa-čan
	wasaburo-čan	*wasabu-čan

日语通常被看成是一种典型的摩拉计数的语言，如果需要构成尊称，一个固定的常用模板就是含有两个摩拉的最小词。该模板既可以是一个包含两个摩拉的肥音节，例如"tii""šuu"和"tai"，等等；也可以是由两个瘦音节组成，例如"mido"和"wasa"，等等。当然，少数还可以由四个音节构成的两个音步组成，如"wasaburo"。只有一个瘦音节的"ti"，或只有三个摩拉的、无法构成整齐音步的"šuusu""yoosu"和"wasabu"，都不能构成尊称。所以，日语的尊称要求就是：韵律上必须由一个音步或多个音步组成。而由一个音步组成时，就可以看成是最小词效应。

我们再看英语的人名构成昵称的词例：（例子摘自 McCarthy & Prince 1986）

（28）人名　　　　　　昵称

人名		昵称
Mortimer	→	Mort, Mortie
Cynthia	→	Cynth, Cindy
Marjorie	→	Marge, Margie
Angela	→	Ange, Angie
Francis	→	Fran, Frank, Frannie, Frankie
Cyrus	→	Cy
Barbara	→	Bar, Barb, Barbie
Alfred	→	Al, Alf, Alfie
Edward	→	Ed, Eddie, *Edwie
Abraham	→	Abe, Abie, *Abrie
Jacqueline	→	Jackie, *Jacquie
Douglas	→	Doug, Dougie, *Douglie
Agnes	→	Ag, Aggie, *Agnie

英语的昵称系统一般这样构成：从作为词干的人名中截取一段直接构成昵称，或截取一段后再加上后缀"ie"或"y"构成。有证据表明，附加后缀"ie"和"y"是一个独立的构词过程，和截取词干这个阶段不是在同一个层面发生的。⑪

其实，构成英语昵称的最小词模式非常清楚，就是由一个包含两个摩拉的肥音节构成，这个肥音节独自组成一个音步，满足构成一个最小词的条件。这个最小词模板相对于日语的尊称形式，条件更为苛刻，不仅要求构成最小词的音步在数量上只是一个，而且音步内的音节数量也只能是一个。

3 韵律音系学

3.1 韵律音系学的韵律阶层

韵律音系学的主要代表作为Selkirk（1984, 1986, 2011），Nespor和Vogel（1986, 2007），Truckenbrodt（1999）等等。

韵律音系学是音系学和句法学、语用学的交叉学科，它的主要研究任务是：设计一套完整的韵律阶层，其中包含从摩拉、音节、音步到音系短语和话语等各级单位，而每级单位作为调试音系和句法交叉关系的重要工具，被用来定义音系规则的作用域。

影响较大的韵律阶层有两个，一个是Selkirk（1984: 26）提出的，其中包含五级单位：

（29）语调短语　　（intonational phrase, IP）
　　　音系短语　　（phonological phrase, PhP）
　　　韵律词　　　（prosodic word, PrWd）
　　　音步　　　　（foot, Ft）
　　　音节　　　　（syllable, Syl）

另一个是Nespor和Vogel（1986, 2007）提出的韵律阶层，包含七级单位：

（30）音系话语　U
　　　语调短语　I
　　　音系短语　ø
　　　黏附组　　C
　　　音系词　　ω
　　　音步　　　Σ
　　　音节　　　σ

关于两个模型之间的差异，王洪君（2008: 250）做了详细的比较和说明。她指出："Selkirk模型的这几级韵律单位是根据表层语流的韵律属性来定义的，是'纯韵律单位'；而Nespor和Vogel的这几级韵律单位是兼顾了语法、韵律两方面的稳定属性，是考虑了语法，韵律两方面的所有分布来定义的，是'句法韵律单位'。"

3.2 音节、音步、韵律词与音系规则作用域

为了说明韵律阶层中的单位的主要功能是定义音系规则的作用域，我们下面分别举例，说明音节、音步、韵律词和音系短语作为作用域的语言实际案例。

第一个例子说明音节作为音系规则作用域，我们讨论荷兰语的中性元音插入（schwa insertion）问题。在荷兰语中，在一个"流音 + 非舌冠塞音"的辅音序列中，可以插入一个中性元音，如例（31）所示；但是，并不是满足"流音 + 非舌冠塞音"要求的音段序列之间就能插入中性元音。还有一个重要的必要条件是："流音 + 非舌冠塞音"序列中的两个辅音必须在同一个音节中，否则，中性元音插入现象不会发生，如例（32）所示：（例子摘自Nespor和Vogel 1986: 78）

（31） a. park (park) → par[ə]k　　　　'公园'

b. helpster (help)(ster) → hel[ə]pster

'助人者（阴性）'

c. helft (helft) → hel[ə]ft　　　　'一半'

d. melk (melk) → mel[ə]k　　　　'牛奶'

e. melkachtig (melk)(ach)(tig) → mel[ə]kachtig

'似牛奶的'

f. melkauto (melk)(au)(to) → mel[ə]kauto

'牛奶车'

（32） a. parkiet (par)(kiet) → *par[ə]kiet　　'长尾小鹦鹉'

b. pulpig (pul)(pig) → *pul[ə]pig   '糊糊的'
c. Margreet (Mar)(greet) → *mar[ə]greet   '人名'
d. wolkig (wol)(kig) → *wol[ə]kig   '多云的'
e. melkerij (mel)(ke)(rij) → *mel[ə]kerij   '牛奶农场'

比如说，同样都是"l+k"的序列，在（31d, e, f）中都有中性元音插入，但是在（32d, e）中却不行。原因很简单，就是因为在（32d, e）中，l和k分处于两个不同的音节当中，所以不会有中性元音插入现象发生。

第二个例子说明音步作为音系规则作用域，涉及英语清塞音"t"的送气问题。送气清塞音"t"的国际音标写作"[t^h]"。一般来说，"[t^h]"不仅会出现在词首位置，也可以出现在词中位置，如（33）所示；但"[t^h]"也并不是出现在所有的词中位置，如（34）所示。实际上，"[t^h]"出现的规律很简单，它只出现在音步首。（例子摘自Nespor和Vogel 1986: 90—91）

（33） a. time　　　　　[t^h]ime　　　　　(time)$_Σ$
　　　 b. tuna　　　　　[t^h]una　　　　　(tuna)$_Σ$
　　　 c. toucan　　　　[t^h]oucan　　　　(tou)$_Σ$(can)$_Σ$
　　　 d. typhoon　　　 [t^h]yphoon　　　 (ty)$_Σ$(phoon)$_Σ$
　　　 e. terrain　　　 [t^h]errain　　　 (te)$_Σ$(rrain)$_Σ$
　　　 f. detain　　　　de[t^h]ain　　　　(de)$_Σ$(tain)$_Σ$
　　　 g. detention　　 de[t^h]ention　　 (de)$_Σ$(tention)$_Σ$
　　　 h. entire　　　　en[t^h]ire　　　　(en)$_Σ$(tire)$_Σ$
　　　 i. curtail　　　 cur[t^h]ail　　　 (cur)$_Σ$(tail)$_Σ$
　　　 j. satire　　　　sa[t^h]ire　　　　(sa)$_Σ$(tire)$_Σ$
　　　 k. reptile　　　 rep[t^h]ire　　　 (rep)$_Σ$(tire)$_Σ$
　　　 l. infantile　　 infan[t^h]ile　　 (infan)$_Σ$(tile)$_Σ$
　　　 m. longitude　　 longi[t^h]ude　　 (longi)$_Σ$(tude)$_Σ$
　　　 n. tree toad　　 [t^h]ree [t^h]oad　　 (tree)$_Σ$(toad)$_Σ$
　　　 o. sweet tooth　 sweet [t^h]ooth　 (sweet)$_Σ$(tooth)$_Σ$

（34）a. sting　　　　　*s[tʰ]ing　　　　(sting)_Σ
　　　b. abstain　　　　*abs[tʰ]ain　　　(ab)_Σ(stain)_Σ
　　　c. austere　　　　*aus[tʰ]ere　　　(au)_Σ(stere)_Σ
　　　d. after　　　　　*af[tʰ]er　　　　(after)_Σ
　　　e. alter　　　　　*al[tʰ]er　　　　(alter)_Σ
　　　f. satyr　　　　　*sa[tʰ]yr　　　　(satyr)_Σ
　　　g. shatter　　　　*sha[tʰ]er　　　 (shatter)_Σ
　　　h. hospiter　　　 *hospi[tʰ]al　　　(hospital)_Σ
　　　i. night owl　　　*nigh[tʰ]owl　　 (night)_Σ(owl)_Σ
　　　j. flat iron　　　*fla[tʰ]iron　　　(flat)_Σ(iron)_Σ

在（33）和（34）中，音步的划分已经标示出来了，我们可以看到，出现"[tʰ]"的位置都在音步首。而处于音步中的位置时，不能出现"[tʰ]"。[12]

第三个例子说明韵律词作为音系规则作用域，以匈牙利语中的"腭化"（palatalization）现象作为说明。在匈牙利语当中，当"d、t、l、n"后接"j"的时候，前者要发生腭化。但腭化发生的必要条件是：腭化现象只能发生在一个韵律词内。[13]

请看以下例子：（摘自 Nespor 和 Vogel 1986: 124）

（35）a. [men+jen]_ω → me[ɲ]en　　'let him go'（让他走）
　　　　 go (Pe 3 sg.imp.)
　　　b. [alúl]_ω—[járó]_ω → *alú[j]áró³　'tunnel'（隧道）
　　　　 under　path
　　　c. [fel]_ω[jönni]_ω → *fe[j]önni　'to come up'（上来）
　　　　 up　come
　　　d. [én]_ω[jövök]_ω → *é[ɲ]övök　'I come'（我来）
　　　　 I　come

我们可以看到，腭化现象只发生在一个韵律词内部，如（35a）所示；当两个音段处于不同的韵律词中，尽管在线性序列上相邻，也无法发生腭化，如（35b, c, d）所示。

3.3 音系短语作为音系规则的作用域

3.3.1 Nespor和Vogel（1986）的方案

根据Nespor和Vogel（1986, 2007）的设计，在韵律阶层当中，音节和音步的构建是通过音系表现，由纯音系因素决定的，不掺杂句法语义信息，而韵律词和音系短语等音步以上的单位，是要通过形态和句法等方面的信息来确定的。这种韵律单位和句法单位的对应（mapping）关系，主要是以生成语法的X-bar结构作为基础来操作的，而确定像语调短语和音系话语这样的层级不仅有句法因素，还有语义和语用因素在起作用。

音系短语是韵律阶层中相当重要的一级，甚至可以说是韵律音系学中体现音系句法关系的最重要的一个层级单位。之所以这么说，是因为音步和音节只是由音系因素而定，而韵律词虽然由形态句法因素决定，但是韵律词与句法的对应关系还是较为简单的，一般就对应于一个句法词。从（21）可以看出，韵律构词学只涉及韵律词及韵律词以下的单位，对于韵律词以上的层级单位是不涉及的。

音系短语是韵律音系学研究当中独有的研究工具，是韵律音系学中的重点研究内容。下面，我们通过具体实例来讨论音系短语在确定音系规则作用域中的用途。

意大利语中有一条"辅音延长"规则（Raddoppiamento Sintattico，以下简称RS）。RS规则指的是：

（36）某两个词在线性序列上相连，如果前面的词是以重读短元音结尾，而后一个词以辅音开头（并且这个辅音后接一个元音或其他响音），则这个开头的辅音延长。

问题在于：在同样符合上述条件的情况下，RS现象在例（37）中可以发生，但是在例（38）中没有发生。（例子选自Nespor和Vogel, 1986: 167；其中，"＿"表示RS发生，"//"表示RS被阻断没有发生。）

（37）a. Avrá trovato il pescecane.

'He must have found the shark.'

　　　　b. La gabbia é giá caduta.

　　　　'The cage has already fallen.'

　　　　c. È appena passato con tre cani.

　　　　'He has just passed by with three dogs.'

（38）a. Devi comprare delle mappe di cittá //molto vecchie.

　　　　'You must buy some very old city maps.'

　　　　b. La gabbia era dipinta di giá //completamen te.

　　　　'The cage was already completely painted .'

　　　　c. Guardó //piú attentamente e vide che era un pitone.

　　　　'He looked more carefully and saw it was a python.'

这说明，RS 现象的发生还要受到其他制约性条件的影响。Nespor 和 Vogel（1986: 165—172）认为，RS 现象发生的作用域为音系短语。Nespor 和 Vogel（1986: 168—169）提出了音系短语的划分方法：

（39）一个音系短语的范围包括：一个包含实词中心词的黏附组，和这个实词中心词构成的最大投射内非递归方向（直到往上找到另外一个实词中心词为止）的所有黏附组。（所谓的实词中心词，由动词、形容词、动词担任。）

Nespor 和 Vogel（1986）定义的黏附组（clitic group），是指一个实词（一般就是名词、动词和形容词）和其邻近的一些功能词或词缀组成的一级单位。这些功能词通常包括：冠词、介词、连词、助词和代词。例如，"a book" "the book" "and Tom" "in China" 句法上是短语的身份，但在音系表现上和一个实词区别不大，因为在韵律上它们都是由一个词重音联系起来的成分。实际上，Nespor 和 Vogel（1986）的黏附组（clitic group），在 Selkirk（1984）的系统中，都归为韵律词。

根据（39）的划分方式,（37）和（38）中的句子的音系短语切分方式如（40）和（41）所示。为了方便读者理解，我们用下标标出了每个音系短语中的实词中心词。

　　　（40）a. (Avrá trovato $_V$)$_\phi$ (il pescecane $_N$)$_\phi$.

　　　　　 b. (La gabbia $_N$)$_\phi$ (é giá caduta $_V$)$_\phi$.

c. (È appena passato $_V$)$_\emptyset$ (con tre cani $_N$)$_\emptyset$.
(41) a. (Devi comprare $_V$)$_\emptyset$ (delle mappe $_N$)$_\emptyset$
(di cittá $_N$)$_\emptyset$ // (molto vecchie $_A$)$_\emptyset$.
b. (La gabbia $_N$)$_\emptyset$ (era dipinta $_V$)$_\emptyset$
(di giá $_{ADV}$)$_\emptyset$ // (completamente $_{ADV}$)$_\emptyset$. ⑭
c. (Guardó $_V$)$_\emptyset$ // (piú attentamente $_{ADV}$)$_\emptyset$
(e vide $_V$)$_\emptyset$ (che era un pitone $_N$)$_\emptyset$.

在（40）的各例中，发生RS现象涉及的前后两个词都处于同一个音系短语中，而在（41）中，尽管前后两个词在音段上符合发生RS的条件，但却分处于两个不同的音系短语中，因此不发生RS现象。

Nespor和Vogel（1986：168—169）提出的音系短语划分方法可也可以这样理解：先标出句子中所有的实词中心词。然后，以每个实词中心词的右端作为一个的音系短语的右边界，向左延伸至下个实词中心词右端或句子边界，以此作为这个音系短语的左边界。（注意，意大利语是右分枝结构，因此递归方向为右）。请看：

(42)

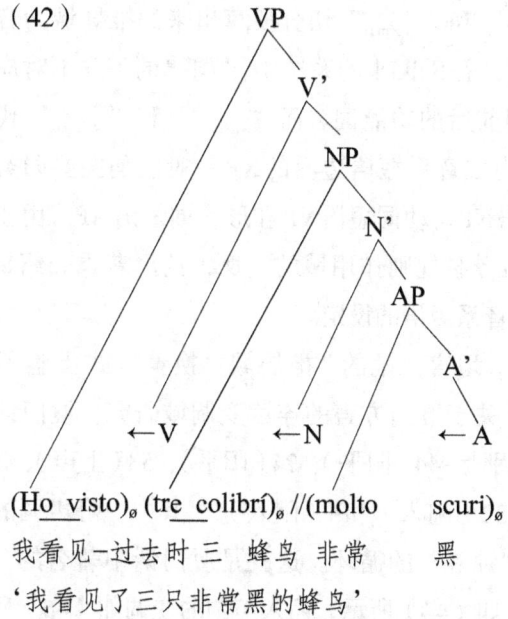

(Ho visto)$_\emptyset$ (tre colibrí)$_\emptyset$ //(molto scuri)$_\emptyset$
我看见-过去时 三 蜂鸟 非常 黑
'我看见了三只非常黑的蜂鸟'

3.3.2 Selkirk（1986, 1995, 2011）的方案

Selkirk（1986, 1995）提出了另外一种音系短语的划分方法，Selkirk（1986）称之为"基于边界"（end-setting）的韵律单位切分方式。

Selkirk（1986）指出，很多音系规则的作用域和现成的句法成分并没有直接对应关系，因此从句法结构到音系规则作用域存在着一种换算的关系，Selkirk（1986）将这种需要从句法结构换算而来的作用域称为"推导而来的作用域"（derived domain），以下我们简称为"推导域"。对于"推导域"的换算方式，Selkirk（1986）设计了两个参数，分别为"词边界vs最大投射边界"和"左边界vs右边界"，这样就可以得到四种情形，分别表述为：

(43) a. $_{\text{Word}}[$　（代表"词左边界"）
　　 b. $]_{\text{Word}}$　（代表"词右边界"）
　　 c. $_{\text{Xmax}}[$　（代表"最大投射左边界"）
　　 d. $]_{\text{Xmax}}$　（代表"最大投射右边界"）

其中，按"$_{\text{Word}}[$"和"$]_{\text{Word}}$"切分换算出来的推导域为韵律词，而按照"$_{\text{Xmax}}[$"和"$]_{\text{Xmax}}$"切分换算出来的推导域为音系短语。前头已经说过，在Selkirk的系统中，"韵律词"并不对应于句法词，还包括实词前后的功能词。而"$_{\text{Xmax}}[$"和"$]_{\text{Xmax}}$"代表最大投射XP，通常构成音系短语边界的XP一般也是主要词类构成的XP，如名词短语NP、动词短语VP和形容词短语AP。由于前头介绍了韵律词作为音系规则作用域的实例，这里着重介绍Selkirk（1986, 1995）对于音系短语的设定。

Selkirk（1986）坦言，她的"推导域"换算方式借鉴了Chen（陈渊泉，1987）[15]关于厦门方言的连读变调域研究。厦门话共有七个调类，调值分别是：44（阴平）、24（阳平）、53（上声）、21（阴去）、22（阳去）、32（阴入）和4（阳入）。[16]其中，舒声调的变调形成了一个类似"钟表"的循环。这就是厦门话中著名的"变调钟"（tone clock），如（44）所示，而入声调的变调如（45）所示：

(44)　24
　　　↓
　　　22
　↗　　↖
44　　　21
　↖　　↗
　　　53

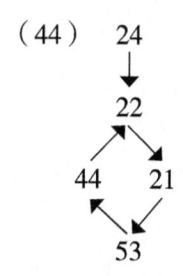

(45) 32→4（入声韵尾为-p、-t和-k的音节）
　　 53（入声韵尾为喉塞音韵尾的音节）
　　 4→21

在处于同一变调域的厦门话多字组中，除了末字不变外，非末字（即前字和中字）都需变调。比如以下两个例子：（摘自Chen 2000: 433—434）

(46) a. 风　筝　　　　b. 放　风　筝
　　　 44 44　本调　　　21 44 44　本调
　　　（22 44）变调　　（53 22 44）变调

但主要的问题是，变调域是如何确定的？比如以下两个例子：

(47) a. 伊　写　更　快。（意为"他写得更快"）
　　　 44 53 53 53　本调
　　　（22 44 44 53）变调

b. 伊　写　更　快。（意为"他写的话会更快"）
　　 44 53　53 53　本调
　　（22 53）(44 53）变调

相同的字串，在（47a）中，整个句子为一个变调域，除了末字不变外，前三个字都变调；而在（47b）中，整个句子却要分成两个变调域，变调结果与（47a）不同。所以，面临着一个如何从句法语义结构换算成变调域的问题。

按照 Selkirk（1986）的思路，Chen（1987, 2000: 438）认为厦门话连读变调域为一个音系短语，参数为"$]_{Xmax}$"，即"最大投射右边界"。根据这个参数，在句法结构中，寻找最大投射XP的右边界，也就是寻找"$]_{Xmax}$"（即寻找"$]_{XP}$"）。请看Chen（1987,

2000: 438）对下面这个句子的分析：

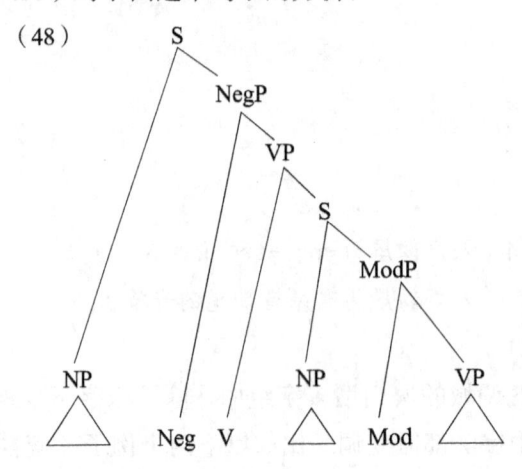

（48）

[[老婶婆]$_{NP}$[不[相信[[鹦鹉]$_{NP}$[会[讲话]$_{VP}$]$_{ModP}$]$_S$]$_{VP}$]$_{NegP}$]$_S$

……   ]$_{NP}$……   ………   ]$_{NP}$……………………………

（老婶婆）$_\emptyset$（不相信鹦鹉）$_\emptyset$（会讲话）$_\emptyset$

在（48）的句法结构中，除了句子两端自然作为边界外，在句子内部，符合"]$_{Xmax}$"的只有两处，就是名词短语NP"老婶婆"和名词短语NP"鹦鹉"的右边界"]$_{NP}$"。按照这个算法，这个句子要分成三个音系短语，分别是"（老婶婆）$_\emptyset$"、"（不相信鹦鹉）$_\emptyset$"和"（会讲话）$_\emptyset$"。那么，处于音系短语内部的成分便可进行变调，而处于音系短语末尾的音节不变调。这表现在，音系短语末尾的"婆"字、"鹉"字和"话"字保持本调不变调，而处于音系短语之中的音节，需要变调，比如"鹦"字可以促发"信"字的变调。

而（47a）和（47b）的对比也很好说明，请看（49）中它们的句法结构和相应的音系短语切分：

（49）a.[伊[写更快]$_{VP}$]$_S$。（意为"他写得更快"）

………………]$_{VP}$

（伊写更快）$_\emptyset$

b.[伊[写]$_{VP}$]$_S$[[更快]$_{AP}$]$_S$。（意为"他写的话会更快"）

………]$_{VP}$

（伊写）$_\emptyset$（更快）$_\emptyset$

在（49a）的句法结构内部，没有出现"] X_{max}"。只是在句子末尾出现了"] $_{VP}$"，整个短语构成一个音系短语；⑰而在（49b）中，"更快"并不修饰动词"写"，不是由"写"投射出的VP中的一部分，而是一个独立的句子。因此，"写"字的后头是"VP"的右边界。整个句子要分成两个音系短语，分别是"（伊写）$_\emptyset$"和"（更快）$_\emptyset$"。所以，在（47b）和（49b）中，"写"处于第一个音系短语的末尾，因此保持本调，不变调。

尽管Chen（1987，2000）最终以"词汇管辖"（Lexical Government）的方式来确定变调域，但是，基于短语边界的音系短语切分方法，是形成后面解决方案的基础。

Selkirk（1986，1995）对于音系短语的切分，只需要对应于句法短语XP的左侧或右侧的一侧边界，这就是一种"单边界对应"的理论。比如对于前头讲到的意大利语RS现象，只要将音系短语划分的参数设定为"最大投射左边界"，即"$_{Xmax}$["（或"$_{XP}$["），也有很好的预测效果，比如对（42）的分析可表述为：

（50）$_{VP}$[Ho visto $_{NP}$[[tre colibrí] $_{AP}$[molto scuri]]]

$_{NP}$[............ $_{AP}$[

(Ho visto)$_\emptyset$ (tre colibrí)$_\emptyset$ (molto scuri)$_\emptyset$

Selkirk（2011）又提出了"双边界对应"的"MatchXP"理论。"MatchXP"理论要求每一个句法短语XP的边界就是一个音系短语的边界，不仅左边界是对应的，右边界也是对应的。对MatchXP理论，我们不再介绍，读者可以参看Selkirk（2011）的说明。

无论是单边界对应、双边界对应，还是Nespor和Vogel（1986）提出来的音系短语切分方法，都是为了预测相关音系规则的作用域而服务的。也许还有更好的"句法XP→音系XP"对应转换规则，但只要契合语言事实，适用效果简单准确，那就可以成立。

3.4 严格层级假设

严格层级假设（strict layer hypothesis）是由Selkirk（1984）首

先提出，并在韵律音系学和韵律构词学中具有广泛影响的重要假说。它的定义是：**在韵律阶层中，N级韵律单位应该紧邻支配一个或多个N-1级韵律单位。**⑱

下面，以Nespor和Vogel（1986）设计的韵律阶层为例说明严格层级假设。音系短语在层级上紧邻支配黏附组，而黏附组紧邻支配韵律词。那么，（51）便是符合严格层级假设的情形。请看（51）和（52）：

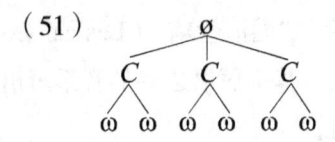

（51）

（52）有两处地方不符合严格层级假设的要求，第一处是某韵律单位支配了与之级别相同的韵律单位，（52）中指一个黏附组C支配了与之级别相等的两个黏附组C；第二处是某韵律单位直接支配了比之小两级以上的单位，（52）中指音系短语ø支配了一个韵律词ω。前一种的情况叫"留级"（recursivity），后一种情况为"跳级"（level-skipping）。

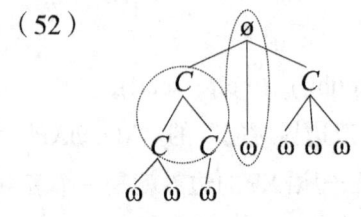

（52）

对于严格层级假设，学者们的态度有所不同。很多学者认为严格层级假设是一个重要的基于共性的约束条件，不能轻易抛弃。也有学者认为这个假说有一些不合适的地方，需要某种程度的修正。读者可参看Zhang（张洪明 1992）、Nespor和Vogel（2007）和Selkirk（2011）的评述，我们这里不再多讲。

4 总结

前面我们已经分别介绍了节律音系学、韵律构词学和韵律音系学的基本研究目标、研究方法和研究假设。我们可以看到，这三门子学科之间是既有密切关联，又有重大区别的。它们使用了很多相同的术语，但又有不同的研究目标和研究假设。所以，将这三门学科同时放在一起评述，才能对其中每一门学科都有更好的理解。

比如说，音节重量这个概念在节律音系学和韵律构词学中都有作用。但在节律音系学中，区别音节重量肥瘦的主要作用是帮助判定重音分布和构建音步；而韵律构词学更进一步，由此再提出"最小词"的概念。再比如，在韵律构词学和韵律音系学中都有韵律阶层，但是韵律构词学中的韵律阶层只有四级，最高只到韵律词；而韵律音系学中的韵律阶层更多，尤其是添加了音系短语和语调短语等重要层级。原因很简单，因为韵律构词学关注的是构词中的韵律因素，而韵律音系学关注的是如何界定音系规则的作用域。

为了让读者对这三种当代音系学的子理论有一种比较直观和清晰的认识和理解，我们将这三种理论的一些重要特点列表如下：

表2　三种生成音系学理论异同比较表

	节律音系学	韵律构词学	韵律音系学
研究目标	重音（尤其是词汇重音）的分布规律	韵律对形态构词的影响作用	利用音系和句法信息建立韵律单位，作为音系规则作用域
研究工具	音步、节律栅、重音参数	韵律模板、韵律阶层	韵律阶层
涉及的音系单位	音步、音节、摩拉	韵律词、音步、音节、摩拉	语调短语、音系短语、黏附组、韵律词、音步、音节
是否是一种交叉界面研究	基本不涉及交叉界面研究[19]	音系学和形态学的交叉学科	主要是音系学和句法学的交叉学科，也涉及语用学
主要的一些理论假设	重音参数、重音回避、抑扬律、扬抑律	音步双分规则、最小词假设	边界对应理论、严格层级假设
重要代表论著	Hayes（1981, 1995）、Halle和Vergnaud（1987）、Prince（1983）等	Ito（1986）、McCarthy和Prince（1986, 2001）等	Nespo和Vogel（1986, 2007）、Selkirk（1984, 2011）等

附 注

① 像"音步""抑扬"和"扬抑"这些概念最早始于西方诗律学。音步本质上都是组并音节（grouping syllables）后形成的一种节律单位。不同之处在于，节律音系学旨在描写、还原、预测和解释自然语言中重音和音步的本来面貌，而在诗律中，音步要为格律服务，而格律，可以理解为预先设定好的模板（template）。

② 读者可参考克里斯特尔编（2000：228—229）对"摩拉"的介绍。

③ 并不是所有辅音尾音C都能被记成一个摩拉。鼻音和塞音是比较常见的能记成一个C的辅音尾音。当然，这还得依据具体语言的情况而定。

④ 在过去的汉语介绍性文献中，将"heavy syllable"和"light syllable"分别翻译成"重音节"和"轻音节"。就这两个术语本身的中英翻译来讲，是没有什么问题的。但是在汉语的术语系统中，由于"重音"这个概念影响更大，读者很可能将"重音节"等同于音步中承载重音的"强音节"，将"轻音节"等同于音步中不承载重音的"弱音节"。"heavy syllable"和"strong syllable"在节律音系学中，虽然有重要关联，但绝不是一回事。Strong 和 weak 指听感上音节强弱的差别，而 heavy 和 light 是音节自身体量的大小。所以，为了尽量避免读者的混淆，本书更乐意将"heavy syllable"翻译作"肥音节"，将"light syllable"翻译作"瘦音节"。这样听起来也许不大自然，但好在清楚明确，方便读者理解。

⑤ 之所以用"left-headed"和"right-headed"（直译为"中心居左"和"中心居右"）这样的术语，是因为生成音系学家吸取了生成句法学的中心词概念，将音步中的强音节看成是音步的中心，对弱音节有管辖（government）关系。本书还是采取"左重"和"右重"的译法。

⑥ 这里需要注意的是，音节数目的奇偶与设置节律外成分无关，偶数音节的词也可以有节律外成分。

⑦ Hayes（1995）坚持认为重音承载单位只能是音节，而不会是摩拉。Hayes（1995）认为在QS型语言中，含有两个摩拉的肥音节可以优先自成音步，获得音步层面的重音。Hayes（1995）与 Halle 和 Vergnaud（1987）对于QS语言处理的一个重要区别在于：Halle 和 Vergnaud（1987）方案中，肥音节中的两个摩拉可能会分属于两个不同的音步，但是在 Hayes（1995）的方案中，肥音节一定自成一个音步，不允许同一个音节中的两个摩拉分属两个不同的音步。

⑧ ^{1}HL→(^{1}LL) 的过程被称为"扬抑缩减律"（trochaic shortening），例如 Fijian（斐济语）中的"ta:ya→(taya)"（意为"切"）。

⑨ L^{1}L→(L^{1}H) 的过程被称为"抑扬延长律"（iambic lengthening），例如 Hixkaryana 语（一种巴西土著语言）中的"(khana) nɨhno→(khana:) nɨhno"（意为"我教你"）。

⑩ 由于［？］在Ilokano语中不能充当音节尾音，所以为了满足形成肥音节模板的要求，可以将短元音［a］拉长为长元音［aː］，或加一个音节尾音［d］，形成［daː］或［dad］，具体采取哪种形式，是由方言差异造成的。

⑪ 主要的证据是：如果添加词缀"ie"或"y"和截取肥音节的操作是在一个层面同时进行，那么为了满足词缀"ie"或"y"拥有音节首音的需求，就可以根据词干就地取材，形成"Edwie""Abrie"和"Douglie"这样的昵称形式，但这些昵称形式恰恰都不合格。

⑫ 我们应该指出，"(te)$_\Sigma$(rrain)$_\Sigma$"这个例子给Nespor和Vogel（1986）的分析带来了不小麻烦。因为"te"只是一个瘦音节。前面已经提到，在类型学中，只有一个瘦音节难以组成一个音步。所以"(te)$_\Sigma$(rrain)$_\Sigma$"的出现确实削弱了解释力。而在"(de)$_\Sigma$(tain)$_\Sigma$"中，尽管将瘦音节"de"处理为一个音步，但毕竟（tain）作为一个肥音节组成音步没有问题。

⑬ 一般说来，一个韵律词对等于形态句法中的一个句法词，大致对应于生成句法树上的一个末端节点（terminal nodes）。在匈牙利语中，后缀和其前一个词干构成一个韵律词，而前缀单独构成一个韵律词。但也有一些语言要区分词干和词缀，将一个末端节点分成两个或多个韵律词。之所以采用不同方案，其实还是由音系现象的不同表现决定的。

⑭ Nespor和Vogel（1986）并没有明确说明副词是不是也属于实词范畴。但我们根据他们的行文和举例，认为他们也把副词算成实词。并且，按照Nespor和Vogel（1986：169）的说法，一个成分的分布要区分"无标记位置"和"有标记位置"。一个实词中心词只有出现在"无标记位置"，才有韵律地位，可以自建韵律单位。意大利语中副词的无标记位置是在"递归方向"，即被修饰词后，有标记的位置是"非递归方向"，即被修饰词前。所以我们看到，动词或形容词后的副词都可以自建音系短语，如（41b）所示。而居前的副词则被编入了动词或形容词为中心的音系短语内，如（41a）中的"molto"。

⑮ 这篇文章最早出现在1985年的一次学术会议上。

⑯ 厦门话中各个调类具体调值的设定，各家略有出入，本书采纳的是Chen（2000）的方案。

⑰ "伊"是代词，且是单音节，不能自己组成一个音系短语。

⑱ 所谓"支配"（dominance），指的是：在树形结构图中，如果节点X高于节点Y，并且从X节点到Y节点都是下行路线，那么X节点支配Y节点。所谓"紧邻支配"（immediate dominance），指的是：节点X支配节点Y，并且从X节点下行到节点Y不经过任何中间节点，那么节点X紧邻支配节点Y。

⑲ 设立节律音系学的初衷是解决重音分配，预测重音分布的问题，这本质上是一个音系学内部的研究。我们之所以说"基本不涉及"其他界面，而不说"完全不涉及"其他界面，是因为很多时候，确定重音跟词类属性有关，例如SPE时代预测英语的词重音时，就要分清动词、形容词和名词，会对预测结果有重大影响。但是当讨论到复合词和句子的核心重音指派时，就涉及音系

和词法、句法的交界面了。而端木三教授大范围运用节律音系学的基本理论和方法，全面讨论汉语韵律和语法的关系，更是将节律音系学看成是一种交叉界面研究的工具了。

参考文献

包智明、侍建国、许德宝（1997）《生成音系学理论及其应用》（第二版），中国社会科学出版社，北京。

端木三（2014）重音理论及汉语重音现象，《当代语言学》第3期，288—302页，北京。

冯胜利（2013）《汉语韵律句法学》（增订本），商务印书馆，北京。

宫琪（1993）韵律音系学概述，《外语教学与研究》第4期，10—17页，北京。

克里斯特尔·戴维（David Crystal）编，沈家煊译（2000）《现代语言学词典》（第四版），商务印书馆，北京。

王丽娟（2015）《汉语的韵律形态》，北京语言大学出版社，北京。

王洪君（2008）《汉语非线性音系学》（增订版），北京大学出版社，北京。

张洪明（2014）韵律音系学与汉语韵律研究中的若干问题，《当代语言学》第3期，303—327页，北京。

赵忠德（2006）《音系学》，上海外语教育出版社，上海。

Chen, Matthew. Y（陈渊泉）(1985/1987) The Syntax of Xiamen tone sandhi. *Phonology Yearbook* 4, 109-149.

Chen, Matthew. Y（陈渊泉）(2000) *Tone Sandhi: Patterns Across Chinese Dialect*. Cambridge Mass: Cambridge University Press.

Chomsky, N., and M. Halle (1968) *The Sound Pattern of English*. New York: Harper and Row.

Cinque, Guglielmo (1993) A null theory of phrase and compound stress. *Linguistic Inquiry* 24: 239-297.

Duanmu, San（端木三）(1990) *A Formal Study of Syllable, Tone, Stress and Domain In Chinese Language*. PH.D. dissertation, Massachusetts Institute of Technology.

Duanmu, San（端木三）(2007) *The Phonology of Standard Chinese*. 2nd edition. Oxford University Press.

Halle, M. and J. R. Vergnaud (1987) *An Essay on Stress*. Cambridge Mass: MIT Press.

Hayes, Bruce (1981) *A Metrical Theory of Stress Rule*. PhD, MIT. Distributed by Indiana University Linguistics Club.

Hayes, Bruce (1985) Iambic and trochaic rhythm in stress rules. *Proceedings of the 13th Meeting of the Berkeley Linguistics Society*, 429-446. Berkeley:

Berkeley Linguistics society, University of California.
Hayes, Bruce (1995) *Metrical Stress Theory: Principles and Case Studies.* University of Chicago Press.
Hayes, Bruce, and May Abad (1989) Reduplication and syllabification in Ilokano. *Lingua 77*: 331-374.
Itô, Junko (1986) *Syllable Theory in Prosodic Phonology.* Amherst: University of Massachusetts Ph.D. dissertation.
Itô, Junko (1989) A prosodic theory of epenthesis. *Natural Language & Linguistic Theory* 7: 217-259.
Kenstowicz, Michael (1994) *Phonology in Generative Grammar.* Cambridge, Mass. & Oxford: Blackwell Publishers.
Liberman, M (1975) *The Intonational System of English.* PhD dissertation, MIT.
Liberman, M. and A. Prince (1977) On stress and linguistic rhythm. *Linguistic Inquiry* 8: 249-336.
Marantz, Alec (1982) Re reduplication. *Linguistic Inquiry* 13, 435-482.
McCarthy, John and Prince, Alan (1986) *Prosodic Morphology.* MS, University of Massachusetts and Brandies University.
McCarthy, John and Prince, Alan (2001) Prosodic Morphology. In *The Handbook of Morphology,* ed. Spencer Andrew and Zwicky Arnold M. 283-305. Oxford: Blackwell.
Nespor, M. and I. Vogel (1986) *Prosodic Phonology.* Dordrecht: Foris.
Nespor, M. and Vogel, I (2007) Foreword to the second edition. In Nespor, M. and Vogel, I. *Prosodic Phonology: with a new foreword.* xiii-xxx. Berlin: Mouton de Gruyter.
Poser, William (1990) Evidence for foot structure in Japanese. *Language* 66: 78-105.
Prince, Alan (1983) Relating to the grid. *Linguistic Inquiry* 14, 19-100.
Selkirk, Elisabeth (1984) *Phonology and Syntax: The Relation between Sound and Structure.* MIT Press.
Selkirk, Elisabeth (1986) On derived domains in sentence phonology. *Phonology Yearbook* 3: 371-405.
Selkirk, Elisabeth (1995) Sentence Prosody: Intonation, Stress and Phrasing. In *The Handbook of Phonological Theory*, ed. John A. Goldsmith, 550-569. Cambridge MA and Oxford UK: Blackwell.
Selkirk, Elisabeth (2011) The Syntax-Phonology Interface. In *The Handbook of Phonological Theory*, 2nd editon, John Goldsmith, Jason Riggle and Alan Yu, eds. Oxford: Blackwell Publishing.
Truckenbrodt, H (1999) On the relation between syntactic phrases and phonological

phrases. *Linguistic Inquiry* 30: 219-255.

Zhang, Hongming(张洪明) (1992) *Topics in Chinese Phrasal Phonology.* PH. D. diss., University of California, San Diego.

From Rhythm to Prosody: A Review of Three Generative Phonology Theories

ZHOU Ren

Abstract: Metrical Phonology, Prosodic Morphology and Prosodic Phonology are three important sub-disciplines of Generative Phonology. Together they signify a major advancement from SPE to Non-linear Phonology. Metrical Phonology mainly explores natural language rhythm based on stress, and studies the distribution of stress in words, compounds, phrases and sentences. Prosodic Morphology concerns how phonology and morphology interact, in particular the roles prosody plays in various morphological operations. Prosodic Phonology establishes an interface between phonology, syntax, and pragmatics. Its aims to build up a prosodic hierarchy, which includes units from morae, syllables, feet, phonological phrases to Utterances. Units on each layer are important devices one can use to examine the interrelationship between phonology and syntax, and to determine phonological alternation rules. By discussing some classical case studies, this paper introduces in detail the research objectives, research methods, theoretical hypothesis and representative works of these three theories; and it clarifies some important concepts, including stress, foot, prosodic word, phonological phrase and syllabic weight, etc. Toward the end, a table is provided to illustrate the similarities and differences among these three theories.

Keywords: Metrical Phonology, Prosodic Morphology, Prosodic Phonology, Stress, foot, prosodic hierarchy

(100871 北京,北京大学中文系/
北京大学中国语言学研究中心 zhouren@126.com)

先秦汉语无介词的旁格述宾式*

苏 婧

提要 先秦汉语中的某些旁格述宾式从古至今都没有对应的介词转说式，被转译为定中结构或［VP而VP］结构，少数保留下来。这些无介词的旁格述宾式可以表达蒙受涉入、经历涉入、动作涉入和多重涉入等意义。这些旁格述宾式绝非由介词或功能词省略而来，而是由隐形的抽象轻动词INVOLVE促发移位而生成的。

关键词 旁格宾语 题元角色 抽象轻动词 先秦汉语

0 引言

在先秦汉语中，述语和表层宾语之间存在着多种语义关系，表层宾语可以是述语表示的动作的受事，也可以是地点、方式、对象、受益者，等等，例如：

(1) 冬，曲沃伯诱晋小子侯杀之。(《左传·桓公七年》)［支配］

［翻译：冬，曲沃武公诱骗晋国的小子侯而把他杀死。］

(2) 乃与公谋逐华貙，将使田孟诸而遣之。(《左传·昭公二十一年》)［地点］

［翻译：就同宋公商量，驱逐华貙，派他到孟诸田猎，使他逃亡。］

(3) 故上兵伐谋，其次伐交，其次伐兵，其下攻城。(《孙

收稿日期：2018-11-04；定稿日期：2020-10-14。

* 本研究得到国家社科青年项目"汉语旁格述宾结构历时演变研究"（19CYY031）、北京高校高精尖学科项目（中国语言文学）"基于历时与共时的汉语语体语法理论体系研究"（451122601）和北京语言大学校级项目（中央高校基本科研业务费专项资金20YBB15）的资助。本文的写作得到了冯胜利师的很多启发与指导，《语言学论丛》匿名评审专家及编辑部老师也提出了许多宝贵的修改意见，在此表示由衷的感谢。

子·谋攻》）[方式]

[翻译：所以，上等的军事行动是用谋略攻伐，其次用外交战胜敌人，再次是用武力击败敌人，最下策是攻打城池。]

（4）弃疾："君三泣臣矣！敢问谁之罪也？"（《左传·襄公二十二年》）[对象]

[翻译：弃疾说："君王三次在臣的面前哭，敢问到底是谁的罪过？"]

（5）（大叔）将袭郑，夫人将启之。（《左传·隐公元年》）[受益者]

[翻译：（大叔）准备去偷袭郑国都城，姜氏将为他开启城门。]

从题元理论的角度来看，先秦汉语述宾关系的多样性就是表层宾语可以承担多种题元角色。[①]在语义上，施事、感事、致事和受事是发出动作或直接受到动作、状态影响的实体，与事件直接相关；地点、工具、受惠者等题元角色则为事件添加具体的时空信息，与事件并非直接相关，因此我们将这些题元角色统称为涉入类角色[②]。本文将承担涉入类角色的论元称为旁格宾语，[③]将述语后出现涉入角色的结构称为旁格述宾式。先秦时期，承担涉入类题元角色的论元可以出现在表层宾语的位置上，旁格述宾式数量繁多、种类多样。

有些学者从介词对应的角度出发，认为不同语义的"述宾"关系就来自于不同的介词或功能词，如马建忠（1983）、李新魁（1979）、尹日高（1987）、孙良明（1993）、杨伯峻、何乐士（1992）等等，并有意从与介词对应的角度为特殊述宾关系分类。先秦时期确实有不少旁格述宾式与介词式相对应的例证，例如：

（6a）乃与公谋逐华貙，将使田孟诸而遣之。（《左传·昭公二十一年》）

[翻译：在孟诸田猎]

（6b）齐侯田于莒，卢蒲嫳见。（《左传·昭公三年》）

[翻译：在莒地田猎]

(7a) 子皮怒之，曰："礼，国之干也。杀有礼，祸莫大焉。"（《左传·襄公三十年》）

［翻译：因为这件事情感到生气］

(7b) 赵旃求卿未得，且怒于失楚之致师者，请挑战，弗许。（《左传·宣公十二年》）

［翻译：因为失去了楚国单车挑战的人很生气］

(8a) 谋及子孙，可谓死君乎！（《左传·僖公三十三年》）

［翻译：为国君而死］

(8b) 对曰："得主而为之死，犹不死也。"（《左传·襄公二十三年》）

［翻译：为他（主君）而死］

看起来，先秦的旁格述宾式与［PP＋VP］式有很强的对应性。但是，学者也注意到用介宾结构来对应原先的述宾短语存在着问题。冯胜利（2000；005；2014a）、Feng（2003）首先揭示了旁格述宾式的句法本质，指出汉语述宾关系具有语义无穷而结构有定的特点，因事而异，随文可释，"是由不同轻动词的不同用法及其促发的移位所造成的"。据此，冯胜利（2005；2014a）预测出先秦时期应有一批虽有介词的意思、但不用介词来说甚至有些根本无法用当时及后代适当的介词来"转说"或"迂说"的句法结构，名之曰：前介词结构或无介词结构。例如冯胜利（2005）对"逃臣"（《左传·宣公十二年》）的分析，既不是"从臣子那里逃跑"也不是"向臣子那里逃跑"，只能意译为"躲避（avoid）"。蒋绍愚（2014）概括出"介词转说"存在的局限性：1. 动宾关系非常复杂，不可能每一种动宾语义关系都加上一个介词来加以说明，也不可能为每一种动宾语义关系立一个X动的名称；2. 介词和动宾语义关系不是一一对应的；3. 用后起的介词来对应当时的述宾关系"显得不伦不类"。蒋绍愚（2014）也把先秦汉语不用介词或其他功能词引入、而在表层形式上将旁格宾语直接置于动词之后的特点概括为"先秦汉语主要用无标记形式表达述语和宾语之间的不同的语义关系"。

那么，究竟有哪些语义关系不能用介词来加以说明、没有对应的介词转说式？无介词的旁格述宾式是否成批成类型、具有句法上的能产性？没有充足的语料，是无法回答这些问题的。

本文将接续冯胜利（2000；2005；2014a）、蒋绍愚（2014）的观点，先从转译后的结构出发，说明先秦汉语中确实存在没有对应介词转说式的旁格述宾式，再分类描写无介词对应的旁格述宾式所表达的语义，最后给出其句法结构的解释。

1 无介词的先秦旁格述宾式的转译

以后人注疏为线索，我们发现有些先秦旁格述宾式在后代被译解为介词转说式，但是有些只能被转译成定中结构或［VP而VP］结构，少数保留至今。不仅在当时、在后代，甚而直至如今这些旁格述宾式都没有对应的介词转说式，下面我们就按照这三类来进行分类说明。

1.1 转译为定中结构

有些旁格述宾式被转译为定中偏正结构，原先在表层宾语位置上的涉入成分出现在了定语的位置上。例如④：

（9）则天下之民皆悦而愿为之氓矣。（《孟子·公孙丑上》）

郑众注："孟子曰：则天下之民皆悦而愿为其民矣。"

（10）欲见贤人而不以其道，犹欲其入而闭之门也。（《孟子·万章下》）

赵岐章句："欲人之入而闭其门，何得而入乎？闭门如闭礼也。"

（11）为人后者为之子也。（《公羊传·成公十五年》）

何休注："更为公孙之子，故不得复氏公孙。"

例（9）中的"之"是"为氓（做人民）"事件中的涉入成分，本在动词之后，但在郑众的解释中被转译为领格代词"其"。例（10）中的"之"是"闭门（关门）"事件中的涉入成分，但被赵岐转译为领格代词"其"。例(11)中的"之"是"为子(做儿子)"事件中的涉入成分,则被何休转译为定语"公孙之(公孙的)"。可见,原本的涉入关系被转译为领属关系,涉入成分转移到修饰语位置上,采用定中结构的引介策略。

1.2 转译为［VP而VP］结构

有些旁格述宾式被转译为［VP而VP］结构。例如:

(12) 曾子有疾,召门弟子曰:"启予足! 启予手!"(《论语·泰伯》)

何晏集解引郑玄注:"启,开也。曾子以为受身体于父母,不敢毁伤。故使弟子开衾而视之。"

关于"启予足、启予手",古人已有两种不同的解释。一种如郑玄所注,将"启"释为开启,即取"启"的一般意义,将"启予足、启予手"整个结构诠释成一个事件。另一种则是将"启"解为"视",王念孙《广雅疏证》以"启"为表省视的"晵"之通假,这未免迂曲。郑玄的解释更为直接,也更接近原意。《论衡》中的异文也更支持郑注:

(13) 故曾子有疾,召门弟子曰:"开予足! 开予手! 而今而后,吾知免夫。小子!"曾子重慎,临绝效全,喜免毁伤之祸也。(《论衡·四讳》)

《论衡》中用"开"代替了"启",可见,《论语》中的"启"应该是"开启"之义,而不是通假为"省视"的"晵",因此我们选取郑玄的解释。

在先秦时期,"启"之后已经可以出现受事宾语,如:

(14) 莒共公惧,启西门而出。(《左传·昭公十九年》)

但是,例(12)中的"予足""予手"并不是"启"的受事。如果"予足""予手"是另外动作的受事,与"启"无关,那么为何它们可以出现在"启"的后面,而真正支配它们的动词却根本没有在句子中出现呢?曾参要求弟子打开被子,就是为了让他们注视自己的手和脚,"予足""予手"参与到打开(被子)这个事件中。被译解(reinterpretation)出的动作"视"是根据上下文得出的,与"启"同时并现,动词本身并没有在句子中出现。如果译解成其他动词,只要依然符合语境,例如将"视"换成"注意",也未尝不可。这里的"予足""予手"并非与"启"无关,它们依然是"启"事件的涉入成分,只不过不是常见的工具、对象、原因等涉入成分。

何晏引用郑玄,用"开衾而视之"这样的[VP而VP]结构来翻译"启予足、启予手",填补了新的动词。旁格述宾式"启予足"没有对应的介词转说式,"启予足"原先所表达的一个事件被分解成两个结构、两个事件,原先的涉入关系被改变了。

又如《左传》中的这个例子:

(15) 十二月戊午,秦军掩晋上军。赵穿追之,不及。反,怒曰:"裹粮<u>坐甲</u>,固敌是求。敌至不击,将何俟焉?"(《左传·文公十二年》)

注疏家对"坐甲"有不同的理解:

孔颖达疏:"甲者,所以制御非常,临敌则被之于身,未战且<u>坐之于地</u>。"

惠栋补注:"《昭·廿七年传》云:'吴王使<u>甲坐于道</u>。'《荀子》云:'庶士介而<u>坐道</u>。'故云<u>坐甲</u>。"

孔颖达认为"坐甲"是"坐之于地",面对敌人时穿在身上,不作战时可以坐在甲上。而惠栋则认为"坐甲"和"介而坐道"一样,是"穿着战甲而坐"。杨伯峻引《左传·成公二十年》中的"擐甲执兵,固即死也"说:"句义句法与此相近,亦以已着甲为言,则后说为确。"⑤显然,"穿着战甲而坐"更为符合该句的语境。当时的环境是"临敌"而非"未战",士兵不当把护身的铠甲坐在身下,而应身着铠甲做好随时迎战的准备。此例中"坐甲"找不到合适的介词转说式,只能翻译为"穿着战甲而坐"。原先"战甲"是"坐"的涉入成分,但在转译中却不得不成为了另一个动作"穿"的受事，没有对应的介词转说式。根据惠栋的注释，可以被转译为"介而坐道"。和"启予足"相类，"坐甲"这一个事件被拆分成"穿着战甲"和"坐"两个事件，涉入关系也被改变了。

1.3 保留

也有一些旁格述宾式未转译为其他结构，而是保留至今。如现代汉语中还有"写毛笔、吃食堂、哭长城、跑生意、休礼拜天"等单宾旁格述宾式。过去学者对这类现象讨论众多：冯胜利（2000）指出这些旁格宾语是信息焦点，因旁格宾语要得到焦点重音而启动下层动词移位；孙天琦、李亚非（2010）在此基础上提出旁格宾语常常充当对比焦点，偏向于出现在"对比"或"惯常"语境；冯胜利（2014a）进一步提出：现代汉语这些旁格述宾式是因使用频率高而熟语化的结果，"高频"是为现代汉语旁格运作合法化的启动条件；Niina Zhang（2018）则指出现代汉语中的单宾旁格述宾式表达的是一类事件；王丽娟（2018）则从语体角度发现，现代汉语旁格述宾结构存在语体限制，"吃食堂"（[1+2]）类在口语体中使用，"收徒北大"（[2+2]）类在正式体中使用。⑥总之，单宾旁格述宾式在现代汉语中使用需要一定的语义、语用条件，并不像先秦时期那样具有句法上的能产性。

还有一些双宾式的旁格述宾式也保留至今。如在现代汉语中，"抢夺"类事件中的涉入成分也不能用介词来引出，仍为双宾式中的间接宾语：

（16）张三抢了李四50块钱。⑦

（17）你别抢我饭碗。

例（16）中，"李四"受到"抢钱"的被动影响，是事件中的涉入者；例（17）中，"我"受到"抢饭碗"的被动影响，也是事件中的涉入者。

综上所述，本节说明了先秦时期的部分旁格述宾式在后代或被转换为其他结构，或保留下来，从古至今都没有对应的介词来转说。比之原先的旁格述宾式，新转译的结构增添了功能词，如定中结构中增加了"之（的）"，[VP而VP]中增加了"而"。

2 无介词的先秦旁格述宾式的语义

上一节，我们从注释转译的角度，发现了无法用介词转说的旁格述宾式，其转译后的形式有如上述，那么这些无介词的旁格述宾式表达什么语义呢？本节我们将从这些无介词的旁格述宾式所表达的语义出发，找出成类型的无介词的先秦旁格述宾式。

2.1 蒙受涉入

蒙受者（affectee）指因"受整体事件影响的个体"（蔡维天2005），"一般具有明显的被动性"（黄正德2007）。例如：

（18）唉，他居然给我跑了！（真不够意思。）⑧
（19）我打了他一个耳光。⑨

蔡维天（2005）认为，例（18）中的"我"是"他跑了"整个事件的蒙受者，与目的或受惠者不同；黄正德（2007）指出，例（19）中"打+耳光"语义上相当于"及物"，"他"是受损的蒙事，在结构中是外宾语。在先秦汉语中，蒙受者类旁格宾语不能由介词引入，而是由旁格述宾式引入，例如前面提到的"闭之门"的"之"就是抢夺事件中的蒙受者，又如：

（20）紾兄之臂而夺之食，则得食。（《孟子·告子下》）

例（20）中的"之（他）"是夺食事件中受到间接影响且遭遇损失的人，是被动参与到事件中的蒙受者。此为双宾语式，蒙受宾语与受事宾语共现。⑩与"夺"相类、可以用双宾语式引入蒙受者的动词还有表示"征税"的"赋"和表示"惩罚"的"訾"，如：

（21）冬，晋赵鞅、荀寅帅师城汝滨，遂赋晋国一鼓铁，以铸刑鼎，著范宣子所为刑书焉。（《左传·昭公二十九年》）
（22）何里为之？訾其里正与伍老屯二甲。（《韩非子·外储

说右下》)

先秦时期，蒙受类宾语也可以取代受事宾语，出现在述语之后，构成单宾语形式。例如：

(23) 今吾子以好来辱，而谓敝邑强夺商人，是教敝邑背盟誓也，毋乃不可乎？(《左传·昭公十六年》)

(24) 然而不免夺死者，封近故也。(《战国策·楚策四》)

(25) 今召中山，与之遇而许之王，是夺五国而益负海也。(《战国策·中山策》)

需要说明的是，"夺"和"取"在语义上有相似之处，但是时兵（2007）指出，上古时期，"取"类动词可以使用从格结构，而"夺"类动词一般不使用从格结构。也即，"取"的来源可以由介词结构引入，但是"夺"的蒙受者却不可以。例如：

(26) 今之诸侯取之于民也，犹御也。(《孟子·万章下》)

(27) 青，取之于蓝，而青于蓝。(《荀子·劝学》)

沈家煊（2000）也在句法和语义上区分了现代汉语中"抢"（即"夺"类）和"偷"（即"取"类）。他认为，"抢"（即"夺"类）中夺事（即本文的蒙受者）在事件中受到的损害更大，因此更为"凸现"。也就是说，"取"与"夺"看起来相似，但从句法和语义上来看实应分为不同的两类。从先秦汉语的事实来看，"取"类涉入成分的题元角色是来源，可以由介词引入；"夺"类涉入成分的题元角色是蒙受者，在先秦时期没有对应的介词转说式，在后代或被转译为定中结构，如"抢他的牛"，或保留了下来，如"抢了李四50块钱"。

尽管在现代汉语普通话中有一些"给"引入蒙受者的例子，但蔡维天（2013：13）已经指出，这种结构在句法上还受到限制，"譬如蒙受者只能是第一人称单数代词，要是换成复数或第二、三人称，句子就变得很糟。"此外，表蒙受的"给"字句所能结合的动词也是受限的，因此我们认为，还不能说在现代汉语普通话中蒙受者可以由介词或其他功能词引入。总而言之，表示蒙受关系的旁格述宾式从古至今都找不到对应的介词转说式。或者说，现代汉语中引介蒙受者的介词还没有成熟。

2.2 经历涉入

经历者（experiencer）是事件间接影响而不受损也不受益的人或事物。与蒙受者、受益者不同的是，经历者与谓语的关系是中性的。我们发现先秦汉语中存在着这种中性的经历者，且由旁格述宾式引入，而不是由介词引入。例如前面所提到的"为之氓""为之子"中的间接宾语"之"就是经历者，又如：

（28）子曰："求也，千室之邑，百乘之家，可使<u>为之宰</u>。"（《论语·公冶长》）⑪

（29）燕兵在晋，今寡人发兵应之，愿子为寡人<u>为之将</u>。（《战国策·燕策二》）

例（28）中，"之"（千室之邑、百乘之家）在"为宰"（担任总管）事件中被间接影响，是经历者；例（29）中，"之"（军队）是"为将"（担任将领）事件中被间接影响，是经历者。而且在这个例子中，前面的"为寡人"是介词短语，介词"为"引入受惠者"寡人"；后面的"为之将"是旁格述宾式，"之"代指经历者军队。"为之将"整个事件是对"寡人"有利的，故曰"为寡人为之将"。据此，经历者与受惠者不可同一视之。否则，一个句子中无法用两种形式引入两个受惠者。同时，这个句子也说明了经历者根本不能由介词引入。

经历者类涉入关系常用来表达某人与经历者之间具有某种社会关系或亲缘关系，单宾式往往是表示官职、亲属关系的名词动用，⑫其后出现经历者；双宾式则常用泛义动词"为"，可译解为"担任、成为"，经历者做间接宾语，表示官职、亲属关系的名词则做直接宾语。例如：

（30）对曰："<u>臣之</u>而逃其难，若后君何？"（《左传·文公十六年》）

（31）得百里之地而<u>君</u>之，皆能以朝诸侯有天下。(《孟子·公孙丑上》)

（32）天下之民皆悦而愿<u>为</u>之氓矣。(《孟子·公孙丑上》)

（33）彼则肆然而为帝，过而遂正于天下，则连有赴东海而死矣。吾不忍<u>为</u>之民也！(《战国策·赵策三》)

例（30）中，被省略的主语司城荡意诸是做臣子的，旁格宾语"之"（宋昭公）是经历"担任臣子"这一事件的人，即他的主君。例（31）中，被省略的主语某人是做主君的，旁格宾语"之"（百里之地）是经历"担任主君"这一事件的地点。例（32）（33）中，主语"天下之民"和"吾"是"做人民"的人，"之"（主君）是经历"做人民"这一事件的，"天下之民""吾"和"主君"之间具有了君民关系。这些旁格宾语在先秦时期没有对应的介词转说式，不能用介词来引入，其双宾式也没有保留到现代汉语中，被转译为了定中结构。

2.3 动作涉入

在先秦时期，出现在动词之后的涉入成分还可能与其他动作相关，被转译为其他动作的受事，这类旁格述宾式也没有对应的介词转说式，如我们上文所举的"启予足"和"坐甲"，"启予足"被转译"启衾而视之"，"坐甲"被转译为"介而坐道"，它们与述语之间的涉入关系和另一个动作有关。我们将这类旁格述宾式称为"动作型"旁格述宾式，将其中旁格宾语的题元角色定名为动作关系者（苏婧、冯胜利 2020）。[13] 又如：

（34）既井椁，主人西面拜工，左还椁，反位哭，不踊。妇人哭于堂。献材于殡门外，西面，北上，綪。主人徧视之，如<u>哭</u><u>椁</u>。(《仪礼·士丧礼》)

例（34）叙述的是在丧礼中察看棺椁和材料的一系列程序，"如哭椁"是指在察看材料后的哭泣动作，和察看打造好的棺椁后的哭泣动作一样，"反位哭，不踊"。"哭"是一个不及物动词，"椁"被译解为"察看"的受事，该动作本身在前文中没有直接出现。

"哭"与"檀"之间的关系同样与另一个动作有关,"哭檀"也是动作型旁格述宾式。

此前亦有学者注意到先秦汉语中某些比较特别的例子,杨亦鸣(1984)指出《诗经》中的"伐辐"是砍制车辐,"伐轮"是砍制车轮,与"伐檀"是砍伐檀木不同。但是,"伐"本身并不包含"制"的意思,在"伐辐""伐轮"中也并没有出现"制"这个动词。冯胜利在《训诂学讲稿》(待刊)中明确认为这是轻动词句法所致,其格式可概括为[[V O] be-come NP],也就是"伐木成辐/轮"。⑭这个例子也可以看作是动作涉入型的旁格述宾式,旁格宾语"辐""轮"可被译解为另一个动作的受事,无法用介词对应转说。

总之,先秦汉语中存在表示动作涉入关系的旁格述宾式,而且从古至今都没有对应的介词转说式。⑮

2.4 多重涉入

旁格述宾式还可以表达更为复杂的涉入关系。前面也提到,现代汉语中还保留着"写毛笔""吃食堂""哭长城"等单宾旁格述宾式。这些旁格述宾式与介词结构所表达的语义并不相同。冯胜利(2000)就提出"写毛笔"的底层结构中有一个抽象的空动词"拿/用","毛笔"是"书写行为"直接的参与者,"毛笔"和"写"之间"既不是真正的动宾关系,也不是单一的工具关系"。孙天琦(2009:71)也指出:"现代汉语中各种类型的旁格宾语,可以表达非常微妙而又丰富的意义,很多甚至无法还原为介词结构,很难归入某一种类型,如'吃食堂'中的'食堂'看起来既像处所又像方式,'哭长城''挤公交车'等表达中的旁格宾语更是信息量丰富。"也就是说,"吃食堂"并不等于"在食堂吃",它表达的是"吃"这个事件涉及"食堂","食堂"不仅仅是吃的地点,还包含吃的方式、吃的内容等等,涉入成分与事件并非单一的关系,而是有多种涉入关系,与含有介词的"在食堂吃"只表示吃的地点并不相同。

现代汉语中保留的旁格双宾语式表达的语义也可以是多重涉入关系。蔡维天（2005）就指出现代汉语中有一些"非典双宾句"。例如：

(35) 阿Q一共修了王家三扇门。

(36) 阿Q一共切了小D三斤卤菜。

他认为，"王家"和"小D"的语义十分模糊，可解为"受惠者"，也可解为"地点"，与用介词结构引入受惠者的句子意义不同。不过，现代汉语中这些双宾语式也并不多见，可以进入这些双宾语式的动词有限，并非能产的结构。

我们将表达多种涉入关系的旁格述宾式称为多重型旁格述宾式，将其中的旁格宾语承担的题元角色定名为多重关系者（苏婧、冯胜利2020）。先秦时期也有这样的旁格述宾式，例如：

(37) 郤氏亡，晋人归之施氏。施氏逆诸河，沈其二子。妇人怒曰："己不能庇其伉俪而亡之，又不能字人之孤而杀之，将何以终？"遂誓施氏。（《左传·成公十一年》）

杜预注："约誓不复为之妇也。"

"誓施氏"中就包含着"跟施氏发誓"和"发誓关于施氏"两个涉及关系。施氏具有作为发誓对象的可能性，从上下文来看，施氏确实是夫人发誓的对象，因此我们可以推出"誓施氏"含有"跟施氏发誓"的意义。此外，"施氏"还与妇人所发誓言的内容有关，杜预注曰"约誓不复为之妇也"，即不再作施氏的妻子，可见古人在注释时也注意到了这一点。如果用介词来翻译"誓施氏"，只能翻译出单一的语义关系（如"对施氏发誓"），并不能翻译出"誓施氏"的多重复合语义，因此"誓施氏"的多重意义是无法用介词结构来转说的。

需要说明的是，这种多重涉及关系与动词"誓"本身无关，并不是所有的"发誓"动作都包含多重涉及关系，[誓+DP]可以只表达单一的涉及关系。例如：

(38) 子见南子，子路不说。夫子矢之曰："予所否者，天厌

之！天厌之！"(《论语·雍也》)

孔安国注:"子路不说,故夫子誓之。行道既非妇人,而弟子不说,与之祝誓,义可疑焉。"

"矢之"可译解为"对他发誓","之"是"矢"的发誓对象,与誓言的内容无关,"矢之"不是多重型涉入。这从《论衡》对这一事件的阐述中也可看出:

(39) 今引未曾有之祸,以自誓于子路,子路安肯晓解而信之?(《论衡·问孔》)

"发誓"动作本身与多重涉及关系无关,多重涉及关系绝非由动词"誓"带来的。更为可证的是,当介词出现时,誓与DP之间的关系就只能解释为单一的语义关系,例如:

(40) 海滨诸侯莫敢不来服。与诸侯于是饰牲为载,以约誓于上下庶神,与诸侯戮力同心。(《国语·齐语》)

(41) 公素服誓于太庙。(《墨子·迎敌祠》)

例(40)中的"约誓于上下庶神"是发誓的对象为上下庶神,例(41)中的"誓于太庙"则是发誓的地点在太庙,都不表达多重涉入关系,与"誓施氏"明显不同。可见,含有介词的 [誓+PP] 并不能够用来转说表达多重涉入关系的旁格述宾式 [誓+DP]。

多重型旁格述宾式的例子又如:

(42) 蹇叔哭之,曰:"孟子! 吾见师之出而不见其入也!"(《左传·僖公三十二年》)

(43) 扬朱哭衢涂,曰:"此夫过举蹞步而觉跌千里者夫!"(《荀子·王霸》)

这些例子中,动作"哭"和其后代词、名词指称的对象之间也存在着多重关系。例(42)中,"蹇叔"是"哭"的施事,"之"代指秦国的军队,"哭之"既是向着军队哭泣,也是蹇叔认为军队会失败,"见师之出而不见其入",所以为军队感到难过而哭。例(43)中,杨朱哭泣,是因为想到在大道上遇到岔路口,错走半步,便会相差千里,"哭衢涂"既是在岔路前哭,也是因岔路而哭。这样的多重关系自然也不能用单一的介词来转说。

同样，我们对比［哭＋DP］与［哭＋PP］也会发现，当介词出现时，哭与DP之间的关系只能解释为单一的语义关系，例如：

（44）齐人弑悼公，赴于师，吴子三日哭于军门之外。（《左传·哀公十年》）

（45）孔子过泰山侧，有妇人哭于墓者而哀。（《礼记·檀弓》）

例（44）中由介词"于"引入的"军门之外"是吴子哭的地点，例（45）中由介词"于"引入的"墓"是妇人哭的地点，"哭于军门之外"和"哭于墓"表达的是单一的涉入关系。通过例（42）、例（43）与例（44）、例（45）的比较，我们可以明显地看出旁格述宾式可以表达多重涉入关系，而介词结构却不可以。

综上所述，没有对应介词的旁格述宾式可以表示蒙受涉入、经历涉入、动作涉入和多重涉入。⑯汉语至今还没有发展出介词来引入蒙受者、经历者。动作型旁格述宾式包含了另一个动作，多重型旁格述宾式包含了多重涉入关系，这两类结构传达的信息综合性较高，所以其中的涉入成分无法用介词或者其他功能词来引入。作为旁证，孙天琦（2018）发现，越南语、泰语中的旁格述宾式也可以"表示比较丰富、微妙的含义"，如越南语中的"chaychucthi truong"（跑市长）还可以表示"求市长办事"，也不容易用常规的题元角色来概括，当然也不能找到对应的介词。

3 无介词旁格述宾式的句法解释

前文曾经提到，曾有不少学者认为，先秦时期"述宾"之间的不同语义来自于隐而未现的不同介词。但是，本文发现，至少表达蒙受涉入、经历涉入、动作涉入和多重涉入的先秦汉语旁格述宾式从古至今都没有对应的介词、不能用介词来转说，这些语义与介词毫无瓜葛，表达这些语义的旁格述宾式绝非介词省略而来的。这些无介词的旁格述宾式是冯胜利（2005；2014a）所预测的一批"前/

无介词结构"、蒋绍愚（2014）所说的"不可能每一种动宾语义关系都加上一个介词来加以说明"的核心例证。事实上"无介词"而又表示涉入关系的旁格述宾式的存在，促使我们重新考虑先秦汉语特殊的"述宾"关系究竟是何种结构所造就的。

过去对于汉语的旁格述宾式曾有三种可能的解释方案：介词省略方案，多种轻动词结构方案⑰和施用词结构方案。苏婧、冯胜利（2020）说明了先秦时期旁格述宾式具有题元关系丰富、表层形式单宾双宾均可、整体句法位置统一且担任述语词样类繁多的语法属性，并据此比较分析各个方案间的优劣，论证了冯胜利（2000；2005；2014a）、Feng（2003；2014b）提出的抽象轻动词INVOLVE方案才是旁格述宾式目前的最优解释。轻动词作为一个句法范畴，不应仅仅根据语义来分类，而应综合考虑其句法属性，否则会造成句法系统的冗余。况且，正如本文发现的蒙受涉入、经历涉入、动作涉入和多重涉入，还有些语义根本找不到具体语义的轻动词或其他功能词来对应。因此，本文发现的无介词的旁格述宾式正可为此方案的事证之一。在这种解释方案下，旁格述宾式的生成过程如下：无音的抽象轻动词v以VP为补述语，VP的指示语位置上可以有一个表示事件涉入成分的旁格宾语；轻动词v本身没有语音形式，故在句法上具有强特征，促使下方的中心语实义动词V上移合并到轻动词的位置上，形成旁格宾语出现在V之后的表层形式。以旁格述宾式"闭之门"为例，其结构如下图所示（Feng 2014b）：

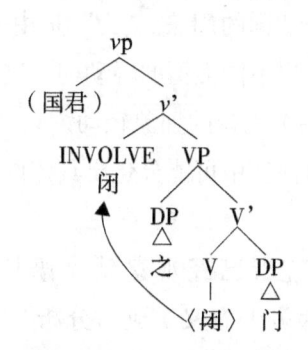

图1 "闭之门"的句法结构树形图

动作的受事"门"出现在V的补述语位置上，蒙受者"之（他）"出现在VP指示语位置上，而动作的发出者则出现在vP指示语位置上。无音轻动词吸引下层核心词"闭"上移和合并到v的位置上，得到"闭之门"这样的表层形式。

根据Feng（2003、2014b）及苏婧、冯胜利（2020），INVOLVE轻动词结构的结构意义是"做出一个涉及某事物的事件"或"出现一个涉及某事物的状态"，在具体语境中涉入关系可以被译解成"多种多样的vP内并现行为的复杂事件"。因此，由INVOLVE轻动词促发移位生成的旁格述宾式表达人们所选取的事件的不同方面，可以得出蒙受涉及、经历涉及等意义，也可以表达更为复杂的动作涉及和多重涉及，表现为无介词的旁格述宾式。先秦汉语的"述宾"可以表达无法用介词来转说的蒙受涉及、经历涉及、动作涉及和多重涉及，这是当时的句法结构所允许的。而有音介词则有具体的语义，是一个"实现非音化轻动词的格位标志"（冯胜利 2005），无法表达（转说）蒙受涉及和经历涉及，更无法表达动作涉及和多重涉及。这些语义的旁格述宾式没有对应的介词，在后代或被转译为其他结构，或保留至今。

这个句法上抽象轻动词INVOLVE是否真的存在呢？最近，冯胜利、苏婧（2018）也提出，先秦汉语中存在着一个多功能的有音轻动词"为"，具有使用（USE）、状态（BE）、变化（BECOME）、存在（HAVE）、行为（DO）、受惠（FOR）、致使（CAUSE）等七种轻动词的用法。"为"是由一个抽象的轻动词在不同语境下"派生"出不同类型的轻动词。这也从侧面证明，在句法上完全可以存在一个无音的抽象轻动词v，它在具体语境中存在多解的可能，在历时演变中可能分化出具体语义不同的轻动词或再虚化为其他功能词。

从现象上，研究者已经观察到汉语从古至今存在从"综合"（一个形式表达多个意义）到"分析"（一个形式表达一个意义）的各种表现。从词汇、形态、音韵、句式等方面，蒋绍愚

（1989）、梅祖麟（1991）、杨荣祥（2003、2013）、徐丹（2003、2004）、胡敕瑞（2005、2008）、宋亚云（2006）、史文磊（2011）等分别展现了汉语从综合转变为分析的典型现象。其中与本文研究对象特别相关的是，杨荣祥（2013）提出用"综合性动词"表达后世用"分析性"结构表达的内容是上古汉语的一大特点，而进入中古，"综合性动词"表示的意义逐渐由"分析性"句法结构来表示。但是，在结构上何为"综合"、何为"分析"呢？为何汉语会发生从"综合"到"分析"的变化呢？从句法原理上，移位操作会导致一个句法位置上有两个或多个词及词缀，即移位结构的综合性强于非移位结构，Huang（2005、2006、2009、2010、2014）根据形式句法学理论指出，汉语从综合到分析的发展趋势源于中心语能够促发移位的强特征的消失，其中就包括轻动词由隐至显而不能再促发移位，他将"综合/分析"视为一种宏观参数（macro-parameter）。然而，为何中心语的特征会发生变化、为何参数的设置会发生变化，这也仍需得到进一步的解释。况且，也有学者观察到另外一面的现象——汉语并非单向地从综合到分析：Xu（2006）认为上古汉语是混合型的，在使用分析型语言的句法手段的同时也使用综合型语言采用的语音和形态手段；Peyraube（2014）认为汉语的综合与分析呈循环性研究；何元建（2017）指出汉语还有"从分析到综合"的相反变化。这对Huang的"综合/分析宏观参数说"也形成了事实上的挑战。因为，若汉语的演变是由这一宏观参数造成的，那么在历史上就不应该既有"综合→分析"、又有"分析→综合"的变化。冯胜利（2009、2014a、2016）、冯胜利、刘丽媛（2019）则提出了"韵律形态参数致变说"，指出汉语历史上发生的无论是从综合到分析、还是从分析到综合的类型性变化都是由韵律系统转型而导致的——汉语的音步系统从韵素音步转变为音节音步。音步系统的演变及其所导致的句法效应已得到诸多证明，例如，冯胜利（2012）揭举了15类例证论证上古时期韵素决定音节重量，其中包含若干组意义相同、韵素数量或响度不同而轻重有别、分布互补的最小对立对，如代词之"吾""我"、疑问语气词之"邪""也"、连词之"而""则"等，故上古时期汉语为韵素型音步，明矣；赵璞嵩（2018、2019）进一步充分论证了"吾""我"在上古时期的句法互补分布缘于"吾"所含的韵素数量少于"我"，故"吾"不能处于韵律凸显的位置上，呈现出多种句法分布现象，而"吾""我"互补分布的消失又说明了后代汉语不再是韵素音步而是音节音步；继之，李果（2018）发现了疑问代词"胡"轻"何"重而"胡"在句法上比"曷"受到更多的限制。[18]

而就轻动词的隐显问题而言，冯胜利（2009、2014a、2016）、Feng（2014a）、冯胜利、刘丽媛（2019）多次论证了轻动词显形以韵律为动源：东汉前后，汉语的音步系统从韵素音步转变为音节音步，为了满足音节音步的需求，无音轻动词或词缀轻动词逐渐为实足音节形式的轻动词所代替，故在同一文献中，"或复打鼓"（《佛本行集经·卷八》）中轻动词"打"必须出现，否则"鼓"自身无法形成双音节音步，而在"不鼓自鸣"（《佛本行集经·卷一》）中轻动词"打"不必出现，因为这里"不鼓"已经是一个双音节音步。"韵律形态参数致变说"给出了汉语综合与分析双向演变的语言系统内部原因。

轻动词由隐至显，不能再促发下层动词的移位，因此由轻动词促发移位而造就的旁格述宾式也将在东汉以后逐渐减少。这与我们观察到的先秦无介词的旁格述宾式的变化正相吻合：由句法移位生成的、一个句法位置上有多个形式的综合性较高的旁格述宾式被转译为没有句法移位的、一个句法位置上只有一个形式的分析性较高的定中结构或［VP而VP］结构，少数保留了下来。[19]有些语义随着结构的消失而消失了，这也造成了后人对先秦文献的误解，如冯胜利（2014b）分析的后代对"动之名"结构的误读及本文所分析的"启予足、启予手""坐甲"等例子。

4 结语

旁格述宾式和介词结构都是引入事件涉入成分的句法手段，先秦汉语中存在着没有对应介词的旁格述宾式。它们可能被转译为定中结构、[VP而VP]结构，少数保留至今。从语义上来看，这些旁格述宾式表示的是蒙受关系、经历关系、动作涉入关系和多重涉入关系。

对于无介词的旁格述宾式的句法本质，我们认为抽象轻动词方案是最优解释，即底层形式含有抽象轻动词INVOLVE结构，表层形式是经过核心词上移且合并到轻动词位置上而生成的。抽象轻动词INVOLVE在结构上的意义就是"涉及"，在不同的语境中被译解出不同的意义，因此可以表达不能用介词转说的蒙受涉入、经历涉入、动作涉入和多重涉入。

冯胜利（2016）根据古代汉语的现象指出，轻动词移位结构可为两大类型：一是"以'使/以'轻动词为核心的'双轻动词结构'"，二是"以'外涉论元成分'为基础的'前介词结构'"。[20]本文在此基础之上进而发掘出了一批成类型的无介词的旁格述宾式（即"前介词结构"中的一类），从事实上说明它们并非介词省略而来，在理论上佐证了无音抽象轻动词INVOLVE的存在。蒋绍愚（2014）所概括出的介词省略说的局限性以及"先秦汉语主要用无标记形式表达述语和宾语之间的不同的语义关系"正是旁格述宾式由抽象轻动词移位结构派生而来的结果。

今后，我们还将试图对比分析有介词的旁格述宾式与无介词的旁格述宾式、现代的旁格述宾式与古代的旁格述宾式，探讨是否具有相同的属性、可做统一解释，还是属性不同、结构各异。此外，从历时角度来看，地点、来源、目标、工具、原因、目的、对象、受惠者的涉入成分在汉语中较早就可以用介词引介，但蒙受者和经历者却至今没有发展出成熟的介词。也就是说，题元关系的线性化存在着历时差异。汉语也为这一课题提供了丰富的语料资源。本文也还只是这方面研究的一个起点。这也是本文挖掘出先秦汉语中无介词的旁格述宾式的意义所在。

附　注

①　学界对题元角色的具体类别存在不同的看法，从不同的研究角度会划分出不同的题元角色。本文采用的题元角色主要根据 Hageman（1994）、Parsons（1995）、黄正德（2007）、蔡维天（2013）等人的研究。简单说明几个本文涉及的题元角色：施事是发出动作的人，历事是处于某种状态的人，受事是受动作直接影响的人或事物，致事是促使事件发生或状态产生的人或事物，地点是事件发生的处所，工具是事件中的物质工具及抽象方式、凭借，对象是动作指向的有生对象和状态的比较对象，受惠者是在事件中受益的人或事物，蒙受者是受事件间接影响的人或事物。

②　Andrews（2007）提出，动词的语义角色可分成两类：参与角色是动作中蕴涵的，施事和受事是最基本、最典型的参与性角色；情景角色则并非事件的直接参与者，而是事件背景的一部分，即本文所说的涉入类题元角色，受惠者是最典型的情景角色。

③　在汉语研究中，承担涉入类题元角色的名词性成分直接出现在动词之后的现象也被称为"代体宾语"（邢福义 1991）、"非规定宾语"（郭继懋 1999）、"非受事宾语"（任鹰 1999）、旁格宾语（孙天琦 2009）等等。旁格与主格、宾格形成对立，比起其他术语而言，能够准确体现涉入成分的性质，也便于与其他语言、方言进行对比，故本文采用旁格述宾结构来指称这类现象。

此处，评审专家提出需要更明确地界定旁格（oblique）的定义。有些学者将介词引入的成分称为旁格宾语，由介词指派旁格给它的宾语，正如动词指派宾格给它的宾语一样。如 Poole（2011：98）就认为："当它（一个名词）是介词的宾语时，它被认为具有旁格。"Carnie（2013：134）则提到："在许多语言中，如芬兰语，旁格并不是用介词来标识，而是采用添加后缀的方式。因此旁格并不总以被介词标识来定义——那只是暂时的方便的定义。"虽然表现形式不同，但这两者在语义上都是与事件间接相关的。不同语言中利用不同的句法手段引入了事件的涉入成分，这些成分在深层结构中具有相同的句法属性。Beavers（2009）就直接将介词和旁格形态归在一个 P 范畴之下。无论是在语义上还是在句法上，介词引入的宾语和带有格标记的"旁格"都有着相同的属性。旁格可以被界定为在语义上表示事件涉入类角色，在句法上由 P 范畴允准出现。

评审专家还提出旁格范围的问题，对致使类宾语是否属于旁格提出疑问。在查阅文献后我们发现，也有学者将致使类宾语作为旁格宾语的一种，如 Wali

（1980）将致使类宾语称为旁格被使者（oblique causee）。不过，杨伯峻、何乐士（1992）与蒋绍愚（2001、2014）都详细证明了致使类宾语和其他旁格宾语的结构不同。本文暂时不讨论这两类旁格宾语，集中于不能被介词转说的旁格述宾式。

④ 例（10）、（12）转引自王泗原《古语文例释》。
⑤ 杨伯峻编著：《春秋左传注（二）》（修订本）（北京：中华书局1990年第2版）第591页。
⑥ 关于现代汉语旁格宾语的研究，读者还可参考孙天琦（2009）《谈汉语中旁格成分作宾语现象》、孙天琦（2011）《现代汉语宾语选择问题研究述评》两篇文章，我们在文中仅介绍了集中代表型的观点。
⑦ 取自沈家煊（2000）。
⑧ 取自蔡维天（2005）。
⑨ 取自黄正德（2007）。
⑩ 评审专家提出，"夺之牛"一类蒙受义双宾式与"典型"的单宾旁格述宾式不同。这两者的形式确有区别。本文中所研究的旁格宾语结构既包括旁格宾语代替了受事宾语的情况，也包括旁格宾语和受事宾语共现的情况。不过，蒙受者既可以出现在单宾式中（"夺商人"的"商人"），也可以出现在双宾式中（"夺之牛"的"之"）。先秦汉语双宾式的间接宾语除了蒙受者以外，也还可以是其他旁格成分，如地点（《左传·哀公十一年》中"树吾墓檟"的"吾墓"）、受益者（《左传·文公二年》中"树之风声"的"之"）等。无论是单宾式中的旁格宾语，还是双宾式中的间接宾语，它们都是旁格宾语，表达事件的涉入成分。因此，我们目前将含有旁格宾语的双宾式也视为旁格述宾式的一类。
⑪ 评审专家认为"为之宰/将"有分析为单宾的可能性。此问题可作专文讨论。我们采用"为之宰/将"是双宾式、"之"是"为"的间接宾语的观点。在此仅以殷国光（1984）提出的一条论证为据："民死，寡人将谁为君乎？"（《吕氏春秋·制乐》）疑问代词"谁"在这里不是主语，而是前置于动词"为"之前的宾语。与"谁为君"相对的陈述形式是"为谁君"也应该是一个双宾式。因此，"为之宰/将"这类例子是双宾式而不是单宾式。
⑫ 这里既包括名词临时活用为动词的情况，也包括动词用法已经固定下来的情况。
⑬ 我们所说的动作涉入关系，是在郑玄解释的基础上做出的分析，并不是因为有多种解释而认为"启予足""启予手"表达的是动作涉入关系。古人对"启予足"产生了不同的解释，也就是说这种结构在后代不能被正确地理解，说明动作型旁格述宾式对于后代人来说已经是一个不能正常使用的结构，句法上不再能产。
⑭ 此讲稿为冯胜利师于2018年在香港中文大学讲授"训诂学"课程内容整理而成。

⑮ 评审专家提出动作涉入型旁格述宾式的例子非常特殊，在理解上也还存在争议。这样的语义关系在旁格宾语结构中确实比较少见，但也并非特例。这些例子不能用介词来转说，在直译时也有困难。所以我们才注意到这些例子，并且认为将这些例子分析为旁格述宾式是较好的解释方案，否则很难解释为何不是"启"受事的"予足""予手"可以出现在"启"的后面、"槥"可以出现在不及物动词"哭"的后面。可能是由于过去学者集中关注"特殊述宾关系"与介词结构的对应性，常用介词来转说特殊述宾关系，被介词的语义所束缚，才少有注意到不能用介词来对应转说的语义，没有意识到这类旁格述宾式的存在。

⑯ 无对应介词的旁格述宾式所表达的语义可能还不止这四种，今后应能发掘出更多的语义类型，本文只是抛砖引玉。

⑰ 简要介绍轻动词理论的发展及在汉语中的应用：在Larson（1988）的VP壳（VP shell）假设的基础上，Chomsky（1995）将上层空动词定义为一个"轻"的功能性语类v。Huang（1997）提出事件结构中均含有为事件分类的轻动词v，以此解释汉语中若干形义错配的现象。冯胜利（2000、2005）、Lin（2001）、Feng（2003）、梅广（2003、2015）、Li（2014）、蔡维天（2016、2017）等人运用轻动词理论对古今汉语复杂述宾关系进行研究。学者曾针对不同的述宾语义提出了不同的轻动词，如Lin（2001）提出的FOR、USE、AT，梅广（2015）提出的v供、v为、v对等。

⑱ 除音步系统转型导致演变以外，韵律上核心重音指派规则亦会导致句法的演变，例如连词"而"的消失（Feng 1997）、VV复合词与动补结构的产生（冯胜利2002）、拷贝结构（重动句）的产生（刘丽媛2019）等等。

⑲ 这里关于汉语从综合到分析的变化及本文所研究的对象是怎样从综合到分析的部分是经评审专家及编辑部老师提醒而扩充的，非常感谢评审专家及编辑部老师的意见。

⑳ 正如苏婧、冯胜利（2020）脚注10中所说，"前介词结构"及"无介词结构"是从轻动词与介词比较的角度出发命名的，而"旁格述宾式"则是从宾语性质的角度出发命名的，二者名异而实同。"前介词结构"既包括当时没有对应介词而后代有对应介词的旁格述宾式、也包括从古至今都没有对应介词的旁格述宾式。

参考文献

蔡维天（2005）谈汉语的蒙受结构（未刊稿）。
蔡维天（2013）从生成语法看汉语蒙受结构的源起，《语法化与语法研究》第6辑，13—41页，商务印书馆，北京。
蔡维天（2016）论汉语内、外轻动词的分布与诠释，《语言科学》第4期，362—376页。

蔡维天（2017）及物化、施用结构与轻动词分析，《现代中国语研究》第19期，1—13页。

冯胜利（2000）"写毛笔"与韵律促发的动词并入，《语言教学与研究》第1期，25—31页。

冯胜利（2002）汉语动补结构来源的句法分析，《语言学论丛》第26辑，178—208页，商务印书馆，北京。

冯胜利（2005）轻动词移位与古今汉语的动宾关系，《语言科学》第4期，3—16页。

冯胜利（2009）论汉语韵律的形态功能与句法演变的历史分期，《历史语言学研究》第2辑，11—31页，商务印书馆，北京。

冯胜利（2012）上古单音节音步例证，《历史语言学研究》第5辑，78—90页。

冯胜利（2014a）先秦汉语轻动词的句法分析优于词法加缀说例证，冯胜利、何志华主编《承继与拓新：汉语语言文字学研究（下）》，233—257页，商务印书馆，香港。

冯胜利（2014b）从古人误读看上古汉语的轻动词句法，《历史语言学研究》第8辑，30—46页，商务印书馆，北京。

冯胜利（2016）《汉语历时句法学论稿》，上海教育出版社，上海。

冯胜利（2018）《训诂学讲稿》（待刊）。

冯胜利、苏婧（2018）上古汉语中的"为"与轻动词句法中的抽象轻动词，《历史语言学研究》第12辑，88—112页。

冯胜利、刘丽媛（2019）汉语"综合⇌分析"双向演变的韵律机制，《历史语言学研究》第13辑，243—268页，商务印书馆，北京。

郭继懋（1999）试谈"飞上海"等不及物动词带宾语现象，《中国语文》第5期，337—347页。

何元建（2017）汉语是否存在合成性（或分析性）导向的类型学转变？——兼论古今复合词、使役句、感叹句，《语言教学与研究》第4期，1—15页。

胡敕瑞（2005）从隐含到呈现（上）——试论中古词汇的一个本质变化，《语言学论丛》第31辑，1—21页，商务印书馆，北京。

胡敕瑞（2008）从隐含到呈现（下）——试论中古词汇的一个本质变化，《语言学论丛》第38辑，99—127页，商务印书馆，北京。

黄正德（2007）汉语动词的题元结构与其句法表现，《语言科学》第4期，3—21页。

蒋绍愚（1989）《古汉语词汇纲要》，北京大学出版社，北京。

蒋绍愚（2001）使动、意动和为动，载《语苑集锦：许威汉先生从教五十周年纪念文集》，157—163，上海教育出版社，上海。

蒋绍愚（2014）从《左传》中的"P（V/A）+之"看先秦汉语的述宾关系，《历史语言学研究》第8辑，1—19页。

李果（2018）《上古汉语疑问句韵律句法研究》，北京语言大学出版社，北京。
李　零（1997）《吴孙子发微》，中华书局，北京。
李新魁（1979）古汉语词类活用中的诸种述宾关系，《暨南学报》（哲学社会科学版）第0期，96—110页。
刘丽媛（2019）拷贝结构产生的深层机制——句法、韵律的相互作用，《古汉语研究》第4期，75—86页。
马建忠（1983）《马氏文通》，商务印书馆，北京。
梅　广（2003）迎接一个考证学和语言学结合的汉语语法史研究新局面，载《古今通塞：汉语的历史与发展》，23—47页，中研院语言学研究所筹备处，台北。
梅　广（2015）《上古汉语语法纲要》，三民书局，台北。
梅祖麟（1991）从汉代的"动、杀"、"动、死"来看动补结构的发展，《语言学论丛》第16辑，112—136页，商务印书馆，北京。
缪文远（1987）《战国策新校注》，巴蜀书社，成都。
任　鹰（1999）几种主要的非受事宾语句及其相关的语法问题，中国社会科学院博士学位论文。
沈家煊（2000）说"偷"和"抢"，《语言教学与研究》第1期，19—24页。
时　兵（2007）《上古汉语双及物结构研究》，安徽大学出版社，合肥。
史文磊（2011）汉语运动事件要素词化模式的历时演变，《语言学论丛》第43辑，281—312页，商务印书馆，北京。
宋亚云（2006）汉语从综合到分析的发展趋势及其原因初探，《语言学论丛》第33辑，66—102页，商务印书馆，北京。
苏　婧、冯胜利（2020）上古汉语旁格述宾式的语法属性与分析，《语言科学》第2期，159—175页。
孙良明（1993）关于古汉语V-N语义关系问题——兼谈近年来的"特殊动宾意义关系"研究，《语文研究》第4期，8—15页。
孙天琦（2009）谈汉语中旁格成分作宾语现象，《汉语学习》第3期，70—77页。
孙天琦、李亚非（2010）汉语非核心论元允准结构初探，《中国语文》第1期，21—33页。
孙天琦（2011）现代汉语宾语选择问题研究述评，《汉语学习》第3期，71—81页。
孙天琦（2018）旁格成分做宾语现象的跨语言考察及类型关联特征分析——从分析型语言中的同类发现谈起，《语言学论丛》第57辑，70—90页。
王丽娟（2018）汉语旁格述宾结构的语体鉴定及其语法机制，《语言教学与研究》第6期，58—59页。
王泗原（1988）《古语文例释》，上海古籍出版社，上海。
邢福义（1991）汉语里宾语代入现象之观察，《世界汉语教学》第2期，

76—84页。

徐　丹（2003）"使"字句的演变——兼谈"使"字的语法化,《语法化与语法研究》(一), 224—238页, 商务印书馆, 北京。

徐　丹（2004）先秦汉初汉语里动词的指向,《语言学论丛》第29辑, 197—208页, 商务印书馆, 北京。

杨伯峻（1990）《春秋左传注》, 中华书局, 北京。

杨伯峻、何乐士（1992）《古汉语语法及其发展》, 语文出版社, 北京。

杨荣祥（2003）"大叔完聚"考释——兼论上古汉语动词"聚"的语义句法特征及其演变,《语言学论丛》第28辑, 128—137页, 商务印书馆, 北京。

杨荣祥（2013）论"词类活用"与上古汉语"综合性动词"之关系,《历史语言学研究》第6辑, 69—85页, 商务印书馆, 北京。

杨亦鸣（1984）《诗》"伐檀"、"伐辐"、"伐轮"正义,《徐州师范学院学报》第3期, 91—93页。

殷国光（1984）关于"为·之·名""夺·之·名"的几点看法,《语言学论丛》第12辑, 213—227页。

尹日高（1987）对古汉语中"介动用法"的研究,《宁夏大学学报》(社会科学版)第3期, 68—74页。

赵璞嵩（2018）《上古汉语韵素研究——以"吾""我"为例》, 北京语言大学出版社, 北京。

赵璞嵩（2019）金守拙古汉语研究中的韵律现象探索,《韵律语法研究》第2期, 172—187页, 北京语言大学出版社, 北京。

Andrews, Avery (2007) The major function of the noun phrase. In Timothy Shopen (eds.), *Language Typology and Syntactic Description Vol.2: Clause Structure*, 62-150. Cambridge: Cambridge University Press.

Beavers, John (2009) Predicting argument realization from oblique marker semantics. In Ronald P. Leow, Hector Campos, and Donna Lardiere (eds.), *Little Words: Their History, Phonology, Syntax, Semantics, Pragmatics, and Acquisition*, 121-130. Washington, D.C.: Georgetown University Press.

Carnie, Andrew (2012) *Syntax: A Generative Introduction (Third edition)*. Hopoken: John Wiley & Sons.

Chomsky, Noam (1995) *The Minimalist Program*. Cambridge, MA: MIT Press.

Feng Shengli (1997) Prosodic structure and compound word in Classical Chinese. In Jerry Packard (eds.), *New Approaches to Chinese Word Formation: Morphology, Phonology and the Lexicon in Modern and Ancient Chinese*, 197-260. Berlin: Mouton de Gruyter.

Feng, Shengli (2003) Light verb syntax in Classical Chinese. (Paper presented at the Conference on Research and Pedagogy in Classical Chinese and Chinese language History, 28-30 March).

Feng Shengli (2014a) Historical syntax of Chinese. In James C-T. Huang and Audrey Y.-H. Li, and Andrew Simpson (eds.), *The Handbook of Chinese Linguistics*, 537-575. New Jersey: Wiley-Blackwell Publisher.

Feng, Shengli (2014b) Light-verb syntax between English and Classical Chinese. In Audrey Y.-H. Li, Andrew Simpson & Dylan W.-T. Tsai (eds.), *Chinese Syntax in a Cross-Linguistic Perspective*, 229-250. New York: Oxford University Press.

Hageman, Lilian (1994) *Introduction to Government and Binding Theory*, Oxford: Blackwell.

Huang, C-T. James (1997) On lexical structure and syntactic projection, *Chinese Language and Linguistics* 3: 45-89.

Huang, C-T. James (2005) Syntactic analyticity and the other end of the parameter. (LSA Summer Institute Lecture Notes. MIT & Harvard, 2005).

Huang, C-T. James (2006) The macro-history of Chinese syntax and the theory of change. (invited lecture presented at Workshop on Chinese Linguistics, University of Chicago, 2006).

Huang, C-T. James (2009) Lexical decomposition, silent categories, and the localizer phrase,《语言学论丛》第39辑, 86-122, 商务印书馆, 北京。

Huang, C-T. James (2010) Macro-and micro-variations and parametric theory, principles-and-parameters and minimalism. (Peking University Summer Institute, 2010).

Huang, C-T. James (2014) On syntactic analyticity and parametric theory, In Audrey Y.-H. Li, Andrew Simpson & Dylan W.-T. Tsai (eds.), *Chinese Syntax in a Cross-Linguistic Perspective*, 1-35. New York: Oxford University Press.

Larson, Richard (1988) On the double object construction, *Linguistic Inquiry* 19.3: 335-391.

Li, Y.-H. Audrey (2014) Thematic hierarchy and derivational economy, *Language and Linguistics* 15: 295-339.

Lin, Tzong Hong (2001) *Light Verb Syntax and the Theory of Phrase Structure*, Irvine: University of California, Irvine. (Ph.D. dissertation).

Parsons, Terence (1995) Thematic relations and arguments. *Linguistic Inquiry* 26: 635-662.

Peyraube, Alan (2014) Has Chinese changed from a synthetic language into an analytic language? 冯胜利、何志华主编《承继与拓新：汉语语言文字学研究（上）》, 39-99页, 商务印书馆, 香港。

Poole, Geoff (2011) *Syntactic Theory (Second Edition)*. Basingstoke: Red Globe Press.

Wali, Kashi (1980) Oblique causee and the passive explanation, *Linguistic Inquiry*, 11.1: 258-260.

Xu, Dan (2006) *Typological Change in Chinese Syntax*. Oxford: Oxford University

Press.

Zhang, Niina, Ning (2018) Non-canonical objects as event kind classifying elements. *Natural Language & Linguistics Theory*, 35.3: 1395–1437.

引书目录

《十三经注疏》，阮元（清），艺文印书馆，台北，1956。
《国语》，左丘明（战国），上海古籍出版社，上海，2015。
《墨子》，墨翟（战国），毕沅（清）校注，上海古籍出版社，上海，2014。
《荀子》，荀况（战国），王先谦（清）集解，中华书局，北京，1988。

Oblique Object Constructions without Preposition in Pre-Qin Chinese

SU Jing

Abstract: In Pre-Qin Chinese, some oblique object constructions have hitherto never had corresponding preposition constructions. Most of them have been reinterpreted using attributive-head constructions or [VP 而 VP] constructions; with very few of them remain invariant structurally. These oblique object constructions can express affected involvement, experiential involvement, action involvement, and multi-facet involvement. These constructions did not result from the omission of prepositions or other function words. They were, generated via syntactic movement triggered by a covert abstract light verb INVOLVE.

Keywords: oblique objects, thematic roles, abstract light verb, Pre-Qin Chinese

（1000831 北京，北京语言大学语言科学院
章黄学术理论研究所 sujingchi@blcu.edu.cn）

嘉戎语组语言动词的分类
——以绰斯甲（拉坞戎）语为例*

赖云帆

提要 嘉戎语组语言中，动词是形态最丰富的词类。嘉戎语组语言的动词系统十分发达，比大多数汉藏语系语言都要复杂，该领域的学者亦孜孜不倦地力求对动词的形态特点进行准确的描述和分析。然而，在动词类型学方面的研究仍旧十分欠缺。过去的研究中，学者们并未对嘉戎语组动词的分类提出可靠的标准，而本文的宗旨正是填补这一空缺。我们以绰斯甲语为主要研究对象，从其丰富的形态变化着手，提出了动词基于及物性形态以及语义的两大分类原则。这两大分类原则可以测试、证伪，亦可为后续的研究提供有用的参考。

关键词 嘉戎语组 绰斯甲语 动词 形态 类型学

1 背景信息

嘉戎语组的语言主要分布在四川西部的阿坝州与甘孜州（Sun 2000a, b），最近亦于西藏地区找到嘉戎语组语言的踪迹（Suzuki 2016, Zhao 2018）。总结 Sun（2000a）与 Lai（2017: 10）的研究，嘉戎语组语言大致有两个主要分支，东部嘉戎语组（嘉戎诸语）以及西部嘉戎语组。其中东部嘉戎语组包括四土、草登、日部和茶堡（音 pù——作者按）；而西部嘉戎语组则又可细分为绰斯甲语和道孚语（道孚语又称霍尔巴语、尔龚语）。有的学者认为西部嘉戎语组

收稿日期：2018-10-22；定稿日期：2020-03-07。

* 本研究受欧洲研究委员会（ERC）的 European Union's Horizon 2020 research and innovation programme（项目编号：715618，项目名称：Computer-Assisted Language Comparison）资助。作者对本文的两名匿名审稿人提出的宝贵意见表示诚挚的感谢。

还包括西夏语（Sagart et al 2019, Lai et al 2020）。嘉戎语组的谱系树参照图1所示。

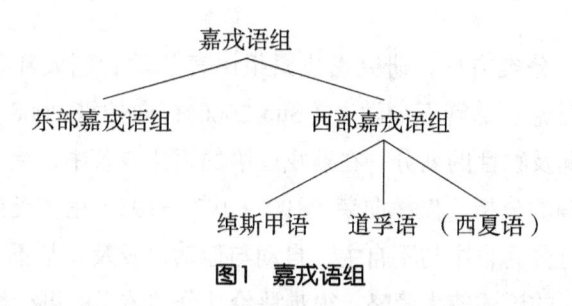

```
              嘉戎语组
             ／      ＼
       东部嘉戎语组   西部嘉戎语组
                   ／    ｜    ＼
               绰斯甲语  道孚语  （西夏语）
```
图1　嘉戎语组

动词是嘉戎语组语言中的主要词类之一，其形态之复杂、用途之广泛可谓汉藏语系之冠，这在不少对嘉戎语组语言动词的描述与分析中已有充分体现，因篇幅所限，不一一枚举。然而，在研究者对动词的形态保持着深厚兴趣的同时，却对一些基础问题有所忽略，最明显的就是动词的分类。在赖云帆（Lai 2017）的绰斯甲语俄热话语法问世以前，未有学者专门详细地讨论动词分类的标准。正因如此，本文旨在填补这一空缺，为今后嘉戎语组语言，甚至其他汉藏语系语言的描述提供一个有用的参考。

本文将以绰斯甲语的俄热与斯跃武方言为主要描述对象，佐以其他嘉戎语组语言的例证进行论述。

绰斯甲语，亦称拉坞戎语，主要使用于四川阿坝州的金川县观音桥镇一带，向西延伸至壤塘县的小伊里，向东覆盖至马尔康市的木尔宗乡，母语人口超过一万人（黄布凡 2007）。笔者对该语言的名字并无偏好，因2016年以后的相关出版物大部分都采用"绰斯甲语"的名称（如Lai 2016, 2017; Lin 2017; Delancey 2018），又因"绰斯甲"在嘉戎地区的知名度较高，也深受绰斯甲母语者的认同（Lai 2017: 7—8），故本文首选"绰斯甲语"这一名称。本文力求使用一手语料，完全倚仗于可测试与证伪的形态现象，以赖云帆（Lai 2017）对俄热话的分类为基础，又添加了笔者在2017年与2018年间对俄热话与斯跃武话田野调查的最新成果，完善了所要提出的分类体系。

2 前人文献综述

在动词分类方面，研究嘉戎语组语言的学者们大部分没有进行详细的讨论。尽管不少学者（Sun 2000a；向柏霖 2008）都曾经提到过动词及物性的划分，在嘉戎诸语的语法专著中，无一对此问题进行明确的分析。仅林向荣（1993：193—195）稍微提到了四土话中动词可分为自主与不自主、自动与他动以及及物与不及物。然而，林先生的论述较为简略，很难评价其分类体系的可行性。

绰斯甲语的两部中文语法，黄布凡（2007）（观音桥话）与尹蔚彬（2007）（业隆话）均简单提到了动词的分类。

黄布凡（2007：60）把绰斯甲语观音桥方言的动词从"意义、形态特征、句法功能"的角度分为9类：行为动词、心理动词、行动动词、述说动词、变化动词、能愿动词、助动词、存在动词、判断动词。黄布凡先生为每一类动词展开了简短的说明，其可取之处是为某些情况提供了形态学的证据，比如行为动词中，根据是否能带宾语判断及物性，以及有无禁止/命令式来判断自主与不自主动词；不足之处则是把几种标准糅杂在一起，无法让读者清晰明了地看到问题的解决方法。

尹蔚彬（2007：95—98）把业隆话的动词分为及物、不及物、行为、能愿、自主、不自主、自动、使动、趋向以及判断十个类别。其中各个类别"既有互相排斥的特征，又有相互交叉的部分"。这种分类方式对于理解该语言的动词系统确有一定帮助，然而其中的问题仍是标准杂糅导致的不一致性。

嘉戎语组的另一种语言，道孚语中，尚未有任何文献提及动词分类。

3 本文架构

本文将紧扣动词的形态特点，提出嘉戎语组动词的两大分类标准。首先，在第四节，我们将以动词的及物性为基础，把动词分为及物与不及物动词两个大类。及物和不及物动词分别又可以根据论元结构细分为若干小类，笔者将提供详细的例子予以说明。在第五节，我们仍旧以形态为基础，提出两种动词的语义分类方式，即静态与非静态（第5.1节）、自主与非自主（第5.2节）。每一种分类方式均为独立，但分别严格依据前后一致的分类标准。在第六节我们将给出全文的总结。

4 基于及物性与论元结构的分类

4.1 动词的及物性

与前文中其他学者提到的标准不同，嘉戎语组语言的动词及物性恰恰不是以能否带宾语来判断的。我们将在后文中介绍，有的不及物动词可以带宾语，而有的及物动词亦不能带直接宾语。

动词的及物性在嘉戎语组语言的形态句法中占据着中心地位（Sun 2000a：186）。在这些语言中，及物性是由论元在动词上的形态标记定义的。及物动词与不及物动词在形态上有绝对的差异，因此两者的区分毫无模棱两可之处。

在嘉戎诸语中，及物动词可以标记两个论元。如例（1）中仅展示了茶堡话中单独的动词，却表达了一整句话的意思。及物施事者（A）为第一人称单数，由后缀-a'1SG'标记，而受事者（P）为第三人称复数，由后缀-nɯ'PL'标记。

（1）茶堡话

pɯ-mtó-t-a-nɯ

AOR-看见-PST-1SG-PL

我看见了他们。

另外，嘉戎诸语中某些时体标记与及物性相关。如例（1）中茶堡话的-t后缀，也是重要的及物性标记，此后缀仅限于施事者为第一或第二人称、受事者为第三人称的及物情境。四土话的白湾方言中，表示完成体的-s后缀，只能在不及物动词上出现。根据章舒娅（Zhang 2016：110—112）的描述，完整体-s后缀仅出现在不及物动词的第三人称上，如例（2）（Zhang 2016：111）。

（2）四土嘉戎语（白湾）
rɛ-nənié-s
PST-休息.III-PST
他休息了。

另外，白湾话中的过去式第三人称非单数标记，在不及物动词上是kə-，而及物动词上是o-，详见章舒娅（Zhang 2016：109，114）。

在绰斯甲语中，及物动词明确标记其中一个论元，此外，及物动词的方向（正向或反向）也会被标记。由于绰斯甲语遵循1＞2＞3的人称认同等第（empathy hierarchy），在一个及物结构中，若施事者在认同等第中高于受事者，则为正向；若施事者在认同等第中低于受事者，则为反向（Lai 2015）。在反向情况中，动词要被相应的前缀标记，而且施事者也要标以作格。如例（3），施事者为第三人称，受事者为第一人称，故此结构为反向，于是施事者必须被作格=ɣə标记，而动词必须被反向前缀u-标记。

（3）绰斯甲语俄热话
ætə̂=ɣə   ŋô   u-vd-áŋ
3SG=ERG   1SG   INV-看见.II-1SG
他看见了我。

不及物动词只能容纳一个论元的标记，即该不及物动词的主语（S），且不能出现及物动词所具备的标记，如反向前缀，其主语上也不能出现作格，如例（4）所示。

（4）绰斯甲语俄热话
ŋô   kə-d-âŋ
1SG   PFV-老.II-1SG
我老了。

及物动词和不及物动词的显著区别还表现在人称后缀的使用

上。表1展示俄热话不及物动词的人称标记，而表2展示的是及物动词的人称标记。我们可以清楚地看到，及物动词的人称标记不一定跟施事者搭配（Lai 2015、2017）。在其他嘉戎语组语言中，亦有相似的区分，可参考孙天心和石丹罗（2002）、Gong（2014）、向柏霖（2008）、Jacques et al（2014）以及林幼菁（2016：23—27）。

表1　绰斯甲语俄热话的不及物动词人称标记

人称	人称代词	人称后缀
第一人称单数	ŋô	-ŋ
第一人称非单数	ŋgêne（双）；ŋgəɲî, ŋgî（复）	-j
第二人称	nû（单）；nêne（双）；nêŋɲi（复）	-n
第三人称	ætɔ̂（单）；ætêne（双）；ætə̂ɲi（复）	无后缀

表2　绰斯甲语俄热话的及物动词人称标记

		P			
		一单	一非单	二	三
A	一单			Σ-n	Σ-ŋ
	一非单			Σ-n	Σ-j
	二	u-Σ-ŋ	u-Σ-j		Σ-n
	三	u-Σ-ŋ	u-Σ-j	u-Σ-n	(u-)Σ

综上，我们可以把绰斯甲语的动词按及物性分成及物与不及物两大类。在接下来的章节4.2和4.3中，我们将分别讨论这两大类动词中的分支。在第4.4中，我们将讨论一部分既可及物又可不及物的可易动词。

在行文中，我们把不及物动词的主语以及及物动词的施事者称为"第一论元"，此外不带标记的绝对格论元称为"第二论元"，带斜格标记的称为"第三论元"。

4.2　不及物动词

不及物动词呈现不及物的形态变化。我们根据论元结构把不及物动词分为四类：纯不及物动词（intransitive proper）、间接不及物动词（indirect intransitive），延伸不及物动词（extended intransitive）以及半及物动词（semi-transitive）。

4.2.1 纯不及物动词

纯不及物动词只允许唯一论元（S）的存在。这一论元既可以是名词短语，也可以是一个从句。例（5）a中，动词mó'饿'只能带一个论元，即jnæ̂=tə=ne（两个=DEF=DU）'那两人'；例（5）b中，动词ród'需要'的唯一论元为中括号之中的从句。

(5)

 a. 绰斯甲语俄热话

  jnæ̂=tə=ne   næ-mô=tə=tə   kæ̂təpe

  两个=DEF=DU   IPFV.PST-饿.II=DEF=DEF   非常

  næ-mî=si

  非常=IFR

  两人饿得不得了。

 b. 绰斯甲语斯跃武话

  [cɔ̂tə   sɑ̂-ŋ=zæ   çî=tə   dzi-æ̂ŋ]   rə-ród

  DEM   杀-1SG=CONJ   肉=DEF   吃.I-1SG   NPST-需要.I

  我要杀了它然后吃它的肉。

纯不及物动词在嘉戎语语组语言中广泛存在。如例（6）的茶堡嘉戎语中，动词arço'用光'就是一个纯不及物动词的例子。

(6) 茶堡话（向柏霖 2008：212）

  a-rŋɯl   tʰɯ-arço

  1SG-钱   PFV-用光

  我的钱用光了。

4.2.2 延伸不及物动词

延伸不及物动词是由Dixon & Aikhenvald（2000：3）所命名的，它允许两个论元的存在。其中作为S的论元为绝对格（无标记），而另一论元（即第三论元）则被一斜格所标记，这一斜格通常是与格。这一类动词在绰斯甲语中并不多见，绰斯甲语俄热话中，有

srî'看'、sŋə̂ŋa'听'（斯跃武 sŋîŋa）、nscə̂r'害怕'与 ɣə̂r'帮助'。参看例（7）。这一类词很容易让人联想到及物动词，然而因为它们不具备及物动词的形态，我们绝对不能将它们归为及物动词。例（7）的四句话中，主语 S 分别为 məlé=tə'那个女孩'、câ'他'、sâ'谁'以及 ætə̂=jə'他们'，均不能标以作格。注意例（7）c 中，除主语外的另一论元是一个从句，被与格 =kʰe 标记。

(7)

    a. 绰斯甲语俄热话

        æɡæ   məlé=tə   <chuáng>=tʰa   spjʊŋkə̂ɣ=tə=kʰe   ŝji
        CONJ   女孩=DEF   床=LOC   狼=DEF=DAT   一下
        kə-srí=si
        PST-看.II=IFR
        于是小女孩就看了一眼床上的狼。

    b. 绰斯甲语俄热话

        câ   tʂʰaŋkó=kʰe   næ-sŋəŋá
        3SG   歌=DAT   PST-听.II
        他听了歌。

    c. 绰斯甲语斯跃武话

        [nû   næ-ʁbə̂-n]=kʰe   sə̂   nscə̂r
        2SG   NPST-哭.I-2SG=DAT   谁   害怕.I
        ku-rə̂   rə-ŋó
        PST.INV-说.II   NPST-是.I
        "谁怕你哭呀？"他说。

    d. 绰斯甲语斯跃武话

        ætə̂=jə   məlé=tə=kʰe   tʰǽ   moŋmǽn=ræ
        3SG=PL   女孩=DEF=DAT   任何   多=一个
        kə-ɣə̂r   ɕəntɕʰê=tətə
        PST-帮助.II   非常=DEF
        她们帮了女孩很多。

在道孚语孔色话中，有一类延伸不及物动词，其第一论元需要被作格标记，而动词没有及物形态。如动词rga'喜欢'（Jacques et al 2017：605）。

（8）道孚语孔色话

tə-w　　　ŋa-gi　　　rga-rə
3SG-ERG　1SG-DAT　喜欢-SENS
她/他喜欢我。

四土嘉戎语的白湾方言的动词kə-omətʰɕ，也是带有作格的延伸不及物动词（章舒娅2018年10月18日提供的资料）。

（9）四土嘉戎语白湾话

lawí　　kə　　tazús　　kʰəniɕ　　u-pʰá-j
驴　　ERG　悄悄地　　狗　　　3SG.POSS-边-LOC

ro-ko-mətʰó-s　　　tɕænə
PST-IFR-问-PST　　CONJ
驴悄悄地问了狗。

4.2.3 间接不及物动词

间接不及物动词有两个论元，其中作为主语S的第一论元被与格=kʰe所标记，而另一论元则呈现绝对格、无标记，即第二论元。这与延伸不及物动词恰好相反，因为延伸不及物动词的S是绝对格，而另一论元是与格。

间接不及物动词在绰斯甲语中数量极少，目前仅发现一例，即动词rmê'叫……名字'。该词在斯跃武话中为严格的间接不及物动词，然而在俄热话中，与格时常省略，已逐渐演变为半及物动词（见第4.2.4节）。在例（10）a中，我们给出一个范例，以证明此类动词与被与格标记的论元搭配；例（10）b中，我们给出斯跃武话的实例，例（10）c给出的则是俄热话的实例。

（10）

a. 绰斯甲语斯跃武话（范例）

ŋê=nkʰe　　ʁjəɴâ　　rmê-æŋ
1SG=DAT　依娜　　名曰.I-1SG
我叫依娜。

b. 绰斯甲语斯跃武话

ætə̂=jə   mtʰæ̂r   zî=tə=kʰe   tʂənlæ̂n.rdondzǽl
DEM=GEN   事后   男孩子=DEF=DAT   真兰东甲

næ-rmé   rə-ŋó
PST-名曰.II   NPST-是.I

从那以后，这个男孩子就叫真兰东甲了。

c. 绰斯甲语俄热话

zî   ædô=tə（=kʰe）   <Èrlángshén>   næ-rmé
儿子   哥哥=DEF（=DAT）   二郎神   PST-名曰.II

大儿子叫二郎神。

间接不及物动词不仅在绰斯甲语中有发现，在道孚语中亦存在。道孚语宗科话中，动词 ró '拥有' 就是一个例子（笔者2018田野调查），如例（11），与动词搭配的论元被与格标记。

（11）道孚语宗科话

ɲɟə̂-do   kormú   nə-rô-n
2SG-DAT   钱   PST-有.II-2SG-EVD

你以前很有钱。

4.2.4 半及物动词

半及物动词在嘉戎语组语言中首次被向柏霖（2008：202）使用。这一类动词可以带两个论元，两个论元均为绝对格（有时可以加方位格）。形态上，此类动词不可以带及物标记，因此属于不及物动词的类别。

半及物动词包含、但不限于行动动词、系词，以及一部分派生动词。在例（12）的句子中，我们举俄热话的行动动词的例子，以及斯跃武话系词的例子。

（12）

a. 绰斯甲语俄热话

<Xíntiān>=ji   ʁû=rə   pʰá   χcôl   æ-tʰó=si=ja
刑天=GEN   头=TOP   山   中间   PST-来.II=IFR=PART

刑天的头到了山的中间！

b. 绰斯甲语俄热话

ɑlâ　　fsənêgoma　fsædí　zɣí　næ-vê
阿姨　　索南卓玛　　后天　zɣí　NPST-去.I

索南卓玛阿姨后天要去zɣí（俄热地名）。

c. 绰斯甲语斯跃武话

ɐ̂ɕə　　ŋəɲɟêjə　ŋǽ=də　 lŋǽʁ　næ-ŋû-ŋ
CONJ　CONJ　　1SG=也　小孩　IPFV.PST-是.II-1SG

stâ=næ
PART=CONJ

当时我还是小孩，但是……

d. 绰斯甲语斯跃武话

ætâ　　nûn　　　rə-máɣ
DEM　2SG.GEN　NPST-不是.II

那个不是你的。

绰斯甲语俄热话中，部分被反身前缀ʁjæ-（斯跃武ʁvjæ-）标记的派生动词，因表达事物状态的改变，也呈现半及物动词的特征。如ʁjǽvi'假扮'和ʁjǽspri'变身'。

（13）绰斯甲语俄热话

a. cê　　rjǽlpu　râɣ　æ-ʁjæví=si
3SG　　国王　　一个　PFV-假扮.II=IFR

他假扮成一个国王。

b. cê　　pʰâɣ=tə　kətá　râɣ　æ-ʁjæsprí=si
DEM　 猪=DEF　　狗　　一个　PFV-变身.II=IFR

猪变成了一只狗。

其余半及物动词还包括ɲɟə́r'变'，rjê'住，坐'等。

（14）绰斯甲语斯跃武话

a. kuʁâr　o-sqʰlî-æŋ=ɕəvæ　　　ŋæ̂n=rə　　　 cətê=jə
河对岸　PST-取出-1SG=CONJ　1SG.GEN=TOP　DEM=PL

zjə́ɟ   nə-ɲɟə̂r=si   ku-rə̂   rə-ŋó
众多   PFV-变.II=IFR   PST.INV-说.II   NPST-是.I

我在河对面把（鱼）抓起来，我的那些财物就会如雨后春笋般变出来。

b. jəmvɤ́=jə=rə   sâ   lgû=gə   ræ=sce=gə
家里人=PL=TOP   地   lgû=LOC   说.I=NMLZ.OBL=LOC
ɕənə̂la   qljæ̂ŋ   qaraqlô   næ-rjé   rə-ŋó
山那边   确实   qaraqlô   PST-住.II   NPST-是.I

家里人就住在山那边，一个叫 lgû 的地方，具体是住在 qaraqlô。

在嘉戎诸语中，半及物动词也存在，比如例（15）中的茶堡话（向柏霖 2008: 202）。

（15）茶堡话

ʁdɤrzi   kɯ   nɤ-kʰa   tɯ-tʰɯ   kɤ-rɤɕtʂɯ
多尔吉   ERG   2SG-家   锅   PFV-寄放

多尔吉把锅寄放在你家了。

4.3 及物动词

嘉戎语组的语言中，及物动词与不及物动词在形态上有着绝对的区别。根据情境的不同，及物动词上的标记亦会变化。我们根据及物动词的论元结构，分辨出三类及物动词：单及物动词、双及物动词以及间接及物动词。

4.3.1 单及物动词

单及物动词只允许两个论元：施事者（A）和受事者（P）。绰斯甲语中，施事者在规定的情况下要被作格 =ɣə 所标记，受事者则为绝对格（因此受事论元为第二论元）。单及物动词在所有嘉戎语组语言中均存在。

及物动词的形态标记应从两个方面描述。首先是人称后缀。如表2所示，在1→2与2→1的情境中，动词永远被受事者的人称后缀标记。而在其他情境中，在认同等第排位较高的论元将在动词上标记。第二个方面则是反向前缀。反向前缀出现在受事者在认同等第中比施事者高的反向情境中，以及某些3→3的情境中。反向前缀的用法因语言、方言而略有不同，可参考相关文献如Gong（2014）、Lai（2015）、向柏霖（2008）、Jacques et al（2014）、Zhang（2016）等。

在例（16）和（17）中，我们举出绰斯甲语两种方言中正向与反向的实例。例（16）中，我们选择χpjæ̂'知道'以及nmæskʰôγ'欺负'作为正向情境的例子，而（17）中，我们选择rdû'遇见'以及ɲcô'扔'作为反向情境的例子。

（16）正向情境

 a. 绰斯甲语俄热话

  lorʝî çə-dɔ́ kʰrə̂γna ŋô ætə̂çə pâ
  故事 Q-有.I 也许 1SG CONJ 全部

  rə-mæ-χpj-ân̂ŋ
  NPST-NEG-知道.I-1SG

  故事也许有，我全都不知道。

 b. 绰斯甲语斯跃武话

  nû vdzɔ́ nmæskʰôγ-n=tətə ræ=tə
  2SG 伙伴 欺负.I-2SG=DEF 说.I=DEF

  "你欺负人！"他说。

（17）反向情境

 a. 绰斯甲语俄热话

  ʁnâʁna=tə=gə   dzəvû râγ dzəvû=γə jzəχú
  很久以前=DEF=LOC 菩萨 一个 菩萨=ERG 猴子

  râγ k-u-rdú=si
  一个 PST-INV-遇见.II=IFR

  很久以前，有一个菩萨遇见了一只猴子。

 b. 绰斯甲语斯跃武话

æ nû=ɣə ŋæ nɑ-ɲcô.ɕæ-ŋ
INTERJ 2SG=ERG 1SG NPST.INV-扔.TRANSLOC-1SG
啊！你会把我扔下去的！

俄热话中，有一类单及物动词，在3→3的情境中，原本期待的反向前缀可以不加。这类动词一共记录到了两个：为fsó '会' 与ré '拥有'。这类动词目前仅在俄热话中找到。如例（18）所示，在这种情况下，反向可加可不加。

（18）绰斯甲语俄热话

a. ætə̂=ɣə bósʁæi fɕǽ næ-fsô/n-u-fsô
3SG=ERG 藏语 说.I IPFV.PST-会.II/IPFV.PST-INV-会.II
他曾经会说藏语。

b. ætə̂=ɣə kɑpə̂ mʊŋmǽn
3SG=ERG 书 多
næ-rê/n-u-rê
IPFV.PST-拥有.II/IPFV.PST-INV-拥有.II
他曾经有很多书。

然而，在真正的反向情境中，反向前缀则必须出现（当然，这类句子的例子极少，仅在诱导调查中发现），因此它们仍旧有及物动词的形态。

（19）绰斯甲语俄热话

nû=ɣə ŋô n-u-r-âŋ
2SG=ERG 1SG IPFV.PST-拥有.II-1SG
你曾经拥有我。

4.3.2 双及物动词

嘉戎语组语言中，双及物动词允许三个论元，可以根据Malchukov et al（2010：1）的定义来辨认。第一论元为动词的施事者（A），在指定的情况下可被作格标记；第二论元为传递物（T，来自theme），无标记；第三论元为接受者（R，来自recipient），一般被与格（或其他斜格）所标记。

在动词的形态搭配上，嘉戎语组语言的双及物动词呈现两种模式。第一种我们称为间接宾语配合模式（indirective alignment），第二种为次级宾语配合模式（secondative alignment）(Malchukov et al 2010)。间接宾语配合模式中，双及物动词的第二论元，即传递物被当成及物结构的受事者P，即T=P，动词形态搭配在第一、第二两论元中展开；次级宾语配合模式中，双及物动词的第三论元被当作及物结构的受事者P，即R=P，动词形态搭配在第一和第三论元中展开。

在嘉戎语组语言中，最经典的例子就是一对意义都为"给"的动词。在绰斯甲语中，kʰâ '给'为间接宾语配合模式的动词，而 bə̂ '给……吃'则为次级宾语配合模式的动词。如例（20）a中，动词bə̂ '给……吃'是一个次级宾语配合模式动词，因此它带第一人称后缀，与接受者搭配，并且带有反向前缀，表现了2→1的情境；而（20）b 中，kʰâ '给'为间接宾语配合模式动词，因此它与传递物，ŋæ̂ '1SG'搭配，带第一人称后缀以及反向前缀，反映了3→1的及物情境。

（20）绰斯甲语斯跃武话

a. nû=ɣə ŋæ̂=nkʰe pʰə̂tɕʰɑ=ræ
 2SG=ERG 1SG=DAT 糌粑坨坨=一个
 nu-b-ôŋ=ɕə   nû=nkʰe
 IMP.INV-给吃.I-1SG=CONJ 2SG=DAT
 fɕæ̂-ŋ=spi=ræ=tə=də   də́d ku-râ
 讲.I-1SG=NMLZ:P.IRR=一个=也 有.I PST.INV-说.II
 rə-ŋó
 NPST-是.I
 "你给我一个糌粑坨坨吃，然后我告诉你一个秘密。"它说。

b. jôno rgæ̂dpu=tə=ɣə ŋæ̂=tə æ̂ɟə=kʰe
 jôno 老人=DEF=ERG 1SG=DEF 3PL=DAT
 nu-kʰá-ŋ=pɑ
 PST.INV-1SG=NMLZ
 jôno的老人把我（过继）给了他们。

两个表示"给"的动词在其他嘉戎语组语言中呈现一致性，在茶堡话中，绰斯甲语 bə̂ '给吃'的同源词 mbi '给'同样呈现次级宾语配合模式，而 kʰɑ̂ '给'的同源词 kʰo '给'（第三词干为 kʰɤm/kʰam）亦呈现间接宾语配合模式，如（21）所示（Jacques 2012: 203）。

（21）茶堡话

  a. ki   ɲɯ-ta-mbi

    DEM IPFV-1>2-给

    我把这个给你。

  b. a-me   ɲɯ-kʰám-a   ŋu

    1SG.POSS-女儿 IPFV-给.Ⅲ-1SG NPST：是

    我会把我的女儿给你。

一般来说，双及物动词呈现哪一种模式，并不能根据词形预测，必须每个词单独调查。

4.3.3 间接及物动词

间接及物动词呈现及物动词的形态特点，允许两个论元：第一论元以及第三论元。第一论元即间接及物动词的施事者，在指定情况下被作格标记；第三论元在语义上为承受动作的对象，但是它必须被一个斜格标记，这一斜格可能是与格，也可能是方位格。

绰斯甲语俄热话中，间接及物动词不多，如表3所示。

表3 绰斯甲语俄热话的间接及物动词

动词	意义	斜格
rtsʰǽ	挑战	与格 =kʰe
mpʰrɤ́ɣ	提防	与格 =kʰe
tsʰə̂	打	方位格 =tʰa
nstʰærvá	挠	方位格 =tʰa
jnjǽvjæv	摸	方位格 =tʰa
rdá	敲	方位格 =tʰa

例（22）中，我们列举绰斯甲语俄热话中 rtsʰǽ '挑战'、mpʰrə '提防'以及 tsʰə̂ '打'的实例。

（22）绰斯甲语俄热话

a. <Xíntiān>=tə=ɣə   <Huángdì>=kʰe   u-rtsʰî=si
    刑天=DEF=ERG   黄帝=DAT   PST.INV-挑战.II=IFR
    刑天挑战了黄帝。

b. fkərmə́=kʰe   æ-mpʰrə́ɣ-n=mənə   côluŋkʰa
    小偷=DAT   IMP-提防.I-2=不然   如今
    rə-cʰəcʰə́=di
    NPST-多.I=AFFIRM
    小心小偷，这阵子很多。

c. ʁgêsær=ɣə   rgəmé=gə=tə   tæmpə́r=tə=ɣə   cô
    格萨尔=ERG   石头=CL=DEF   弹指=DEF=INSTR   DEM
    u-sɲî=gæ   tsʰǽ=tʰa   u-tsʰə́   rə-ŋǽ
    PST.INV-做.II=COM   山羊=LOC   PST.INV-打.II   NPST-是.I
    格萨尔弹了一颗石头，打在了山羊身上。

4.4 可易动词

在嘉戎语组语言中，还存在着一类动词，它们有时候呈现及物动词的形态，有时候呈现不及物动词的形态。呈现不同的形态特点时，表达的意义有所不同。我们把这类动词称为可易动词（labile verb）。

根据Dixon（1994：230），可易动词可以分为两类：第一类可易动词作为不及物动词时，主语S与作为及物动词时的施事者A一致，即S=A，比如英语中的to win'赢，胜利'，既可以不及物动词的形式出现，如I won'我赢了'，又可以及物动词的形式出现，如I won a game'我赢得比赛'。第二类可易动词作为不及物动词时，主语S与作为及物动词时的受事者P一致，即S=P，如英语的to break'损坏'，作为不及物动词时如The vase broke'花瓶碎了'，作为及物动词时如I broke the vase'我打碎了花瓶'。

4.4.1 第一类可易动词（S=A）

第一类可易动词（S=A）在绰斯甲语中并不多。如俄热话的sŋəŋa'听，听话'，可以作为一个延伸不及物动词出现，意为

'听';也可以作为一个单及物动词出现,意为'听(某人的)话',如例(23)。

(23)绰斯甲语俄热话

a. ætə̂   ŋâ=kʰe   næ-sŋəŋá
   3SG   1SG=DAT   PST-听.II
   他听了我说话。

b. ætə̂=ɣə   ŋô   u-sŋə̂ŋɑ-ŋ
   3SG=ERG 1SG   INV-听.I-1SG
   他听我的话。

绰斯甲语斯跃武话的ɲɟêmo'看、观看'也是一个类似的例子,它可作为延伸不及物动词,意为'看',也可以作为单及物动词,意为'观看',如例(24)。

(24)绰斯甲语斯跃武话

a. cətə̂   <diànshì>=tə=kʰe   næ-ɲɟemó
   3SG   电视=DEF=DAT   PST-看.II
   他对电视盯着看了。

b. cətə̂=ɣə   <diànshì>   na-ɲɟemó
   3SG=ERG   电视   PST.INV-看.II
   他观赏了电视节目。

茶堡话中,我们也可以发现同样的可易性,如例(25)中的动词sɤŋo'听,听话'(Jacques 2014)。

(25)茶堡话

a. a-wa   kɯ   ta-tɯt   nɯ
   1SG.POSS-爸爸 ERG   PFV:3→3-话   DEF
   kɤ-sɤŋo-t-a
   PFV-听话-PST-1SG
   我听我爸爸的话。

b. nɯ-sɤŋo-a
   PFV-听-1SG
   我听了。

4.4.2 第二类可易动词（S=P）

第二类可易动词（S=P）在绰斯甲语中稍微多一些，以俄热话为例，我们记录了五个，如表4所示。

表4　绰斯甲语俄热话的第二类可易动词

动词	及物	不及物
çsər	算作、包含	被包含
zbî	使……干	干
skí	加热	热
χsə́ɣ	使……紧	紧
stî	放置	被放

例（26）到例（30）中，我们举出表4中每一个可易动词的例子：

(26) çsər '算作；包含'

a. cə̂   <piàozi>=tə   cə̂=ji=gə   nə-çsə̂-n
   DEM   钱=DEF   3SG=GEN=LOC IMP-算作.I-2
   让他分这笔钱吧（这笔钱算他一份）。

b. ætə̂   sə̂-məm=la   çsər   ntɕʰæ
   3SG   最-美味=LOC   包含.I 将会
   这算是最好吃的一种了吧。

(27) zbî '使……干；干'

a. ætə̂=ɣə   tsʰægí=tə   u-zbí=si
   3SG=ERG   衣服=DEF   PST.INV-使干.II=IFR
   他晾干了衣服。

b. cə̂   tsʰægí=tə   æ-zbí=si
   DEM   衣服=DEF   PFV-干.II=IFR
   这衣服干了。

(28) skí '热；加热'

a. jnə́=rə   ŋə̂ntɕʰæ   næ-skî=si
   太阳=TOP   真的   IPFV.PST-热.II=IFR
   太阳真的很热。

b. cə̂   mbrɛ̂=tə   kə-skí-n   tɕʰə   æ-dzî-n
   DEM   米=DEF   IMP-加热.I-2   CONJ   NPST-吃.I-2
   rə-jáɣ
   NPST-可以.I
   把饭热一热，然后你就可以吃了。

(29) χsə́ɣ '紧；使紧'
a. tsʰægí=tə   kə-χsə́ɣ
   衣服=DEF   NPST-紧.I
   衣服很紧。

b. bré=ɣə   ftɕalá=tə=ɟi   pâ   k-u-χsə̂ɣ=si
   绳子=INSTR 东西=DEF=PL 全部 PST-INV-使紧.II=IFR
   他用绳子把货物都绑紧了。

(30) stî '放置；被放'
a. Kɑpə̂   rɑ̂ɣ   <zhuózi>=tʰɑ   rə-stî
   书   一个   桌子=LOC   NPST-被放.I
   桌子上放了一本书。

b. kɑpə̂   sɑ̂=tʰɑ   næ-tə-stî-n
   书   地=LOC   IMP-NEG.IRR-放.I-2
   书别放地上！

根据赖云帆（Lai 2016）的分析，第二类可易动词的声母几乎均以 s-、z- 为主要成分，它们最初很可能以不及物动词为基础，而及物动词则是添加了使动前缀 *s- 产生的：由于使动前缀 *s- 与声母的主要成分 s 或 z 发音方式相同，因而两者合为一体，在现代语言中已经看不到痕迹，于是造成了原动词与使动动词发音完全相同的现象，从而导致了可易动词的产生。

4.5 小结

本节主要介绍了嘉戎语组语言以及物性为依据的动词分类。由于及物性在这些语言中没有模棱两可之处，所以以此为标准划分动词是十分可行的。在分出了及物和不及物两大类后,我们又根据不同动词的句法结构进行了细分。形态句法是嘉戎语组语言动词最清晰、最突出的特点,是研究动词类型扎实的基础。

表5总结了本节提出的动词分类。

表5　依据及物性与论元结构的分类

及物性	句法结构	第一论元	第二论元	第三论元
不及物	纯不及物	绝对格		
	延伸不及物	绝对格 作格		斜格（主要为与格）
	间接不及物	与格	绝对格	
	半及物	绝对格	绝对格	
及物	单及物	(作格)	绝对格	
	双及物	(作格)	绝对格	与格/离格
	间接不及物	(作格)		方位格

5　基于形态语义的分类

本节中,我们将讨论独立于上一节所提出的两种基于形态语义的分类方法。我们仍旧严格以动词的形态句法为基石,从而探究由不同的形态句法所推论出的语义层面的划分。首先,我们区分静态动词与非静态动词(第5.1节);然后我们区分自主与非自主动词(第5.2节)。

5.1　静态动词与非静态动词

不同的嘉戎语组语言中有不同的测试静态与非静态动词的方法。其中,绰斯甲语的测试标准是动词的时体标记。绰斯甲语中,动词的时态可以分成非过去和过去两种,而静态动词的过去式进一步区分完成和非完成两种体;非静态动词对此则不作区分。动词的时体在形态上由两个方面实现。第一个方面是动词上的前缀(传统上称为"趋向前缀");第二个方面是动词的词干,非过去动词使用动词的第一词干,而过去形式则使用动词的第二词干。

非静态动词因不区分过去完成和过去非完成，其过去式使用因动词而异的前缀；而静态动词区分过去完成和过去非完成，其过去非完成形式一般使用前缀 næ-，而过去完成形式的前缀则因动词而异，一般不能预测，但以前缀 æ-（斯跃武 o-）居多。

如俄热话的静态动词 qʰrá '大'，其过去非完成形式为 næ-qʰrâ（IPFV.PST-大.II），意为'过去（一直）很大'；而其过去完成形式为 æ-qʰrâ（PFV-大.II），意为'变大了（原来没这么大）'。而动态动词如 fɕǽ '讲话'，则不作这样的区分，其过去形式 n-u-fɕî（PST-INV-讲.II）可以表达'他过去（一直）在讲'，也可以表达'他讲（完）了'。

由于静态与非静态动词这一分类完全独立于上一节有关及物性的分类之外，因此我们可以在静态和非静态动词中均找到及物和不及物的动词。如例（31）所示。

(31) 绰斯甲语俄热话

a. ɲá '黑'（纯不及物动词）

    dzɤ́ɣ   ɕə   næ-mæ-ɲâ=na   əskâ
    以前   CONJ   IPFV.PST-NEG-黑.II=但是   现在
    kə-ɲâ=si
    PFV-黑.II=IFR
    以前不黑，现在黑了。

b. nscə̂r '害怕'（延伸不及物动词）

    næ-lŋ-âŋ=ska   ŋô   bə̂rə=kʰe
    IPFV.PST-小.II-1SG=NMLZ:时间   1SG   蛇=DAT
    næ-mæ-nsc-úŋ   cá   ɣɕə   æ-nsc-úŋ
    PFV.PST-NEG-害怕.II   现在   CONJ   PFV-害怕.II-1SG
    小时候我不怕蛇，现在害怕了。

c. ŋǽ '是', mɐ́ɣ '不是'（半及物动词）

    câ   <lǎosī>   næ-mə̂ɣ=na   <jiàosīzhèn>
    3SG   老师   IPFV.PST-不是.II=但是   教师证

```
nə-sjé         ɕə      êɕə      <lǎoshī>   æ-ŋə̂ɣ
PST-拿到.II    CONJ    CONJ     老师        PFV-是.II
```
他原来不是老师，拿了教师证以后就成老师了。

d. ndǽ '喜欢' （单及物动词）

```
cə̂=ɣə         tʂaɕî    n-u-ma-ndə́ɣ                 ænɑrêsitə
3SG=ERG       扎西     IPFV.PST-INV-NEG-喜欢.II    但是
có̯ɣ           ɕə       u-ndə́ɣ
现在          CONJ     PFV-喜欢.II
```
他原来不喜欢扎西，现在喜欢了。

在茶堡话中存在一种能产的觉察语态（tropative）前缀nɯ-/nɤ-，只能加在静态动词上，因此可作为判断静态动词的标准。如动词mpɕɤr'漂亮'，在加上了察觉前缀后，变成了一个及物动词：nɤ-mpɕɤr'觉得……漂亮'。如例（32）所示（Jacques 2013: 8）。

（32）茶堡话

```
ɯ-mdoʁ            maka    múj-nɤsci           tɕe,
3SG.POSS-颜色     完全    NEG.CONST-改变      LNK
nɯ                ni      stu       nɯ-kɤ-nɤ-mpɕɤr       ɲɯ-ŋu
DIST.DEM          DU      大部分   3PL-NMLZ:O-TROP-漂亮  IPFV-是
```
它的颜色完全没变，这两个是他们觉得最漂亮的。

5.2 自主与非自主动词

在一些嘉戎语组的语言中，自主和非自主动词同样可以根据形态句法区分。例如绰斯甲语中，有一个以ræ'说'为主句动词的句式，该句式翻译成汉语时，采用动词ræ'说'的人称，而意义则采用ræ'说'所引导的小句的意义，小句中的动词则以主句人称的视角（一般为第一人称）标记。这种句式中，小句的动词必须为自主动词。

如例（33a）中，主句的动词被第二人称所标记，因此汉语译文的主语应该也是第二人称。小句的意思为"我做什么"，译文取其除人称以外的意义,并套上主句动词的人称,即"你在做什么"。

例(33b)中,主句动词无标记,即第三人称。小句意思为"我来学藏话",因此此句应理解为"他来学藏话"。

然而,例(34c)则不能理解为"你什么时候到马尔康",因为rbjæ̌'到'是一个非自主动词,无法套用此句式。例(34c)虽然语法上成立,意思却只能是"你说:'我什么时候到马尔康'",这样的句子在日常生活中几乎不可能出现。

(33)绰斯甲语斯跃武话

a. [tʰjæ̂ vî-æŋ]   rǽ-n
   什么 做.I-1SG   说.I-2SG
   你在做什么?(字面意思:你说:"我在做什么?")

b. [roŋskæ̂d ndze-ǽŋ kə-tʰó-ŋ]   rǽ-n
   藏话   学-1SG   PST-来.II-1SG 说.I
   他来学藏话。(字面意思:他说:"我来学藏话。")

c. ʔ[mbærkʰǽm nəmná nə-rbjæ̂-ŋ]   rǽ-n
   马尔康   何时   NPST-到达.I-1SG   说.I-2SG
   你说:"我什么时候到马尔康?"(无法表达"你什么时候到马尔康")

6 总结

本文以绰斯甲语为主要语例,总结了嘉戎语组语言动词分类的两大原则。首先,是以及物性为基础的分类原则。此原则分为两步:第一步是将及物动词与不及物动词划分开来,第二步则是根据动词的论元结构继续细分。

第二种分类原则较为灵活,是基于形态语义的划分方式。本文介绍了两种分类:静态动词与非静态动词、自主动词与非自主动词。

可以想象,嘉戎语组动词的类别数量必然超出本文介绍的范围。然而今后的嘉戎语组学者均可参考本文的框架,辨认出新的动词类别。一方面,先辨别出及物性,再考虑论元结构;另一方面,根据其他形态特点推导、判断语义划分。不论哪种原则,都必紧扣形态句法,方可得到可靠的结论。

缩写列表

缩写	英文全称	汉语试译
1	first person	第一人称
2	second person	第二人称
3	third person	第三人称
I	first stem	第一词干
II	second stem	第二词干
III	third stem	第三词干
AFFIRM	affirmative	肯定式
AOR	aorist	不定过去时
CL	classifier	量词
COM	comitative	伴随格
CONJ	conjunction	连词
CONST	constative	描述式
DAT	dative	与格
DEF	definite	定指
DEM	demonstrative	指示
DIST	distal	远指
DU	dual	双数
ERG	ergative	作格
EVD	evidential	示证
GEN	genitive	所有格
IFR	inferential	推测式
IMP	imperative	命令式
INV	inverse	反向
IPFV	imperfective	非完成
IRR	irrealis	未然
INSTR	instrumental	工具格
LOC	locative	方位格
NEG	negative	否定
NMLZ	nominaliser	名物化
NPST	non-past	非过去

（续表）

O	object	宾语
Obl	oblique	斜格
PART	particle	语气词
PFV	perfective	完成
PL	plural	复数
POSS	possessive	所有标记
PST	past	过去
Q	interrogative	疑问
SENS	sensory	感知式
SG	singular	单数
TOP	topicaliser	话题
TRANSLOC	translocative	离己
TROP	tropative	觉察式

参考文献

黄布凡 （2007）《拉坞戎语研究》，民族出版社，北京。
林向荣 （1993）《嘉戎语研究》，四川民族出版社，成都。
林幼菁 （2016）《嘉戎语卓克基话语法标注文本》，社会科学文献出版社，北京。
孙天心、石丹罗 （2002） 草登嘉戎语与认同等第相关的语法现象，《语言暨语言学》第1期，79—99页。
向柏霖 （2008）《嘉戎语研究》，民族出版社，北京。
尹蔚彬 （2007）《业隆拉坞戎语研究》，民族出版社，北京。
DeLancey, S. (2018). Deictic and sociopragmatic effects in Tibeto-Burman SAP indexation. In Cristofaro, Sonia and Fernando Zúñiga. (eds). *Typological Hierarchies in Synchrony and Diachrony*, 121, 345-375. Amsterdam: John Benjamins.
Dixon, Robert M. W (1994). *Ergativity*. Cambridge：Cambridge University Press.
Dixon, Robert M. W., Alexandra Y. Aikhenvald (2000). Chapter 1, Introduction. In Dixon, Robert M. W. and Alexandra Y. Aikhenvald (eds). *Changing Valency: Case studies in transitivity*, 1-29. Cambridge：Cambridge University Press.
Gong, Xun (2014). The personal agreement system of Zbu Rgyalrong (Ngyaltsu variety) =. *Transactions of the Philological Society*, 112 (1): 44-60.
Jacques, Guillaume (2012). Argument demotion in japhug rgyalrong. In Authier, Gilles and Katharina Haude (eds), *Ergativity, Valency and Voice*, 199-

226. Berlin: De Gruyter Mouton.

Jacques, Guillaume (2013). Applicative and tropative derivations in Japhug Rgyalrong. *Linguistics of the Tibeto-Burman Area* 36. 2: 1-13.

Jacques, Guillaume (2014). *Dictionnaire Japhug–Chinois–Français*. Paris : Projet HimalCo. http://himalco.huma-num.fr/

Jacques, Guillaume, Antonov Anton, Yunfan Lai, Lobsang Nima (2014). Person marking in Stau. *Himalayan Linguistics*, 13 (2) : 83-93.

Jacques, Guillaume, Yunfan Lai, Anton Antonov, et Lobsang Nima. Stau (Ergong, Horpa) (2017). In Thurgood, Graham and Randy Lapolla (eds), *The Sino-Tibetan Languages*, pp. 597-613. London: Routledge.

Lai, Yunfan (2015). The Person Agreement System Of Wobzi Lavrung (Rgyalrongic, Tibeto-Burman). *Transactions of the Philological Society*, 113 (3): 271-285.

Lai, Yunfan. (2016). Causativisation in Wobzi and other Khroskyabs dialects. *Cahiers de Linguistique Asie Orientale*, 45 (2) : 148-175.

Lai, Yunfan (2017). *Grammaire du khroskyabs de Wobzi*. These de doctorat, Sorbonne Paris Cité.

Lai, Yunfan, Xun Gong, Jesse Gates, Guillaume Jacques. 2020. Tangut as a West Rgyalrongic language. *Folia Linguistica Historica*, 41 (1) : 171-203.

Lin, Y. J. (2017). How Grammar Encodes Space in Cogtse Rgyalrong. *Himalayan Linguistics*, 16 (1) : 59-83.

Malchukov, Andrej, Martin Haspelmath, Bernard Comrie. (2010). Ditransitive constructions: atypological overview. In Malchukov, Andrej, Martin Haspelmath and Bernard Comrie (eds). *Studies in Ditransitive Constructions: A Comparative Handbook*, 237-257. Berlin: De Gruyter Mouton.

Nagano, Yasuhiko (1983). *A Historical Study of the rGyalrong Verb System*. Doctoral thesis, University of California, Berkeley.

Sagart, Laurent, Guillaume Jacques, Yunfan Lai, Robin Ryder, Valentin Thouzeau, Simon J Greenhill and Johann-Mattis List. 2019. Dated language phylogenies shed light on the ancestry of Sino-Tibetan. *Proceedings of the National Academy of Sciences*, 116 (21): 10317-10322. https：//doi.org/10.1073/pnas.1817972116.

Sun, Jackson T.-S (2000a). Parallelisms in the Verb Morphology of Sidaba rGyalrong and Lavrung in rGyalrongic. *Language and Linguistics*, 1.1: 161–190.

Sun, Jackson T.-S (2000b). Stem Alternations in Puxi Verb Inflection : Toward Validating the rGyalrongic Subgroup in Qiangic. *Language and Linguistics*, 21.2: 211-232.

Suzuki, Hiroyuki and Tashi Nyima (2016). 'Bo skad, a newly recognised non-Tibetic variety spoken in mDzo sgang, TAR a brief introduction to its sociolinguistic situation, sounds, and vocabulary. Paper presented at the 4th Workshop on Sino-Tibetan languages of South-West China, Seattle.

Zhang Shuya (2016). *La phonologie et la morphologie du dialecte de brag-dbar du rgyalrong situ*. Thèse de Master, INALCO.

Zhao, Haoliang (2018). A brief introduction to Zlarong, a newly recognized language in Mdzo sgang, TAR. Paper presented at the 51st International Conference on Sino-Tibetan Languages and Linguistics, Kyoto.

The Classification of Verbs in Rgyalrongic Languages, from a Khroskyabs Perspective

LAI Yunfan

Abstract: Verbs are the essential part of speech in Rgyalrongic languages. The verbal system in Rgyalrongic is more complex than most Sino-Tibetan languages. Researchers have been fascinated by the morphological features exhibited by the verbs, and working hard for accurate descriptions and analysis on them. However, reliable criteria for verb classification are still lacking. The purpose of this paper is to put forward a pertinent classification of verbs in Rgyalrongic languages. Mainly focusing on the Khroskyabs language, and basing ourselves on verbal morphology, we propose two major principles for verb classification, namely transitivity and semantics. These two principles can be tested and falsified, and they can also be easily reused for future studies.

Keywords: Rgyalrongic languages, Khroskyabs, verb, morphology, typology

（04103 Deutscher Platz，德国莱比锡，马克斯普朗克进化人类学研究所 lai@shh.mpg.de）

闽东区方言中表示｛屁股｝的词语*

秋谷裕幸

提要 闽东区方言里表示｛屁股｝的词可以追溯到原始闽东区方言的"□穿"*kuˀ³tɕʰuoŋ¹。相似的｛屁股｝义词广泛分布于沿海闽语，是沿海闽语的鉴别词之一。临近吴语区的三个方言则受到吴语的影响而形成了"□臀"*ku²tɔn²。本文也是笔者正在编纂的《闽东区方言比较词典——身体部位部分》的部分内容。

关键词 闽东区方言 屁股 词源学

1 引言

表示｛屁股｝（buttocks）①的词虽然不在 Morris Swadesh 的 200 核心词表当中，但它属于人类语言的基本身体部位词应该是没问题的。本文研究闽东区方言的｛屁股｝义词的现状和历史并构拟原始闽东区方言里的｛屁股｝义词。

本文也是笔者正在编纂的《闽东区方言比较词典——身体部位部分》的部分内容。关于编纂汉语方言比较词典的设想，请参看秋谷裕幸（2017）。

表1是本文所采用的闽东区方言的谱系分类（秋谷裕幸 2010b：70）。②字下加单线的地点是《闽东区方言比较词典——身体部位部分》中代表点的称呼。《班华》指《班华字典——福安方言》

收稿日期：2018-05-10；定稿日期：2019-07-11。

* 本文是日本学术振兴会基盘研究（C）"中国语方言学的领域における语源辞典编纂の试み"（负责人：秋谷裕幸、项目号：16K02681）的阶段性成果。本文初稿曾在"汉语方言词汇史研究工作坊"（2018年4月2日，复旦大学）上宣读，汪维辉、陈忠敏、陶寰、盛益民等教授提出了批评意见。撰写本文期间，笔者也承蒙陈泽平、沈瑞清两位教授以及《语言学论丛》的两位审稿专家提供了很多中肯的修改意见。谨此一并致谢！

(Diccionario Español=Chino, Dialecto de Fu-an)，表1用《班华》表示字典中的福安方言材料所反映的早期福安方言。

表1 闽东区方言的谱系分类

区	片	小片	代表点
闽东区	南片	福州小片	古田城关、古田平湖、古田大桥、连江、闽清、闽侯、福州、长乐、永泰
		福清小片	福清、平潭
	北片	福宁小片	寿宁南阳、福鼎白琳、柘荣富溪、福安穆阳、周宁咸村、宁德虎㺃、宁德九都、霞浦长春、屏南、屏南黛溪、古田杉洋、《班华》
		浙江小片	泰顺三魁、苍南炎亭

2 现状

闽东区方言中表示{屁股}的词语可以分成两大类，下文分别称作"穿"类和"臀"类。"穿"类还可以分成三个小类。本文分别为"穿"类的三个小类及"臀"类构拟了早期形式。所用的方言点如下：福州（秋谷裕幸、陈泽平 2012）、福清、③福安、屏南、杉洋（秋谷裕幸、陈泽平 2012）、《班华》（秋谷裕幸 2012）、咸村（秋谷裕幸 2018a）、九都（秋谷裕幸 2018a）、福鼎白琳（秋谷裕幸 2010a）、古田（1）（福建省地方志编纂委员会 1998）、④古田（2）（李滨 2014）、平湖（陈勤 2005）、大桥（秋谷裕幸、陈泽平 2012）、寿宁、泰顺（秋谷裕幸 2005）、苍南（秋谷裕幸 2005）。以下是构拟结果及各方言中的语音形式。⑤

"穿"类

（1）"口穿" *ku³tʃʰuɔn¹

南片

福州小片　福州 ku³tsʰuoŋ¹[ku²¹zuoŋ⁵⁵]

福清小片　福清 ku⁻¹¹-yoŋ¹[ku¹¹yoŋ⁵²]

北片

福宁小片　福安 kuʔ⁷-luŋ¹[kuʔ⁵luŋ⁴⁴³]；
　　　　　屏南 ko⁻⁵⁵-zouŋ¹[ko⁵⁵zouŋ⁴⁴³ ~ ko⁵⁵louŋ⁴⁴³]；
　　　　　杉洋 kɔ⁻¹¹-louŋ⁻⁵⁴⁴[kɔ¹¹louŋ⁵⁴⁴]；
　　　　　《班华》ku³lun³

（2）"□穿" *ku²tʃʰuɔn¹

北片

福宁小片　咸村 ku⁻³³-lun¹[ku³³lun⁴⁴]；
　　　　　九都 kø⁻¹¹-løn¹[kø¹¹løn⁴⁴]；
　　　　　福鼎白琳 ku²-ziɔŋ¹[ku³¹ziɔŋ³³⁴]；

（3）"□（□）穿" *kʰo³（tʃi⁻）tʃʰuɔn¹

南片

福州小片　古田（1）kʰuoi⁵tsi³tsʰuoŋ¹[kʰuoi²¹tsi⁵²tsʰuoŋ⁵⁵]；
　　　　　古田（2）kʰoi⁻²¹tsʰouŋ¹[kʰoi²¹ʒouŋ⁵⁵]；
　　　　　古田平湖 [kʰuoi²¹louŋ²⁴]；
　　　　　大桥 kʰɔ⁻¹¹-louŋ⁻³⁵[kʰɔ¹¹louŋ³⁵]

"臀"类

"□臀" *ku²tɔn²

北片

福宁小片　寿宁 kɔ²-lɔŋ²[kɔ²²lɔŋ²¹¹]；
浙江小片　泰顺 ku⁻⁴²tɔ̃²[ku⁴²tɔ̃³³]；
　　　　　苍南 gəʔ⁸dõ⁻¹¹pʰai³[gəʔ²dõ¹¹pʰai³⁵]

3　原始形式的构拟

3.1　"穿"类

　　"穿"类是闽东区方言的主要形式，可分成三个小类。除了北片中最靠近浙江省的三个方言点以外，都用"穿"类。

　　此处首先讨论三个小类共享的后字"穿"。跟前字相比"穿"在各地方言之间的语音对应比较整齐。

3.1.1 "穿"

3.1.1.1 调类

"穿"的调类应该是阴平。杉洋方言的后字调值是连读调值。杉洋的［11 544］只能是"上声＋阴平"或"上声＋上声"。和福州、福清、福安、屏南方言中后字的阴平调结合来看，杉洋方言中后字的单字调应该也是阴平。

《班华》的后字是 lun³（trasero，第994页），为上声。不过，该词典第132页 asentaderas（屁股）记为 ku³lun¹p'e³，第90页 ano（肛门）记为 ku¹lun¹k'oeng¹。⁶现代福安方言也读作阴平。所以第994页 lun³ 的上声很可能是错误，当改为 lun¹。

3.1.1.2 声母

接着分析声母。从共时的角度来说，"穿"类是双音节词或者三音节词。发音人一般都不能分开来解释后字的词义。所以，后字往往念不出单字音。尽管如此，有一些材料还保存着还没有发生声母类化的声母。一个是传教士所记早期福州方言：ku³tshion¹phe³（陈泽平 2010：364）。这个词原来大概是指｛屁股蛋｝。我们要关注的是中字的声母 tsh。⁷另外一个是北片福宁小片福鼎方言。林寒生（2002：58）所记的是［ku⁵⁵tsʰioŋ⁴⁴］，后字的声母和早期福州方言一致。原始闽东区方言可以拟作 *tʃʰ。⁸

在福州、屏南方言中声母弱化成［z］。福鼎白琳方言中则弱化成［ʑ］。其他多数方言里的声母则为［1］。［ts tsʰ］声母或［tɕ tɕʰ］声母发生声母类化时一般变成［z ʑ］或脱落。关于这条声母类化规律，参看秋谷裕幸、陈泽平（2012：18—19、70—71）等。但是，也有少数例子变成［1］。比如，大桥方言"骸趾 脚趾"［kʰa⁵⁵⁻¹¹ tsai-lai⁴¹］、"涂鲫 鲫鱼"［tʰu³³⁻¹¹ tɕik-lik¹］；杉洋方言"告状"［ko³³⁵⁻⁴⁴⁵ tsoŋ-loŋ¹¹²⁻²¹］、"包菜 洋白菜"［pau⁴³³⁻⁴⁴ tsʰai-lai³³⁵⁻⁴⁴］。"穿"类（1）后字的声母［1］也是同一类例子。关于另外一个重要因素，请看下文 3.1.2.2。

3.1.1.3 韵母

最后分析韵母。除了福清方言以外，后字的韵母大致上能够形成规则语音对应。试比较：

	"穿"类后字	门	橡	软	砖	关~门
原始闽东	*tʃʰuɔn^1	*muɔn^2	*tʰuɔn^2	*nuɔn^3	*tʃuɔn^1	*kuɔn^1
原始宁德	*tʃʰuɔn^1	*muɔn^2	*tʰuɔn^2	*nuɔn^3	*tʃuɔn^1	*kuɔn^1
大桥	-louŋ$^{-35}$	muoŋ^2	tʰuoŋ^2	nuoŋ^3	tsuoŋ^1	kuoŋ^1
福安	-luŋ^1	muŋ^2	tʰuŋ^2	nuŋ^3	tʃuŋ^1	kuŋ^1
咸村	-lun^1	mun^2	tʰun^2	nøn^3	tʃun^1	kun^1
九都	-løn^1	mun^2	tʰun^2	——	tʃøn^1	køn^1
屏南	-zouŋ^1	mouŋ^2	tʰouŋ^2	nouŋ^3	tsouŋ^1	kouŋ^1
杉洋	-lɔuŋ$^{-544}$	muoŋ^2	tʰuoŋ^2	nɔuŋ^3	tsɔuŋ^1	kɔuŋ^1
福鼎白琳	-ziɔŋ^1	muɔŋ^2	tʰuɔŋ^2	niɔŋ^3	tɕiɔŋ^1	kuɔŋ^1

咸村和九都发生了以调类为条件的韵母分化。福鼎白琳则发生了以声母（舌齿音和其他）为条件的韵母分化。⑨"橡"的韵母是个例外。杉洋方言当中韵母分化的原因目前未详。屏南方言［ouŋ］的形成过程应该是*uɔn > *uon > *on > *oun > ouŋ。这个演变过程与*ien韵平行。例如："年"*nien^2 > *nien^2 > *nen^2 > *nein^2 > neiŋ^2（屏南）。大桥的"穿"类后字韵母与"门""橡"等字不对应。古田（2）和平湖亦如此。

原始闽东区方言形式可以拟作*uɔn，与原始宁德方言相同。⑩

与原始闽东区方言*uɔn韵对应的福清方言韵母是［uoŋ］。试比较：

	"穿"类后字	门	橡	软	砖	关~门
原始闽东	*tʃʰuɔn^1	*muɔn^2	*tʰuɔn^2	*nuɔn^3	*tʃuɔn^1	*kuɔn^1
福清	-yoŋ^1	muoŋ^2	tʰuoŋ^2	nuoŋ^3	tsuoŋ^1	kuoŋ^1

福清方言｛屁股｝义词ku^{-11}-yoŋ^1［ku^{11}yoŋ^{52}］的后字韵母［yoŋ］不合乎这个对应规律，需要解释。

在福清方言中，位于阴声韵后面的［ts tsʰ］声母一般变为

[z]。例如：菜栽菜苗tsʰai²¹¹⁻⁵⁵tsai-zai⁵² ｜ 扯纸tʰie³²²⁻¹¹tsai-zai³²²⁻⁴³³ ｜ 起成盖房子kʰi³²²⁻³³⁵tsʰuo̰-zṵo²¹¹⑪ ｜ 模粟饱满的稻谷tɛŋ-tɛŋ⁴¹⁻²²tsʰuo̰-zṵo²¹¹。不过，在别的闽东区方言中，位于阴声韵后面的 [tɕ tɕʰ] 声母或 [ts tsʰ] 声母有时也变成 [i]。比如，屏南方言"芥菜"读作 [koʌ³³⁵⁻³³tsʰai-zai¹³⁵ ～ koʌ³³⁵⁻³³tsʰai-iai³³⁵]，"锯柴锯木头" 读作 [ky³³⁵⁻⁵⁵tsʰa-ia²²¹]。所以，一个可能的解释是福清方言的 -yoŋ¹ [yoŋ⁵²] 是经历了 *tsʰuoŋ⁵² > *iuoŋ⁵² > yoŋ⁵² 的语音演变。

总之，"穿"类的后字可以拟作 *tʃʰuɔŋ¹。

3.1.2 "穿"（1）类的前字

前字的情况很复杂。我们首先分析"穿"（1）类的前字。这一类的前字可以分成两类：福州类和杉洋类。

3.1.2.1 福州类

福州 ku³ [ku²¹]、福清 ku⁻¹¹ [ku¹¹]、《班华》ku³ 和福安 kuʔ⁷ [kuʔ⁵] 可以追溯到同一个早期形式。传教士所记早期福州方言是 ku³（陈泽平 2010：364）。现代福州方言的二字组 [21 55] 只能是"上声＋阴平"。福清方言的 [11 52] 也只能是"上声＋阴平"。可见，福州类的共同来源是 *ku³。福安的 kuʔ⁷ [kuʔ⁵] 当为 *ku³ 的促化形式。《班华》还保存着没有发生促化之前的读音 ku³。

3.1.2.2 杉洋类

屏南 ko⁻⁵⁵ [ko⁵⁵] 和杉洋 kɔ⁻¹¹ [kɔ¹¹] 属于杉洋类。我们先看调类。屏南方言的二字组 [55 443] 只能是"上声＋阴平"或"阴去＋阴平"。杉洋的 [11 544] 则只能是"上声＋阴平"或"上声＋上声"。杉洋类前字的早期调类只能是上声，与福州类相同。问题是韵母。屏南的 [o] 和杉洋的 [ɔ] 和福州类的 [u] 都不对应。

笔者在秋谷裕幸（2018b）中指出，闽东区方言里最主要的 {肚子} 义词是"腹肚"。"腹肚"在现代闽东区方言中的读音彼此之间往往不对应。这是因为这个词受到了"切脚词"（即一种分音词）格式的影响。这格式里后字的声母是 [l]，并且前后字的主要元音相同。⑫比如，周宁咸村方言"腹肚"puk^{7}tou^3［poʔ^{5}lou^{11}］的"腹"字主要元音［o］是受了后字主要元音同化的读音。⑬

宁德九都方言{屁股}说［kø^{11}løn^{44}］。在整个闽东区方言中{屁股}义词的前字读作［kø^{11}］的方言相当罕见。这应该是前字受了后字主要元音同化的读音。可见，和{肚子}义词一样，{屁股}义词也有可能受了"切脚词"格式的影响。笔者目前的观点是屏南ko^{-55}［ko^{55}］和杉洋kɔ$^{-11}$［kɔ^{11}］都是受了后字主要元音同化的读音，也就是说是一种后起的读音，可以理解为*ku^{3}的后身。

综上所述，"穿"类（1）的前字都源于*ku^3。

3.1.3 "穿"（2）类的前字

咸村、九都和福鼎白琳方言的{屁股}义词属于这一类。咸村和九都方言都是广义的宁德方言。⑭

咸村方言的连读调［33 44］、九都方言的［11 44］以及福鼎白琳方言的［31 334］都只能是"阳平＋阴平"的连读调。"穿"（2）类前字的单字调当为阳平。九都方言的前字［kø^{11}］的形成过程在上文3.1.2.2里已经讨论了。

总之，"穿"类（2）的前字都源于*ku^2。

3.1.4 "穿"（3）类的前字

古田县境内的城关方言、平湖方言和大桥方言的{屁股}义词属于这一类。它的前字与众不同，较为特殊。

对除大桥方言以外的方言而言，古田（1）大概代表了最古老的形式。古田（2）和平湖则是脱落了古田（1）的中字［tsi^{52}］。前字的声母［k^h］与大桥方言一致，只是韵母［oi uoi］难以与大桥［k^{h}ɔ^{11}］的［ɔ］联系起来。一个可能的解释是［oi uoi］的［i］是受了中字［tsi^{52}］之韵母同化的成分。福建省地方志编纂委员会（1998:77、509）把前字［k^{h}uoi^{21}］的调类标作阴去，显然是把连读音当作单字音的描写。⑮前字早期形式的声母和韵母可以拟作

*kʰo 或 *kʰuo。

大桥方言的 kʰɔ⁻¹¹-louŋ⁻³⁵ [kʰɔ¹¹louŋ³⁵] 比较特殊，但前字的声母和其他古田方言一致。大桥的二字组 [11 35] 只能是"上声+阴平"或"上声+阳平"的连读调。古田（2）的 [21 35] 亦如此，只能是"上声+阴平"或"上声+阳平"的连读调。前字的单字调当为上声。

在上文中指出，"穿"类词往往受到"切脚词"格式的影响。那么，大桥 kʰɔ⁻¹¹ [kʰɔ¹¹] 的 [ɔ] 韵能否从这个角度去理解？与大桥方言的形式最为接近的大概是尤溪县中仙方言⑯的 kʰɔʔ⁸tʃʰyŋ¹[kʰɔʔ¹tʃʰyŋ⁴⁴]。由于前字 [ɔ] 和后字 [y] 的音值不相同，而且后字的声母读作塞擦音 [tʃʰ]，所以 kʰɔʔ⁸tʃʰyŋ¹ [kʰɔʔ¹tʃʰyŋ⁴⁴] 不是受了"切脚词"格式影响而形成的形式。该词的前字韵母基本上与大桥方言 kʰɔ⁻¹¹ [kʰɔ¹¹] 一致。那么，大桥方言前字的韵腹很可能原来就是这种 o 类。

总之，"穿"类（3）的前字可以拟作 *kʰo³。

3.1.5 小结

"穿"类（1）在闽东区方言的南北片都有分布，可以追溯到原始闽东区方言。其原始形式可以拟作"□穿"*ku³tʃʰuon¹。

由于"穿"类（2）仅分布在这三个方言中，只能追溯到原始闽东区北片福宁小片，暂且把它拟作"□穿"*ku²tʃʰuon¹。

"穿"类（3）的原始形式暂且拟作"□（□）穿"*kʰo³（tʃi）tʃʰuon¹。"穿"类（3）的分布限于古田县境内的福州小片，所以这个原始形式只能追溯到原始福州小片古田方言。另外，古田（2）、平湖和大桥的"穿"字韵母与 *tʃʰuon¹ 不对应。其原因目前未详。

3.2 "臀"类

3.2.1 后字

3.2.1.1 声母

寿宁方言中声母类化远不如一般闽东区方言那么突出，处于刚起步的状态。然而"臀"的声母不读[t]而读[l]，有可能也受了"切脚词"格式的影响。此外，寿宁方言的{屁股}义词的实际音值与其他北片方言十分相似。试比较：

寿宁　　　"□臀"[kɔ²²lɔŋ²¹¹]；
屏南　　　"□穿"[ko⁵⁵louŋ⁴⁴³]又读；
杉洋　　　"□穿"[kɔ¹¹louŋ⁵⁴⁴]。

"□臀"和"□穿"虽然源自不同的原始形式，不过，处在同一个地区的地理条件很可能促使这两个来历不同形式的实际音值趋同。这大概也是在寿宁方言中"□臀"[kɔ²²lɔŋ²¹¹]的后字声母率先发生声母类化的原因之一。

苍南方言把其他闽东区方言中的阳调类清塞音、塞擦音声母都读成浊塞音、塞擦音。例如：

	虫	近	拔
原始闽东	*tʰuŋ²	*kyn⁶	*pɛt⁸
原始宁德	*tʰœŋ²	*kyn⁶	*pet⁸
福清	tʰœŋ²	køŋ⁶	pɛʔ⁸
泰顺	tʰɤŋ²	kɤŋ⁶	pɛʔ⁸
苍南	doŋ²	dzioŋ⁶	bəʔ⁸

可见，苍南方言"臀"dõ¹¹[dõ¹¹]之[d]的浊音特征是后起的。那么，"臀"的早期声母可以拟作*t。

3.2.1.2　韵母

由于"臀"类分布在北片福宁小片和浙江小片，所以它有可能追溯到原始闽东区北片的阶段，韵母的构拟可采用原始宁德方言的构拟。寿宁[ɔŋ]、泰顺[ɔ̃]、苍南[õ]的对应只能来自*ɔn。例如：

	顿	卵蛋	村	酸
原始闽东	*tɔn⁵	*lɔn⁶	*tʃʰɔn¹	*θnɔ¹
原始宁德	*tɔn⁵	*lɔn⁶	*tʃʰɔn¹	*θnɔ¹
寿宁	tɔŋ⁵	lɔŋ⁶	tsʰɔŋ¹	sɔŋ¹

| 泰顺 | tɔ̃⁵ | lɔ̃⁶ | tsʰɔ̃¹ | sɔ̃¹ |
| 苍南 | taŋ⁵韵! ⑰ | lɔ̃¹调! | tsʰø¹韵! | sø̃¹ |

3.2.1.3 声调

寿宁 kɔ²-lɔŋ² 和泰顺 ku⁻⁴²tɔ̃² 的后字调类都是阳平。苍南方言"□臀□" gəʔ⁸dɔ̃⁻¹¹pʰai³ [gəʔ²dɔ̃¹¹pʰai³⁵] 里"臀"[dɔ̃¹¹] 的 [11] 是阳平 [213] 的连读调。参看秋谷裕幸（2005:100）。

综上所述,"臀"类的后字"臀"可以拟作 *tɔn²。

3.2.2 前字

泰顺方言的连读调 [42 33] 只能是"阳平+阳平",寿宁方言中的调类亦为阳平。三个方言的韵母不对应。寿宁方言的 kɔ²lɔŋ² [kɔ²²lɔŋ²¹¹], 前后字的主要元音相同,而后字的声母是 [l], 合乎"切脚词"的格式。那么,前字的韵母音值有可能是后起的。

阳调字的 *k 在苍南方言中可以变成 [g], 韵母 [əʔ] 是促化的结果, 与福安方言一样。请注意, 苍南方言的韵母系统中不存在 [uʔ] 韵。

总之,"臀"类的前字可以拟作 *ku², 与"穿"类（2）"□穿" *ku²tʃʰuɔn¹ 的前字一致。

3.2.3 苍南方言的三字组形式

苍南方言的{屁股}义词用三字组形式,多一个"□" pʰai³ [pʰai³⁵] 字。陶寰（2015:282）所记的苍南方言中"□臀□" gəʔ⁸dũ²pʰai³ [gəʔ²dũ²²pʰai⁴⁵] 是指{屁股蛋},{屁股}则说"□臀" gəʔ⁸dũ² [gəʔ²dũ²¹³]。其实,这就是一般闽东区方言的情况。比如,九都方言{屁股蛋}说"□□□" kø⁻¹¹-løn¹pʰɛ³ [kø¹¹løn²⁴mɛ⁴¹]。用"□臀□" [gəʔ²dɔ̃¹¹pʰai³⁵] 表示{屁股}应该是后起的现象。传教士所记早期福州方言的{屁股}义词 ku²tshion¹phɛ³ (陈泽平 2010:364) 亦如此。⑱ 这是以部分{屁股蛋}代表整体{屁股}的转喻性说法。

3.2.4 小结

综上所述,"臀"类的原始形式可以拟作"□臀" *ku²tɔn², 有可能追溯到原始闽东区北片的阶段。

3.3 本章的小结

闽东区方言中表示｛屁股｝的词语可以分成"穿"类和"臀"类，以前者为主。各类的原始形式如下：

"穿"类（1）　　　　　　"□穿"*ku³tʃʰuɔn¹
"穿"类（2）　　　　　　"□穿"*ku²tʃʰuɔn¹
"穿"类（3）　　　　　　"□（□）穿"*kʰo³（tʃɿ）tʃʰuɔn¹
"臀"类　　　　　　　　"□臀"*ku²tɔn²

"穿"类（1）在闽东区方言的南北片都有分布，可以追溯到原始闽东区方言。

"穿"类（2）可视为"穿"类（1）和"臀"类的混合词，即：
*ku³tʃʰuɔn¹ +　　*ku²tɔn² →　　*ku²tʃʰuɔn¹
它可以追溯到原始闽东区北片福宁小片。

"穿"类（3）则是古田县境内福州小片方言的特殊形式。

"臀"类"□臀"*ku²tɔn²在北片福宁小片和浙江小片都有分布，能够追溯到接近原始闽东区北片的阶段。

4　"□穿"*ku³tʃʰuɔn¹和"□臀" *ku²tɔn²的先后

由于"穿"类（2）是混合词，"穿"类（3）则是只分布在古田县境内福州小片方言的特殊形式，那么，闽东区方言的｛屁股｝义词主要是"□穿"*ku³tʃʰuɔn¹和"□臀"*ku²tɔn²。本章主要通过这两个形式与其他方言中｛屁股｝义词之间的比较考察这两类在闽东区方言中的先后。

4.1　与"□穿"*ku³tʃʰuɔn¹相似的形式及其分布

目前尚未发现这个词在其他方言中的分布。可以说这是闽东区方言的鉴别词之一，尽管不能满足对内一致的要求。

值得指出的是后字"穿"*tʃʰuɔn¹的分布。它主要分布于闽东区、莆仙区、闽南区、琼文区，即沿海闽语。例如：仙游_{莆仙}：□穿kɔ⁻¹²nui¹［kɔ¹²nui⁵⁴⁴］；厦门_{闽南}：□穿kʰa¹tsʰŋ¹［kʰa³³tsʰŋ⁵⁵］（北京大学 2005：255）；漳平_{闽南}：□穿kʰa¹tsʰuĩ¹［kʰa³³tsʰuĩ²⁴］（张振兴 1992：148）；潮州_{闽南}：□穿板kʰa¹tsʰɯŋ¹põi³［kʰa²³tsʰɯŋ²³põi⁵³］（北京大学 2005：255）；海口_{琼文}：□穿ka¹sui¹［ka²⁴sui²⁴］（陈鸿迈 1996：40）。还可以参看《汉语方言地图集·词汇卷》[19]图070，该图把本文中的"穿"写作"川"。

这些方言之间后字可以形成规律性的语音对应，也与原始闽东区方言的*tʃʰuɔn¹对应。前字则要分成两类，厦门、漳平、潮州为一类，早期形式可以拟作*kʰa¹。仙游和海口则为另一类，可以拟作*ka¹。

由于原始闽东区方言的*tʃʰuɔn¹大致上能够解释除闽东区方言以外沿海闽语中的各种音值，暂时把包括闽东区方言在内沿海闽语中的{屁股}义词标作"□穿"*K-tʃʰuɔn¹。

4.2 与"□臀"*ku²tɔn²相似的形式及其分布

目前也没有发现"□臀"*ku²tɔn²在其他方言中的分布。

据《词汇卷》图070，表示{屁股}的"X+臀"主要分布在吴语处衢片、婺州片、瓯江片和台州片。例如：广丰_{处衢}：□臀guɤʔ⁸duẽ²［guɤʔ²duẽ³⁴¹］（秋谷裕幸 2001：123）；遂昌_{处衢}：□臀kʰuʔ⁷də̃²［kʰuʔ⁵də̃²²¹］（曹志耘等 2000：397）；庆元_{处衢}：□臀kʰu⁻²²¹tã²［kʰu²²¹tã⁵²］（曹志耘 等 2000：397）；永康_{婺州}：□臀kʰu⁻⁴²dɤə²［kʰu⁴²dɤə³³］（曹志耘等 2016：569）；龙港_{瓯江}：□臀ku⁻⁴²dø²［ku⁴²dø³¹］；温岭_{台州}：□臀kʰuəʔ⁷døn²［kʰuəʔ⁵døn⁵¹］（阮咏梅 2013：184）。

庆元方言的［221 52］是"阴平+阳平""阳上+阳平""阳去+阳平"的连读调。由于［kʰ］声母不出现在阳调类，所以［kʰu²²¹］的单字调应该是阴平。永康方言的［42 33］是"阴上+

阳平"的连读调。与庆元的阴平不一致。龙港的［42 31］是"阴上＋阳平""阳上＋阳平""阳去＋阳平"的连读调。由于［k］声母不出现在阳调类，所以［ku^{42}］的单字调应该是阴上。

我们发现后字"臀"的语音对应很稳定，前字则五花八门，目前难以构拟共同的来源，也没有发现与*ku^{2}对应的读音。只是，龙港方言"囗臀"ku^{42}dø^2［ku^{42}dø^{31}］前字的单字音应该是ku^3，与"穿"类（1）"囗穿"*ku^{3}tʃʰuɔn^{1}的前字一致。

我们要关注的是，前字的声母均为舌根塞音，与沿海闽语的*ku^3、*ku^2、*kʰa^1、*ka^{1}等一致，或许可以追溯到一个共同的来源。

暂时把这种｛屁股｝义词标作"*K-臀"。

4.3 两类的先后

由于前字的读音难以形成规则语音对应，所以在此只观察"穿"和"臀"的分布。

包括闽东区"囗穿"*ku^{3}tʃʰuɔn^{1}以及*ku^{2}tʃʰuɔn^{1}在内的｛屁股｝义词"囗穿"*K-tʃʰuɔn^{1}的分布是很典型的沿海闽语鉴别词的分布。表示｛稻子｝的"秞"（《词汇卷》图011）、表示｛饿｝的"囗eu^1 福州"（《词汇卷》图097）、表示｛打｝的"拍"（《词汇卷》图128）、表示｛高｝的"悬"（《词汇卷》图164）、表示｛疼｝的"囗tʰiaŋ^5 福州"[20]、表示｛你｝的"汝"（《语法卷》图002）、表示｛他｝的"伊"（《语法卷》图003）、表示｛哪｝的"底"（《语法卷》图015）、问数量的｛若｝（《语法卷》图018）（秋谷裕幸、汪维辉 2016）都是这种词语。虽然还没有绘制方言地图，但表示｛泥土｝的"涂"（潘茂鼎等 1963：491）大概也形成同样的地理分布。在语法方面，近指ts声母、远指h或x声母的指示词系统（《语法卷》图010、011）、名词后缀"囝"（《语法卷》图051）、表示｛吃得饱｝和｛吃不饱｝的形式（《语法卷》图072、073）的分布也大同小异。以上词语或语法现象一共有13条。这些词语或语法现象排他性很强，难以假设外方言的影响，都是沿海闽语的鉴别词或鉴别语法现象。其中"伊""底""若"和远指代词"许"的用法和南朝通语相同。关于南朝通语，参看梅祖麟、杨秀芳（1995／2000：294—297）、梅祖麟（2002：18）、秋谷裕幸、汪维辉（2016：120）。这说明以上13条具有一定程度上的时间深度。{屁股}义词"□穿"*K-tʃuɔn¹也是这种词语之一。

"□臀"*ku²tɔn²只分布在最靠近吴语区的三个闽东区方言，而且邻近吴语中最主要的{屁股}义词主要是"*K-臀"。与吴语接壤地区的闽语往往受到吴语的影响，词汇也不例外。具体的例子请参看秋谷裕幸（2005：170—176）。

综上所述，本文的观点是"□穿"*ku³tʃʰuɔn¹早于"□臀"*ku²tɔn²。"□臀"的"臀"*tɔn²是从吴语方言中引进的外来成分。*ku³和*ku²是否源于共同的来源目前难以判断。

5 本字问题

前文把闽东区方言中最主要的两个{屁股}义词标作了"□穿"*ku³tʃʰuɔn¹和"□臀"*ku²tɔn²。本章讨论相关本字的问题。

5.1 "臀"

"□臀"*ku²tɔn²的"臀"是表示{屁股}的旧词。《广韵》平声魂韵徒浑切："《广雅》云：臀谓之脄。"李慧贤（2007：117—120）研究表示臀部的词语及其演变。她总结说：

　　表示臀部，上古和中古汉语时期主要有"尻""臀"，近代汉语时期主要用"臀"，在元明时期，又出现了口语性很强的词语"屁股"，沿用至今。（第120页）

可见，"臀"是早于"屁股"的{屁股}义词。关于汉语方言当中的{屁股}义词及其历时演变，也可以参看章黎平、解海江（2015：106—110）。除了浙江省南部的吴语以外，"臀"在南方方言中还有零星的分布。比如，广东省连州市保安方言{屁股}说"臀板"tʌn²pe³［tʌn²⁵pe⁴⁵］（张双庆主编 2004：240），粤语勾漏片封开县开建方言说"屎窟臀"ʃi³fet⁷ten²［ʃi³²fet³²ten²⁴］（侯兴泉 2017：161）。吴语太湖片甬江小片宁波方言｛臀部因长时间坐而生出的疮｝说"臀□"dəŋ²tɕi¹［dəŋ¹¹tɕi⁵³］（汤珍珠等 1997：185），说明北部吴语曾经使用过表示｛屁股｝的"臀"。中原官话汾河片万荣方言｛光屁股｝说"赤臀子"［tʂʰʅ⁵¹tʰuei⁰tuɿ⁰］（吴建生、赵宏因 1997：12），说明北方方言也曾经使用过"臀"。

5.2 "穿"

《广韵》平声仙韵昌缘切："穿，通也。孔也。"

"□穿"*ku³tʃʰuon¹的"穿"有些学者也写成"川"。据《词汇卷》图070，陕西、宁夏、甘肃、青海的中原官话和四川东北部、中部的西南官话把｛屁股｝说成"沟子"。例如：西安：沟子 kou²¹tsʅ⁰（北京大学 2005：255）；韩城：沟子 kɤu³¹tsʅ⁰（秋谷裕幸、徐鹏彪 2016：152）；成都：沟子 kəu⁴⁴tsʅ⁵³（北京大学 2005：255）。这是以｛屁股沟儿｝代表整个屁股的说法。比如，在晋语吕梁片汾州小片石楼方言中"沟子"［kɤu³³⁵tsʅ¹］就是｛屁股沟儿｝的意思。㉑韩城方言｛屁股沟儿｝则说"沟子濠"［kɤu³¹tsʅ⁰χɑo³⁵］，实际上是一个叠床架屋的说法。关于韩城方言及其周边方言中的｛屁股｝义词，也可以参看秋谷裕幸、徐朋彪（2016：209）。用"□*ku³川"代表｛屁股｝可以理解为同一个理据。

本文不采用这个写法，而把它写成"穿"。理由是：

（1）｛屁股｝义词往往带有表示｛窟窿、孔｝的成分。比如，山区闽语｛屁股｝说"屎窟"。例如：闽北区崇安方言说"屎窟"［ɕi²²⁴kʰuei²²⁴］。

（2）"穿"在闽南区方言、闽北区方言以及吴语处衢片中可以表示｛窟窿、孔｝。比如，闽北区建瓯方言｛鼻孔｝说"鼻穿"［pʰi⁵⁵tsʰuiŋ⁵⁴］（李如龙、潘渭水 1998：3），｛耳孔｝说"耳穿"［neiŋ⁴²tsʰuiŋ⁵⁴］（李如龙、潘渭水 1998：232）。㉒关于｛窟窿、孔义的"穿",还可以参看郑张尚芳（2005：239）。

（3）现代闽语及其周边方言当中恐怕不存在表示｛水流｝或｛水沟｝的"川"。

所以,笔者认为 *ku³tʃʰuɔn¹ 的后字更有可能是"穿"。这一观点的弱点是在现代闽东区方言当中"穿"一般不表示｛窟窿、孔｝,而用"空"来表示这个词义。比如,福清方言｛鼻孔｝说"鼻空" $pʰe^5kʰœŋ^1$ [$pʰi^{55}kʰœŋ^{52}$]。

在此所提出的只不过是有可能的观点之一。㉓

5.3　*ku³ 和 *ku²

"□穿"*ku³tʃʰuɔn¹ 的"□"*ku³ 一般写作"股"。"股"是在元代之前表示｛大腿｝的词,后来逐渐转移为表示臀部的语素（李慧贤 2007：119、158）。所以,*ku³ 有可能是"股"。不过,除闽东区方言以外方言里的读音不一定支持这个观点。"□穿"*K-tʃʰuɔn¹ 和"*K-臀"里的前字除了声母为舌根塞音以及韵母没带有鼻尾以外不能归纳出其他共同特征。尽管如此,"□穿"*K-tʃʰuɔn¹ 和"*K-臀"集中分布在沿海闽语以及南部吴语,而其他地区的｛屁股｝义词则很少有这种前字 *K- 出现,所以我们最好不要放弃它们追溯到同一个来源的可能性。把"□"*ku³ 认定为"股",而把闽南区方言中｛屁股｝义词的前字写成"尻"或"骹",基本上就等于放弃这个可能性。

6　结　论

闽东区方言里表示｛屁股｝的词可以追溯到原始闽东区方言的"□穿"*ku³tʃʰuɔn¹。其他｛屁股｝义词都是后起的,不能追溯到原始闽东区方言阶段。

后字的本字也有可能是"川"。相似的｛屁股｝义词广泛分布于沿海闽语。它们是沿海闽语的鉴别词之一。临近吴语区的三个方言则受到吴语的影响而形成了"□臀"*$ku^2tɔn^2$。古田县境内福州小片方言的｛屁股｝义词则与众不同，较为特殊，但后字"穿"和"□穿"*$ku^3tʃʰuɔn^1$的后字是相同的。"□穿"*$ku^3tʃʰuɔn^1$和"□臀"*$ku^2tɔn^2$之前字"□"*ku^3和"□"*ku^2的来源需要进行进一步的研究。

附 注

① 本文用大括号｛ ｝表示意义，而双引号如"臀""穿"表示实际的词语。

② 该文把屏南城关方言归属福州小片。现在把它改属福宁小片。

③ 没有注明出处的方言材料均来自笔者的田野调查。下文中尤溪县中仙方言、苍南县龙港方言、仙游方言、崇安方言以及石楼方言的材料也都来自笔者的田野调查。

④ 福建省地方志编纂委员会（1998）没有注明具体的方言点。但应该是城关方言。

⑤ [ ]内是实际音值。没加括弧的音标是单字音，声调用数字标出调类，"-"表示不能恢复单字音的声母或调类。写不出本字的音节用方框"□"表示。

⑥ ｛肛门｝义词前字ku^1的调类特殊。

⑦ 福州方言的母语者现在仍能恢复原声母[$tsʰ$]。承蒙陈泽平教授告知。

⑧ 关于舌叶塞擦音和齿间擦音的构拟，参看秋谷裕幸（2018a：417—423）。

⑨ 关于福鼎白琳方言以及早期福州方言中的细音读法，参看秋谷裕幸（2018a：711）。

⑩ 详细的讨论参看秋谷裕幸（2018a：594—597）。关于原始宁德方言和原始闽东区方言之间的关系，则请看秋谷裕幸（2018a：709—712）。

⑪ 下划线表示舌位较高的变体。

⑫ 比如，寿宁方言｛翻动｝说"□□"[$pɛ^{55}leŋ^{51}$]。这是"反"的切脚词。关于切脚词，参看梁玉璋（1982）。

⑬ 由于这种双音节词的后字声母一般都是[l]，所以，这种双音节词并不是简单的逆同化过程的结果。

⑭ 关于广义宁德方言的定义，参看秋谷裕幸（2018a：3—4）。

⑮ [tsi^{52}]的上声亦如此。

⑯ 中仙方言在闽语当中的归属待定。

⑰ 这个读音当为来自周边吴语瓯江片的读音。例如：龙港$taŋ^5$。

⑱ 苍南$pʰai^3$、九都$pʰe^3$、早期福州phe^3都是同源词。根据陈泽平先生的

语感，福州方言 $p^hε^3$ 的语素义是｛脸颊｝。

⑲ 下文中简称《词汇卷》。《汉语方言地图集·语法卷》则简称《语法卷》。

⑳ 《词汇卷》图179是｛疼｝义词的地图。不过，把沿海闽语的｛疼｝义词认定为"痛"，看不出沿海闽语中｛疼｝义词的分布。

㉑ ｛屁股｝说"屁股"[$p^hi^{52}kuə?^1$] 或"启子"[$tuə?^5tsə?^1$]。

㉒ 也泛指"耳朵"。李如龙、潘渭水（1998：3，232）写成"鼻川"和"耳川"。

㉓ *$tʃ^huon^1$ 也可以与臻摄合口一等魂韵清母以及臻摄合口三等谆韵清昌母对应。但三个音韵地位都不存在词义上更合适的字。

参考文献

北京大学中国语言文学系语言学教研室 （2005）《汉语方言词汇》（第二版重印本），1995年第二版，语文出版社，北京。

曹志耘主编 （2008）《汉语方言地图集》，商务印书馆，北京。

曹志耘、秋谷裕幸主编，曹志耘、秋谷裕幸、黄晓东、太田斋、赵日新、刘祥柏、王正刚著 （2016）《吴语婺州方言研究》，商务印书馆，北京。

曹志耘、秋谷裕幸、太田斋、赵日新 （2000）《吴语处衢方言研究》，好文出版，东京。

陈鸿迈 （1996）《海口方言词典》，江苏教育出版社，南京。

陈 勤 （2005） 古田平湖话语音、词汇研究，福建师范大学硕士学位论文。

陈泽平 （2010）《19世纪以来的福州方言——传教士福州土白文献之语言学研究》，福建人民出版社，福州。

福建省地方志编纂委员会 （1998）《福建省志·方言志》（黄典诚主编、李如龙副主编），方志出版社，北京。

侯兴泉 （2017）《封开方言志》，世界图书出版广东有限公司，广州。

李 滨 （2014）《闽东古田方言研究》，厦门大学出版社，厦门。

李慧贤 （2007） 汉语人体部位词语历史演变研究，北京大学博士研究生学位论文。

李如龙、潘渭水 （1998）《建瓯方言词典》，江苏教育出版社，南京。

梁玉璋 （1982） 福州方言的"切脚词"，《方言》第1期，37—46页。

林寒生 （2002）《闽东方言词汇语法研究》，云南大学出版社，昆明。

梅祖麟 （2002） 几个闽语虚词在文献上和方言中出现的年代，收录于《南北是非：汉语方言的差异与变化》（第三届国际汉学会议论文集 语言组，何大安主编，中央研究院语言学研究所（筹备处）），1—21页。

梅祖麟、杨秀芳 （1995 / 2000） 几个闽语语法成分的时间层次，《中央研究院历史语言研究所集刊》第66本第1分，1995年／收录于《梅祖麟语言学论文集》,商务印书馆2000年,286—305页。
潘茂鼎、李如龙、梁玉璋、张盛裕、陈章太 (1963) 福建汉语方言分区略说,《中国语文》第6期,475—495页。
秋谷裕幸 (2001)《吴语江山广丰方言研究》,日本爱媛大学综合政策研究丛书1(爱媛大学法文学部综合政策学科)。
秋谷裕幸(2005)《浙南的闽东区方言》,《语言暨语言学》专刊甲种之十二,中研院语言学研究所。
秋谷裕幸 (2010a)《闽东区福宁片四县市方言音韵研究》,福建人民出版社,福州。
秋谷裕幸 (2010b) 论闽东区方言的分区,收录于《罗杰瑞先生七秩晋三寿庆论文集》(余霭芹、柯蔚南主编,香港中文大学中国文化研究所吴多泰中国语文研究中心),47—76页。
秋谷裕幸 (2012)《班华字典—福安方言》音系初探,《方言》2012年第1期,40—66页。
秋谷裕幸 (2017) 编纂汉语方言比较词典的设想——以《闽东区方言比较词典》为例,《语言研究集刊》第十七辑,115—134页。
秋谷裕幸 (2018a)《闽东区宁德方言音韵史研究》,《语言暨语言学》专刊系列之六十,中央研究院语言学研究所。
秋谷裕幸 (2018b) 闽东区方言的"肚子"和"肚脐",《语言研究集刊》第21辑,510—520页。
秋谷裕幸、陈泽平 (2012)《闽东区古田方言研究》,福建人民出版社,福州。
秋谷裕幸、汪维辉 (2016) 闽语中疑问代词用法的"若",《历史语言学研究》第10辑,111—122页。
秋谷裕幸、徐鹏彪 (2016)《韩城方言调查研究》,中华书局,北京。
阮咏梅 (2013)《温岭方言研究》,中国社会科学出版社,北京。
汤珍珠、陈忠敏、吴新贤 (1997)《宁波方言词典》,江苏教育出版社,南京。
陶寰主编,潘悟云、郑张尚芳审订 (2015)《蛮话词典》,中西书局,上海。
吴建生、赵宏因 (1997)《万荣方言词典》,江苏教育出版社,南京。
张双庆主编,万波、张双庆、邵宜、庄初升、严修鸿著 (2004)《连州土话研究》,厦门大学出版社,厦门。
张振兴 (1992)《漳平方言研究》,中国社会科学出版社,北京。
章黎平、解海江 (2015)《汉语核心人体词共时与历时比较研究》,中国社会科学出版社,北京。
郑张尚芳 (2005) 由音韵地位比较来考定一些吴闽方言词的本字,《语言》第五卷,230—240页。

The Words 'Buttocks' in Eastern Min Dialects

AKITANI Hiroyuki

Abstract: The word 'buttocks' of Eastern Min dialects traces back to '□ 穿' *ku^3 $tʃʰuɔn^1$ of Proto-Eastern-Min. Related words are widely distributed in the various coastal Min dialects also. They must be the diagnostic words of the coastal Min. The three Eastern Min dialects nearby Wu dialects area developed the word '□ 臀' *ku^2 $tɔn^2$ under the influence of Wu dialects. This article is also a part of Comparative dictionary of Eastern Min dialects: human body parts, which the author is now compiling.

Keywords: Eastern Min dialects; buttocks; etymology

（790-8577　日本，松山文京町，爱媛大学法文学部
kiyokoyaeko@gmail.com）

汉语"屁股"义词的共时分布与历时演变*

张爱云 徐 建

提要 现代方言"屁股"义词语非常丰富，有"臀""股""骹（尻）""㞘""屁""腚""沟""屎"等八系。"臀""尻"产生于先秦时代，作为雅言在历代文献中传承，今分别保留于吴、粤、闽语；"㞘"三国至魏晋南北朝时期在北方产生，后成为口语高频词，今保留在晋语及江淮官话、徽语、客赣等方言；"屁股"元明时期在江淮地区起源，后扩散至江南、西南、中原、华北广大地区；"腚"系明末清初盛行于山东，20世纪初传播至辽宁；"沟"系、"屎"系在"屁股"广泛传播之前产生，今分别通行于西北、华南地区。

关键词 屁股 地理分布 历时演变

0 引言

"屁股"义词属于人类语言的基本身体部位词。普通话表"屁股"义主要用"屁股"一词，现代汉语方言除"屁股"一词外，还有"臀""尻川""腚""股川""㞘""屎窟""沟子"等词语。汉语史上，表"屁股"义的词语主要有"臀""尻""㞘""屁股""腚"等，出现年代及通行区域各不相同。李荣（1992）列举了"㞘"在一些方言中的不同用法；李慧贤（2007）及章黎平、解海江（2015）在系统考察汉语人体部位词的基础上，对"屁股"义词的共时分布和历时发展情况也做了相关介绍；刘丹丹（2019）对《汉语方言地图集》所

收稿日期：2019-3-06；定稿日期：2020-10-14；通讯作者：张爱云。

* 本研究得到国家社会科学青年基金项目（16CYY016）的资助。本文写作过程中，曾得到储泰松教授、汪维辉教授的指导，感谢两位老师提出的宝贵意见。《语言学论丛》匿名审稿专家也提出了宝贵的修改意见，谨致谢忱。

载930个方言点"屁股"义词语进行了重新分类,并绘制了地理分布图。综合来看,前辈时贤对"屁股"义词的共时分布关注较多,历时演变研究相对薄弱。本文在已有研究的基础上,描写"屁股"义词语的地理分布,梳理各词形在历史文献中的使用情况,综合运用地理语言学的方法和历史文献考证法,着力探讨"屁股"义各词产生的年代、传播扩散的路径以及诸词形之间的历时替换关系。

1 共时分布

据曹志耘(2008)《汉语方言地图集(词汇卷)》图"070屁股"(为行文方便,以下简称《汉语方言地图集》)和其他资料,现代方言"屁股"义词语非常丰富,主导词有"臀""股""骸""尻""屁""腚""沟""屎"。此外还有一些分布范围很小的词语,如"啰柚""皮□[pʰai³⁵]"等,这类我们不做考察。按主导词的差异,我们将"屁股"义词语分为八系,介绍各系的地理分布。

1.1 各系词语及地理分布

1.1.1 "臀"系

"臀"系词语有:臀/臀头、股臀、股臀屁、窟臀、窟臀屁、窟□[loʔ³]臀、屁眼臀、屎臀、屎窟臀、坐臀、拱臀。"臀"系集中分布于浙江省南部,散见于广东、广西部分地区,如广东曲江、翁源、东源、陆河、博罗、惠州、连州、斗门、恩平、开平,广西龙胜、柳江、藤县、百色、横江、崇左、防城港等。从方言区的角度看,"臀"系主要分布于南部吴语,另散见于粤语部分方言点。由于广东、广西表"屁股"义的词语主要是"屎窟""屁眼"等,因此散见的屎窟臀、屎臀、屁眼臀等词语应该是当地古老形式"臀"与创新形式"屎窟""屁眼"的混合。

1.1.2 "股"系

"股"系词语有:股川、股川屁、股央、股□[tsoŋ⁴⁴]/

［tɕioŋ］³³⁴。主要分布于福建省东部沿海，即闽东地区，如福鼎、柘荣、霞浦、罗源、闽清、闽侯、福州、连江、长乐、永泰、福清、平潭等。

1.1.3 "骹"系

"骹"系词语有：骹川、骹川屁、胶＝川、胶＝川屁、胶＝川倒、角＝川、壳＝川。"骹"系分布于闽东、闽南，广东潮汕地区、雷州半岛，以及台湾、海南大部分地区。从方言区的角度看，分布于闽语区。

1.1.4 "尻"系

"尻"系词语有：尻、尻子/尻嘚、尻蛋、屎窟尻。"尻"系集中分布于山西、陕西、内蒙古及河北南部的永年、广平两地，另外，"尻""屎窟尻"还分别见于江西南丰和广西北海两地。从方言区的角度看，主要分布于晋语。

1.1.5 "屁"系

"屁"系词语有：屁股、屁乎、屁股巴子、屁股爿子、屁乎蛋子、屁巴股、屁头子、屁爿子、屁骨、屁□［sɔt³］、屁窟、屁眼。"屁"系词语广泛分布于江淮沿线及西南大部、河南大部、京津冀、东北地区。最主要且分布最广的词语是"屁股"。"屁乎"是"屁股"的语音弱化形式，主要分布于河北及东北黑吉辽三省。

1.1.6 "腚"系

"腚"系词语有：腚、腚锤子、腚盘子、腚锥子、腚蛋子、腚帮子。"腚"系集中分布于山东省及其毗邻的河北、河南、皖北、苏北部分地区，辽宁省大连、瓦房店、朝阳、彰武也有分布。

1.1.7 "沟"系

"沟"系词语有：沟子、沟蛋子、沟蛋、屁沟、沟墩子。"沟"系分布于山西西南的万荣、临猗两地，陕甘宁、新疆地区以及与甘肃毗邻的青海东部、四川东部和北部地区。可以说，"沟"系词语是西北大部分地区以及四川东部、北部的方言特征词。

1.1.8 "屎"系

"屎"系词语有：屎窟、屎窟头、屎窟板、屎眼、屎窝、屎股、屎呱、屎笔ᵓ。"屎"系分布于广东、广西、赣南、闽西、闽中、闽北，赣东的鹰潭、弋阳、横峰、贵溪、上饶，皖南的屯溪、休宁以及台湾部分地区也有分布。从方言区的角度看，主要分布于粤语，客家话，闽语闽北、闽中及邵将片。

1.2 几点说明

1.2.1 "骹"[k^h-/k-]的本字

分布于闽语区的"骹"[k^h-/k-]类词语，其本字学界存在不同的处理：张振兴（1992：148），张振兴、蔡叶青（1998：48），周长楫（1998：33），马重奇（2013：251）等记为"尻"；《汉语方言地图集》记为"骹"或用同音的"胶、角、壳"等表示。

"尻"，《广韵》苦刀切，一等豪韵字。"骹"，《广韵》口交切，二等肴韵字。据陈章太、李如龙（1991：74），效摄一、二等韵在闽语区，除闽北外多不相混，表"屁股"义的[k^h-/k-]韵母多为[a]，与二等肴韵"骹"字相合，而与一等豪韵"尻"字不合。

现代闽语多用"骹"表示下肢，文献中以"骹"表示小腿或下肢由来已久。如：《说文解字·骨部》："骹，胫也。"《尔雅》："四骹皆白，驓。"晋张载《榷论》："青骹繁霜，絷于笼中，何以效其搏东郭于韝下也。"唐张孝标《少年行》："手抬白马嘶春雪，臂竦青骹入暮云。""青骹"，一种青腿的猎鹰。文献中以"骹"表屁股未见其例。

权衡这两种不同的处理，我们暂倾向记做"尻"，主要有两点考虑：其一，闽语效摄文白层次复杂，效摄一二等少数字发生相混不乏其例。据张振兴（1992：186），闽南漳平豪韵文读[au ãu]，白读[o a]，白读[a]时与二等肴韵混，如：螃~蜞：蜘蛛[la^{11}]、早迟~[tsa^{21}]；据周长楫（1998：28），厦门话中"螃""早"白读也与肴韵字混，如：螃豪=挠肴[la]（声调不同）、早[tsa^{31}]；据冯爱珍（1993：55），闽东福清豪韵文读[o]，白读[au a]，白读[a]有时也与二等肴韵混，如：早~起[tsa^{33}]、嘈~~声[tsa^{55}]。因此，不排除"凥"像"蟧""早"等字一样，在历史演变过程中，因某种特殊的原因混入了音近的二等肴韵，从而与"骹"字同音的可能。闽东部分方言点还保留了早期"凥""骹"相分的特点，如：古田、宁德表屁股义的［ kʰo］与表脚义的"骹"［ kʰa］韵母不同，［ kʰo］与"苦刀切"相合，本字为"凥"无疑。（陈章太、李如龙1991: 98）。其二，假定本字为"骹"，不好解释文献中找不到"骹"表"屁股"义用法的痕迹，同样，也不好解释元代之前文献中历代常用的"凥"在方言中为何消失无影。

1.2.2 混合形式的处理

岩田礼（2009: 25），徐建、岩田礼（2014）指出，各系之间常常存在混淆形式，即由所指相同的两种词语在接触过程中产生的折半形式。我们称其"混合形式"。我们将混合形式归入其中一系，其他系不重复列出，如："屎臀""屎窟臀"是"臀"系与"屎"系的混合形式，我们将其归入"臀"系，"屎"系不重复出现。

闽东福鼎、福州、闽清、福清等12县市使用"股川""股川屁"等词语。我们认为这些词语也是混合形式。混合形式常出现于两系或几系词语的过渡地带。闽东地区"屁股"义词语除了"股川"等之外，还分布有带语素"股"的"臀"系词语，如："股臀""股臀屁"等；与闽东地域相接的仙游地区则使用带语素"川"的"凥"系词语，如："凥川""凥川屁""胶⁼川""胶⁼凥"等。"股臀"类词语与"凥川"类词语在接触过程中产生混合形式"股川"。然后，由"股川"再变化出"股川屁""股央"等词语。本文将闽东带"股"语素的词语单独列为一类。

2 历时演变

2.1 "臀"系、"凥"系

这两系的主导词"臀"和"凥"都属于古老形式。"臀"《说文解字·尸部》作"屍"，"髀也。从尸下丌居几。"或作脽、臋。《玉篇·尸部》:"屍,与臀同。""尻"《说文解字·尸部》:"尻,脽也。从尸九声。""臀屍尻脽臗"同义。"臀"和"尻"的文献用例可上溯至先秦时期。例如:

（1）吾闻成公之生也,其母梦神规其臀以墨,曰:"使有晋国,三而畀欢之孙。"故名之曰"黑臀",于今再矣。(《国语·周语下》)

（2）九四,臀无肤,其行次且,牵羊悔亡,闻言不信。(《周易·夬卦》)

（3）孰能以无为首,以生为脊,以死为尻,孰知死生存亡之一体者,吾与之友矣。(《庄子·大宗师》)

（4）古之善相马者,寒风是相口齿,麻朝相颊,子女厉相目,卫忌相髭,许鄙相尻,投伐褐相胸胁,管青相膹肳,陈悲相股脚,秦牙相前,赞君相后,凡此十人者,皆天下之良工也。(《吕氏春秋·恃君览》)

从西汉到元代的文献中,"臀""尻"表"屁股"义历代常用,不烦列举。值得注意的是,文献中,"臀"和"尻"词义略有区别。段玉裁《说文解字注》云:"《释名》以尻与臀别为二。《汉书》'结股脚,连雁尻',每句皆合二物也。尻今俗云沟子是也,脽今俗云屁股是也。析言是二,统言是一。故许云'尻,脽也'。""尻乃近秽处,今北方俗云沟子是也。"可见,汉代"臀"主要指屁股,"尻"除"屁股"义外,还有"肛门"义。唐代文献中,"尻"表"肛门"也有用例,如:

（5）蜼,似黄狗,圂有常处,若行远不及其家,则以草塞其尻。(段成式《酉阳杂俎·毛篇》)

"臀""尻"词义上的细微差别使两个词在历史上并存两千多年,元代以前,文献中表"屁股"义的主要词语都还是"臀""尻"。元代以后,"屁股""腚"等词语兴起,"臀""尻"在文献中使用频率下降,有逐渐被"屁股""腚"取代的趋势。文献中的使用情况见表1。现代方言中,"臀"在吴语、闽北方言及粤语部分方言点中保留,"尻"保留于闽语部分方言点。从方言分布格局来看,"臀"传播到南方方言的时间不会太晚,因为"臀"系词语除了分布于南部吴语、闽北方言外,还散见于两广粤语,分布范围较为广泛;"尻"系词语在广东、海南、台湾闽语中也被广泛使用。李新魁(1987)从语言和历史两方面详细论证了广东闽语人口先民的来源及时间层次,提出广东闽语从福建闽语中完全分化出来是在唐宋时代,刘新中(2010:6)也指出海南闽语最晚在宋代已经基本定型。据此可知,"尻"传播到闽语地区的年代也一定是在宋代之前。

表1 "屁股"义词语在文献中的使用情况

文献	年代	使用频率			
		臀	尻	屁股	腚
宋笔记	宋	10	7	0	0
全宋词	宋	6	2	0	0
宋六大家集	宋	5	11	0	0
元典章·刑部	元	14	0	0	0
西游记	明	3	4	5	0
三言二拍	明	12	0	5	0
金瓶梅词话	明	0	0	21	0
醒世姻缘传	明末	11	0	56	10
聊斋俚曲集	清初	0	0	5	65
红楼梦	清中期	2	0	5	0
镜花缘	清中晚	0	1	5	0
品花宝鉴	清末	8	0	21	0
三侠五义	清末	1	0	4	0

2.2 "豚"系

"豚"在文献中写法多样,本写作"豚",又写作"后"。"豚""豚""后"三字在字书、韵书中的收录情况如表2所示。

表2 古辞书中"豚""㞗""㞕"的读音情况

	豚	㞕	㞗
广雅	豚,臀也。		
玉篇	豚,脂朔切。尻。	㞕,都谷切。俗豚字。	
篆隶万象名义	豚,猪角反。臆、尻。		
广韵	①竹角切。同"豽",龙尾。②丁木切。尾下窍也。俗作"㞕"。	①丁木切。俗豚字。②冬毒切。尻。	
类篇			㞗,都木切。《博雅》臀也。
集韵	①都木切。豚㞗,《博雅》:"臀也。"或作㞗,俗作㞕。②竹角切。豚,《博雅》臀也。一曰肥也。		豚㞗,《博雅》:"臀也。"或作㞗,俗作㞕。都木切。
字汇	豚,都毒切,音笃。尾下窍也。	㞕,都谷切,音笃。《玉篇》俗"豚"字,尾下窍也。	㞗,同㞕。
正字通	豚,都禄切,音笃。俗谓尾下窍曰豚。	㞕,俗屁字。	㞗,俗屁字。

"豚"字最早见于三国张揖的《广雅·释亲》:"豚,臀也。"在《玉篇》《篆隶万象名义》中读音相同,均为知母觉韵字。《广韵》"豚"字有觉韵、屋韵两读:①竹角切。同"豽",龙尾。②丁木切。尾下窍也。俗作"㞕"。"㞕"最早见于《玉篇》:"㞕,都谷切,俗豚字。""㞗",《类篇》:"都木切,《博雅》臀也。"由此可知,"㞕""㞗"读音相同,均为端母屋韵字,是"豚"的俗字。《广韵》"豚"字"丁木切"一读应该来源于《玉篇》中"㞕"的读音。到了明代的《字汇》《正字通》中,"豚"已只有一读了,与"㞗""㞕"完全同音。另外,辞书中"豚""㞕""㞗"三字,既可表示"臀部"义,也可表"肛门"义,没有严格的区分。

现代方言中"㞗"系词语有"屁股、肛门、尾巴、底部"等义。"㞗"系在北方方言中主要见于晋语,且词义丰富,如平遥"㞕子屁股""锅㞕底锅底""跌㞕脱肛"(李荣 1992:323);在北方其他方言中也有零散分布，如徐州_{中原官话}、烟台_{胶辽官话}"屄子_{昆虫的尾部}"，长春_{东北官话}"屄针_{蝎子尾巴}"，河北深县_{冀鲁官话}"屄尾巴"（许宝华、宫田一郎 1999：5844、6241）。南方方言中，"屄"系的"屁股"义用法较少，仅见于江西南丰_{赣语}、广西北海_{粤语}（曹志耘 2008），贵州清镇_{西南官话}（许宝华、宫田一郎 1999：5844）。但"底部"义很常见，如：绩溪_{徽语}、南昌_{赣语}、黎川_{赣语}（李荣 2002：4480），休宁_{徽语}、波阳_{赣语}、乐平_{赣语}、平江_{赣语}、新干_{赣语}、高安_{赣语}、岳西_{赣语}，赣州蟠龙_{客家话}、福建永定下洋_{客家话}、安徽铜陵_{吴语}、安庆_{江淮官话}、武汉_{西南官话}、湖北随州_{西南官话}、贵州沿河_{西南官话}、衡阳_{湘语}、广东番禺_{粤语}、广东信宜_{粤语}（许宝华、宫田一郎 1999：5844、6241），邵武_{闽语}（李如龙、张双庆 1992：310）。据我们调查，安徽江淮官话桐城、枞阳，皖西南赣语太湖、潜山等地普遍以"屄"表"底部"义，如：潜山、太湖"碗屄_{碗的底部}""床屄_{床底下}"。

南方方言"屄"的"底部"义用法由"屁股"义引申而来。汉语"屁股"义引申出"底部、末端"义很常见，"臀、尻"等都有这样平行演变的例子，如：

(6)《周礼·考工记》："其臀一寸，其实一豆。"郑玄注引杜子春曰："谓覆之，其底深一寸也。"

(7) 势尽尻益高，堑断无陂麓。（姚鼐《九月八日登千佛山顶》）

温州方言"臀"在"髀股臀"一词中指"臀部"，又可以与其他语素组合表示"底部"，如：碗臀、水桶臀、海臀_{海的底部}、水井臀_{水井的底部}（李荣 2002：5983）。海口方言"尻川"既指臀部，又可泛指动物身体后靠近肛门的部分，还可指物体底下的部分（李荣 2002：1099）。

"屄"系在北方集中分布于晋语，在南方主要见于客赣方言、徽语、江淮官话、西南官话，地理上呈现出ABA的分布特点，即晋语和南方方言使用A词语——"屄"系，A词语的连续性分布被河南、皖北、苏北等地中原官话使用的B词语——"屁股"隔开。这种分布特点显示历史上晋语与南方方言存在密切联系。晋语存在不少罕见于现代北方方言而常见于南方方言的存古音韵特征和古语词，这已成为共识。①因此，我们推论，三国至魏晋南北朝时期，"㞙"系词语逐渐在北方兴起，后成为口语高频词，在北方口语中逐渐取代"臀""尻"，晚唐至北宋随着北方移民传播到江淮官话、徽语、客赣方言区，在吴、闽地区受到固有的"臀"系、"尻"系词语的阻挡，没有侵入。在后来的演变中，"㞙"系在北方被"屁"系、"沟"系等新兴形式覆盖，在山西因其特殊的地理环境得以集中保留；在南方"屁股"义被"屄"系、"屎"系等生动形式取代，而"底部"义尚残存于江淮、徽州、客赣等方言。

需要注意的是，虽然"㞙"系词语在北方汉语中早已存在，但是在历史文献中出现较少，这是因为"㞙"系词语是口语词，未进入书面语系统，而元代以前，文献材料中使用的大多仍是书面词语"臀""尻"类。近代以后，随着俗文学的兴盛，"㞙"系词语才开始在文献中少量出现，如蒲松龄《日用俗字·庄农章》："朝廷自古重耕田，生意百行他占先。庄稼忙乱无头㞙，只有冬月稍清闲。"

2.3 "屁"系

"屁"系分布范围最广的是"屁股""屁乎"两种形式。"屁乎"是"屁股"的语音弱化形式，其他词语也大多是"屁股"一词语音弱化导致的或通过"屁股"的有缘化形成的，如"屁乎蛋子、屁股巴子、屁股爿子、屁巴股、屁头子、屁爿子、屁骨、屁窟、屁眼"等，这些词语分布范围小，我们不做讨论，重点讨论"屁股"一词的由来。

从地理分布来看，"屁股"分布于江淮沿线，滇贵湘全境、赣北、鄂豫全境、京津冀，以及辽宁部分地区。"屁股"东起东海之滨，西至云贵高原，沿长江线绵延两千余公里，呈连续性分布状态，这是一种典型的"长江"型分布。据岩田礼（2009：15），"长江"型的词语多数是江淮起源的。我们认为"屁股"也起源于江淮地区，后向南沿洞庭湖、鄱阳湖水系传播至湘赣；向西沿长江逆流传播至滇、贵、川南；向北的传播路径有两条：①中段向北扩散至鄂豫、皖北，因受到陕西"沟"系、山西"㞘"系词语的阻挡而止步；②东段沿京杭大运河向北传播至苏北、冀京津地区，再由京津冀地区传播至东北，最终形成了现在的地理分布格局。②

"长江"型的词语大多是晚起的（岩田礼 2009：5），我们认为"屁股"一词的产生也是晚近的事。《汉语大词典》中"屁股"的首见用例来自《红楼梦》第三十九回：

（8）明日一早来。听着，我还要使你呢，再睡的日头晒着屁股再来！

我们考察发现《汉语大词典》的例证年代略晚，"屁股"一词最早可能产生于元明时期。元曲中"屁股"出现过6次：

（9）（老千户云）狗儿，你说的如何？（狗儿捧屁股科，云）我这遭过去不得了也。（李直夫《便宜行事虎头牌》第三折）

（10）刘伯伯，多时不见，吃得这般脸儿红丢丢的，好像个老猴孙屁股。（刘唐卿《白兔记》第二出）

（11）夜晚间又要洗洗澡，搥搥腰，剌剌屁股儿。（杨梓《功臣宴敬德不服老》第三折）

（12）他家忒煞卖弄，打的屁股能重。（无名氏《孟德耀举案齐眉》第四折）

（13）你这庞绩做事模糊，断事全不如杜甫。说言语必丢仆答，呸！你那口恰似我的屁股。（无名氏《十探子大闹延安府》第二折）

（14）那大虫便往山岗儿上，两只脚爪着两株大树，将屁股向着山岗空阔去处用力一努，早努出个爆雷也。（李好古《沙门岛张生煮海》第三回）

汪维辉、秋谷裕幸（2010）认为，"现存的元杂剧除《元刊古今杂剧三十种》是元刻本外，其他都是明本或明抄本"。梅祖麟（1984）也认为《元曲选》的宾白主要是明初甚至是明代中叶以后的语言。因此，我们不能简单地判断"屁股"在元代就已经产生，但可以肯定，明代中期之后，自白话小说《西游记》始，"屁股"一词开始大量使用于文学作品中（见表1）。略举数例：

（15）那八戒闻得这般富贵，这般美色，他却心痒难挠，坐在那椅子上，一似针戳屁股，左扭右扭的，忍耐不住。(《西游记》第二十三回)

（16）八戒道："你虽变了头脸，还不曾变得屁股。那屁股上两块红不是？我因此认得是你。"(《西游记》第三十四回)

（17）只见他家使的一个大胖丫头，走来毛厕里净手，蹶着大屁股，猛可见一个汉子扒伏在院墙下，往前走不迭，大叫："有贼了！"(《金瓶梅》第十回)

（18）潘金莲见他去了，一屁股就坐在床上正中间，脚蹬着地炉子，说道："这原来是个套炕子。"(《金瓶梅》第四十回)

（19）秦重为卖油虽曾到王家整百次，这客座里交椅，还不曾与他屁股做个相识，今日是个会面之始。(《醒世恒言·卖油郎独占花魁》)

（20）程老儿见布下来了，即兜在屁股上坐好。(《二刻拍案惊奇·错调情贾母詈女》)

"屁股"较为可靠的早期用例集中于《西游记》、"三言二拍"和《金瓶梅词话》。《西游记》反映的是江淮官话，"三言二拍"的作者冯梦龙和凌濛初分别是苏州人和乌程（今湖州）人，《金瓶梅词话》反映的是山东方言。文献中"屁股"的使用情况为我们关于"屁股"起源于江淮，沿京杭大运河向北传播的推论提供了佐证。

据章黎平、解海江（2015：225），"语素义发生移位"是方言创新词的主要类型之一，即部分古汉语的人体义位以单音节语素的形式保留在今天的方言人体词中，但是这些方言人体词或其中的语素不再表示古汉语中所指的人体部位，而是指与古汉语中人体部位相邻近的人体部位。"屁股"词中的"股"即是如此，"屁股"一词的核心成分应该是"股"，"股"在古汉语中主要指大腿，即自胯至膝盖的部分。《说文·肉部》："股，髀也。"《广韵》："股，髀股。"由于大腿与臀部紧紧相连,故"股"的语素义逐渐发生了变化,由"大腿"义转指为"臀部"义。加上功能性语素"屁"后,"屁股"便成为口语性较强的"臀部"义词语。

另外,"髀股"一词也有相似的发展经历。《说文解字》:"髀,股也。"《广韵》:"股,髀股",可见"髀股"指"大腿"或"胯部和大腿"。《释名·释形体》:"枢,机也,要髀股动摇如枢机也。"

(21)帝曰:人有身体髀股䯒皆肿,环脐而痛,是为何病?(《黄帝内经·素问》)

(22)髀股惟夸瘦,膏肓岂暇除。(元稹《哭吕衢州六首》)

近代以后,"髀股"除了本义外,也用来转指"臀部"义。如:

(23)金马方广三寸,金作枣瓢色,项颈微高,尾上揭如艾柱,髀股圆滑。(元好问《续夷坚志》)

明代李时珍《奇经八脉考·释音》:"臀,髀股也。"明确记录了"髀股"有"臀部"义。但是"髀股"的"臀部"义并未得到发展,它更多的还是以"大腿"义保留在雅文学中。可能是与近代以后口语性较强的词语尤其是"屁股"等的兴起有关。

总之,"屁股"一词在江淮地区兴起后,在通俗文学作品中被大量使用,并借着江淮官话的强势地位迅速向周边扩散。

2.4 "腚"系

"腚"系密集分布于山东及其毗邻地区,辽宁大连、瓦房店、朝阳、彰武的"腚"系词语可能是20世纪初闯关东的山东籍移民带过去的。

据张树铮(2012),蒲松龄《日用俗字·身体章》收录了"腚"字,"腚䐿,屁骨,即肛门",但《字汇》《正字通》均未收录此字,当为纯粹的方言俗字。《汉语大字典》给出的首例出自蒲松龄的《聊斋志异》,但据我们统计,明末清初小说《醒世姻缘传》里"腚"就已出现了10次,如:

(24)不长进的孽种!不流水起来往学里去,你看我掀了被

子,趁着光腚上打顿鞋底给你!(第三十三回)

(25)这位嫂子是个羊脱生的,腚尾巴骨梢上还有一根羊尾子哩。(第四十回)

(26)外头守着鼻子摸着腮的都是人,我住的这点去处子连腚也掉不过来,这老张婆子影不离灯的一般,又不是外头宽快去处,支了他那里去?(第四十三回)

(27)刚才要不是你敦着腚、雌着嘴吃,怎么得少了鸡,起这们祸?(第四十八回)

(28)素姐跑上前把狄希陈脸上兜脸两耳拐子,丢丢秀秀的个美人,谁知那手就合木头一般,打的那狄希陈半边脸就似那猴腚一般通红。(第四十八回)

《聊斋俚曲集》中"腚"的使用频率达到65次,远远超过"臀"(2次)和"屁股"(5次)。"腚垂子""腚门子"等词语也已经出现。

(29)你看走了半里路,浑身热气到脚梢,就是这腚上还不妙。若还再添上棉裤,只怕要火晕杀了!(《墙头记》)

(30)何大娘说:"哎哟!裤裆里钻出个丑鬼来,——你唬着我这腚垂子哩。"(《姑妇曲》)

(31)赵大姑见他失了口,气冲两胁的说:"好科子!屁股里长出波瘰子来——瞎了你那腚门子!你着您妈妈替你做不的老婆么?"(《慈悲曲》)

嘉庆、道光年间的俗曲总集《白雪遗音》中也出现了2例:

(32)这才是,好嫖的脸儿不如腚。(《捐功名》)

(33)闲来无事街上蹭,靠街的房子点着灯,走上前,舌灵舔破窗棂洞,往里睄,一男一女光着腚,口对着口儿,不住的哼哼。(《闲来无事·其二》)

以上历史文献的基础方言均是山东方言。从现代方言的地理分布来看,"腚"系词语的产生隔断了京津冀地区与苏北、皖北"屁股"词语地域上的联系,呈现出ABA的分布特点("屁股"为A,

"腚"系为B)。

由此,山东地区"屁股"义词语的形成,存在两种可能:

第一种:"腚"系产生于明末清初的山东地区,随后山东地区的"屁股"一词被逐渐取代,如表3所示。地理语言学认为B往往是后起的,ABA的地理分布状态表明"腚"是后起形式。

表3 山东方言文献中"腚""屁股"的使用情况

	金瓶梅 (16世纪中晚期)	醒世姻缘传 (17世纪前期)	聊斋俚曲集 (18世纪前期)
腚	0	10	65
屁股	21	56	5

然而这种推测也有被质疑之处:"屁股"起源于元明时期的江淮地区,清代后山东地区"腚"取代"屁股",说明山东地区的"屁股"义词语在元明清这么短的时期内经历了两次词汇更替。常用词发生如此频繁更替的可能性不大。

第二种可能:"腚"很有可能是"臀"的语音变体,是山东一带固有的表"屁股"义词。章炳麟《新方言·释形体》:"山东北至天津皆谓'屁'曰'臀儿',音如'定','殿'音之转也。"明代以后,"屁股"向北传播,在山东地区受到原有的"腚"系的阻挡而止步,但随着政治中心的转移,江淮起源的"屁股"随着移民以空降的方式越过山东传播到京津冀地区。但是这种推测无法得到文献材料的支持,如表3所示,随着时间的推移,从《金瓶梅》到《聊斋俚曲集》呈现出由"屁股"到"腚"的演变趋势。③可能性较大的解释是,《金瓶梅》和《醒世姻缘传》在早期抄刻传播过程中受到通语的影响,部分方言词被替换成通语词。汪维辉、秋谷裕幸(2010)认为,文献材料存在复杂性,即使像明清白话小说这类资料也未必都用方言中的口语词,这是汉语词汇史研究普遍存在的一个棘手问题,需要做细致的分析。

总之,对于"腚"系词语,比较确定的是,它们盛行于明末清初的山东地区,但其起源年代及其在山东一带的演变过程如何,我们暂时无法确定。

2.5 "沟"系、"屎"系

这两系词语都是后起的通俗语源形式。"沟"系分布于西北广大地区及四川部分地区，分布最广泛的词语是"沟子"。段玉裁《说文解字注》在分辨"臀""尻"的区别时说："尻今俗云沟子是也。"可见，"沟子"一词至少在清代前期就已经出现。我们推测，"沟"系产生的年代早于"屁股"的广泛传播。"屁股"一词从江淮起源，中段向北传播止步于陕西，表明"沟"系在"屁股"一词向北传播之前就已经成为陕西一带的固有词语；从四川、重庆的情况来看，"沟"系集中分布于川北，川南米易、川中宝应、汉源、乐山以及重庆的大足，重庆市也有分布。"沟子""屁股"在川南、重庆呈犬牙交错分布状态。这种分布表明，"沟子"是川渝地区的固有词语，"屁股"向西传播后，"沟子"未被覆盖尽。因此，"沟"系在"屁股"一词向西传播之前就已经产生了。

"屎"系词语集中分布于客家话、粤语以及闽语闽中、闽北片，使用最广泛的词语是"屎窟"。"屎"系词语分布区均无"尻"系词语分布，"屎"系应该也在"屁股"兴起之前就已经产生，从而抑制了"屁股"一词向该地区的传播。

3 结语

汉语"屁股"义诸词语中最古老的是"臀"系、"尻"系，均产生于先秦，并作为雅言在历代文献中传承。"臀"系仍活跃于现代吴语及粤语部分方言点，"尻"系在闽语中保留。三国至魏晋南北朝时期"屄"系在北方兴起，后成为通语词，在北方集中保留于晋语，胶辽官话、东北官话、冀鲁官话、中原官话部分方言点也残留有以"屄"表"屁股"的用法。晚唐—北宋随北方移民南下传播到江淮、徽州、客赣方言区。这一区域"屄"表"屁股"义的用法被后起的"屁股"一词取代，但还残留有"脬"表"底部"的引申义用法。元明时期，"屁股"一词兴起于江淮地区，后来，沿长江向西传播至川贵滇；向南沿洞庭湖、鄱阳湖水系传播到湘赣；向北存在两条传播路径：中段传播到鄂豫、皖北，东段沿京杭大运河水系传播至苏北、冀津京地区，再由京津冀传播至东北。"腚"系词语在明末清初的山东地区盛行，20世纪初，闯关东的山东籍移民再将"腚"系带到辽宁。在"屁股"一词产生之前，西北地区兴起了"沟"系词语，"沟"系阻挡了"屁股"的继续北进之路；同此，在"屁股"一词兴起之前，粤桂赣南产生了"屎"系词语，"屎"系抑制了"屁股"一词的继续南下。"屁股"义词语的横向传播及历时演变导致现代方言"屁股"义词语复杂的地理分布格局。

汪维辉、秋谷裕幸（2010）指出："对方言研究来说，历史的考察有助于方言词的溯源和对共时分布的解释，分清一组同义词的历史层次；而对词汇史研究来说，方言的现实分布有助于厘清词汇演变的脉络和新旧词更替的线索。"汉语历史文献丰富，现代方言复杂，这为历史词汇研究提供了丰赡的语料；在研究方法上，历史文献考证法与地理语言学的方法相得益彰，是梳理汉语词汇的历史演变、探讨其发展的时代性和地域性的可靠手段。

附 注

① 晋语与现代南方方言在诸多语音和词汇特征上存在共同存古的关系。李如龙、辛世彪（1999）根据移民史，认为秦晋、江淮（通泰）、客赣方言中的"全浊送气"的特点应该有源流关系。秋谷裕幸、邢向东（2010）讨论了晋语、中原官话汾河片中7个存古性的古词语，证明它们与同源的南方方言词都是早期词语的保留。游汝杰（1992：105）也认为，汉语南方方言吴、湘、粤、赣语等的直接源头是古代北方汉语。郑伟（2011）考察了吴方言寒韵字的锐钝分韵情况，指出吴、客、赣、粤方言寒韵字的锐钝分韵是晚唐至北宋通语南下影响的结果。王为民（2014）指出晋语"山摄一等开口字依声母锐钝分韵"与吴方言等南方方言一样是晚唐至北宋通语的保留，是共同存古。

② 京杭大运河是华北地区方言词传播的重要途径之一，详见岩田礼（2009：19）。

③ 关于《金瓶梅》的基础方言,尚无定论。如张惠英(1985、2016)认为《金瓶梅》的语言是在北方话的基础上,吸收了其他方言尤其是吴方言的成分。张鸿魁(1987)归纳了《金瓶梅》语言的声韵调特征,将其与现代山东方言比较,确定其基础方言是山东方言。另外,张鸿魁(1996)分用韵较为书面化的词曲、用韵多仿古的诗歌、用韵多遵俚俗的文谣三大类材料对《金瓶梅》做了专书研究,详细分析了《金瓶梅》用韵材料的特征,又将其与同时代的山东韵书、韵文等历史文献进行比较,从而确定《金瓶梅》的基础方言。鉴于此,本文将《金瓶梅》作为山东地区的方言文献处理。

参考文献

曹志耘主编 (2008)《汉语方言地图集》(词汇卷),商务印书馆,北京。
陈章太、李如龙 (1991)《闽语研究》,语文出版社,北京。
冯爱珍 (1993)《福清方言研究》,社会科学文献出版社,北京。
李慧贤 (2007) 汉语人体部位词语历史演变研究,北京大学博士学位论文。
李 荣 (1992) 方言词典说略,《中国语文》第5期,321—324页。
李 荣 (2002)《现代汉语方言大词典》,江苏教育出版社,南京。
李如龙、辛世彪 (1999) 晋南、关中的"全浊送气"与唐宋西北方音,《中国语文》第3期,197—203页。
李如龙、张双庆 (1992)《客赣方言调查报告》,厦门大学出版社,厦门。
李新魁 (1987) 广东闽方言形成的历史过程(续),《广东社会科学》第4期,142—150页。
刘丹丹 (2019) 汉语方言"屁股"义的词形分布,《方言》第3期,335—340页。
刘新中 (2010)《广东、海南闽语若干问题的比较研究》,暨南大学出版社,广州。
马重奇 (2013)《闽台方言的源流和嬗变》,人民出版社,北京。
梅祖麟 (1984) 从语言史看几本元杂剧宾白的写作时期,《语言学论丛》第13辑,111—153页,商务印书馆,北京。
秋谷裕幸、邢向东 (2010) 晋语、中原官话汾河片中与南方方言同源的古词语,《语言研究》第2期,105—110页。
汪维辉、秋谷裕幸 (2010) 汉语"站立"义词的现状和历史,《中国语文》第4期,299—310页。
王为民 (2014) 晋语山蟹两摄的不平行演变研究,《语言学论丛》第49辑,153—184页,商务印书馆,北京。
徐 建、岩田礼 (2014) 汉语方言中的"口水"和"唾沫",《金泽大学中国语学中国文学教室纪要》第13辑,11—24页,金泽大学人间社会学域人文学类中国语学中国文学教室,金泽,日本。

许宝华、宫田一郎（1999）《汉语方言大词典》，中华书局，北京。
岩田礼（2009）《汉语方言解释地图》，白帝社，东京，日本。
游汝杰（1992）《汉语方言学导论》，上海教育出版社，上海。
张鸿魁（1987）《金瓶梅》的方音特征，《中国语文》第2期，125—130页。
张鸿魁（1996）《金瓶梅语音研究》，齐鲁书社，济南。
张惠英（1985）《金瓶梅》用的是山东话吗?《中国语文》第4期，306—311页。
张惠英（2016）《金瓶梅》非山东方言补证，《中国语文》第6期，703—706页。
张树铮（2012）蒲松龄《日用俗字》中的俗字，《蒲松龄研究》第3期，103—116页。
张振兴（1992）《漳平方言研究》，中国社会科学出版社，北京。
张振兴、蔡叶青（1998）《雷州方言词典》，江苏教育出版社，南京。
章黎平、解海江（2015）《汉语核心人体词共时与历时比较研究》，中国社会科学出版社，北京。
郑　伟（2011）《切韵》寒韵字的演变特征与现代吴语，《中国语文》第4期，352—363页。
周长楫（1998）《厦门方言词典》，江苏教育出版社，南京。

Synchronic Distribution and Diachronic Evolution of the Words with the Meaning "Buttocks" in Chinese

ZHANG Aiyun, XU Jian

Abstract: "Buttocks-type nouns" have rich lexical forms in modern Chinese dialects. There are seven main types, they are the lexical forms *tun*（臀）, *gu*（股）, *kao*（尻）, *du*（腯）, *pi*（屁）, *ding*（腚）, *gou*（沟）and *shi*（屎）. The forms *tun* and *kao* came into being in Pre-Qin Dynasty, written in literature as "Yayan"（雅言）and preserved in Wu-Yue and Min dialects respectively till today; the usage of *du* is found firstly in the Three Kingdoms period, and it might have started out as a word used in some dialect, and then became a common word gradually in the northern areas. Now, this form is preserved in Jin dialect,

Jianghuai Mandarin, Huizhou and Ke-Gan dialects. The word *pigu*（屁股）arose in Yuan and Ming Dynasties. It is supposed that *pigu* may be one of the so-called "Yangtze words", which originated in the Yangtze and Huai River Valley before spreading to the north, the south and the west in China. The form *ding* was prevailed during Ming Dynasty and Qing Dynasty. It arose in Shandong, and spread to Liaoning in the early 20th century. The rest of the two forms *gou* and *shi* have appeared respectively in northwest and Hua-nan areas before the form *pigu* was widely spread.

Keywords: buttocks-type nouns, geographical distribution, diachronic evolution

（张爱云：241002　芜湖，安徽师范大学文学院／安徽语言资源保护与研究中心 yunfly1018@163.com;
徐建：241002　芜湖，安徽师范大学文学院／安徽语言资源保护与研究中心 guitarxj@163.com）

19世纪以来潮州方言的中性问句*
——兼论句末词"咩"的来源

黄燕旋

提要 在19世纪潮州方言文献中,中性问句的类型多样,而且存在一个尚未发展成熟的句末词"咩(mē)",而在当代潮州方言中,中性问句的类型趋于简化,而且不再使用"咩"。本文在全面考察历史文献和当代潮汕方言[①]的中性问句之后对"咩"的来源进行探索,认为潮汕方言的"咩"是句末否定词归并的结果。

关键词 中性问句 VP-Prt-Neg VP-Neg VP-咩 否定副词 句末词

中性问句是余霭芹(1988;1992)提出的、指字面上不表示问话人意见和态度的一类问句,包括"VP-neg""VP-neg-VP"和"可VP"三种类型。在19世纪潮州方言文献中,中性问句的类型多样,而且存在一个尚未发展成熟的句末语气词"咩",而在当代潮州方言中,中性问句的类型已趋于简化,且不再使用句末词"咩"。这种现象对于探讨中性问句的演变及相关问题具有一定的价值。

1 19世纪潮州方言文献中的中性问句

本文考察了三种19世纪潮州方言文献:《汕头方言初级教程》

收稿日期:2018-01-16;定稿日期:2019-07-11。
* 本研究受到国家社科基金重大项目"海外珍藏汉语文献与南方明清汉语研究"(项目号:12&ZD178)、教育部人文社会科学研究青年项目"19世纪罗马字文献与潮州方言语法演变研究"(项目编号:18YJC740028)的资助。本文初稿曾在"第六届汉语语法南粤论坛"(2016年11月,深圳)上宣读。在写作过程中,得到李炜、庄初升、林华勇、唐均、陈辰、曾俊敏、姚琼姿、黄瑞玲、徐晓娴等师友的指导和帮助,在此一并表示感谢。同时感谢《语言学论丛》匿名审稿专家提出的宝贵修改意见。文中的错误概由笔者负责。

（1878年，以下简称《教程1》)、《汕头话口语语法基础教程》（1884年，以下简称《教程2》）和《汕头话读本》（1886年，以下简称《读本》）②。文献中的中性问句可分为单纯型和混合型：单纯型包括"VP-阿-Neg""VP-咩"和"K-VP"三种，混合型包括"K-VP-阿-Neg"和"K-VP-咩"两种。

I类：VP-阿-Neg。由肯定助动词/动词（以下简称为"肯定词"）构成的VP加上表选择关系的连词"阿"，再加上否定助动词/动词/副词（以下简称为"否定词"）构成。③如：

（1）lṳ́ àiⁿ khṳ̀ a m̌?④
  汝爱去阿唔？（你要去不？）（《教程1》，12页）

（2）ǒi tit jîp a bǒi?
  会得入阿䖏？（进得去不？）（《教程1》，24页）

（3）cúi kún a būe?
  水滚阿未？（水开了没？）（《教程1》，90页）

（4）ũ ke-kâi a-bô?
  有加个阿无？（有多一个没？）（《教程2》，13页）

（5）lú chiảh a-būe?
  汝食阿未？（你吃了没？）（《教程2》，103页）

（6）uã ēng lâi a-mién?
  我用来阿免？（我需要来不？）（《教程2》，94页）

（7）I õi sí a-bõi?⑤
  伊会死或袂？（他会死不？）（《读本》，45页）

（8）I ũ lai a-būe？
  伊有来或未？（他来了没有？）（《读本》，44页）

"VP-阿-Neg"实际上是由肯定词和否定词对举构成的疑问格式。连接肯定形式和否定形式的连词"阿"不能省略，说明"VP-阿-Neg"仍有选择问的痕迹。当肯定词为"是"和"好"时，由于19世纪时潮州方言的"唔是"和"唔好"还没有合音，因此只有选择问形式，如：

（9） cí kâi mûeh sĭ lɯ́ kâi a m̃ sĭ?
只个物是汝个阿唔是?（这个东西是你的不?）(《教程1》, 16页)

（10） Sĭ chiá a m̃-sĭ?
是此或不是?（是这个不?）(《读本》, 17页)

（11） hó lâi a-m̃-hó?
好来阿唔好?（可以来不?）(《教程2》, 94页)

II 类：VP-咩。由 VP 加句末词"咩"构成。如：

（12） lɯ́ thóiⁿ àiⁿ cè huang thai mē?
汝睇爱做风台咩?（你看看要刮台风吗?）(《教程1》, 84页)

（13） lɯ́ ŭ kìe úa, mē?
汝有叫我咩?（你有叫我吗?）(《教程1》, 26页)

（14） lɯ́ hŵn thìaⁿ, mē?
汝还疼咩?（你还疼吗?）(《教程1》, 36页)

（15） thâng-chá lâi bōi-hŭ-kâi sĭ lɯ́ mē?
同早来卖鱼个是汝咩?（刚才来卖鱼的是你吗?）(《教程2》, 26页)

（16） ẽ-jĭt huân-iáu àin-khù pài-chóu-chong-mē?
下日还天爱去拜祖宗咩?（下次还要去拜祖宗吗?）(《教程2》, 109页)

（17） Uá hó-khù mē?
我好去否?（我可以去吗?）(《读本》, 46页)

（18） Sìn-phue àiⁿ mē?
信皮要否?（信封要吗?）(《读本》, 69页)

（19） Lɯ́ ũ-khù mē?
爾有去否?（你有去吗?）(《读本》, 6页)

（20） Lɯ́ liáh i õi-tiéh mē?
爾掠伊會著否?（你抓得到他吗?）(《读本》, 15页)

(21) Lṳ́ tsai mē?

爾知否？（你知道吗？）(《读本》，14页)

"咩"可与各种肯定词（"是、爱、会、有、好"等）共现。这种结构类似普通话的"VP-吗"是非问，不过"咩"还不是一个真正的是非问语气词。"咩"排斥否定性谓语，文献中未发现"咩"的前面是否定性谓语的用例，从句法表现看"咩"并不像一个成熟的是非问语气词，而是如施其生（2009：131）所说的"是介于否定词和是非问语气词中间的一个语气词"。

Ⅲ类：K-VP。由疑问副词"岂"加VP构成。文献中这种结构并不多。

(22) lṳ́ khá-it-tit hṳ́-tâng-sî lṳ́ só-tà^n?

汝岂忆得许同时汝所咀？（你可记得那时候你所说的？）(《教程2》，108页)

(23) lṳ́ khá-sī bô-àì^n kāng-úa tà^n?

汝岂是无爱共我咀？（你可是不想跟我说？）(《教程2》，107页)

Ⅳ类：K-VP-阿-Neg。这是一种混合型结构，混合了"K-VP"和"VP-阿-Neg"两种结构。如：

(24) cìe^n se^n cò, khá ǒi a bŏi?

照生做，岂会阿袂？（这样做，可会？）(《教程1》，70页)

(25) mn̂g-gūa tâng-chá jiáng, khá-sī-lṳ́ a-m̄-sī?

门外同早嚷，岂是汝阿唔是？（门外刚才有人叫嚷，可是你？）(《教程2》，108页)

(26) Chí kiã^n-sṳ, khá-pat chò-kùe a-būe?

只件事，岂捌做过阿未？（这件事，可曾做过了？）(《教程2》，87页)

(27) lṳ́ mãu^n-sí, lṳ́ khá-ká^n a-m̄-ká^n?

汝冒死，汝岂敢阿唔敢？（你冒死，你可敢？）(《教程2》，108页)

（28）ū sĩ-mih-iēⁿ hó-chò kâi-huap, lṳ́ khá-pat a-m̄-pat?

有什乇样好做个法，汝岂捌阿唔捌？（有什么可以做的方法，你可知道？）（《教程2》，108页）

V类：K-VP-咩。这也是一种混合型结构，混合了"K-VP"和"VP-咩"两种结构。如：

（29）mê-hng khá õi-tit-kàu,mē?

暝方岂会得遘咩？（晚上能到吗？）（《教程2》，22页）

（30）ah pí cío īa ǔ sît, khá ǒi tâng cío pue, mē?

鸭比鸟也有翼，岂会同鸟飞，咩？（鸭子和鸟一样有翅膀，会和鸟一样飞吗？）（《教程1》，70页）

（31）m̄-chai chí-kiãn-muėh khá-hah-lṳ́ ēng-mē?

唔知只件物岂合汝用咩？（不知道这件东西适合你使用吗？）（《教程2》，22页）

（32）ē-ji't sĩ khá-hó lâi-hiâm pē-bó-mē?

下日是岂好来嫌父母咩？（以后可以来嫌父母吗？）（《教程2》，109页）

（33）Lú khah-pat chiáh liu-lian mē?

爾豈識食榴蓮否？（你曾吃过榴莲吗？）（《读本》，98页）

（34）Pĩ-kò-kâi-nâng khah-ũ jīn mē?

被告之人有認否？（被告人承认了吗？）（《读本》，165页）

以上是19世纪潮州方言文献中中性问句的使用情况，具体用例数量如下表所示。

表1 19世纪潮州方言文献中中性问句的使用情况

文献	中性问句类型				
	单纯型			混合型	
	VP-阿-Neg	VP-咩	K-VP	K-VP-阿-Neg	K-VP-咩
《教程1》	32	15	0	1	1
《教程2》	40	17	2	6	4
《读本》	37	29	0	0	3

从上表可以看出，虽然中性问句类型多样，但最主要使用的是"VP-阿-Neg"结构，"VP-咩"次之。

2 当代潮州方言的中性问句

当代潮州方言的中性问句有"VP-阿-Neg""K-VP"和"K-VP-阿-Neg"三种，分别对应文献中的Ⅰ类、Ⅲ类和Ⅳ类。

Ⅰ类：VP-阿-Neg。

（35）伊有去阿无？（他去了没？）

（36）汝会行棋阿叆？（你会下棋不？）

（37）汝是老师阿毷？（你是老师不？）

（38）者苹果好食阿孬？（这种苹果好吃不？）

（39）汝爱去阿嫒？（你要去不？）

（40）明日用读书阿免？（明天须要上学不？）

（41）水滚阿未？（水开了没？）

（42）汝敢去阿唔？（你敢去不？）

（43）汝捌食榴莲阿唔？（你吃过榴莲了没？）

"VP-阿-Neg"是当代潮州方言最常用的中性问句式。句末的否定词"无""叆""毷""孬""嫒""免""未""唔"等读本调。

Ⅲ类：K-VP。

（44）伊岂有去？（他可有去？）

（45）汝岂会行棋？（你可会下棋？）

（46）汝岂是老师？（你可是老师？）

（47）者苹果岂好食？（这种苹果可好吃？）

（48）汝岂爱去？（你可要去？）

（49）明日岂用读书？（明天可须要上学？）

（50）汝岂敢去？（你可敢去？）

（51）汝岂捌食榴莲？（你可吃过榴莲？）

"K-VP"不及"VP-阿-Neg"常用，而且针对已然事件提问时不能用"K-VP",如不能说"*水岂滚水可开了",只能说"水滚阿未水开了没"。

Ⅳ类:K-VP-阿-Neg。

(52)伊岂有去阿无?(他可有去?)

(53)汝岂会行棋阿叞?(你可会下棋?)

(54)汝岂是老师阿毸?(你可是老师?)

(55)者苹果岂好食阿孬?(这种苹果可好吃?)

(56)汝岂爱去阿𫫇?(你可要去?)

(57)明日岂着读书阿免?(明天可须要去上学?)

(58)汝岂敢去阿唔?(你可敢去?)

(59)汝岂捌食榴莲阿唔?(你可吃过榴莲?)

发音人认为这种混合型结构可以接受,但极少使用。

综上所述,19世纪以来潮州方言中性问句的变化情况如下表所示。

表2 19世纪以来潮州方言中性问句的变化情况[6]

文献/方言	中性问句类型				
	单纯型			混合型	
	VP-阿-Neg	VP-咩	K-VP	K-VP-阿-Neg	K-VP-咩
19世纪潮州方言文献	++	++	+	+	+
当代潮州方言	++		-	+	+	-

(说明:"++"表示常用;"+"表示可使用;"-"表示不能使用。)

从上表可以看出,当代潮州方言中性问句的类型已经趋于简化,由原来的五种变成现在的三种,且主要使用"VP-阿-Neg",而消失的是两种句末带"咩"的结构,也就是说,19世纪以来,潮州方言中性问句的变化主要表现为"咩"的消失。

汉语中性问句的句末否定词有向是非问语气词演变的趋势,如普通话的"吗"即发展自否定词。19世纪潮州方言已经出现了准是非问语气词"咩",按照一般发展规律,"咩"将进一步发展为一个成熟的是非问语气词。但出乎意料的是,"咩"不但没有进一步发展,反而消失了,这种特殊的现象使我们进一步思考"咩"的来源及其消失的原因。

3 "咩"的来源

施其生(2009)详细描写了《汕头话读本》中的中性问句,指出"咩"类似一个通用的否定词,这对探索"咩"的来源很有启发,但该文未作历时考察。张静芬(2015)首次探讨《汕头话读本》中"咩"的来源,认为"咩"有自源型和外来型两种可能,该文倾向于外来型,认为"咩"借自粤语表示诧异和反问的句末语气词"咩[me^{55}]",但"借入当时的潮州话后在功能上发生了错配"。本文认为张静芬(2015)的观点值得商榷。

首先,19世纪潮州方言的"咩"与粤语的"咩"功能不相同。19世纪潮州方言的"咩"用于中性问句,即用于因不了解而询问,不带问话人的意见和态度;而粤语的"咩[me^{55}]"是一个表示诧异和反问的语气词,与潮州方言"咩"的功能完全不一样。对此问题,张静芬(2015)也注意到了,但该文解释为"功能错配"。本文认为"功能错配"的说法过于牵强,在没有充分证据的情况下,难以令人信服。其次,早期粤语存在与19世纪潮州方言的"咩"功能对应的"吗"(杨敬宇 2006),如果确实发生了接触,为什么不借入功能对应的"吗",而借入功能不对应的"咩"呢?

当代潮汕方言确实存在借用粤语的语气词"咩[me^{55}]"的现象,主要出现在城市中心地区(主要是汕头市区),且发生在年轻人当中,可以确定是改革开放后潮汕人大量来到省城读书工作,且在媒体较为发达的情况下产生的。借入的"咩[me^{55}]"的语音形式及功能都与当代粤语一致,读高平调[55],表示诧异或者反问,如:

(60) 汝无去咩 [mɛ⁵⁵]？（你没去吗？）[说话人有反问的意味]

这种用法在19世纪潮汕方言文献中并没有出现，这个"咩[mɛ⁵⁵]"与文献中用于中性问句的"mē（咩）"完全不相同。

可见，19世纪潮州方言文献中的"mē（咩）"不可能借自粤语。那么，"mē（咩）"到底是从何而来的呢？是否是潮州方言自身演变的结果呢？由于历史文献的缺乏，我们很难找到确凿的答案，只能从共时的分布去反推和构拟。在当代潮汕各地方言中，只有揭阳方言（包括榕城和揭东，以及与揭阳接壤的普宁、潮阳部分地区）使用"VP-咩"结构，为了探讨"咩"的来源，我们对揭阳方言的中性问句进行了详细的考察。

3.1 揭阳方言的"咩"——自源型

3.1.1 揭阳方言的中性问句

当代揭阳方言的中性问句有"VP-阿-Neg""VP-Neg"和"VP-咩"三种。

Ⅰ类：VP-阿-Neg。句末的"无""㑭""㧺""孬""嫒""免""未""唔"等读本调。如：

(61) 伊有去阿无？（他去了没有？）

(62) 汝会行棋阿㑭？（你会下棋不？）

(63) 水滚阿未？（水开了没？）

(64) 汝是老师阿㧺？（你是老师不？）

(65) 者苹果好食阿孬？（这种苹果好吃不？）

(66) 汝爱去阿嫒？（你要去不？）

(67) 明日用读书阿免？（明天须要上学不？）

(68) 汝敢去阿唔？（你敢去不？）

(69) 汝捌食榴莲阿唔？（你吃过榴莲了没？）

Ⅰ'类：VP-Neg。"VP-Neg"是"VP-阿-Neg"省略了表选择关系的连词"阿"的结果，我们记做"Ⅰ'类"。"VP-Neg"中的肯定词只能是"有""会"和用于已然事件的动词，相应的，句末的 Neg 只能是"无"(与"有"对应)、"叆"(与"会"相对)和"未"(表示对 VP 的已然性的否定),"无""叆"和"未"读轻声[21]调。也就是说,只有例(61)—(63)可以改为"VP-Neg"结构,而例(64)—(69)不可以。如:

(61')伊有去无?(他有没有去?)

(62')汝会行棋叆?(你会不会下棋?)

(63')水滚未?(水开了没?)

(64')*汝是老师甇?(你是不是老师?)

(65')*者苹果好食孬?(这种苹果好不好吃?)

(66')*汝爱去媛?(你要不要去?)

(67')*明日用读书免?(明天需不需要去上学?)

(68')*汝敢去唔?(你敢不敢去?)

(69')*汝捌食榴莲唔?(你吃过榴莲了没?)

Ⅱ类:VP-咩。与Ⅰ'类"VP-Neg"相反,"VP-咩"中的肯定词不能是"有""会"和用于已然事件的动词,而是除此以外的其他肯定词,如"是""好""爱""用""敢""捌"等,"咩"读轻声 $[me^{21}]$。如:

(61")*伊有去咩?(他去了吗?)

(62")*汝会行棋咩?(你会下棋吗?)

(63")*水滚咩?(水开了吗?)

(64")汝是老师咩?(你是老师吗?)

(65")者苹果好食咩?(这种苹果好吃吗?)

(66")汝爱去咩?(你要去吗?)

(67")明日用读书咩?(明天需要读书吗?)

(68")汝敢去咩?(你敢去吗?)

(69")汝捌食榴莲咩?(你吃过榴莲吗?)

另外,"咩"和"是"构成的"是咩"还经常出现在附加问中,如:

(70)汝个老师,是咩?(你是老师,对吗?)

(71) 汝爱去，是咩？(你要去，对吗？)

"是咩"是对前面主句正确性的追问，属于中性问句的范畴。

综上所述，揭阳方言中性问句的具体使用情况如下表所示。

表3 揭阳方言中性问句的使用情况

方言点	（助）动词类型	中性问句类型		
		VP-阿-Neg	VP-Neg	VP-咩
揭阳	"有""会"及用于已然事件的动词	+	++	-
	"是""好""爱""用""敢""捌"等	+	-	++

(说明："++"表示常用；"+"表示可使用；"-"表示不能使用。)

从上表可以看出，在揭阳方言中，"VP-Neg"和"VP-咩"是互补的，它们的功能相同，仅因（助）动词类型的不同而分化；"VP-Neg"和"VP-咩"是中性问句的常用句式，是无标记的，而"VP-阿-Neg"则往往还带有些许追问的意味。

3.1.2 揭阳方言"咩"的来源

揭阳方言共时层面存在的三种中性问句"VP-阿-Neg""VP-Neg"和"VP-咩"之间存在着演变关系。

首先，"VP-阿-Neg"发展自选择问句，"阿"即选择问句中表示选择关系的连词。肯定成分与否定成分之间必须出现"阿"，说明"VP-阿-Neg"结构语法化程度还比较低，"正反两个成分之间的句法关联比较松散"（张敏2006），与选择问还有明显的联系：

选择问	"VP-阿-Neg"中性问
伊有去阿无去？	伊有去阿无？
汝会行棋阿袂行棋？	汝会行棋阿袂？
者苹果好食阿孬食？	者苹果好食阿孬？
汝爱去阿嫑去？	汝爱去阿嫑？
……	……

把选择问中否定词后的成分去掉，便成为"VP-阿-Neg"中

性问了。

其次,"VP-Neg"是"VP-阿-Neg"省略"阿"的结果。"VP-Neg"已经摆脱选择问的形式,语法化程度比"VP-阿-Neg"高。

最后,"VP-Neg"进一步分化为两种情况,分化的条件是否定词的声母[7],当否定词的声母为[m]("乇""孬""嬡""免""唔")时,Neg演变为一个通用的形式"咩[$mε^{21}$]",当否定词的声母为[b]("无""迗""未")时,Neg的声母和韵母不变,但声调弱化为轻声[21],与"咩"的声调一致。

虚词语音形式的演变主要表现为弱化。揭阳方言没有央元音[ə],在[a]、[o]、[ɯ]、[i]、[u]、[ε]六个单元音中,[ε]是相对居中居央的。虚词元音上的弱化表现之一是向央元音靠拢,"乇""孬""嬡""免""唔"的元音合流为[ε],可看做元音弱化的一种表现。

演变存在不平衡性。现阶段只有声母为[m]的"乇""孬""嬡""免""唔"归并为[$mε^{21}$],而"无""迗""未"虽然未归并,但在声调上已经弱化,不读本调,而读与[$mε^{21}$]一致的[21]调,可见"无""迗""未"实际上也已经开始虚化了。

虽然"乇""孬""嬡""免""唔"归并为一个句末形式"咩",但"咩"还不是一个成熟的疑问语气词,与普通话的疑问语气词"吗"还有相当的距离。首先"咩"未能归并所有的否定词;其次"咩"的前面不能是否定性的谓语,如不能说"*伊嬡去咩",而"吗"可以,如"他不去吗"。这说明"咩"仍有否定词的痕迹。

综上所述,揭阳方言三种中性问句体现不同的发展阶段,"VP-阿-Neg"由选择问句发展而来,脱落"阿"变为"VP-Neg","VP-Neg"又根据否定词的声母不同分化为两种情况,其中一种为"VP-咩",这就是句末词"咩"由来,具体情况如下图所示:

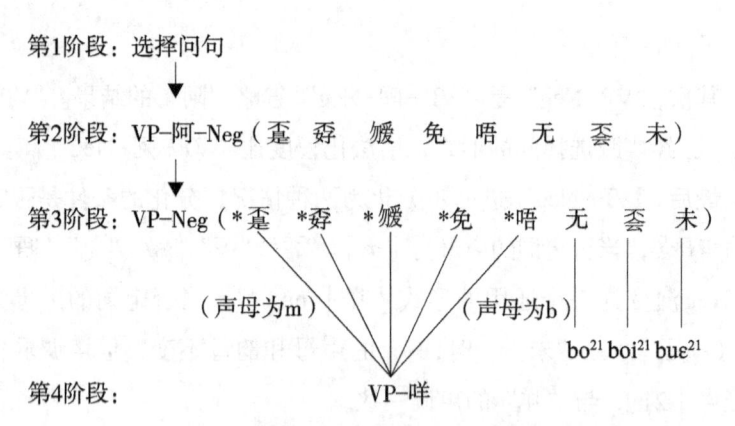

```
第1阶段：选择问句
   ↓
第2阶段：VP-阿-Neg（毛 孬 嬡 免 唔 无 袋 未）
   ↓
第3阶段：VP-Neg（*毛 *孬 *嬡 *免 *唔 无 袋 未）
                  （声母为m）      （声母为b）
                                    bo²¹ boi²¹ bue²¹
第4阶段：            VP-咩
```

图1　揭阳方言中性问句的演变过程

从揭阳方言的情况看，三种中性问句之间具有内在的联系，体现了语言（方言）自然、渐进的演变过程，而"咩"也有自身演变的机制和条件，其发展受到揭阳方言语音特点的制约。同时，"咩"的形成和发展也符合汉语中性问句句末否定词向疑问语气词演变的规律[⑧]，因此，我们认为"咩"是揭阳方言自身演变的结果。

虽然"VP（-Prt）-Neg"一直是闽南方言中性问句的主要句式（Yue-Hashimoto 1991；李如龙 2007），但句末否定词归并为一个通用形式的情况在其他闽南方言中也不乏其例，如刘秀雪（2013）就指出台湾泉州腔闽南方言中性问句句末否定词有合流的现象，且也有语音弱化的表现。

3.2　19世纪潮州方言的"咩"——他源型（但非粤语）

与当代揭阳方言的"咩"自然、渐进的演变过程不同，19世纪潮州方言中"咩"的出现显得有些突兀。文献中中性问句的结构有"VP-阿-Neg"，而没有"VP-Neg"，也就是说没有经过"VP-Neg"阶段，直接从"VP-阿-Neg"过渡到"VP-咩"。[⑨]张敏（2006）指出连接词"prt"（即本文的"阿"）的存在说明选择问向中性问句式演变的过程尚未完成（即语法化程度较低），因而含不含"prt"很不相同，在古今汉语里，"VP-Neg"的Neg有不少进一步语法化成为一个不含否定意义的语气词（如普通话的"吗"），但未见"VP-Prt-Neg"格式里的Neg完成这一语法化过程的。诚如张静芬（2015）所言，19世纪的潮州方言还没有形成成熟的"VP-Neg"结构，由于没有相应的语法环境，19世纪潮州方言的"咩"不大可能是自身发展的结果。

如果19世纪潮州方言的"咩"既不来源于粤语，也不是自身演变的结果，那么是从何而来的呢？本文认为有两种可能，一是19世纪潮州方言文献虽主要记录潮州府城方言，但也夹杂了周边其他地区的潮汕方言的口音，这个"咩"记录的是其他地区的口音；二是"咩"的确是借词，但并非借自粤语，而是借自周边其他潮汕方言，如揭阳方言。

由于文献中"咩"的用例不在少数，且在三种文献中都存在，不大可能是夹杂其他地区口音的少数用例，因此排除第一种可能。那么，"咩"最有可能借自揭阳方言。"VP（-Prt）-Neg"是闽南方言中性问句的主流句式，而"VP-咩"已由反复问向是非问发展，是一种尚未发展成熟的是非问。潮州方言借入"VP-咩"，可以说是借入了是非问这种新的句式。

值得注意的是，19世纪潮州方言的"咩"的使用范围比揭阳方言的"咩"要广，能够与任何肯定词对举使用，也就是说文献中的"咩"不仅归并了"毋""孬""嫑""免""唔"，还归并了"无""袂""未"，并不受否定词声母的限制。这种情况可能是潮州方言借入"咩"时，并未注意到"咩"使用上的限制，通过类推扩散到所有中性问句中，连原来揭阳方言不使用"咩"的地方，也使用了。这种某个语言特征在受语（recipient language）里通过类推而使用范围比源语（source language）更广的现象在语言接触中并不少见，如苏美尔语语序众多，其中以SOV最为基本，而闪语中的阿卡德语原以VSO为基本语序，借用了苏美尔语的SOV语序之后，类推至所有句子，仅保留SOV一种语序，也就是说，SOV语序在阿卡德语（受语）中比在苏美尔语（源语）中的使用范围更广。

又如巴布亚新几内亚（Papua New Guinea）的混合语Tok Pisin中的bilong来自英语的belong，但bilong使用范围比belong广，除了表示"属于"之外，还有以下belong并不适用的地方。如：

（72）man bilong dringim bia（a drunk）= *man belong drinking beer

（73）man bilong paitim（an aggressive man）= *man belong fighting

我们借用语言习得理论的术语，将这种把源语的语法规则应用推广到不应有范围的现象叫作过度类推（Overgeneralization）。潮州方言借入"咩"之后，类推至所有中性问句中，也属于过度类推现象。而"咩"在当代潮州方言消失的原因，也可能是由于借自周边方言，根基不稳，在与本有的"VP-阿-Neg"结构的竞争中失败了。

4 结论

本文考察19世纪以来潮州方言中性问句的演变情况。在19世纪潮州方言文献中，中性问句的类型多样，而在当代潮州方言中已经趋简，主要表现为含"咩"结构的消失。另外，通过对揭阳方言中性问句演变过程的考察，本文论证了句末词"咩"产生于潮汕方言内部的可能性，认为"咩"是句末否定词归并的结果，且归并时受到揭阳方言语音特点的制约，而19世纪潮州方言中的"咩"则很有可能是借自揭阳方言。

附 注

① 潮州方言仅指潮州府城方言，潮汕方言指包括潮州方言在内的粤东闽方言。

② 这几种文献虽都冠以"汕头方言（汕头话）"之名，但根据徐宇航（2012a；2013）的研究，其记录的基础音系是以府城为代表的潮州方言音系。据黄燕旋（2016）考察，这些文献所反映的语法面貌大体上也属于潮州方言。

③ 潮汕方言的肯定、否定和疑问焦点常集中在情态的层面上，中性问句中肯定词和否定词经常前后对举使用。（施其生 2009）否定词多为"唔"与肯定词的合音，如"宔"为"唔是"的合音，"孬"为"唔好"的合音，"瑷"为"唔爱"的合音，"袅"为"唔会"的合音等，详见徐宇航（2012b）。

④ 《教程1》与《教程2》仅有罗马字注音，引用时先引罗马字注音，潮州方言汉字书写为笔者所加，括号内为普通话翻译。

⑤ 《读本》为汉字本，兼有罗马字注音。原文汉字（繁体）在先，罗马字拼音在后，为了行文格式统一，本文引用时先引罗马字拼音，再引汉字（文献中使用了较多的训读字，为尊重原文，不作更改，并保留原文繁体字），括号内为普通话翻译。

⑥ 另外，当代潮州方言还出现了新兴的"VP不VP"结构，但仅限于"是唔是""知无知""敢无敢""相唔相信"等。如：

汝是唔是老师？｜汝知唔知只件事？｜汝敢唔敢去？｜汝相唔相信只件事？

这种句子还比较书面化，老派比较难接受，是受到普通话影响而产生的新句式。本文暂不将这种句式列入考察范围。

⑦ 潮汕方言经历鼻音声母去鼻化音变，在第一波文读音进入方言前，明母已有 [m] 和 [b] 的区别（徐宇航 2012a），因此在共时环境中，否定式也遵照音变规则，有 [m]、[b] 之别，"宔""孬""瑷""免""唔"的声母为 [m]，"无""袅""未"的声母为 [b]。

⑧ 参见黄国营（1986）、吴福祥（1997）、张敏（1990;2006）等的研究。

⑨ 还存在一种可能，即潮州方言早有"VP-neg"结构，自行演变为"VP-咩"并于19世纪前为"VP-咩"所取代。但目前为止，尚无可靠材料证明19世纪以前潮州方言存在"VP-neg"结构。再者，如果潮州方言自行发展出"VP-咩"，且"VP-咩"已于19世纪完全取代了"VP-neg"，那么"VP-咩"应该是发展得非常成熟且为优势句式，但从19世纪三种文献看，中性问句的最主要形式仍是"VP-阿-neg"结构，而非"VP-咩"结构。因此本文认为这种可能性不大。

附录1 所用19世纪潮州方言文献

《汕头方言初级教程》（*First Lessons in the Swatow Dialect*），菲尔德（A. M. Fielde），汕头北美浸信会，Swatow: Swatow Printing Office Company，1878；

《汕头话口语语法基础教程》（*Primary Lessons in Swatow Grammar (colloquial)*），威廉·耶士摩（William Ashmore），英国长老会教会出版社，汕头，1884；

《汕头话读本》（*A Handbook of the Swatow Vernacular*），林雄成，古友轩出版，新加坡，1886。

附录2 主要发音合作人资料

潮州湘桥区，XYK，男，67岁，工程师，常年在本地生活；
潮州湘桥区，YCG，男，63岁，工人，常年在本地生活；
潮州湘桥区，XXX，女，23岁，学生，在本地出生长大，18岁后外出读书。
揭阳榕城区（梅云），HSF，女，62岁，农民，常年在本地生活；
揭阳榕城区（梅云），HKZ，男，34岁，教师，常年在本地生活；
揭阳榕城区（鱼湖），YQZ，女，30岁，教师，在本地出生长大，18岁后外出读书；
揭阳揭东区（曲溪镇），ZJM，男，33，教师，在本地出生长大，18岁后外出读书。

参考文献

黄国营（1986）"吗"字句用法初探，《语言研究》第2期，131—135页。
黄燕旋（2016）19世纪潮州方言语法演变专题研究，中山大学博士学位论文。
李如龙（2007）《闽南方言语法研究》，福建人民出版社，福州。
刘秀雪（2013）泉州腔闽南语的中性问句，《语言暨语言学》第2期，277—314页。
施其生（2009）《汕头话读本》所见潮州方言中性问句，《方言》第2期，126—133页，商务印书馆，北京。
吴福祥（1997）从"VP-Neg"式反复问句的分化谈语气词"么"的产生，《中国语文》第1期，44—54页，中国社会科学出版社，北京。
徐宇航（2012a）潮州方言一百多年来语音演变的研究，香港中文大学博士学位论文。
徐宇航（2012b）潮州方言"唔字结构"合音条件及合音演变，《南方语言学》第四辑，79—84页，暨南大学出版社，广州。
徐宇航（2013）十九世纪的潮州方言音系，《香港中文大学中国文化研究所学报》第57卷，223—244，香港中文大学出版社，香港。
杨敬宇（2006）《清末粤方言语法及其发展研究》，广东人民出版社，广州。
余霭芹（1988）汉语方言语法的比较研究，《中研院史语所集刊》LIX-1，23—41页。
余霭芹（1992）广东开平方言的中性问句，《中国语文》第4期，279—286页，中国社会科学出版社，北京。
张静芬（2015）《汕头话读本》中的两类中性问句的句末标记，《清华学报》（台湾）第3期，487—517页，清华大学出版社，新竹。
张　敏（1990）汉语方言反复问句的类型学研究：共时分布及其历时蕴含，北京大学博士学位论文。

张　敏（2006）东亚、东南亚大陆语言的语法化联盟（第一部分：A-not-A），中研院语言学研究所主办"庆祝李方桂全集出版及中国语言学集刊出版国际学术会"会议论文。

Yue-Hashimoto, Anne O. (1991) Stratification in Comparative Dialectal Grammar: A Case in Southern Min, *Journal of Chinese Linguistics*, 19.2, pp.172-201.

The Change of Neutral Questions in Chaozhou Dialect since the 19th Century and the Origin of the Final Particle "mē"

HUANG Yanxuan

Abstract: In the Chaozhou dialect represented in 19th century literature there were many patterns of neutral questions, one of which was formed by an immature final particle "mē". In contrast, the patterns of neutral questions in contemporary Chaozhou dialect are on the way of simplification, and "m ē" is no longer employed. Via a comprehensive study of historical literature and contemporary Chaoshan dialects, this article explores the origin of "mē", arguing that it resulted from the merger of the various sentence-final negators in VP-Neg construction, hence a natural evolution within Chaoshan dialects rather than a contact influence from Cantonese.

Keywords: neutral question, VP-Prt-Neg, VP-Neg, VP-mē, negator, final particle

（510275　广州，中山大学中文系　huangyx77@mail.sysu.edu.cn）

《二十三母土音表》及其反映的200年前的宁波方音[*]

张 凯

提要 《二十三母土音表》是清中后期宁波人吴善述编撰的反映宁波方音的等韵表,不过尚未引起学界的关注。该表的音系具体包括28个声母、41个韵母、8个声调,再现了200年前的宁波方音,尤其是在声、韵方面的16条语音特征为构建宁波方音史乃至吴方音史提供了珍贵的文献资料。

关键词 二十三母土音表 宁波方音 声母 韵母

1 引言

《二十三母土音表》(下文简称《土音表》)是清代宁波镇海蛟川人吴善述(字瀚城,生卒年不详,活动于道光、咸丰、同治、光绪年间,又撰《说文广义校订》)为鄞县"初学辨读而设"[①]的一部等韵表。因为此表"为吾郡土音而设",[②]"以俗音读之","得此以为甚便","遂互相传抄,为训蒙捷径"。[③]二十三母者,"土音也","土音者何?吾郡之音也"。[④]据此可知,吴善述撰著此表依据的是宁波方音。根据吴善述自序,该表撰于道光丙申年,即公元1836年,距今约180年。因此从语音的历史演变角度而言,该表反

收稿日期:2019-04-10;定稿日期:2020-10-14。

[*] 本文是中国博士后科学基金面上项目"《字类标韵》的文献整理与语音比较研究"(编号:2020M673331)、陕西省社会科学基金年度项目"《字类标韵》系列字书的文献整理与音韵比较研究"(立项号:2020K001)的中期成果,得到国家社科基金重大项目"汉语方言音系汇纂及方音对照处理系统研究"(项目号:14ZDB096)及枣庄学院"青檀学者"人才项目经费资助。匿名审稿专家为本文提出了宝贵的修改意见,谨致谢忱!

映的土音足以代表200年前的宁波方音。

据《文字音韵训诂知见书目》（2002：366），目前该表钞本仅见于北京图书馆。另有光绪四年四明黄氏补不足斋刻本，今藏于北京、上海两地图书馆。不过笔者发现，复旦大学图书馆也藏有一本《土音表》，也是光绪四年四明黄氏补不足斋刻本，本文研究时依据的是该刻本。

记录或者研究宁波方音的历史文献为数不少，据赵则玲先生（2017：119—120）研究，民国以前的文献有明人应钟的《甬言稽诂》和高宇泰的《敬止录·方言考》，清人仇廷谟的《古今韵表新编》及同治光绪年间编撰的《鄞县志》《镇海县志》之方言章节。此外还有传教士们编写的多本宁波方言读本：《宁波土话初学》（佚名 1868年）、《宁波方言字语汇解》（睦里逊 1876年）、《宁波方言音节》《宁波方言手册》（穆麟德 1901年—1910年）等。此外，英国人派克的《宁波方言》（1884年—1885年）（周志峰 2010：217）及德国人摩棱多夫的《宁波方言字音手册》（1901年）（谢友中 2017：171）也是重要的历史文献。不过，目前学界尚未提及吴善述的《土音表》，更未见到有关于该表的研究成果。今笔者不揣陋见，简要介绍该表的基本情况及语音特征，以期对宁波方音的历史研究有所补益。

2 《土音表》体例简介

本表前文有定海黄以周叙、蛟川吴善述自序、《二十三母土音表读法》三部分，后有鄞人金士奎、黄祥黼二人跋文。

该表由声、韵两部分组成，横行为声，纵行为韵，纵横交错处列举例字代表该处的读音。声母共有喉音七母、舌音五母、唇音六母、齿音五母，每类之下又有轻、重、清、浊之别，具体信息详见表1。

表1 《二十三母土音表》所列声母表

喉音							舌音				
重				轻			重				轻
最清	次清	最浊	次浊	最清	次清	次浊	最清	次清	最浊	次浊	次浊
见	溪	群	疑	影	晓	匣	端	透	定	泥	来

唇音						齿音				
重				轻		重			轻	
最清	次清	最浊	次浊	次清	次浊	最清	次清	最浊	次清	次浊
帮	滂	並	明	非	奉	精	清	从	心	邪

韵母方面共列韵部21个,分别是:东冬、庚蒸、真魂、阳唐、寒先、删山、覃盐、戈歌、鱼虞、支齐、支灰、灰皆、麻家、萧豪、尤侯、屋沃、觉药、曷黠、陌职、质锡、物月。

根据《二十三母土音表读法》所载,表中的例字位置仅列平、入二声字,共计660个字,其上、去声字可以根据平声字进行转读。

除了"土音"之称外,吴氏在序文中还换作"俗音""副呼"之语来指称方音。

3 《土音表》所反映的语音特点

3.1 声母特点

3.1.1 全浊声母的保存

中古"並、定、从、群、匣、邪、奉、床、禅",9个全浊声母依然保存在此时的宁波方音中,这与反映300年前宁波方音的《古今韵表新编》的情况基本一致,与今宁波方音的全浊音声母情况也大致相同,只是在某些声母的分合方面与今音稍有区别罢了。

3.1.2 非敷合流,奉微相并

吴善述序云:"又轻唇音四母,曰:非敷奉微……今则以上齿下唇相合出之,并四母为二音:非与敷并、奉与微并。"非敷合流是一个普遍的语音现象,宁波方音如此,北音亦是如此。但是奉母的归并南北出现差异,"北音则非敷奉三母并为敷母一音",而宁波方音则是"奉与微并"。在《土音表》的奉母属字中，列有"文䫻、亡、无䫻"（此处采用双行合一的方式标注该字在《广韵》中的音韵地位，全文同此）等中古微母字，进一步证明了自序中的观点。

3.1.3 尖团分立

据吴善述序云："北五省则齿头音精清从三母之副呼混于牙音见溪群三母（如"精清情"混"京卿檠"），心邪二母之副呼混于喉音晓母（如"相详"并混"香"）。南人土音不清者亦多有此，但邪母不混入晓母耳。"此语中的南人土音应指的是包括其郡土音在内的吴音。不过我们不能据此得出200年前的宁波方音中尖团业已合流的结论。原因如下：

（1）在宁波方音史上，尖团合流的现象是20世纪20年代才完成的。

于雍正年间完成的反映清初宁波方音的《古今韵表新编》一书中尚未见到见、精二组声母细音字的腭化现象（平田直子2005）。在之后的《宁波方言音节》（P.G.Von Möllendoff 1901年）中虽然见组细音字已经有腭化的音变（徐通锵1991；胡方2001），不过尚未见到精组细音字发生腭化音变。这种尖团合流现象是之后才发生的，据徐通锵先生（1991：18）研究，这种合流大约在20世纪的20年代。《土音表》代表的是200年前左右的宁波方音，早于《宁波方言音节》近100年，因此我们认为此时尖团应该尚未合流。

（2）吴善述的记录应是另有所指。

吴善述在自序中提到的"南人土音不清者"，此类人应指操非地道土语的宁波人。宁波自1842年以来便是中外商贾云集的通商口岸，仅就国人而言，东南西北诸地口音不同者聚集于此，久而久之便熟悉了宁波的土音，会说一些宁波话。对于宁波本地人而言，因频繁接触这些外地人也会致使原有的土音发生变化。吴善述提及的"北五省"已发生了的尖团合流现象在语言接触的条件下虽然也发生在宁波地区，但在吴氏看来这不属于纯正的宁波土语。

（3）《土音表》中尖团对立。吴善述不承认此时宁波土音中精、见二组细音字合流，如"基≠跻、欺≠妻、其≠齐、希≠西；骄≠焦、蹻≠鳌、乔≠樵、嚣≠宵"等，这也进一步证明了其所言"南人土音不清者"所操的土音非宁波土音。

3.1.4 邪母读从

在《土音表》从母所属的34个字中，源自中古从母的31个、崇母的1个、澄母的2个，未见邪母字混入。同样在邪母所属的13个字中，亦未见中古从母字的杂入。如此，仅从《土音表》的显性声母框架来看，中古从、邪二母在表中是对立的，未见二母不分的情况。不过事实并非如此简单。其自序云："南音多有并齿音之第五邪母入第三从母者，如囚混酋、旋混全。浙省垣以北嘉湖松江诸郡又多并第三母入第五邪母，此又方音之小异也。"此语旨在表明从邪不分的现象虽有邪并入从或者从并入邪之别，但是在南音中不分是较为普遍的现象。这种相混的现象隐藏在吴氏所举的例字中。在邪母的属字里，有"译、囚、俗"等字，它们均来自中古邪母，但是在今宁波方音中（高志佩等 1991；陈忠敏1990）均读同了从母字：详邪墙从俱音dziā、囚邪酋从俱音dziy、俗邪族从俱音dzoʔ。吴氏用"口"将之框起，表明这些本读邪母的字在此时的俗音中已经发生了音变，即读作从母字。与显性的声母框架相比，这种邪母读从的现象并非是一目了然，具有较强的隐蔽性，需要结合吴氏序言及标注的符号，同时参证现代方音方可把握。

邪母读从是从邪相混的一种模式，不过在今宁波方音中也存在从母读邪的情况，如：字从自从寺邪饲邪已邪俱音zı̩、罪从遂邪俱音ZEI、绝从续邪俱音zyeʔ。

3.1.5 喻母入匣

关于喻母的读音，吴氏在自序中云："自闽以北则与匣母之副呼相混如容混雄、盈混行。"此处闽北指的便是吴音地域，适用于说明宁波土音。反映在《土音表》上，喉音七母中已不再设喻母，而在匣母的所属字中，可以看到"云以、员以、容以、羊以、延以、俞以、耶以、姚以、尤以、欲以、亦以"等喻母字。吴氏不仅从理论上阐述了喻母的分合问题，在实践上也是完成了将喻母字并入匣母的操作。中古喻母入匣的现象在早于《土音表》100多年的《古今韵表新编》中业已存在，至今仍保留在宁波方音中。

3.1.6 知组并入精组，精、照组趋于合流

吴氏自序："又舌上音四母，曰：知彻澄娘……知彻澄三母，北音转入正齿音照穿床三母，南音多转入齿头音精清从三母。"其语旨在表明宁波方音中知组声母已并入精组。至于照组声母，吴善述自序云："正齿音五母，曰：照穿床审禅。……无此音者皆并于齿头，如表内第二呼下所注者是（有此五母则得齿音者十，无此五母则齿音仅有其五）。"这在《土音表》精组声母的属字中得到了验证，如"追$_{知脂}$、椎$_{澄脂}$、茶$_{澄麻}$、札$_{庄黠}$、渣$_{庄麻}$、叉$_{初麻}$、察$_{初黠}$、测$_{初职}$、愁$_{崇尤}$、崇$_{崇东}$、杀$_{生黠}$、沙$_{生麻}$、钟$_{章钟}$、冲$_{昌钟}$、春$_{书钟}$、鯆$_{禅钟}$"等知、照组声母字被并入至相应的精组声母之中。

不过需要明确的是，表中正齿音五字"钟冲崇春鯆"下吴氏又注："能辨者鲜"。这句话承认多数时人将正齿音读成了齿头音之事实，但是也折射出有少数人可以将之与齿头音相区分之现状。否则的话，吴氏没有必要多此一注。鉴于此，我们从分不从合，承认当时的宁波方音中存在正齿音声母，认为此时是精、照组声母趋于合流的阶段。

至于此五母的音值，吴善述云："其音以舌尖向齿根出之，亦曰腭音。腭即齿根肉也。北人腭音最清，盖北人舌短，向腭出音为易；南人舌长（舌属心、属火，南方亦属火），故闽人有舌上音而无腭音。自闽以北，长江以南，腭音或有或无。"据吴氏描述，此五母的音值当属于腭音。不过该类腭音究竟读什么呢？在19世纪的记录宁波方音的传教士资料中，有一类舌叶音tʃ组声母，"大体来自中古精、知、章三组的三等字，从声韵拼合关系看，tʃ组字声母后面往往带有一个圆唇介音或元音"（胡方 2001：67），吴氏所记的"锺冲崇春鯆"等字皆属于此类字，传教士记音为吴氏所言的腭音读作舌叶音tʃ组提供了直接依据。再者现在宁波地区的有些"方言

的声母系统中都有tʃ组声母"（胡方 2001：66）可为腭音读作舌叶音提供参证。此外，将腭音读作舌叶音从音理上也符合钱乃荣先生（1992：9）指出的"tɕ>tʃ>ts"的演变路线。综上，我们认为在当时少数宁波人能区分的腭音声母当读作舌叶音tʃ组。

3.1.7 日禅、日从、日泥（娘）、日疑、日喻三（云）等不同类型的合流现象

至于日母的情况，吴氏自序云："半齿音惟一日母，亦正齿之轻音，舌向上腭而轻出之。北音最得其正，南音无之，多并入正齿音禅母如饶为韶，让为尚。无正齿音者，与正齿禅母同并入齿头音邪母如惇与纯为巡，汝与墅为叙。"又云："又或并入从母如柔为酋、戎为从，或并入娘母如绒为浓、染为念，或并入疑母如饶为尧，人为银，或并入喻母之变音如闰为运，然为延，或并入半舌之来母如人为伦，戎为隆，音之转变，此母为最多，皆南音之异同也。"

据吴氏所论，日母的分合实属复杂，且《土音表》的例字中亦未见日母字，也不能据此验证当时日母归并的实质。不过，我们可以借助历史比较来进行参证。

首先，《古今韵表新编》中日禅邪不分，这不仅为我们将日母并入禅母提供了佐证，同时也指出了日禅合流之后与邪母又进行了重组。

其次，今宁波方音（高志佩等 1991）可用于验证吴氏所举的例字，如：

①饶ᴴᵘnio ≠ 韶ᶻʰᵉⁿzio；让ᴴᵘniã ≠ 尚ᶻʰᵉⁿzɔ̃；然ᴴᵘziɥ/zø ≠ 延ᴴᵘfii；人ᴴᵘniŋ ≠ 伦ᴴᵘləŋ；戎ᴴᵘdʑoŋ ≠ 隆ᴴᵘloŋ；

②纯ᶻʰᵉⁿzyŋ = 巡ᴴᵘzyŋ；汝ᴴᵘzɥ 墅ᶻʰᵉⁿzɥ = 叙ᴴᵘzɥ；戎ᴴᵘdʑoŋ = 从ᶻᵒⁿᵍdʑoŋ；绒ᴴᵘnyoŋ = 浓ᴴᵘnyoŋ；染ᴴᵘni = 念ᴴᵘni；饶ᴴᵘnio = 尧ᴴᵘnio；人ᴴᵘniŋ = 银ᴴᵘniŋ；闰ᴴᵘɦyŋ = 运ᴴᵘɦyŋ；

吴氏所举的例字中，除"酋""惇"二字在今宁波方言中不说而无法落实今音外，其余诸字关系均列举在上，共分为两类：同音关系（"="表示）和不同音关系（"≠"表示）。两类中均有日禅

二母的关系，虽然第①类中"饶韶""让尚"不同音，但是这不能否定日禅不分的现实，毕竟第②类中"汝墅"同音，况且还有《古今韵表新编》及今宁波方音中更多的日禅不分例可以佐证。此外第①类中的不同音现象也不排除是效、宕二摄的例外音变。日母读作喻四（以）母非宁波方音，不过今温州方音中是存在这种情况的。日来二母泾渭分明，这是宁波方音的重要特点，不过据钱乃荣先生调查（1992），日母读来母在今金坛、童家桥、金华、衢州等地是较为普遍的现象。

第②类中的同音关系例较多，主要是日禅邪、日从、日泥（娘）、日疑、日喻三（云）等相混的类型，这些均存在于今宁波方音中。

综上，参照古今宁波方音，结合吴氏所举例字，我们认为《土音表》所反映的日母分合情况大致是：部分日母字与禅母字合流且并入邪母；部分日母字分别并入从、泥（娘）、疑、喻三（云）等母中。

3.1.8 疑母细音字的读音问题

吴氏自序云："惟泥母之副呼，南音多转入牙音之疑母_{如读泥为疑}，不可不辨也。"泥疑相混虽然在今多数南方方言中较为普遍，不过就含今宁波方音在内的多数吴方言而言，吴氏所持此类现象的本质是泥母转入疑母的看法应是不妥的。在今吴方言中，中古疑母有三个变体：ŋ、n̠、ɦ。据钱乃荣先生（1992：10）研究，在今吴方言中，"疑母字在今开口和u韵前读 [ŋ]，在今其撮口前读 [n̠]，许多地方有些字失落声母成为ɦ [u] 或ɦ (i, y)"。钱先生指出了泥疑相混的本质乃疑读作泥，其条件是疑母细音字。这在今宁波方言中（高志佩等 1991）极为普遍，除吴氏所举例字外，再如：女_泥=语_疑、念_泥=验_疑、尧_疑=尿_泥（不计声调）、酿_泥=仰_疑、宁_泥=迎_疑、镊_泥=虐_疑、聂_泥=业_疑等，这些例字的声母均读作n̠。另据《现代吴语的研究》所载，100年前的宁波方音中也存在此类现象。据此可断，吴氏之泥母转入疑母的说法应不准确。

不过，从《土音表》的例字归属及序言来看，无明确例字表明在200年前的宁波方音中存在此类现象。此外，反映300年前宁波方音的《古今韵表新编》中亦无此类混注现象。据此来看，中古疑母细音字读作泥母的情况应该是近200年内发生的重要音变现象。

3.2 韵母特点

3.2.1 阴阳入三分格局

在《土音表》的韵母框架中，列有阳声韵母15个、阴声韵母15个、入声韵母10个，共计40个，这表明此时的宁波方音韵母系统仍是阴阳入三分的格局。这不仅承袭了自《广韵》以来的中古韵母格局，也与今天的宁波方音韵母格局完全吻合。

3.2.2 开齐合撮四呼俱全

在《土音表》的韵母框架中，列有开口呼韵13个、合口呼韵10个、齐齿呼韵10个、撮口呼韵7个。总体来看，其韵母系统四呼俱全，与今宁波方音韵母等呼类型完全吻合。

3.2.3 –n 尾韵并入 –ŋ 尾韵中

此类特点主要体现在庚蒸、真魂二部间。庚蒸部又分为开口、齐齿两类，《土音表》所列属字均来自中古梗、曾二摄的开口字，未列中古梗、曾二摄的合口字；真魂部又分为合口、撮口两类，《土音表》所列属字均来自中古臻摄合口字，未列其开口字。这些未列字没有在韵母框架中呈现，并不代表韵母系统中无此类字。从两部所含韵母的等呼特点上来看，其呈现出开、齐与合、撮互补的特点，这为我们解释问题提供了一个突破口。先看中古臻、梗、曾摄字在今宁波方音中的读音，如表2所示。

表2 中古臻、梗、曾摄字在今宁波方音中的读音⑤

奔帮魂	崩帮登	喷滂魂	烹滂庚	盆并魂	朋并登	门明魂	萌明庚	敦端魂	登端登
pəŋ		p'əŋ		bəŋ		məŋ		təŋ	
屯定魂	腾定登	论来魂	楞来登	尊精魂	增精登	存从魂	层从登	孙心魂	僧心登
dəŋ		ləŋ		tsəŋ		dzəŋ		səŋ	
跟见痕	庚见庚	痕匣痕	衡匣庚	滚见魂	坤溪魂		昏晓魂	温影魂	宾帮真	兵帮庚

（续表）

kəŋ		fiəŋ		kuəŋ	k'uəŋ	huəŋ	uəŋ	piŋ	
贫並真	平並庚	民明真	明明庚	邻来真	零来青	津精真	精精清	亲清真	清清清
biŋ		miŋ		liŋ		tɕiŋ		tɕ'iŋ	
秦从真	晴从清	新心真	星心青	银疑真	宁泥青	斤见欣	京见庚	勤群欣	擎群庚
dʑiŋ		ɕiŋ		n.iŋ		tɕiŋ		dʑiŋ	
殷影欣	英影庚	君见文	群群文	询邪谆	旬邪谆				
iŋ		tɕyŋ		dʑyŋ		syŋ		zyŋ	

综观上表，这些中古臻、梗、曾摄字在今宁波方音中全部读成-ŋ尾韵，且涵盖了开齐合撮四呼。其中合口、撮口二呼均来自中古臻摄合口字，组成了《土音表》中的真魂部。真魂合口呼韵中虽然列有中古魂韵字，如上表中字外加"口"者，但是吴氏用"口"号标注，这表明他并不认可其读作合口呼，依今音读开口呼来看，这种由中古合口至今天开口的演变在吴氏时代已经完成了。至于开口、齐齿二呼，则来自中古臻、梗、曾摄，对应为《土音表》中的庚蒸部。虽然庚蒸部中未列举中古臻摄开口字，这是吴氏囿于传统所致，而此类字的去向却在上表中得到了充分地解释。总体来看，今天的宁波方音与《土音表》所折射的语音框架较为吻合。根据今之方音的特点，结合《土音表》中庚蒸、真魂二部的实际情况，我们认为200年前的宁波方音中已经完成了-n尾韵向-ŋ尾韵的合流。

3.2.4 歌戈合流，仅有开口呼一类

中古果摄的开合之别在《土音表》中已经消失，果摄字并为一个韵——戈歌开口呼。此类音变一直保留在今宁波方音中，如贺匣箇音ɦɤu、祸匣果音ɦuɤu、卧疑过音ŋɤu、阿影歌音ɤu、倭影戈音ɤu、歌见歌锅见戈音kɤu、波帮戈颇滂戈婆並戈磨明戈的韵母皆爲ɤu等。这也是吴方音的一个较为普遍的现象，"果合一戈大部分地区与歌韵合并"（钱乃荣1992：13）。

另果摄合口三等戈韵字"茄"已经转入麻家齐齿呼韵中。

3.2.5 -p、-t、-k韵尾弱化为喉塞音-ʔ尾

在《土音表》的入声韵中，觉药齐齿呼韵含中古药、陌、帖三韵字；陌职开口呼韵含中古陌、麦、德、职、合韵字；质锡齐齿呼韵含中古质、迄、缉、月、屑、陌、昔、锡等韵字；物月合口呼

韵含中古没、物、术、黠韵字；物月摄口呼韵含中古物、月、薛、屑、术等韵字。这足以表明中古时-p、-t、-k韵尾的对立已消失，入声韵间发生了分化与合流，塞音韵尾弱化为喉塞音-ʔ尾。

3.2.6 中古咸摄一等韵字独立，未并入山摄中

在韵母框架中，覃盐开口呼独立成类，与寒先开口呼韵截然对立。需要明晰的是，这并不代表-m韵尾的存在，因为据游汝杰先生（2002：103）综合考查《白兔记》《声韵会通》《山歌》等吴音文献资料的研究，-m尾韵至迟在明末之际的吴语中已经消失。《土音表》较明末又晚了近200年，故此时不可能存在-m尾韵。既然不是-m尾韵的区别，却又单独为一个韵部，这意味着覃盐部与寒先开口呼的区别最大可能是韵腹的差异。我们先比较覃盐、寒先二部所属字的今音情况，详见表3。

表3 《土音表》中覃盐、寒先二部所属字在今吴方言中的读音⑥

今音\例字	覃盐部属字（1）					
	耽^{端覃}	贪^{透覃}	潭^{定覃}	南^{泥覃}	蓝^{来谈}	簪^{精覃}
宁波	tɛ	tʻEI	dɛ	nɛ	lɛ	tsEI
绍兴	tæ̃	tʻẽ	dẽ	nẽ	læ̃	tsẽ
温州	ta	tʻø	dø	nø	la	tsø
浦江	tã	tʻɔ̃	dɔ̃	nɔ̃	lã	tsɔ̃
磐安	tɒ	tʻɤ	dɤ	nɤ	lɒ	tsɤ

今音\例字	覃盐部属字（2）					
	参^{清覃}	蚕^{从覃}	三^{心谈}	甘^{见谈}	庵^{影覃}	含^{匣覃}
宁波	tsʻɛ	zɛ	sɛ	kɛ	e	fiɛ
绍兴	tsʻẽ	zẽ	sæ̃	kẽ	ẽ	fiẽ
温州	tsʻø	zø	sa	ky	ø	fiø
浦江	tsʻã	zã	sã	kɔ̃	ɔ̃	ɔ̃
磐安	tsʻan	zɤ	sɒ	kɤ	ɤ	ɤ

今音\例字	寒先部属字（1）					
	丹^{端寒}	滩^{透寒}	檀^{定寒}	难^{泥寒}	阑^{来寒}	赞^{精翰}
宁波	tɛ	tʻɛ	dɛ	nɛ	—	tsɛ

（续表）

绍兴	tæ̃	t'æ̃	dæ̃	næ̃	læ̃	tsæ̃
温州	ta	t'a	da	na	la	tsa
浦江	tã	t'ã	dã	nã	—	tsã
磐安	tɒ	t'ɒ	dɒ	nɤ	—	tsɒ

今音\例字	寒先部属字（2）					
	餐清寒	残从寒	珊心寒	干见寒	安影寒	寒匣寒
宁波	ts'ɛ	dzɛ	sɛ	ke	e	ɦie
绍兴	ts'æ̃	dzæ̃	sæ̃	kẽ	ẽ	ɦiẽ
温州	ts'a	dza	sa	ky	y	y
浦江	ts'ã	dzã	sã	kɔ̃	ɔ̃	ɔ̃
磐安	ts'ɒ	dzɒ	—	kɤ	ɤ	ɤ

综观上表可知，两部例字各12个，在今宁波方音中韵腹相同的有8对，占66.7%；在今绍兴方音中韵腹相同的有7对，占58.3%；在今温州方音中韵腹相同的有4个，占33.3%；在浦江及磐安方音中韵腹相同的均有5对，占41.67%。以上数据虽然参差不齐，但均在表明部分覃盐部例字与寒先部例字的韵腹存在差异。这种差异在地域分布上较广，并非仅存于宁波方音中。如此说来，《土音表》中两部的并立也应该是同类的性质。与今音不同的是，《土音表》中三分之二的异音关系在200年后的今天已变为同音了。

3.2.7 山摄合口二等牙喉音字

《土音表》的删山合口呼韵主要由中古删韵合口牙喉音字组成，如：关见删 鰥集韵（该字音取自《集韵》）顽疑删 弯影删 豩晓删 环匣删。例字中虽未含有中古山韵字，但据韵部名称可知该部也应包括来自中古山韵合口牙喉音字。此类字与寒先合口呼韵对立存在，可见读音不同，且这种区别仍可在今音中得到印证。我们以《土音表》寒先合口呼及删山合口呼二韵所属常见字为例，具体比较详见表4。

表4 《土音表》中部分寒先、删山部字的今宁波、鄞县方音[7]

今音\例字	删山合口呼			
	关[见删]	顽[疑删]	弯[影删]	环[匣删]
宁波	kue	ɦue	ue	ɦue
鄞县	kue	ɦue	ue	ɦue

今音\例字	寒先合口呼				
	官[见桓]	宽[溪桓]	剜[影桓]	欢[晓桓]	完[匣桓]
宁波	kũ	kũ	—	hũ	ɦũ
鄞县	kũ	k'ũ	ũ	hũ	ɦũ

据属字来源看，《土音表》寒先部合口呼韵字主要来自中古山摄一等合口桓韵。删山合口呼韵与寒先合口呼韵虽在通语中早已合流，然彼此间的对立仍可在宁波方音中寻到依据。这种对立自古及今从未中断，《广韵》《古今韵表新编》（平田直子 2005）、《土音表》分别呈现出各个时期的对立表现，为构建宁波方音史提供了清晰的脉络。

3.2.8 支思韵的形成

《土音表》的韵母框架中未为支思韵留下位置，但是这并不能否定该韵的存在，原因有二：

一是从支思韵的形成来看，该韵字主要来自中古精、庄、知、章组声母的止摄开口及祭韵开口字，而这些字在《土音表》的支齐齐齿呼韵中未见，更未见于在其他的韵母中，这折射出这部分字已经重组为一个新的韵部。

二是结合宁波方音史来看，在《古今韵表新编》（平田直子 2005）中已形成支思韵（原称支韵，主要来自止摄开口精庄章组字及蟹摄开口章组字，与齐韵字相对立）；在今宁波方音中，此类字读作ɿ或ʮ韵，以区别于非齿音止摄字的i韵。《土音表》处于自《古今韵表新编》以来的中间阶段，应当具备此类音变。

4 《土音表》的隐性语音系统

首先需要阐明的是《土音表》的语音系统有显性与隐性之别。

《二十三母土音表》及其反映的200年前的宁波方音　167

显性的语音系统是表面的直观的音系，这是吴善述囿于传统的"正音"观念而人为设定的非实际的语音框架系统。比如二十三声母框架及四十韵母框架。如若单就韵母而言，如东冬合口呼韵，这是吴善述根据中古通摄阳声韵至近代四呼演变的一般规律设立的，属于显性的音系内容。不过实际中他并不认可这种看法，因此在其下面又缀以"俗读开口呼"的解释。而这种解释便是隐性音系的内容，是需要结合方言的历史比较深究细挖的，乃吴善述土音的真实反映，属于"俗音"的特征。

再如屋沃撮口呼所辖的字，除牙喉音声母字外，其余诸字皆被"口"号框起来，如 囚、福、伏、足、促、粟、俗 等。被框的字皆为中古合口三等字，根据古今等呼演变的规则，它们当演变为撮口呼，此乃显性音系的内容。但是据今宁波方音来看，该韵部的字正是一分为二，牙喉音声母字今读作撮口呼，而被框起来的这些非牙喉音字的韵母为o，非撮口呼。这证明吴氏时代此类字已具备此特征，他用"口"号标注以示此类字还有土音读法，此乃隐性音系的特征。

显性音系因其具有保守性，故而不如隐性音系具有方音史价值。因此本文仅描写《土音表》所反映的隐性音系。结合上文关于声、韵等方面的讨论，参照反映18世纪初期宁波方音的历史文献《古今韵表新编》音系（平田直子 2005），参证今天的宁波方音系统，我们认为《土音表》的声母共计28个、韵母共计41个、声调共计4个，具体如下：

声母系统分为唇、舌、齿、牙喉四类，如下：

唇　音：帮p　滂p'　并b　　明m　非f　奉v
舌　音：端t　透t'　定d　　泥n　来l
齿　音：精ts　清ts'　从dz　心s　邪z
　　　　照tʃ　穿tʃ'　床dʒ　审ʃ　禅ʒ
牙喉音：见k　溪k'　群g　疑ŋ　影ø　晓h　匣ɦ

上述隐性声母系统比《土音表》所列的显性声母系统（即23

个声母）多出5个，即照tʃ、穿tʃ'、床dʒ、审ʃ、禅ʒ五母，其余的23个声母与《土音表》则一一对应。

隐性韵母系统含19韵部，41个韵母。除了将《土音表》庚蒸、真魂二部并作真庚部，陌职、质锡、物月三部并作质陌部外，新增一个支思部，具体情况如表5所示。

表5 《土音表》的隐性韵母系统

韵部\四呼		开口呼	合口呼	齐齿呼	撮口呼
1	东冬	oŋ			yoŋ
2	真庚	əŋ	uəŋ	iŋ	yŋ
3	阳唐	ɑŋ	uɑŋ	iɑŋ	
4	寒先	an	uan	iɛn	yɛn
5	删山		uan		
6	覃盐	ɑn			
7	戈歌	o			
8	鱼虞		u		y
9	支思	ɿ			
10	支齐			i	
11	支灰		uei		
12	灰皆	ai	uai		
13	麻家	ɑ	uɑ	iɑ	yɑ
14	萧豪	au		iau	
15	尤侯	əu		iəu	
16	屋沃		uʔ		yʔ
17	觉药	ɑʔ		iɑʔ	
18	曷黠	aʔ	uaʔ		
19	质陌	əʔ	uəʔ	iʔ	yəʔ

至于声调问题，据《二十三母土音表读法》"惟表中但有平声入声字，其上去两声以平声转用可也"可知，其显性的声调系统存有平上去入四声。至于四声是否再分阴阳，材料中并无任何说明，仅从表中例字的排列来看也尚无规律可循。这种声调不区分阴阳的情况与《古今韵表新编》的声调情况一致。

不过，虽然《土音表》未明显地区分声调的阴阳，但这并不能表明此时的宁波方音中声调无阴阳的差别。相反，我们认为《土音表》的隐性声调系统是区分阴阳的，原因如下：

首先，汉语声调的阴阳性质主要是受声母的清浊特征影响的。正如上文所论，此时的声母系统中不仅存在清、浊的对立，而且还有一套全浊声母，这成为声调具有阴阳属性的先决条件。

其次，100年前的宁波方音是四声七调或者八调的情况（赵元任2011），今之宁波方音中的调类亦有阴阳之别。据今上溯至200年前，《土音表》的声调应该也是区分阴阳的，如此方能符合语言演变的渐变性与稳定性规律。

再者，历史文献表明，在近代吴音中，声调区分阴阳是一个较为普遍的现象，如反映明末海盐吴音的《玉篇直音》的声调系统是四声八调（张凯2018），清初杭州吴音的《谐声品字笺》的声调系统是四声七调（张咏梅2011），可资佐证。

综上可知，《土音表》的隐性声调系统大致应是四声八调的格局。不过需要指出的是，在吴氏自序中提到了南人读"染为念"的情况。虽然吴氏并未明确指出南人就是宁波人，但是今之宁波方音中"染念"同音及《现代吴语的研究》中记录的100年前的宁波方音中次浊上声读作阳去的情况与之高度吻合，据此可推知南人也应该包括宁波人，若如此，当时的宁波方音中也存在部分中古次浊上声字读作阳去的现象。

以上是《土音表》的隐性语音系统，也代表了200年前的宁波方音面貌，这为构建宁波方音史提供了宝贵的文献资料。如果将《古今韵表新编》《土音表》及今天的宁波方音进行比较，可以梳理出300年来宁波方音的历史演变轨迹，然而因受篇幅限制，兹不赘论，我们将另撰他文对此详加讨论。

补注：

本文完成于2019年3月。该文投至《语言学论丛》至发表，期间看到李军教授关于《二十三母土音表》的研究成果(《近两百年前的宁波方言韵母系统及其演变特征》,《古代汉语研究》,2019年第2期),深感李教授大作高屋建瓴、鞭辟入里,令人惊叹。尽管拙文相形见绌,但念及拙文声韵具论,可补益李文,故同意刊出,以求续貂之效。

附 注

① 见表前吴善述自序。
② 见表前黄以周叙。
③ 见表前吴善述自序。
④ 见表前黄祥麟叙。
⑤ 表格说明:表中例字优先选取《土音表》中所列例字。例字外的"口"乃《土音表》中的实际情况。因《土音表》中未涉及中古深摄字,故本表中亦未列举。此类字在今宁波方音中与臻摄字一同读成-ŋ尾韵。
⑥ 表格说明:宁波音据高志佩等(1991),绍兴音据王福堂(2015),温州音据郑张尚芳(2008),浦江、磐安音据曹志耘(2016)。无法落实的读音使用"—"号表示。例字外的"口"乃《土音表》中的实际情况。
⑦ 表格说明:宁波音据高志佩等(1991),鄞县音据陈忠敏(1990);无法落实的读音使用"—"号表示。

参考文献

曹志耘等 (2016)《吴语婺州方言研究》,商务印书馆,北京。
陈忠敏 (1990) 鄞县方言同音字汇,《方言》第1期,32—41页。
高志佩、辛创、杨开莹 (1991) 宁波方言同音字汇,《宁波大学学报》(人文科学版)第4期,59—69页。
胡 方 (2001) 试论百年来宁波方言声母系统的演变,《语言研究》第3期,65—68页。
平田直子 (2005)《古今韵表新编》的音系,《吴语研究:第三届国际吴方言研讨会论文集》,上海教育出版社,上海,163—170页。
钱乃荣 (1992)《当代吴语研究》,上海教育出版社,上海。
王福堂 (2015)《绍兴方言研究》,语文出版社,北京。
谢友中 (2017)《近三百年绍兴历史语音研究》,复旦大学博士学位论文。
徐通锵 (1991) 百年来宁波音系的演变,《语言学论丛》第16辑,商务印书馆,北京,1—46页。
游汝杰 (1999) 古文献所见吴语的鼻音韵尾和塞音韵尾,《游汝杰自选集》,广西师范大学出版社,桂林,68—96页。
张 凯 (2018)《〈玉篇直音〉语音研究》,复旦大学博士学位论文。

张咏梅（2011）《〈谐声品字笺〉的音系研究》，巴蜀书社，成都。
赵元任（2011）《现代吴语的研究》，商务印书馆，北京。
赵则玲（2017）宁波方言研究四百年述评，《浙江社会科学》第6期，119—125页。
郑　伟（2013）《吴方言韵母比较研究》，商务印书馆，北京。
郑张尚芳（2008）《温州方言志》，中华书局，北京。
周志峰（2010）百年宁波方言研究综述，《浙江学刊》第1期，217—220页。

The Chart of Native Twenty-three Initial Consonants（二十三母土音表）and Its Reflected Ningbo Dialectal Accent 200 Years Ago

ZHANG Kai

Abstract: The chart of native Twenty-three initial consonants（二十三母土音表）, an equal-rhyme chart which reflects the Ningbo dialectal accent, was written by Wu Shanshu, a native speaker of Ningbo in the middle and late Qing Dynasty. This study, however, has not drawn much attention in academics. The phonetic system represented in the chart specifically includes 28 initial consonants, 41 vowels and 8 tones, which embodies the Ningbo dialectal accent of 200 years ago. In particular, the 16 phonetic features of the onsets and rhymes provide precious documental materials one can use for the study of the history of the Ningbo dialect and the Wu dialect.

Keywords: the chart of native twenty-three initial consonants（二十三母土音表）, Ningbo dialectal accent, initial consonant, vowel

（277160　山东枣庄，枣庄学院文学院；
710119　陕西西安，陕西师范大学文学院　774733159@qq.com）

《西番译语》(川五)所记尔苏语方言考*
——兼谈确定译语所记语言和方言的方法

王 振

提要 "华夷译语"是记录明清民族语言的珍贵历史文献,明确其所记语言和方言是利用译语开展相关研究的基础。一般认为,《西番译语》(川五)记录的是尔苏语西部方言,但比较发现译语和尔苏语东部方言一致性更高,记录东部方言的可能性更大,语言特点和文献记载都支持这一结论。考察译语记录的是何种语言、何种方言,除了传统的词汇比较法之外,还应该重视音变路径和语音历史层次的比较。

关键词 华夷译语 西番译语 尔苏语 音变路径 语音历史层次

1 引言

《西番译语》是清乾隆十五年(1750)由四川地方政府采集和编写的一套"汉语—民族语"双语辞典,属于"华夷译语"丁种本,记录了川西地区的藏缅语言或方言,一共九种,是研究相关语言的珍贵历史文献。要利用《西番译语》进行民族语历史研究,首先就要确定译语记录的是何种语言、何种方言。

冯蒸(1981)按照川一、川二以至川九的方式对《西番译语》命名。根据孙宏开(1982;1989)的考察,其中川五、川八两种记录的是尔苏语方言,详见下表。

收稿日期:2018-05-02;定稿日期:2020-10-14。

* 本文系国家社科基金冷门"绝学"和国别史等研究专项"清代民国中西方珍稀文献中的川西藏缅语资料集成与研究"(项目编号19VJX088)的阶段性成果。衷心感谢孙宏开先生在《西番译语》研究方面给予的指导和帮助,感谢王德和教授在相关材料解读方面的热心指教。文中错误概由笔者本人负责。

表1　尔苏语方言及其与译语的对应情况

尔苏语方言	分布地域（县）	对应的译语
东部（尔苏方言）	甘洛、越西、汉源、石棉等	
中部（多续方言）	冕宁	川八
西部（栗苏方言）	木里、冕宁、九龙	川五

孙宏开（1989）认为川五记录的是尔苏语西部方言，[①]故将其命名为《栗苏译语》。目前学界对该译语关注很少。不过，孙先生（2016 & 2017私人交流）指出，相关问题还值得进一步深入研究。

根据已有成果和学界前辈的意见与指导，本文对川五做进一步考察，以求获得对其所记尔苏语方言点的更为准确的认识，从而更有针对性地开展基于译语的尔苏语历史研究。

2　译语与现代尔苏语比较材料的选择

2.1　选词原则

本文并未将整本译语的所有词条都纳入比较范围。因为译语收词和翻译的情况较为复杂，存在词条重复出现、大量使用汉语音译词、翻译不当等诸多特殊情况，可能会影响统计分析的客观性和准确性。因此，我们主要采用基本词比较法，选取基本词的原则如下：

（1）选择核心词、常用词以及易于翻译和理解的词语，主要参考藏缅语300核心词表和斯瓦迪士200核心词表。

（2）语素或词不重复，如"吃、食"同义，汉字注音也相同，则只取其一。

（3）以词为主，词组为辅。因为词组可能是词的重复出现，如译语有"白""霜"，也有由这两个词复合而成的词组"白霜"，则不取词组"白霜"；除非词组中包含某些未单独出现的常用词，如译语有词"马"和词组"黑马"，而无"黑"，故取词组"黑马"，目的是比较常用词"黑"。

（4）排除译语翻译不当且难以解读的词条。如"天"，译语注音为"墨得刻"，但我们目前所见所有尔苏语材料中"天"均无此音，不好比较，故不取。②

（5）排除汉语音译词。音译词即用音译或直接抄录汉语词条的方式记录民族语。例如"持、应用、修理、丰足、与、赏、罚、其余、罪、经文、我每（们）、地界"等词语在尔苏语各方言中均可翻译，但是译语在翻译时均直接抄录汉语词条。我们统计发现，这类词在川五中占据很大比重，译语全部740词中，汉语音译词（含直接抄录汉语词条的情况）有218个，占29.5%。这类词在表面上看就是汉语借词，但实际并非如此，而与译语采编者的语言能力和工作态度有关，不好用来鉴别译语所记方言属性，故而排除。

按照上述原则，我们一共从译语中选择了213个常用词进行比较。

2.2　材料说明

我们用来与译语比较的现代尔苏语方言资料包括尔苏语西部方言区的木里、九龙、冕宁三县和东部方言区的石棉、甘洛两县的材料，比较资料或参考前人已发表的成果，或源自笔者开展的针对译语的专题田野调查。其中木里县的资料有两种，一是黄布凡（1992）记录的木里县卡拉乡的资料，后文称为"卡拉$_1$"；另一类是笔者2017年8月在木里县调查的卡拉乡的资料，后文称为"卡拉$_2$"，这次调查是以Chirkova、Chen（2013）、Chirkova（2014）为基础开展的补充调查。九龙县的资料为笔者2016年7月在九龙县呷尔镇田野调查所得。冕宁县以及原始尔苏语的资料引自Yu（2012）。石棉县资料为笔者2017年7月田野调查所得。甘洛县的资料参看《藏缅语语音和词汇》（1991）、Chirkova（2014），笔者也于2017年8月做了补充调查。

此外，《栗苏译语》注音汉字以当时的四川官话为基础方言（王振 2019），构拟译语记录的尔苏语音主要根据注音汉字在四川官话中的音值,并且参考尔苏语的历史音变规律和现代尔苏语的音系特点。[3]

3 词汇比较

3.1 相关项的比例

我们将译语213常用词语与现代方言资料比较,找到与译语注音有差异的词条以及与译语注音具有一致性或者相似性的词条,分别称为"差异项"和"相关项"。区别差异项和相关项是比较的关键,符合下列条件之一的我们认为是相关项:(1)与译语注音一致;(2)与译语注音有差异,但是能够用常见的音变规律(如 Ts->Tɕ-)去解释,可以认为是近300年来尔苏语音变所致;(3)与译语音节数目不同,但词根的读音符合(1)或者(2)的情况。否则,就认为是差异项。

需要说明的是,由于各个方言点的语言使用情况以及我们所参考的论著收词情况的限制,各方言点资料即"所有项"的数量稍有差异。计算相关项的比重——"相关项/所有项=相似比",得出的相似比就大概体现了译语和各方言之间一致性的强弱。

表2 相关项比例统计

方言区	方言点	相关项	所有项	相似比
东部	甘洛	199	213	93%
	石棉	187	204	92%
西部	卡拉$_1$	179	205	87%
	卡拉$_2$	193	213	91%
	冕宁	131	155	85%
	九龙	149	189	79%

通过上表的初步比较,可以发现川五所记录的尔苏语与东、西部方言均有较高的相似度和一致性,相对而言,与东部方言和木里县的西部方言一致性较高。

3.2 差异项的情况

差异项的情况对于确定是否译语记录的方言点至关重要，以下将各个方言点的差异项分别列出并作简要说明。

3.2.1 卡拉₁栗苏语中的差异项

木里卡拉₁栗苏语共205条资料，其中的差异项26个，列举如下。

表3 卡拉₁栗苏语中的差异项

序号	汉义	汉音	卡拉₁音	序号	汉义	汉音	卡拉₁音
1	星	墨治	$kəɹ^{35}$	14	厚	惑突	$ʑy^{53}\,ʑy^{53}$
2	雷	墨这	$me^{53}\,gi^{53}$	15	线	择使	$dʑi^{33}\,kuɨ^{53}$
3	霜	掣	$kəɹ^{33}\,jy^{53}$	16	迟	结哇	$thuo^{33}$
4	一斤	得者	$te^{33}\,ka^{31}$	17	说	卡脱	$dʑi^{35}$
5	皮	之必	$ngəɹ^{35}$	18	肥	登	$de^{33}\,tshɨ^{53}$
6	苦	德欺	$de^{33}\,kha^{53}$	19	地	梅利	$sæ^{53}$
7	心	细迷	$ti^{53}\,mi^{53}$	20	叔	呵比	$æ^{33}\,bæ^{53}\,ji^{33}$
8	鼻	巡布	$ki^{33}\,mu^{53}$	21	兄	汶朗	$æ^{33}\,jæ^{53}$
9	面	嘎遗	$dʐɿ^{33}\,ji^{53}$	22	口	衣	$ku^{33}\,pe^{53}$
10	旧	宁八	$phæ^{33}\,læ^{53}$	23	筋	住	$tæ^{53}\,pu^{53}$
11	桃	榭也	$ju^{33}\,su^{55}$	24	毛	卖	$dzɨ^{35}$
12	龙	二节	$ji^{53}\,nbu^{53}$	25	碗	铙悮	$khuo^{33}\,la^{53}$
13	饭	萨麻	$khæ^{53}$	26	大	牙胯	$kuɨ^{53}$

表中1—6项中词根语素的汉字注音为塞擦音，而现代木里音为舌根塞音，虽然这是一种规律性的对应，但是不好用近300年的音变去解释，故认为是差异项；7—11项属于部分差异、部分相同的情况，两个语素中有一个相同或相似；其余项与译语注音不同。

3.2.2 卡拉₂栗苏语中的差异项

木里卡拉₂栗苏语的213条材料中共找到20个差异项，分别列举如下。

表4 卡拉₂栗苏语中的差异项

序号	汉义	汉音	卡拉₂音	序号	汉义	汉音	卡拉₂音
1	一斤	得者	ta'qa	11	线	择使	mi 'ɕo
2	换	敦之	'the ngu ngu	12	旧	篝八	le
3	苦	德欺	də 'qha	13	肥	登	tshû
4	鼻	巡布	'to nbu	14	厚	惑突	ʐy
5	心	细迷	te mi	15	浅	特比	ndʑi ndʑe
6	指	勒需	'le tu	16	左	勒疽	ja ta
7	兄	汶朗	æ jæ	17	七	星	kŋ̍
8	筋	住	tǽ	18	沟	捉落	'dʒe bo
9	碗	铙悮	'qhwa la	19	香	卜列	tsa nda ntsho
10	饭	萨麻	khê	20	新	撒巴	ʃu tsa

上表中1—3项是译语塞擦音和现代塞音对应；4—6项反映的是译语齿龈擦音s-与现代齿龈塞音t-之间的对应。以上6项是具有系统对应关系的差异项。其余词项与译语之间的差异较大。

3.2.3 冕宁县尔苏语中的差异项

冕宁县155条材料中差异项共24个，列举如下。

表5 冕宁县尔苏语中的差异项

序号	汉义	汉音	冕宁音	序号	汉义	汉音	冕宁音
1	雷	墨这	'meǰe	13	桃	榭也	jisɨ
2	一斤	得者	-kæɹ	14	黄	得属	'ʂɨkhwakhwa
3	换	敦之	ŋgʉ	15	沟	捉落	loxo
4	苦	德欺	dekhæɹ	16	肥	登	detshʉ
5	鼻	巡布	'ʃtimbʉ	17	碗	铙悮	-kho
6	心	细迷	ʃtimi	18	说	卡脱	dʑi
7	舌	即比	'ʃti	19	兄	汶朗	mophæ
8	道	二扒	ɹɯ mæ	20	龙	二节	'ɣajimbzʉ
9	筋	住	'bzʉ	21	七	星	'ʃtʐ
10	胸	勒库	'khophæ	22	可惜	邦	'ɕænæ
11	饭	萨麻	dzapʉ	23	口	衣	ʃtʐpe
12	旧	宁八	phæ læ	24	新	撒巴	'sɨ sɨ

上表中第1—4项是塞擦音和舌根塞音之间的对应；5—7项是s/ts-与ʃt-之间的对应。8—15项的现代读音和译语也有一定的相似性，但不相同。其余词条中译语和现代冕宁音之间的一致性不明显。

3.2.4 九龙县尔苏语中的差异项

九龙县189条材料中的差异项目共40个，列举如下。

表6 九龙县尔苏语中的差异项

序号	汉义	汉音	九龙音	序号	汉义	汉音	九龙音
1	星	墨治	qəɹ^{33}	21	饭	萨麻	khje^{55}
2	雷	墨这	Gɛɹ^{35}	22	龙	二节	ndʒu^{35}
3	霜	掣	qəɹ^{55}	23	七	星	ki^{33}peɹ^{55}七个
4	筋	住	ⁿgu ɹ^{35}	24	肥	登	tshu̥^{33}tshu̥^{55}
5	锅	智	Gəɹ^{35}	25	聪明	央撒	gu^{33}bu^{55}
6	一斤	得者	ta^{33}qa^{55}	26	母	麻木	a^{33}pwa^{55}
7	换	敦之	da^{33}ngu^{55}	27	绳	白呷	phu^{35}
8	皮	之必	Gəɹ^{33}pi^{55}	28	地	梅利	sæ^{33}tʃhæ^{53}
9	苦	德欺	da^{33}qha^{55}	29	昼	你纳骨	nŋ^{33}tɕe^{55}
10	鼻	巡布	ki^{33}mwa^{55}	30	甜	德彻	de^{33}bi^{55}
11	心	细迷	ki^{33}mi^{55}	31	多	麻	ta^{33}pɹa^{55}
12	道	二扒	ʒɿ^{33}ka^{53}	32	寻	特十沙	tsɿ^{33}ɽe^{55}
13	沟	捉落	dʒɿ^{33}ɣgu^{55}	33	日出	尼麻得谷	ȵi^{33}mæ^{55}ntshu^{31}
14	桃	榭也	ju^{33}sɿ^{55}	34	叔	呵比	a^{33}wo^{33}ia^{55}
15	肚	也怕	di^{33}phje^{55}	35	弟	疑朗	mə^{33}phe^{53}
16	外	牙倍	nwæ^{35}	36	侄	自车	tshə^{33}wu^{55}
17	知	罕事	ha^{33}ku^{35}	37	大鼓	则牙跨	ⁿdza^{33}kʷɹ^{33}kəɹ^{55}
18	浅	特比	dʑi^{33}le^{55}le^{53}	38	迟	结哇	a^{33}de^{33}se^{55}
19	兄	汶朗	e^{33}je^{55}	39	可怜	伤翺	ɕje^{33}ȵi^{55}
20	胸	勒库	ʃɿ^{33}phu^{55}	40	碗	饶娱	qho^{33}le^{55}

词条第1—9项是塞擦音与塞音之间的对应性差异；10—11项是译语s-与九龙k-之间的对应；12—17项译语注音和现代九龙音之间有一定的相似性。其余词项差异较大。与其他西部方言点相比，

九龙县的差异项最多，比重最大。

3.2.5 石棉县尔苏语中的差异项

石棉县204条材料中差异项共有17个，列举如下。

表7 石棉县尔苏语中的差异项

序号	汉义	汉音	石棉音	序号	汉义	汉音	石棉音
1	耳	乃比	nɚ³³ ky⁵¹	10	胸	勒库	dʑi³³ mo⁵⁵
2	鼻	巡布	su³³ ky³³	11	面面粉	嘎遗	ⁿdʑi³⁵
3	身	六布	lu³³ ʃ⁵⁵	12	新年	陆事	ⁿdzɚ tso³⁵
4	旧	窝八	phæ³³ le⁵⁵	13	口	衣	su³³ mphwa⁵¹
5	买卖	歪卡	ju³³ kha⁵¹	14	疮	灭勒	la³³ mphu⁵¹
6	石	勒布	lo³³ khua⁵⁵	15	左	勒疽	kua³⁵ wa³³
7	早	擢	so⁵¹	16	右	勒欲	ŋua³⁵ wa³³
8	硬	卡卡别	te³³ pi³³ ka⁵⁵	17	抢夺	特路	ndʑi³³ ndʑi⁵⁵
9	叔	呵比	bæ³³ ji³³ bæ⁵⁵				

上表第1—2词译语注音和现代石棉音之间存在"双唇塞音—舌根塞音"的对应性差异；第3—9词译语和现代石棉音之间也有一定的相似性，或者词中的某个音节比较接近。其余词条差异较大。

3.2.6 甘洛县尔苏语中的差异项

甘洛县213条材料中差异项共有15个，列表如下。

表8 甘洛县尔苏语中的差异项

序号	汉义	汉音	甘洛音	编号	汉义	汉音	甘洛音
1	孙	勒图	lɛ phu	9	买卖	歪卡	ʐɿ nkha
2	岁	都者	bu tʂɛ	10	齿	胡麻	ʂɿ ma
3	千	得毒	tɛ hpu	11	石	勒布	ɚ khwa
4	商议	客毒纳	khɛ bu la	12	叔	呵比	à nɔ
5	厚	惑突	jà bu	13	新	撒巴	ʃ tswa
6	耳	乃比	na ku	14	旧	窝八	thà lɛ
7	身	六布	ro ʃ	15	小鼓	则也乜	ndza maɪ maɪ
8	面面粉	嘎遗	ndʐ ji				

上表中第1—5项译语注音和现代甘洛音之间存在"舌尖塞

音—双唇塞音"之间的对应性差异。第6项与石棉的情况类似，译语的双唇塞音和现代舌根塞音对应。第7—11项均为双音节词，译语和现代甘洛音之间有一定的相似性，一般是一个音节相似，另一个音节不同。其余项差异较大。

3.2.7 差异项的特点：普遍性和互补性

根据我们搜集到的材料，译语与各个方言点之间都有很大一部分读音相同，也有少量差异项。理论上讲，存在差异项说明译语所记与其所比较的方言点的材料不同，从而证明译语记录的不是该方言点的材料。但事实上，在任何一个方言点我们都难以找到百分之百与译语注音一致的情况。一方面，如孙宏开（1989）所言，从译语时代到现代口语发生变化，记音者辨音能力有限、记录不准确，汉字注音本身有局限性，这些是导致译语注音和现代读音相似而不同的主要原因。另一方面，我们所见的每个方言点的材料中都有一些词语和译语注音存在很大的差异，这不是语音演变或者记音不准所致，而是用了不同的词语，导致这种现象的原因可能是采编者或受访者对汉文词条的理解有偏差、翻译不准确，也可能是词汇系统的自身演变所致，等等。

由于上述原因，每个方言点和译语之间都有一些差异项。差异项虽然见于各个方言点，但是没有一个差异项在全部的方言点中都出现。换言之，这个方言点中的音与译语相比是差异项，但在另外的方言点中可能是相关项，这就是差异项的互补性特点。比如下表中的例子。

表9 互补性差异项的比较

汉语词条	汉字注音	西部方言				东部方言	
		卡拉$_1$	卡拉$_2$	冕宁	九龙	石棉	甘洛
叔	呵比	æ^{33}bæ^{53} ji^{33}ji^{31}	'æ bje		a^{33} wo^{33} ia^{55}	bæ^{33}ji^{33}bæ^{55}	à ȵo
兄	汶朗	æ^{33} jæ^{53}	æ jæ	mophæ	ɛ^{33} je^{55}	we^{35} nua^{51}	ve nwa
身	六布	zu^{33} pu^{53}	'ge mæ lə pu		zɿ^{33} pu^{55}	lu^{33} ʃ^{55}	ro ʃ

（续表）

鼻	巡布	ki^{33}mu^{53}	'to nbu	`ʃtimbʉ	ki^{33} mwa^{55}	su^{55} ky^{55}	su nbu
心	细迷	ti^{53}mi^{53}	te mi	ʃtimi	ki^{33} mi^{55}	sʅ^{35} mu^{51}	sʅ mi
筋	住	tæ^{53}pu^{53}	tæ	`bzʉ	^{n}guɹ^{35}		dʐu
碗	铙悞	khuo^{33}la^{53}	'qhwa la	-kho	qho^{33} le^{55}	zua^{33} wo^{33}	ʒa wu
饭	萨麻	khæ^{53}	khê	dzɑpʉ	khje^{55}	zæ^{33} mæ^{51}	za ma
龙	二节	ji^{53} nbu^{53}	'əɹ bʑe	`ɣɑjimbzʉ	ndʒu^{35}	lu^{33} tsəɹ^{55}	ɳ dze
旧	甯八	phæ^{33}læ^{53}	le	(ne) phælæ	ɲi^{33}nbe^{55}	phæ^{33} le^{55}	thà le
肥	登	de^{33} tshʉ^{53}	tshû	detshʉ	tshụ^{33}tshụ^{55}	de^{33} nde^{51}	jà nde

上表只是列出了差异项互补的最为典型的例证，即一个词条只能在少数（1—3个）方言点中找到相关项（即表中阴影部分），其余为差异项。这种与差异项互补的相关项在东部和西部方言都有，尤以东部方言为多。

4 音变路径与语音历史层次比较

判断译语所记录的语言，最常用的方法就是词汇比较，但进一步判定译语采集自哪一个方言点，则可以使用音变路径和语音历史层次比较的方法。该方法的基本假设是：

（1）在音变路径相同的情况下，现代A方言的语音历史层次与译语的语音历史层次相同，则译语记录的可能是A方言；（2）在音变路径相同的情况下，现代A方言的语音历史层次比译语的语音历史层次更晚，可以理解为译语时代之后发生了新的演变，则译语记录的可能是A方言；（3）现代A方言与清代译语音变路径相同，但比译语语音历史层次更早，或两者音变路径不同，则译语记录的不是A方言。

判断语音层次的早晚，可以依据历史语言学的基本原则以及相关语言已有的语音史知识。为了提高比较研究的可操作性，语音历史层次比较法主要关注资料充分、具有典型性的音类，而非对整个音系的比较。

4.1 针对西部方言的比较

西部方言与译语注音最显著的对应规律就是前文多次提及的译语卷舌塞擦音和现代舌根／小舌塞音之间的对应。相关例证如下。

表10　译语卷舌音在现代尔苏语中的对音情况

汉义	汉音	卡拉₁音	卡拉₂音	冕宁音	九龙音	石棉音	甘洛音
星	墨治	kəɻ³⁵	tʃɿ	`tʂitshe	qəɻ³³	tsɿ⁵¹	tʈɿ
霜	掣	kəɻ³³ jy⁵³	tʃɿ	`tʂɿjy	qəɻ³⁵	tso³⁵	tsɿ tʈo
筋	住	tæ⁵³pu⁵³	tê	`bzʉ	ⁿguɿ³³		dʐu
锅	智	dzɯɿ³⁵	dʒɿ		ɢəɻ³⁵	ⁿdzo³⁵	dʐo
一斤	得者	te³³ka³¹	ta'qa	-kæɻ	ta³³qq⁵⁵	ta³³tsəɻ³³	tɛ tʈɛ
皮	之必	ngəɻ³⁵	ndʒɿ pe	`ndzɿpi	ɢəɻ³³pi⁵⁵	ⁿdzo³³pi⁵⁵	ndʐo pi
换	敦之	ne³³tʂɿ⁵³ tʂua³¹	'the ngu ngu	ŋgʉ	da³³ngu⁵⁵	na³³ndzɿ³³dzɿ⁵¹	ndʒɿ ndʒɿ

这类对应只见于西部方言，每个点或多或少，都存在此类情况；而东部方言与译语注音一致，都是塞擦音。西部方言这种情况很难用短期音变去解释，k-变为卷舌音并不常见。这些词在原始尔苏语中多为*Kr-，其发展可以分为两条路径：一条是声母变K-（*Kr->K-），即现代西部方言的情况；一条是*Kr->Tʂ-，即译语和现代东部方言的情况。可见，"卷舌塞擦音—舌根／小舌塞音"的对应关系，反映了原始尔苏语*Kr-发展为现代尔苏语的两条不同的音变路径。两者不是单线式的历时音变的关系，而是平行发展的结果。译语和东部方言具有相同的发展方向和历史层次，而与西部方言不同。④

需说明的是"213 筋—住"，在译语和东部方言中都是卷舌塞擦音，但在西部方言中情况不一，读双唇或舌根塞音，原始尔苏语*bru²，译语的"住"以及甘洛尔苏话的卷舌音可能是原始音演变而来，而西部冕宁的`bzʉ与原始音接近，显然反映了比译语更加古老的层次，卡拉₁可能经历了-r-丢失和浊音清化的过程（*bru>pu），与译语反映的音变方式具有较大差异。

除了上表中的七个词语之外，还有两个词语的读音值得注意。

第一个是"苦—德欺"。汉字音"欺"是溪母三等，在当时的四川官话中已腭化为舌面音。译语词根声母为舌面塞擦音，与东部方言tɕhi相同，而与西部方言kha差别较大。"苦"在原始藏缅语中是*ka（Matisoff 2003：20）。从语音的时间层次上看，西部方言中的kha类音更近乎原始形式，东部方言以及译语中的tɕhi（＜khi＜kha）是较晚近的形式，即西部方言比译语层次更古老。

第二个是"雷—墨这"，第一音节"墨"[me]指"天"，关键是第二音节，综合考察尔苏语的各方言以及清代《多续译语》材料，发现有三个层次的读音：舌根/小舌塞音，舌面塞擦音，舌尖塞擦音，详见下表。

表11 尔苏语"雷"的语音层次

层次	资料来源	读音	层次	资料来源	读音
1	原始尔苏语	*megi²	2	石棉	me³³ dʑi³⁵
1	卡拉₁	me⁵³ gi⁵³	2	《多续译语》	dme vjig藏文注音-墨吉汉字注音
1	冕宁	`megje	2	冕宁（多续话）	me³² dʑi³²
1	九龙	Geɹ³⁵	2/3	《栗苏译语》	墨这汉字注音
2	卡拉₂	me 'dʑe	3	甘洛	mè dʐɿ

其音变路径大致是*gi＞dʑi＞dʐɿ（Yu 2012：61），对应上表的三个层次。《栗苏译语》的"墨这"，其声母为塞擦音，显然不属于第一层次。可见，译语所记很可能不是西部方言的冕宁、九龙和木里卡拉₁的音，因为这几个点的语音层次比译语更加古老，显然不是从译语变来的。

综上所述，译语与西部方言存在语音对应关系，但现代西部方言体现出比清代译语更古老的层次，或者反映出与译语不同的音变路径，由此可在一定程度上排除译语记录西部方言的可能性。

4.2 针对东部方言的语音历史层次比较

东部方言也存在与译语的对应性差异，可以区别不同的历史层次。最为典型的就是甘洛双唇塞音与译语舌尖塞音之间的对应。就译语涉及的词条而言，包括"孙汉义-勒图汉音-lɛ phu现代甘洛音、岁-都者-bu tʂɛ、千-得毒-tɛ hpu、商议-客毒纳-khɛ bu la、厚-惑突（毒⑤）-ja bu"等5条，这些甘洛话读为双唇音声母的在西部方言中读为舌尖音，与译语一致。上述t->p-的音变条件明确，即这一音变往往都发生在圆唇的-u元音之前，圆唇元音具有[+labial]的音系属性（Hayes 2009: 98），可以认为-u导致了t-变为双唇音。音系规则为：

[+stop, +alveolar] > [+labial] /__ [+vowel, +labial, +high] #

另据《藏缅语语音和词汇》，"千"有hpu与htu两读。语言的共时变异能够反映语言演变的方向和趋势（黄布凡 2007: 492—505）。这种hpu与htu的变异说明甘洛尔苏语中可能存在t>p/-u的音变趋势，而且可能正在发生。因此，译语和甘洛话之间"舌尖塞音—双唇塞音"的对应性差异可以用近300年来的音变加以解释，现代甘洛话双唇音历史层次比译语舌尖塞音更晚，可以认为是译语之后出现的新变化，不能据此排除译语记录东部方言的可能性。

5 构词特点：形容词前缀ja-

据孙宏开（1982）、Zhang（2013: 122）和笔者的调查，甘洛县、越西县、石棉县等地尔苏语东部方言中，ja-是形容词前缀，而木里（黄布凡、仁增旺姆 1991; Chirkova 2008）、九龙等地西部方言即栗苏语中ja-不是普通形容词前缀，而是比较级标记。故Yu（2012: 161—163）认为，是否具有形容词前缀ja-是区别尔苏话和栗苏话的标准之一，形容词前缀ja-可能是尔苏话的内部创新。⑥

《西番译语》（川五）中的形容词也存在使用ja-前缀的情

况，与现代东部方言一致。此外，Baber（1882）在 *Travels and Researches in Western China* 一书中记录了 Tzǔ ta ti（紫打地，在今石棉县安顺场）一带的尔苏语东部方言（Sun 1992），其中 ja- 正是常见的形容词前缀，与译语和现代东部方言一致。例词见下表。

表12 各地尔苏语前缀 ja- 举例与比较

资料来源	高	聪明	厚	大鼓	好（水）	宽	智慧	构词
译语	扬卜	央撒	惑突	则牙跨	（这）牙登	呀郎	牙角	加前缀 ja-
Baber	Yam-bo	Yan-tch'e-tu	Ya-du	Ya-k'wa 大				
甘洛	jà nbo	jà ntʂhɛ	jà bu	ndʑa ja khwà	ja ndɛ	jà fi/zɿ	ja tɕo 乖巧	
石棉	ja³³nbo⁵⁵	ja³³ntʂhəɿ⁵⁵	ja³³du⁵¹	ⁿdʑəɿ³³ja³³khua⁵¹	ja³³ndε⁵⁵			
卡拉₁	bo⁵³ nbo⁵³	tʂha⁵³ ntʂha⁵³	zy⁵³zy⁵³	sã⁵³ku⁵³ ku⁵³		dzɿ⁵³dzɿ⁵³		无前缀 ja-，重叠为主
卡拉₂	nbɹə 'nbɹə	ntʃʰɐ	zy	ndza khwæ		dʑi le		
冕宁	mbzɿmbzo	ntʂhintʂhæ, ntʂhæ gʅ	`ʒdʉʒdʉ	kʌkʌ 大		`dʑidʑi		
九龙	bʷəɿ 'nbəɿ	tʃha 'ntʃha	dju 'dju	ⁿdza kʷəɿ 'kəɿ	nde 'nde	huæ 'huæ		

以上列举了译语中具有明显 ja- 前缀的形容词。"大鼓、好水"是短语，取其中的"大、好"作比较。上表显示，译语和 Baber 词表以及甘洛、石棉尔苏语形容词中都具有使用 ja- 前缀的情况，可见这四类材料可能同属一类方言；而这些形容词在西部方言基本不用 ja- 前缀而多通过重叠构词。由于 Baber 记录的是东部方言，译语情况与之一致，故推测译语也记录了东部方言。

Yu（2012：161）还指出，ja- 最初可能就是比较级的标记，后来虚化为普通的形容词标记。若是如此，则进一步说明，译语中以 ja- 为形容词前缀的用法所体现的时间层次比现代西部方言以 ja- 为比较级标记的层次更晚近。如下表所示。

表13 尔苏语前缀ja-的功能与层次

发展阶段	ja-的功能	对应的尔苏语
1	比较级标记	现代栗苏话（西部方言）
2	形容词前缀	现代尔苏话（东部方言）、清代译语、Baber（1882）

可见，就ja-的功能而言，译语和现代尔苏语东部方言一致，比西部方言（栗苏话）的时间层次更晚近。如果认为译语记录西部方言，则不好解释为何现代西部方言比译语记录的清代西部方言更存古，反映的时间层次更早。

6 文献考察：译语序言记录的采集范围

四川省于乾隆十五年（1750）完成译语采编工作，总督策楞上奏朝廷时说明了译语的编写体例，特别指出"统辖之道府厅州县并部落土司，载明卷首，以备考稽"。《西番译语》（川五）卷首序言称：

> 四川泰宁协、建昌道、协标左营、雅州府各所辖内，除协标右营管辖清溪县属之大田，即黎州、松坪所管曲曲鸟猓猡有语无字不造外，所有协标左营所管辖之沈边、冷边，西番字语相同，照依奉颁字书门类次第译缮如左。

孙宏开（1989）考察了《栗苏译语》序言中的地名，指出"译语所记沈边、冷边土司在今泸定县及石棉县一带"。

泸定县今未见尔苏藏族，但不排除清代这一地区可能有尔苏藏族居住。据《雅州府志》记载，清溪县属之大田南部边界至"紫打地、雨洒坪与沈边土司接壤百二十里"，其中的紫打地今属石棉县，有尔苏藏族居住。今属汉源县的松坪一带当时亦或有尔苏人居住。这一带是尔苏语东部方言区，译语序言未提及西部方言区。因此，若认为译语记录了尔苏语东部方言，则与序言所记有契合之处。

7 问题：译语与东部方言的不一致性

上述统计和分析未考虑圆唇元音和展唇元音之间的不对应问题，即译语中的展唇韵母在现代尔苏语东部方言中可能是圆唇音。这一问题也不可回避，单独提出来讨论。这类音在原始尔苏语中韵母为 *-iu，涉及词条如下。

表14 *-iu 在译语和现代尔苏语中的读音比较

汉义	汉音	Baber	甘洛	石棉	卡拉₂	卡拉₁	九龙	冕宁
落	勒却		nè tɕho	ne³³tsho⁵⁵	nə tɕe	ne³³tɕu⁵³	ne³³tɕi⁵⁵	netɕi
今日	当扭	tu niu	ta ȵo	tɛ³³ ji⁵¹	ta 'je	tæ³³ȵu⁵³	ta³³m̩⁵⁵	tæȵi
岁	都者	tu-tch'e	bu tʂhe	du³³tshər³³	ʥu tʃhe	dzɿ³³tshʉ³¹		dzitʂʴ
黄	得属	du-sho	dɛ ʃu	de³³ so⁵⁵	'de ʃu	de³³ sʉ⁵³	da³³ʃu⁵⁵	`sɨkhwɑkhwɑ
西	诺却	no-tch'o	ȵo tɕho	ne⁵⁵tsho³³	ȵi 'tɕho	ȵi³⁵		
借	可削		khè ɕo	ke³³ so⁵⁵	khe'ɕe	khe³³ ɕu⁵³	khe³³ɕi⁵⁵ ta³¹	
日	尼麻	ni-ma	ȵo ma	ȵi³³ mæ⁵¹	'ȵi ma	ȵi³³ mi⁵³	ȵi³³mæ⁵³	`ȵimæ
霜	掣		tsɿ tʂo	tso³⁵	tʃɿ	kəɹ³³ jy⁵³	qəɹ³⁵	`tʂɨjy
水	者	djo/djiu	dʒo	dzo³⁵	ʥe	(n) dzu³⁵	dʒɿ³⁵	dzɨ
血	折	shuo	ʂo	so³⁵	ʃê	ʂu³⁵	χɿ⁵⁵	`ʂɨ
锅	智		ʤo	ʤo³⁵	dʒɿ	dzuu³⁵	ɢəɹ³⁵	`dzɨ
甜	德彻		de tʃhu	de³³ tsho³³	'de tʃhe	de³³ tʂhu⁵³	de³³bi⁵⁵	`detʃhi
狗	扯	tch'o	tʂho	tsho³⁵	tɕhê	tɕhu⁵³	tshi⁵⁵	`tʂhɨ
四	惹	jro	zò	zo³⁵	ʒê	zu³⁵	dʒɿ³³peɹ⁵⁵	`zɨ
皮	之必		ndʐo pi	ⁿdzo³³pi⁵⁵	ndʒɿ pe	ngəɹ³⁵	ɢəɹ³³pi⁵⁵	`ndzɨpi

上表斜体字记录的音节涉及元音唇形的问题，根据圆唇特征对表14进行重新整理，可得下表。表15中的"+"表示唇形与译语一致，"−"表示唇形与译语不一致，空格表示相应的对音资料阙如。

表15　译语和现代尔苏语元音唇形比较

西番译语				东部方言			西部方言			
词条	汉音	声母	唇形	Baber	甘洛	石棉	卡拉₂	卡拉₁	九龙	冕宁
落	勒却	tɕh	圆唇		+	+	−	+	−	−
今日	当扭	n̠	圆唇	+	+	−		+	−	−
岁	都者	d	圆唇	+	+	+	+	+		−
黄	得属	ʂ	圆唇	+	+	+	+		+	
西	诺却	n	圆唇	+	+	+	+	−		
借	可削	s	圆唇		+	+	−	+		
日	尼麻	n̠	不圆唇	+	−		+	+	+	+
霜	掣	tʂ	不圆唇	−	−		+	+	+	+
水	者	dʐ	不圆唇	−	−		+		+	+
血	折	ʂ	不圆唇				+	−	+	+
锅	智	dʐ	不圆唇				+	+	+	+
甜	德彻	tʂh	不圆唇	−	−		+			+
狗	扯	tʂh	不圆唇	−	−		+	+	+	+
四	惹	ʐ	不圆唇				+		+	+
皮	之必	ndʐ	不圆唇	−	−		+		+	+

上表显示，译语圆唇韵母与东部方言和西部木里音较一致，但译语不圆唇韵母与东部方言不同而与西部方言相同。总体而言，上表中注音汉字韵母的唇状特征与东部方言不完全对应，与卡拉₂的一致性最强。东部方言中与译语唇形不同的音节，其注音汉字声母都是卷舌音，记录的可能是尔苏语的卷舌或舌叶音，[7]可以认为译语时代以来发生了一种有条件的历史音变，即卷舌或舌叶声母之后的展唇元音多变成圆唇音，因此不能据此排除译语记录东部方言的可能性。

综合上述语音、构词和文献线索，发现《西番译语》（川五）与现代尔苏语东、西部方言均有很大一部分词条是相同或相似的，也都有一些抵牾之处。但总体而言，译语记录尔苏语东部方言可能性更大，语言线索和文献记载都倾向于支持这一论断。

8 余论：考察译语所记语言和方言的方法

一般来说，译语所记录的语言可以通过译语和现代民族语之间的词汇比较来确定，但同一种语言可能有不同的方言，确定译语所记录的方言，传统的词汇比较法有其局限性。

词汇比较的主要思路就是现代的说法和译语的记录是否一致或者对应，同一个词语，假如译语所记录的是A而现代说法是B，两者毫无关系，则据此推测译语记录的不是该方言。但是，这样做有明显的局限性，因为：(1)词汇系统变化较快，译语时代之后某些词语消失或者被替换是完全可能的，因此不同时代的词汇之间的不对应、不一致，可能不是因为译语记录的不是这个方言，而是因为词汇系统的演变所致；(2)同一个概念可能会用不同的词语A和B表示，译语记录的是A，而我们所见的现代资料记录的是B，这种差别是因为我们所掌握的现代语料不足所导致的，体现出译语研究中专题田野调查的重要性；(3)译语翻译情况较为复杂，即使核心词都可能不用直译而用其他意思相近或者相关的词语翻译，导致译语注音和现代说法不同，这是由于译语翻译不当导致的。总之，词汇比较时发现的译语和现代某个民族语方言词汇之间的不一致的情况，很可能不是因为译语记录的不是该方言，而是因为其他各种因素导致的，这点尤其需要注意。

除了词汇比较之外，还应该充分考虑音变路径与语音历史层次的比较。如果译语音系与现代方言的音变路径一致，且历史层次不晚于现代某方言音系，则译语记录的可能就是这一方言；如果译语音系与现代方言音变路径不一致，或与现代方言的音变路径一致但历史层次晚于现代某方言音系，则译语记录的不是该方言。

译语记录的是何种语言、何种方言，这一问题的解决可以分为两个步骤：

第一步：大体推断译语记录的语言（方言）——词汇比较；

第二步：具体确定译语所记录的方言点——音变路径及语音历史层次比较。

以上两步可互相补充和配合。本文综合运用以上两种方法考察《西番译语》（川五）所记录的尔苏语方言，这种方法对于其他译语的研究也应具有参考价值。

附　注

① 多续语、栗苏语和尔苏语"基本词汇和语法构造"一致，孙宏开（1982）将其视为羌语支苏语的三个方言，并且根据其地域分布，将尔苏话称为东部方言、多续话称为中部方言、栗苏话称为西部方言。但语音、词汇和语法又有差别，三者之间不能通话，Yu（2012）、王德和、Chirkova（2017）等认定为三种独立的语言，黄布凡、尹蔚彬（2012）也指出多续语是不同于尔苏语的一种独立的语言。

② 2017年8月调查甘洛尔苏语时才发现译语中的"墨得刻"可能是尔苏语中的 [mè dè nkhe]，意为"烟熏"。

③ 因为汉字不能记录尔苏语所有的音，汉字注音存在局限，因此不能完全将注音汉字的音值代入尔苏语中，还要考虑尔苏语音的系统特点与实际情况。

④ 表10显示，西部方言除了九龙之外，其余三个点也存在*Kr-融合为塞擦音的情况，但音变尚未完成。就目前的材料看，已经读为塞擦音的音节元音都是舌尖元音或高元音，若在低元音a之前则一定不变读为塞擦音，具有较强的规律性。这不好用接触或者借用去解释，应是其自身条件音变的结果。

⑤ "云厚—接毒"的构词理据是"云+厚"（参考"云—借"），这里"厚"的音为"毒"，而译语另一词条"厚"记为"惑突"，"毒、突"说明该词可能存在送气与不送气的变异。

⑥ Zhang（2013：122）指出，尔苏语（东部方言）中ja-隐含有比较的功能，只是比较的对象可能不出现。尔苏语母语人王德和教授（2017私人交流）指出：在没有具体语境或者不表示比较的情况下，某些形容词前也必须加ja-，例如"高-jà nbo，聪明-jà ntʃhe，大-ja khwà"之类，如果单说的时候不加ja-则难以接受或者会有歧义，这里的ja-感觉不到明显的比较的意思。因此，Zhang（2013：122）所谓ja-隐含的比较功能，可能不是ja-所承担的而是词根语素义本身所具有的，例如"他高-the ja nbo"本身就是相对而言的，就隐含了与其他人或者一般人比较的意味，这与前缀ja-的关系不大，是"高"自身的意义决定的。但笔者调查的木里县西部方言发音老师王学才指出里栗苏语中"聪明"是ntʃha，与表示"更聪明"的ja ntʃha不同；王德和教授说尔苏语东部方言中"聪明"是jà ntʃhe，单说ntʃhe不可以。因此栗苏语ja-是典型的

比较级标记，与尔苏语不同。

⑦ 因为注音汉字不能区分卷舌音与舌叶音，尔苏语中的这两类音均用卷舌声母字记录。

参考文献

冯　蒸　（1981）《华夷译语》调查记,《文物》第2期，57—68页。
黄布凡　（1992）《藏缅语族语言词汇》，中央民族学院出版社，北京。
黄布凡　（2007）　语言变异刍议——对藏缅语的调查体验之一,《藏语藏缅语研究论集》，492—505页，中国藏学出版社，北京。
黄布凡、仁增旺姆　（1991）　吕苏语，戴庆厦、黄布凡、傅爱兰等《藏缅语十五种》，132—152页，北京燕山出版社，北京。
黄布凡、尹蔚彬　（2012）　多续语概况,《汉藏语学报》第6期，58—87页，商务印书馆，北京。
孙宏开　（1982）　尔苏（多续）话简介,《语言研究》第2期，241—264页。
孙宏开　（1989）《西番译语》考辨，白滨、史金波、卢勋等《中国民族史研究》第二辑，327—342页，中央民族学院出版社，北京。
孙宏开　（2016）《藏缅语族羌语支研究》，中国社会科学出版社，北京。
王德和、Katia Chirkova（齐卡佳）（2017）　中国濒危尔苏语言抢救保护与尔苏语拼音转写方案的创建,《西南民族大学学报》第4期，69—75页。
王　振　（2019）《栗苏译语》所反映的清前期四川官话音系特点——兼谈基于译语文献研究汉语方言的方法问题,《语言研究》第4期，69—77页。
《藏缅语语音和词汇》编写组　（1991）《藏缅语语音和词汇》，中国社会科学出版社，北京。
Baber, E. Colborne　(1882)　*Travels and Researches in Western China*, London: John Murray.
Chirkova, Katia　(2008)　Essential Characteristics of Lizu, a Qiangic Language of Western Sichuan, Workshop on Tibeto-Burman Languages of Sichuan.
Chirkova Katia, Chen Yiya　(2013)　Lizu: Illustration of IPA, *Journal of the International Phonetic Association* 43 (1) : 75–86.
Chirkova, Katia　(2014)　The Duoxu language and the Ersu–Lizu–Duoxu relationship, *Linguistics of the Tibeto-Burman Area* 37 (1) : 104–146.
Hayes, Bruce.　(2009)　*Introductory Phonology*. West Sussex: Wiley-Blackwell.
Matisoff, James A.　(2003)　*Handbook of Proto-Tibeto-Burman: System and Philosophy of Sino-Tibetan Reconstruction*, University of California Press.
Sun, Jackson T.-S.　(1992)　Review of Zangmianyu Yuyin He Cihui "Tibeto-Burman Phonology and Lexicon", *Linguistics of the Tibeto-Burman Area* 15 (2) :73-113.

Yu, Dominic (2012) *Proto-Ersuic*, Berkeley: University of California (Ph.D. dissertation).

Zhang, Sihong (2013) *A Reference Grammar of Ersu, a Tibeto-Burman Language of China*, Cairns: James Cook University (Ph. D. dissertation).

The Ersu Dialect in *Xifan Yiyu* (Chuan V) and Methods on Confirming Languages and Dialects Tranliterated in Yiyu

WANG Zhen

Abstract: Huayi Yiyu is a valuable historical document that recorded ethnic languages of Ming and Qing Dynasties. The identification of the languages and dialects recorded is the basis of related studies. *Xifan Yiyu* (Chuan V) is generally considered to be about the western dialect of Ersu, but through comparison we find it is more likely to be the eastern dialect, which is supported by linguistic and documentary evidence. In addition to the vocabulary comparison, comparison of sound change laws and historical phonological systems should also be undertaken.

Keywords: Huayi Yiyu, *Xifan Yiyu*, Ersu, sound-change pathways, layers of historical phonology

(610068 成都, 四川师范大学文学院 wangzhen3551@126.com)

基于修正标准分规整法的温州话阴声韵动态特征研究*

凌 锋

提要 我们基于Z-Score元音规整法发展了一种新的适用于跨元音系统比较的元音规整法。利用这种方法，我们测量了温州方言阴声韵中所有元音的动态特征。结果显示，典型的单元音其首尾音质距离小于1Bark，典型的双元音其首尾距离则大于2Bark。我们还发现，传统描写一般认为是单元音的［eɛø］，在现在温州青年人的口音中都已经变成了双元音。

关键词 温州话 元音 动态特征

0 缘起

理论上讲，元音可以分成单元音和复元音。所谓单元音就是音质没有发生变化的元音，复元音则是音质发生变化的元音。但是由于人类发音器官的生理限制造成人们在发任意元音时都不可能保证发音器官完全静止不动，因此不论是单元音还是复元音都有一个动态变化过程，区别只是在于动态变化程度的大小。而多大变化可以算复元音，多大不算，不同学者把握的尺度并不一样。这也就造成了在描写一个方言的时候，即便面对相同的元音事实，有的学者可能把它描写成单元音，有些学者则可能把它描写成复元音。

凌锋（2015）提出了一种基于Miller（1989）元音规整法的元音音质变化量计算法。其基本思路就是把决定元音音质的三个共振

收稿日期：2018-04-23；定稿日期：2020-10-14。
* 本研究得到国家社科基金项目"汉语方言介音类型实验研究（16BYY150）"的资助。感谢匿名审稿人的意见。

峰数据先规整成感知空间值（APS），然后把每个元音点的三个共振峰值作为在感知空间的三个坐标，由此可以计算出任意两个元音点在感知空间中的欧氏距离。这种方法可以为判断一个元音到底是单元音还是复元音提供量化标准。实践中，这种方法也确实成功地解决了苏州方言中几个单复有争议的元音的归类问题。但是这种办法还是存在一些值得改进的地方。

其中最大的问题在于只能每个方言或语言分别计算各自的单复元音量化标准，彼此的结果没有可比性。因此，其结果无助于跨方言比较，更无法给出一个可以普遍适用于任何语言的统一标准。其原因倒不在于这种算法本身有问题，而是因为它基于的元音规整法无法用于跨方言比较，因此有必要替换相关元音规整法。

凌锋（2017）在 Lobanov（1971）提出的 Z-Score 法的基础上发展出了一个适用于跨方言元音系统比较的元音规整法。具体操作办法需要利用如下几个公式：

$$Z = \frac{x - \mu}{\sigma} \qquad \text{公式1}$$

$$R_i^{norm} = \sum_k |\overline{F_{ki}} - \overline{F_i}| / \sum_k |\overline{Z_{ki}} - \overline{Z_i}| \qquad \text{公式2}$$

$$F'_{ijk} = Z_{ijk} \times R_i^{norm} \qquad \text{公式3}$$

$$F_{ijk}^{norm} = F'_{ijk} - (\overline{F'_i} - \overline{F_i}) \qquad \text{公式4}$$

公式1是 Lobanov 的原始公式，就是利用每个人各自共振峰的均值和标准差，把原始的共振峰值转化成标准分 z 值。公式2是先计算所有 $\overline{F_{ki}}$ 到全体第 i 共振峰频率值的均值（$\overline{F_i}$）距离和与所有 $\overline{Z_{ki}}$ 到全体第 i 共振峰 z 值的均值（$\overline{Z_i}$）的距离和，然后把两个数字相除，得到把第 i 共振峰在 z 值空间的数据复原到物理元音空间的缩放系数 R_i^{norm}。公式3是把任意元音 k 第 j 个样本第 i 共振峰的 z 值乘以相应共振峰的缩放系数 R_i^{norm}，从而把公式1计算得到的 z 值，恢复成频率值。公式4则是根据缩放后的数值计算出缩放后系统的中心与原始频率系统中心位置的距离，然后通过简单的加减法进行移位对齐。

除了这个问题之外，在实践操作过程中还有两个细节问题需要改进。首先，采用三个共振峰值虽然能更全面地反映元音音质，但是实践操作中我们发现并不是每个元音点都能很准确地测到第三共振峰值。尤其是韵头［u］，语图上往往看不见第三共振峰的位置，用不同算法计算得到的结果可信度也非常差。鉴于第三共振峰主要受圆唇、卷舌等因素影响，而在目前我们所了解的方言中，除了极少数方言，比如绍兴话可能存在ɑʋ（赵元任 1928）这样仅仅唇形变化的复元音，绝大多数方言的复元音动态变化都会涉及舌位变化。而且唇形、卷舌等特征的变化除了影响第三共振峰，也同时会影响前两个共振峰。因此，在新的算法中我们索性不把第三共振峰计入其中。

其次，在声调研究中，学者们早就指出声调的音高曲线有时在起首位置会有所谓的弯头，结尾位置有所谓的降尾（林茂灿 1965），也有分别称之为调头调尾的（朱晓农 2010）。这类弯头降尾不都是调型段，如果只是要了解具有语言学意义的声调特征，那么这两部分在测量时都要先忽略掉。根据我们的测量经验，元音共振峰可能也可以分出类似的弯头降尾和元音特征段，在测量的时候同样也应该先去除掉（元音的弯头降尾判断基本程序与声调测量类似，具体方法由于篇幅，这里不作赘述）。有鉴于此，再加上本次研究的数据量不是很大，我们决定在测量元音首尾变化度时，也放弃之前的自动固定测量方法，而改用手工标注的方法。需要说明一下的是，在测量元音的时候，有学者会采用元音目标、元音稳定段等说法。我们这里的标注，无意探讨这些概念的界定。标注的起点和终点仅仅代表这个元音主体部分的开始和结束。

由于经过我们改进规整法得到的数据还是频率值，但是我们知道人耳对不同频率段的距离感知并不一样，比如同样第一共振峰相差500Hz和第二共振峰相差500Hz，其距离感完全不同。因此要计算首尾的距离，不能直接使用频率值。我们参照学界很多学者的常规做法，把两个共振峰的频率值都再转化成Bark值。然后我们就可以继续使用欧氏距离公式得到元音首尾的音质距离，或者可以称为元音音质变化度（Degree of Vowel Quality Change）。

$$DQC = (B1_{起} - B1_{终})^2 + (B2_{起} - B2_{终})^2 \qquad 公式5$$

1 实验介绍

为验证我们方法的可靠性，我们打算用温州方言阴声韵中的元音做一下实验。之所以用温州话作为研究对象，是因为我们在方言调查过程中，发现温州话中前人描写成为单元音的韵母［ɛøe］，听感上似乎更像双元音。

温州话阴声韵系统的实验字表如表1。

表1 温州话阴声韵实验字表

ɿ	鸡	i	衣	u	乌	y	安
a	挨	ia	丫*	ua	弯		
ɛ	鹦**	iɛ	腰				
e	哀						
ə	号						
ø	恩			cu	汪	yɔ	痈
o	桠					yo	唷
ai	□***	iai	益	uai	威		
ei	比						
au	瓯	iau	优				
ɤu	丢	ieu	寿				
øy	波						

说明：*丫（头）**鹦（哥）***□（~个磊堆碎，翻滚）。

字表参考了游汝杰等（1998）。不过根据他们的描写，阴声韵中本来还有一个［uie］，但多数发音人已经不会说，我们就没有列入字表。如果不考虑音系归纳的差异，多数涉及温州方言音系描写的著作（如北大中文系 1962；颜逸明 1994；郑张尚芳 2008）与游汝杰他们的描写只有具体音值方面略有差别，对于元音动态的看法基本一样。汇总来说，共10个单元音、11个双元音、4个三合元音。只有钱乃荣（1992）略有差别，认为其中的ε前面有个短暂的滑音，所以描写为[ᶦɛ]，其他也差别不大。

我们在温州中心城区鹿城区找了10名发音人。所有发音人都是当地居民，从小在温州长大，年龄为20—30岁，5男5女。录音在一个安静的房间里进行。录音设备采用AKG C520头戴式电容话筒和SoundDevices的Usbpre2专业录音声卡。录音软件采用了上海师范大学潘悟云教授开发的斐风田野调查软件，采样参数为44100Hz，16bit，单声道。录音过程是预先准备好一个顺序打乱的字表。然后让发音人用平时自然对话的语速语调将字表中的字依次放在"X，我读X拨你听"的负载句中朗读。每个人录音都重复三次。所以每个韵母来说一共有3×10=30个样本。声学参数提取采用了Praat5.2.16语音分析软件。

2　实验结果与讨论

所有元音的首尾距离如图3显示。由于本研究只想解决这些元音是否是复元音问题，因此其中的三合元音没有单独处理，也仅仅计算了其首尾距离。

与凌锋（2015）研究苏州话情况不大一样，在那个研究中，复元音和单元音首尾距离明显可以分成两组。而温州话的各元音首尾距离按大小排列后呈现比较平缓的变化，盒体之间没有出现突变。如果结合音标和数据分布情况，大致可以把这些元音分成三组：i、u、o、a、y、ɿ、ə；iai、øy、ø、ɛ、e、ei；ɤu、ɔu、au、iɛ、ua、ai、uai、ia、yo、yɔ、iau、ieu（为了叙述方便，本文仍然沿用游汝杰等（1998）描写。但这只是用作标签以区分不同元音，并不反映笔者对这种音值描写准确性的看法）。其中组1都是典型的单元音，组3都是典型的复元音。只有组2是既有单元音，也有复元音，我们之前提到的听感上比较接近复元音的那几个元音也正好都在第2组里。由于组1、3都没有争议，这里我们不多赘述，而重点分析组2这些元音。

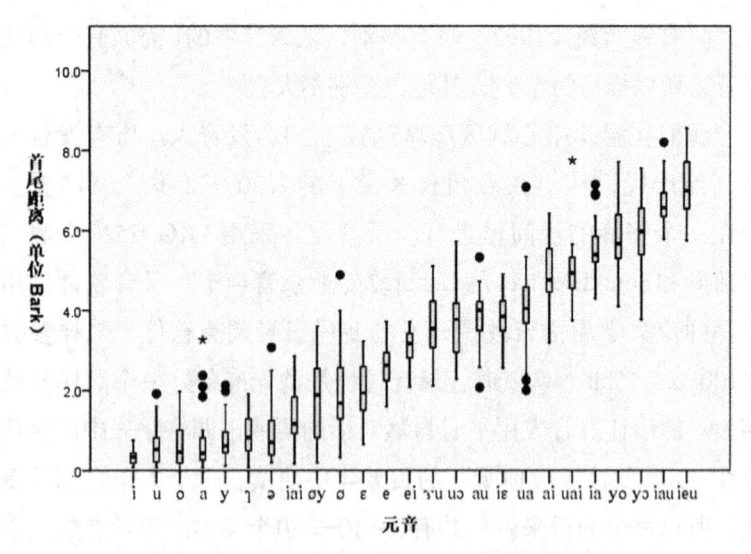

图1 温州话元音首尾距离的盒形图，距离单位为Bark

在这一组元音中，均值最小的是 iai，也就是说这个元音的首尾距离是最接近第1组单元音的。不过这个结果并不意外，因为根据前人的描写，它本就是个三合元音，而在图2（实线椭圆为起首位置的分布椭圆，点线椭圆为末尾位置的分布椭圆，图上我们同时用灰色虚线椭圆标出了温州话的单元音作为参考）中，这个元音的音值箭头也确实是先从前高到低，再回指前高。这说明前人把它描写成三合元音是合理的。但如图2显示，它的首尾椭圆只有部分重叠，尾部椭圆的中心更接近是个中高元音。单单按描写来讲，既然这个元音首尾都是 i，它首尾两点的距离似乎应该与单元音 i 差不多，首尾椭圆也应该基本重合。不过一般来说，韵尾位置的音标往往只是代表音质的变化方向，很少有完全到位的。因此 iai 的首尾距离大大超过真正的单元音 i，并不意味着传统描写不合理。可惜由于它是三合元音，这个结果无助于我们提出一个判断单双元音的量化标准。

而如果不考虑 iai，从图1的盒形图上我们可以发现，第2组首尾距离最小的是 øy 和 ø，ø 甚至比 øy 的距离还要大一些。所以要找到单复元音的界限，这两个元音可能是关键。

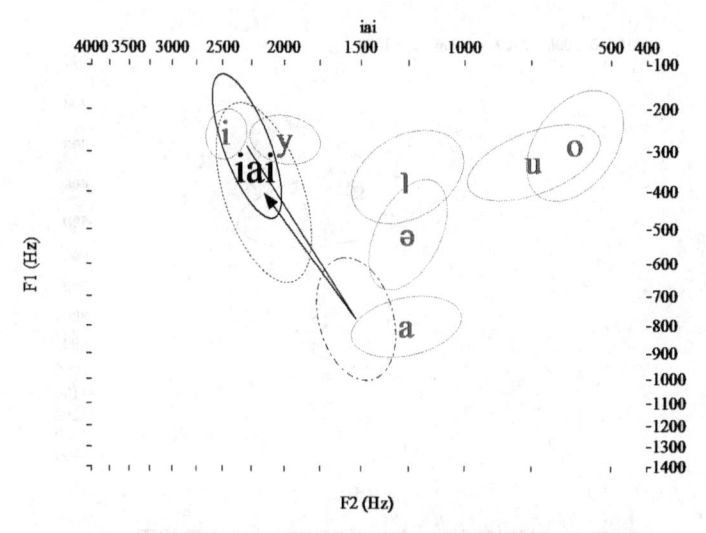

图2　温州话［iai］在F1/F2声学平面的首尾元音椭圆

图3显示øy和ø的首尾椭圆重合部分都大概只有四分之一左右。这充分说明了首尾部分的音质已经有了明显差异。不过从盒形图上，我们也发现，这两个元音的首尾距离分布范围比较大，这说明它们内部变体差异比较大。事实也确实如此，多数发音人已经把这两个实验音节发成复元音，但也有少数发音人的发音更接近单元音。

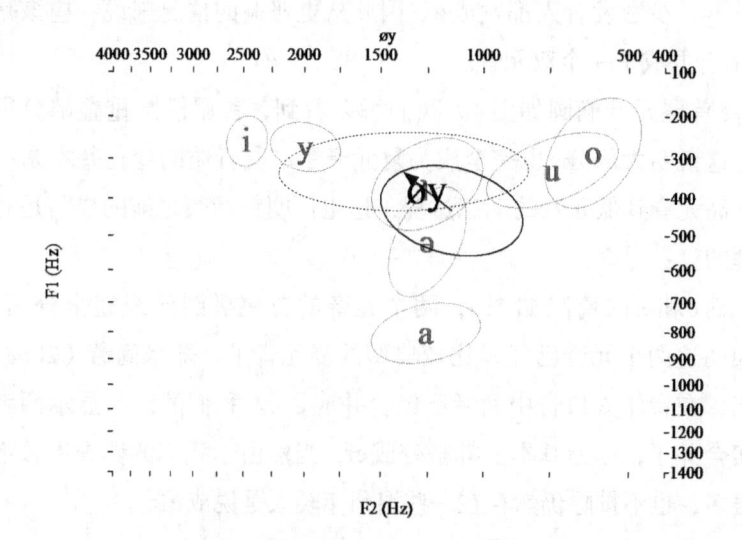

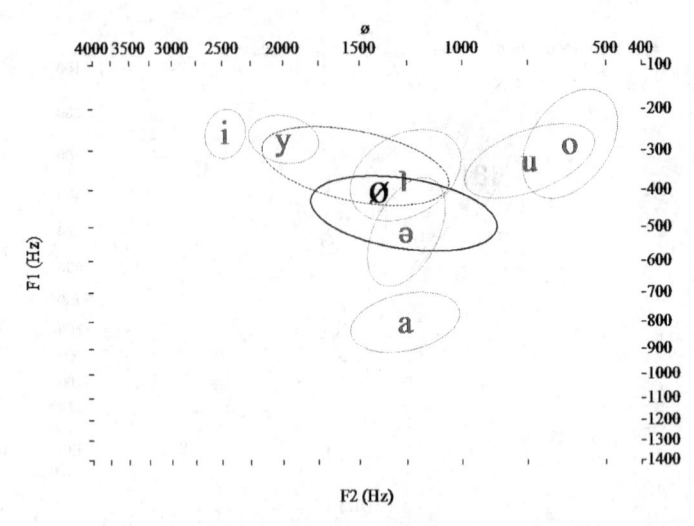

图3 温州话 [øy ø] 的首尾椭圆（标法同前图）

从声学元音图中我们还发现一个问题，就是øy和ø的首尾部分分别很接近，分布范围也相似。郑张尚芳（2008）指出，在青年人的口音里，øy已经合并到了ø中，少部分人都读成øy。我们调查时也向发音人确认了一下，发音人确实已经无法区分这两个韵母了。但是从我们的调查结果来说，郑张先生的说法还不够全面，两个韵确实是合并了，但不是简单的øy合并到了ø，而是多数发音人都发成øy，少数发音人都发成ø。因此从更普遍的情况来说，应该是øy、ø合并成了一个双元音。

ɛ首尾元音椭圆如图4。我们可以看到，首尾椭圆重叠部分很小，这说明大部分ɛ也完全成为复元音了，其音质的变化基本是一个从高元音到低元音的动态过程，这也证明钱乃荣之前的描写是有道理的。

而e和ei的情况如图5，两个元音的首尾椭圆已经完全分离，这表明这两个元音已经是比较典型的复元音了。郑张尚芳（2008）指出，在青年人口音中两者已经合并成了e。我们的结果显示两者确实合并了，但是基本上都是变成ei，当然由于我们的调查人数不算很多，也不排除仍然存在一些温州年轻人是说成e的。

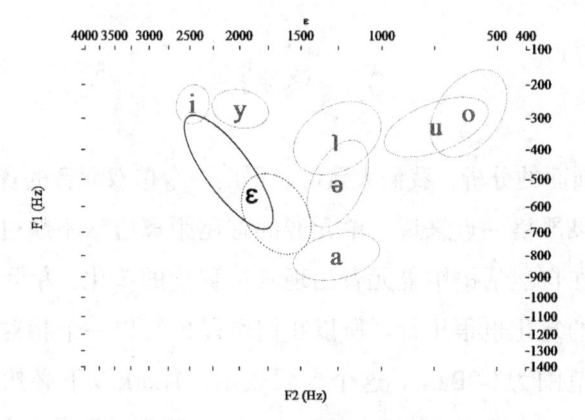

图4 温州话［ɛ］的首尾椭圆

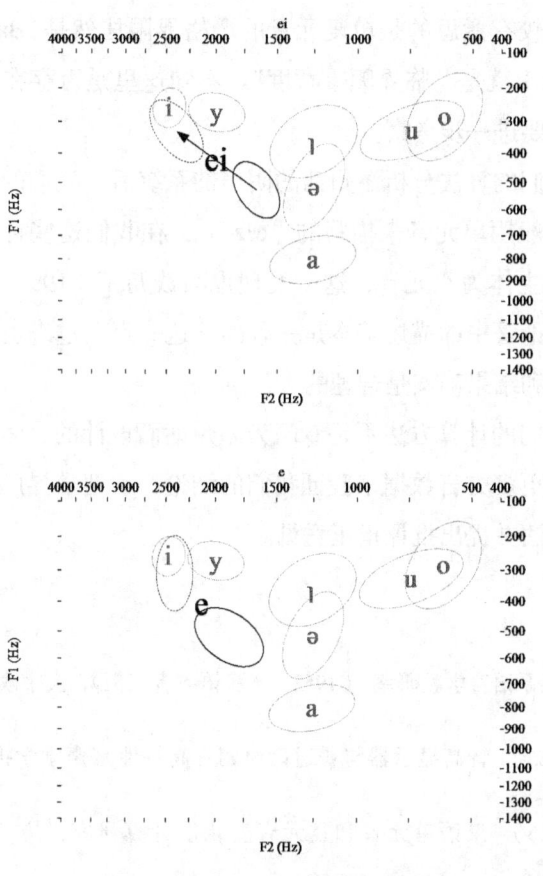

图5 温州话［ei e］的首尾椭圆

3 总结

总结前面的分析,我们大致可以得出一个单双元音的音质变化界限。如果严格一点来说,单元音的首尾距离应该不超过1Bark。不过由于在自然话语中复元音出现某种程度的单化,单元音出现某种程度的复化也很正常。所以我们可以再给出一个相对宽的界限,数值范围为1-2Bark。这个界限表示,1Bark以下必然是单元音,2Bark以上必然是双元音,而1-2Bark之间则是两类元音的交叉区域。

这里比较有意思的是单复元音的严格界限居然是1Bark。我们知道所谓Bark就是"临界频带宽度"。不知这里是否存在某种内在联系,还需要进一步考察。

根据我们的算法分析温州话的阴声韵系统后,我们的主要发现是传统上一般用单元音来描写的[eɛø],在我们这些青年发音人的口音中,主体为双元音,这一发现也与钱乃荣(1992)、郑张尚芳(2008)论著中的描述基本是一致的。这一点反过来也证明我们的计算方法和结果确实是合理的。

由于我们的计算方法不是专门为温州话而设计的,因此,我们也希望能有更多方言数据来验证我们的结论,欢迎学界广大同仁采用我们的算法并提出批评指正意见。

参考文献

北京大学中文系语言学教研室 (1962)《汉语方音字汇》,文字改革出版社,北京。
林茂灿 (1965) 音高显示器与普通话声调音高特性,《声学学报》第1期,8—15页。
凌 锋 (2015) 汉语单元音和复元音变化度计算研究,《方言》第1期,46—56页。
凌 锋 (2017) 基于标准分的跨方言元音系统比较数据规整法,《方言》第3

期，290—301页。
钱乃荣 （1992）《当代吴语研究》，上海教育出版社，上海。
颜逸明 （1994）《吴语概说》，华东师范大学出版社，上海。
游汝杰、杨乾明 （1998）《温州方言词典》，江苏教育出版社，江苏。
赵元任 （1928）《现代吴语的研究》，科学出版社，1956年重印，北京。
郑张尚芳 （2008）《温州方言志》，中华书局，北京。
朱晓农 （2010）《语音学》，商务印书馆，北京。
Lobanov, B.M. (1971) Classification of Russian Vowels Spoken by Different Speakers. *Journal of the Acoustical Society of America* 49.2: 606-608.
Miller, J. (1989) Auditory-perceptual interpretation of the vowel, *Journal of the Acoustical Society of America* 85.5: 2114-2134.

A Phonetic Study on the Dynamic Features of the Vowels in Wenzhou Dialect Based on a Revised Z-Score Vowel Normalization Procedure

LING Feng

Abstract: the dynamic features of the vowels in Wenzhou dialect were studied using a new revised Z-Score vowel normalization procedure, which was designed for vowel system comparison across languages. The results show that the dynamic range of a typical monophthong is less than 1 Bark, while that of a typical diphthong is more than 2 Barks. We also found that the vowels, which were transcribed as monophthong [e ɛ ø] in previous studies, are diphthongs in the accents of young generation of Wenzhou dialect.

Keywords: Wenzhou dialect, vowel, dynamic feature

（200444 上海，上海大学文学院 LingFengSH@shu.edu.cn）

嗓音发声类型的生理物理基础及其语言学价值*

刘 文

提要 嗓音发声类型一直是学界研究的热点,其研究内容涉及生理、声学和语言学三个方面。生理层面关注声带振动的肌肉控制,声学层面关注声带振动所对应的声学关联,语言学层面关注声带振动的生理和声学表现是否在语言中具有区别意义的功能。本文从生理、声学和语言学三个视角入手,阐述嗓音发声类型产生的生理机制和声学原理,并重点厘清语言发声类型研究中的一些基本问题,例如,语言发声类型的定义及常见类型、语言发声类型的研究方法及常用参数、语言发声类型和声调的关系、发声参数和基频的关系、特殊发声类型在声调感知中的作用等。最后,本文认为只有将声带振动的生理、声学和感知统一起来才能更好地理解语言发声类型的本质。

关键词 嗓音 语言发声类型 生理 声学 感知

1 引言

嗓音(voice)这一术语可以用来表达诸多不同的事物,其定义不仅取决于研究学科,还取决于研究者及所研究的对象。一般来说,学界可以从狭义和广义两个视角对嗓音进行定义。狭义地讲,嗓音指的是声带振动产生的音;广义地讲,嗓音基本上与平常所说的言语(speech)意思相同。本文所关注的是狭义的嗓音,即专指不同声带振动方式所产生的发声类型。当然,除声带振动机制外,

---

收稿日期:2019-03-16;定稿日期:2019-12-09。

* 本研究得到山东大学基本科研业务费专项资金(2019GN086)、山东大学青年学者未来计划和山东大学文学院学术研究项目资助。蒙《语言学论丛》编辑部老师和匿名审稿专家惠赐修改意见,谨此致以谢意。文中若有错漏,概由作者负责。

有些嗓音还涉及声道的运动，例如松紧嗓音。

嗓音的研究目的主要是考察由声带振动所产生的声音与语言学意义之间的关联。从生理解剖和高速数字成像来看，声带振动可以表现在以下两个方面：一是声带振动的快慢，其在声学上与基频相关联，在听感上与音高相对应；二是声带振动的方式，其在声学上可以采用开商和速度商等参数来表征，在语音学上对应于发声类型。与之相应的是，利用声带振动来区别词汇意义的途径也就有两种：一是音高，二是发声类型。在以往研究中，声调语言（tone language）指的是那些利用音高来区别意义的语言，例如，汉语普通话采用四个不同的音高曲线来实现词义的区分。另一种情形是域语言（register language），其与声调语言不同，它利用发声类型来实现词义的区别，例如，Takhian Thong Chong在区分词义时存在正常域（modal register）、紧域（tense register）、气嗓域（breathy register）和气嗓-紧域（breathy-tense register）四种类型的区分（DiCanio 2009）。不过越来越多的证据显示多数语言是利用音高和发声类型二者共同来区别词汇意义。有些语言独立使用音高和发声类型，在这种情形下，同样的声调可以有不同的发声类型，最为典型的代表是彝语的松紧嗓音，松音和紧音可以同时出现在彝语的某些声调上。还有一些语言则将特定发声类型与特定声调相结合，即某种特殊发声类型只能出现在固定声调中，而不能出现在其他声调上。在这些语言中，必然引出一个话题，即是音高还是发声类型在区别意义中起主导作用。事实上，在有些语言中，音高在感知中占主导地位，例如，Suai（Abramson et al. 2004）和Cham（Brunelle 2012）；而另一些语言则是发声类型在感知中占主导地位，例如，北部越南语（Brunelle 2009）和白苗（Garellek et al. 2013）。上述这些语言事实似乎暗示着在域语言和声调语言之间可能存在一个"模糊边界"（Abramson et al. 2004；Abramson et al. 2007；Abramson & Luangthongkum 2009；Yu & Lam 2014）。近年来，无论是从历史（Ratliff 2010）还是共时（刘文、汪锋、孔江平 2019；Liu & Kong

2017b）的角度，越来越多的语言证据支持发声对立到音高对立是处于一个连续体上的论点。

语言发声类型研究就是对声带不同振动方式的生理机制、物理声学特性及其语言学功能的研究。下文首先阐述嗓音发声类型产生的生理机制及物理声学原理，在此基础上，我们重点讨论嗓音发声类型的语言学功能。

2 嗓音发声类型的生理物理基础

言语产生的喉头解剖和生理研究表明嗓音的产生极其复杂，它取决于肺部的压力和喉头肌肉的共同活动，进而在整体上改变声带的形状和僵弛度、声带和其他喉头结构的距离以及喉头的位置（Titze 2000：211—235；Stevens 2000：1—126；Hirose 2010：130—152）。尽管声带在解剖和生理上都很复杂，但是学界从未中断对声带振动的生理研究。例如，Kong（2007：191—237；2015a）利用高速数字成像采集的动态声门建立了一个二维的声带振动生理模型，该模型可以用来模拟各种嗓音发声类型。虽然直接观察声带振动可以为了解声带振动动力学提供极为重要的信息，但是高速数字成像技术只能从一个二维的鸟瞰视角观察声带的表层部分，并不能观察到声带的深层结构。有鉴于此，学界有研究采用计算机来模拟声带振动（见 Zhang 2016b 的综述）。在前人研究的基础上，Zhang（2015；2016a）提出了一个简化的三维声带振动生理模型来描述声带生理与语言学的关联，该模型的参数有前后维度上的声带僵硬度（vocal fold stiffness）、垂直方向上的内侧面厚度（medial surface thickness）、水平方向上的声门宽度（glottal width）和声门下压（subglottal pressure）。这个三维的声带模型可以用来模拟各种各样的声带参数对嗓音的影响。

在声带振动的生理表现与嗓音的对应研究方面，Laver（1980：108—109）使用三个假定的肌肉紧张参数来描写嗓音（图1）。一是内收应力（adductive tension），其是杓状软骨（arytenoids）向一起牵引所产生的力，控制肌肉是杓间肌（interarytenoid muscles）。二是内侧压力（medial compression），是由韧带声门关闭所产生的力，它位于接近杓状软骨声带突（vocal processes）的部分，主要由侧环杓肌（lateral cricoarytenoid muscle）控制，也牵涉到外部的甲杓肌（thyroarytenoid muscles）。三是纵向应力（longitudinal tension），控制声带的紧张度，主要由声带肌（vocalis）和环甲肌（cricothyroid muscles）调节，主要功能是控制音高。

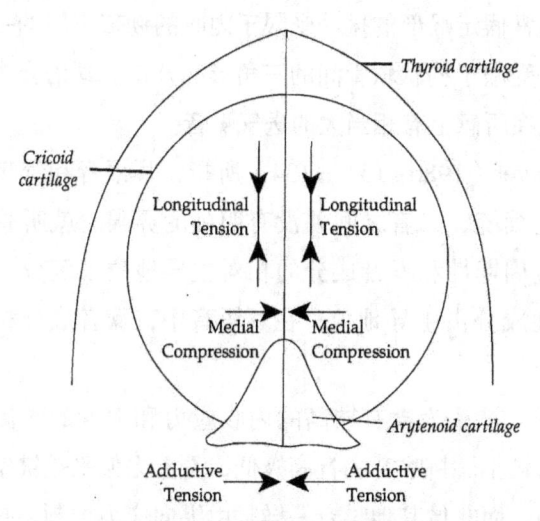

图1　肌肉紧张的三个喉头参数（Laver 1980：109）

以上几种肌肉参数的配合可以产生各种各样的声带振动模式，进而导致不同的嗓音类型。最为常见的嗓音类型有以下几种：正常嗓音（modal voice）、气嗓音（breathy voice）、耳语音（whispery voice）、挤喉音（creaky voice）、紧音（tense voice）和松音（lax voice）（Laver 1980：109—156）。

正常嗓音：发声的中性模式，也是定义其他嗓音类型的基础。对正常嗓音来说，内收应力、内侧压力和纵向应力都是适中的，声带振动是周期的和高效的，并且声门有完整的闭合。

气嗓音：被认为具有最小的内收应力、较弱的内侧压力和较低的纵向应力。声带振动的效率十分低，并且声带从未聚合在一起。因此，声带振动过程中有相当大的持续的声门漏气，并伴随着能被感知到的送气噪音。

耳语音：其特点是较低的内收应力、中高度的内侧压力和中度的纵向应力。因此，在软骨声门处有个三角形的开口，它的大小随着内侧压力的程度而变。在较弱的耳语音中，内侧压力适中，开口可能包含韧带声门和软骨的一部分。随着音强的不断增加，耳语音的内侧压力也不断增加，声门开口越来越小，最后只剩软骨声门是打开的。通常假定喉部的振动受限于内收的韧带声门的一部分，并且耳语成分受限于杓状软骨间的三角形的开口。耳语音也是十分低效的，并且在听感上有相当大的送气噪音。

正如Laver（1980：133—134）所指，耳语音和气嗓音构成了听觉上的连续统，二者之间并没有明确的界限。就听感而言，它们可以通过周期性和噪音成分的相对主导地位来区分。在气嗓音中，周期性成分占主导地位；在耳语音中，噪音成分相对来说要大一些。

挤喉音：被认为含有较高的内收应力和中度的内侧压力，但是纵向应力较小。挤喉音的音高极低，看上去似乎是被空气动力学的因素控制，而非像其他嗓音一样是由纵向应力控制。挤喉音的基频和连续声门脉冲振幅也十分不规则。由于较高的内收应力，声带只有韧带部分在振动。声带相对较厚，并且挤压在一起，室带（ventricular folds）也内收，因此，室带的下表面与真声带的上表面接触，构建出一个更加厚重的振动结构。此外，挤喉音的平均气流量也是很低的。

紧音：涉及整个声道，相对于中立状态，紧音的声道紧张程度较高。在喉头层面，内收应力和内侧压力两个参数的紧张度也明显增加。肌肉紧张度的增加也可能影响呼吸系统，导致声门下压和声道压力增加，进而产生更加强有力的发音。

松音：与紧音的特性相反，整个声道的紧张程度都不高。在喉头层面，内收应力和内侧压力都降低。因此，它的发声可能与气嗓音相似。相对于正常嗓音而言，松音听起来更加柔软，并且音高更低，不过这些紧张参数的变化总量总是小于气嗓音。

了解嗓音发声类型的生理基础后，我们接下来需要弄清楚喉头的这些生理控制所带来的嗓音的声学特性，即嗓音产生的物理基础。Fant（1960/1970：15—20）提出了言语产生的源-滤波器模型（source-filter model），即声音的产生是由三部分组成：一是声源，对应语音学的发声（phonation）；二是滤波器，对应语音学的调音（articulation）；三是辐射（radiation）。图2显示的是元音［u］和［i］的言语产生过程（Gobl & Ní Chasaide 2010：379）。

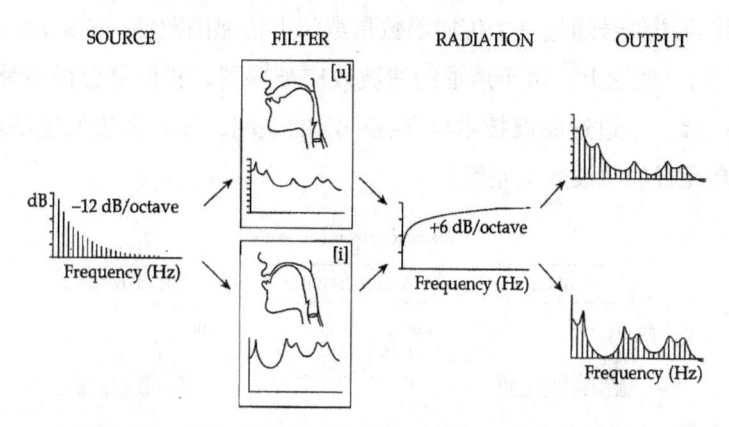

图2 元音［u］和［i］的言语产生过程（Gobl & Ní Chasaide 2010：379）

图2中的声源（振幅）谱是相同的，它包含所有的谐波成分（harmonic components），并且每个倍频程（per octave）下降12个分贝。这就意味着谐波的振幅随着频率的增加而递减，频率每增加一倍，振幅就下降12个分贝。需要注意的是，声源谱每个倍频程下降12个分贝只是一种理想情况，真实的声源谱并非是恒定下降的，它可能会受声门脉冲（glottal pulse）形状的影响在局部出现下陷（local dips）。声道的滤波效应，被称为传递函数（transfer function），对［u］和［i］这两个元音来说是很不相同的，这是由于口腔内发音器官舌和唇的不同位置导致的。落在传递函数顶点或

附近的声源谐波将会被滤波器放大，反之则不会被放大，并且可能会被削减。因此，经过滤波器调制后输出的口腔气流是一个包含峰值和谷值的谱，而非相对均匀下降的声源谱，这些特性决定着我们所听到的音质。最后，相对于口腔气流的频谱下倾来说，唇辐射的声压以每个倍频程提高大约6个分贝的形式倾斜。

前人对言语产生的研究多集中在滤波器（调音）上，它对应于发音时的部位和方法的差异。关于嗓音声源（发声），以往多数认识仅限于基频的变异，以及基频变异作为声调（tone）、语调（intonation）和重音（stress）的功能。嗓音声源研究的主要技术手段是逆滤波（inverse filtering），其本质是对言语产生过程的逆转，即将言语信号通过一个传递函数是声门上传递函数的逆向的滤波器（图3）。理论上，由于声道的滤波效应被取消，我们就会得到嗓音的声源。不过逆滤波技术也存在一定的缺陷，如：无法处理零点，对高元音的滤波效果差等。

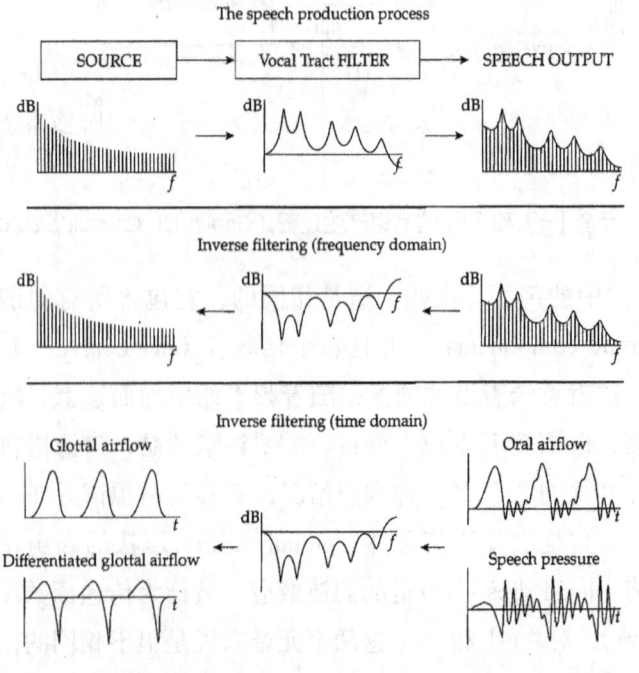

图3 言语产生及其逆滤波（Gobl & Ní Chasaide 2010: 381）

在声学上，嗓音声源的不同在时域上可以通过语图来表现，例如，正常嗓音的声门脉冲有相对清晰的界限，并且元音部分有相对清晰的共振峰条纹；气嗓音在发音时声门处有湍流通过，因此在语图上有贯穿整个频域范围的湍流噪音（即乱纹），此外，气嗓音的单个脉冲也变得模糊；挤喉音的声门脉冲在语图上不规则且声带振动频率较低，相对于正常嗓音和气嗓音而言，挤喉音的声门脉冲之间的距离最大（图4）。

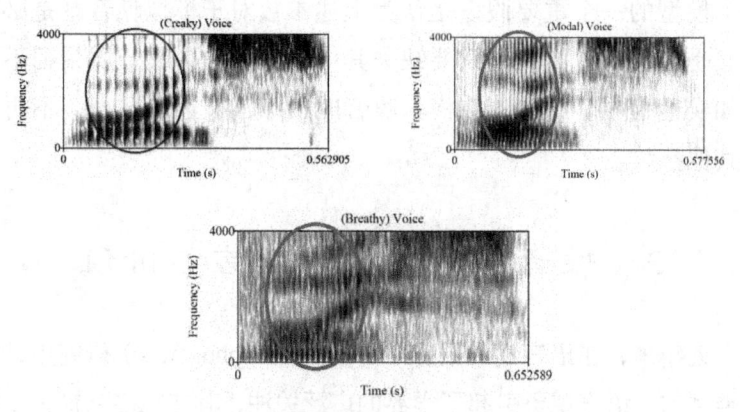

图4 "voice"元音（圆圈指示）发挤喉音（上左）、正常嗓音（上右）和气嗓音（下）的语图（Yoon et al. 2006）

根据言语产生的声学理论，发声是言语产生的一个基本组成部分，主要体现在声源激励的不同类型上。如果将声调纳入发声和调音的理论框架，声调的产生应该归属于发声。孔江平（2001：281—291）基于言语产生的声学理论提出了发声的语音学框架，在这个框架下，发声分为"调时发声"和"调声发声"。"调时发声"指的是肌肉对声带振动快慢的调制，在声学上体现为基频的高低；"调声发声"指的是肌肉对声带振动方式的调制，在声学上体现为频率域的特性不同，具体可用开商和速度商等参数来表现。

声学上，我们可以从时域和频率域两个角度模拟嗓音声源，并且在每一个域内嗓音都有许多不同的属性可以被参数化描写。例如，Kreiman et al.（2014）构建了一个嗓音的心理声学模型，在这个模型中主要有以下参数：嗓音声源频谱的四个谐波成分（第一谐波和第二谐波的振幅差异，H1-H2；第二谐波和第四谐波的振幅差异，H2-H4；第四谐波和与 2000 Hz 最为接近的那个谐波的振幅差异，H4-H2 kHz；与 2000 Hz 和 5000 Hz 最为接近的那两个谐波的振幅差异，H2 kHz-H5 kHz）；一个模拟声源频谱次谐波成分的参数（信噪比，HNR）；两个嗓音声源的时域成分（基频和振幅）；声道传递函数（共振峰频率和带宽、频谱零点和带宽）。这个模型的一个重要假设是认为上述参数对于模拟嗓音既是必要的又是充分的。因此，只要缺失其中一个参数，嗓音质量都不能被如实地模拟。此外，在模拟嗓音时，除了上述参数外，不再需要其他参数。

3 嗓音发声类型的语言学价值

近年来，在语言学的语音学（linguistic phonetics）研究中，发声类型这一语言现象引起了学界的广泛关注，其在很多未被记录的语言中被报道出来（Kuang & Keating 2014）。与此同时，一些有趣的语言现象也被挖掘出来，例如，跨语言中常见的发声类型及其定义，语言发声类型的研究方法及常用参数，声调对立中音高和发声的关系，特殊发声类型对声调感知的影响等等。下文一一论述这些研究。

3.1 跨语言中常见的发声类型及其定义

作为语言对立使用的常见嗓音类型有正常嗓音（modal voice）、挤喉音（creaky voice）和气嗓音（breathy voice）三种（Gordon & Ladefoged 2001）。气嗓音有时也被称为松音（lax）、松弛音（slack）、低语音（murmured）、送气音（aspirated）；挤喉音有时被称为僵硬音（stiff）、紧音（tense）、喉化音（laryngealized）、声门音（glottalized）、气泡音（vocal fry）、紧嗓音（pressed）。注

意，在国内语言发声类型的研究中，尽管各家对术语的翻译名称有所不同，但是这并不影响研究对象的实质。例如，breathy voice这一术语有气嗓音和气声等译法，creaky voice这一术语有挤喉音和嘎裂声等译法。另外一些术语，例如，粗糙音（rough）、刺耳音（strident/harsh）、会厌音（epiglottalized）等，通常用来指那些涉及声门上收缩的嗓音（Laver 1980：126—132；Esling & Harris 2005；Edmondson & Esling 2006；Miller 2007；Moisik 2013）。此外，尽管假声在语言中一般不具有区别词汇意义的功能，但有研究报道中国境内部分语言或方言中存在假声（falsetto）这一特殊嗓音发声类型（例如，侗语：朱晓农、吴和德 2007；汉语湘方言：彭建国、朱晓农 2010；麦耘 2014；湖北方言：王彩豫 2013；汉语赣方言：王彩豫、朱晓农 2015），在这些文献中，假声的判定标准仅为基频高，然而，相对于正常嗓音而言，假声除了具有基频高的声学特性，其还具有较高能量的谐波少（Colton 1972）和音强低（Colton 1973a、1973b）的特点。

需要注意的是，松紧这对术语在被用来描写嗓音的对立时很容易引起误解，因为这对术语通常用来标示元音的舌位。在表达嗓音的区分时，松紧是一对相对概念，不同语言中的松紧所指的嗓音类型亦不同。例如，Maddieson & Ladefoged（1985）推测景颇语和佤语中的紧音是正常嗓音，与之对立的松音则是气嗓音。相反，紧音这个术语在哈尼语和彝语中表示的是喉头上升的挤喉音，而与之对应的松音则是正常嗓音。

鉴于发声类型变异十分丰富，学界很难对其实现统一化描写（Gerratt & Kreiman, 2001）。从发音的角度看，根据单一维度的声门打开程度可以界定语言中起区别意义的几种常见发声类型（Gordon & Ladefoged, 2001）（图5）。在这个框架下，声门完全打开或闭合时分别对应清音和喉塞音，声带打开程度较大的是气嗓音，声带打开程度较小的是挤喉音，正常嗓音的声门状态处于气嗓音和挤喉音之间。

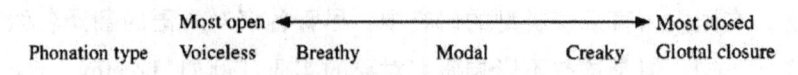

```
Most open ◄─────────────────────► Most closed
Phonation type  Voiceless  Breathy  Modal  Creaky  Glottal closure
```
图5　发声类型连续统单维空间（Gordon & Ladefoged 2001）

尽管研究者试图将各类发声类型清晰区分开来，但是目前学界还没有完全实现参数化定义发声类型的目标。目前所定义的发声类型都是相对而言的，它们以正常发声模式作为参照。例如，Laver（1980：109—118）认为要对不同的发声设置进行描述，首先就要对发声的中性模式（即正常嗓音）进行界定，其他模式可以参照它来描写。孔江平（2001：174—178）通过不同元音（a、i、u）在十三个不同音调中的嗓音变化研究了发声类型的基本特性，结果发现，在正常言语音高范围内，随着音调升高、速度商下降、开商上升，符合此种模式的嗓音就属于正常嗓音。在此基础上，作者采用基频、开商和速度商来描写和定义不同的发声类型，并给出了发声类型区别特征表（见表1），这种做法也是以正常嗓音作为参照。根据孔江平（2001：172；2007：40—65），正常嗓音的开商在50%左右，速度商在200%左右，这也是该文定义特殊嗓音类型的参考值。

表1　发声类型区别特征表（孔江平2001）

	气泡音	气嗓音	紧喉音	正常音	高音调嗓音
音调	−	−	−	+−	+
速度商	+	−	+	+−	−
开商	+	+	−	+−	+
音调抖动	+	+	+	+−	+

相对于正常嗓音而言，其他的嗓音类型都被统称为特殊发声类型。跨语言研究中最为常见的两种特殊发声类型是气嗓音和挤喉音。需要说明的是，正常嗓音可以有两种不同的理解：一是相对于特殊发声类型而言；一是以说话者的正常嗓音作为参照。此外，挤喉音并非只是某一种特定的特殊发声类型，这个概念代表的是一组具有相同感知特性的嗓音，即音高低、周期不规则或具有紧缩特性，当然这三个特性并非必须同时出现（Keating *et al*.

2015）。通常来说，除了典型的挤喉音外，非紧缩性的挤喉音、紧音和气泡音也可以被感知为挤喉音。再者，发声类型在音节内部不是一成不变的，而是动态变化的（孔江平 2001：196；Liu & Kong 2017a）。事实上，发声类型的承载段既可以是声母（鲍怀翘、周植志 1990；孔江平 1993、1997），也可以是元音（鲍怀翘、吕士楠 1992；孔江平 1996）、韵母（孔江平 2001：113—123），还可以是声调（孔江平 2001：124—140）。在声调中，发声类型既可以贯穿始终，亦可以只出现在特定位置，例如，汉语普通话的挤喉音只出现在音节基频最低处，音节其他部分则属于正常嗓音。最后，不同发音人在同一个声调上的发声类型亦存在变异性。例如，大多数母语者在新寨苗语低平调的发音时都会伴随气嗓音这一特殊发声类型，有的母语者则采用刺耳嗓音（harsh voice）（Liu et al. 2020）。在北五里桥白语的低降调（T6）上，有的发音人使用气嗓音，有的则使用紧嗓音（刘文、汪锋、孔江平 2019）。

3.2 语言发声类型的研究方法、常用参数及分类标准

在语言发声类型的研究中，常用的研究方法有谐波分析法、逆滤波分析法、频谱倾斜率分析法、多维嗓音分析法、声门阻抗分析法、嗓音音域分析法和动态声门分析法等（详见孔江平 2001：23—52；2009：33—48；2015：120—135；Kong 2015b：445—458；Kong & Wang 2013：167—181）。下面我们重点介绍跨语言研究中最为常用的两种方法：谐波分析法和声门阻抗分析法。

前人研究中采用多种类型的参数来量化发声类型，每一个参数都可以反映言语产生的不同方面。

就发声类型的声学参数而言，跨语言研究中使用最为广泛的是第一谐波和第二谐波的振幅差值（H1-H2），它被认为是测量发声类型的最有效的参数（例如，Fischer-Jørgensen 1967；Bickley 1982；Kirk et al. 1984；Maddieson & Ladefoged 1985；Huffman

1987; Andruski & Ratliff 2000; Gordon & Ladefoged 2001; 孔江平 2001: 53—68, 113—140; Blankenship 2002; Wayland & Jongman 2003; Thurgood 2004; Miller 2007; DiCanio 2009; Esposito 2010a、2010b、2012; Garellek & Keating 2011; Keating *et al.* 2011、2012; Khan 2012; Kuang 2013a、2013b、2017）。通常来说，气嗓音的 H1-H2 大多数是正值，挤喉音的 H1-H2 多为负值，正常嗓音的 H1-H2 处于气嗓音与挤喉音之间（图6）。H1-H2 与声门周期内的开相时长相关，开相时间越长，H1-H2 就越大（Holmberg *et al.* 1995）。对于气嗓音而言，它的 H1-H2 的值远大于与之对应的正常嗓音，这是因为气嗓音有一个相对较长的开相。除 H1-H2 外，前人文献中也用到了其他的频谱参数，例如，H2-H4（Kreiman *et al.* 2007; Khan 2012）、H1-A1（Gordon & Ladefoged 2001; 孔江平 2001: 85—100; Wayland & Jongman 2003; Thurgood 2004; Esposito 2010a; Garellek & Keating 2011; Khan 2012; Kuang 2013a、2013b）、H1-A2（Ladefoged 1983; 孔江平 2001: 85—100; Blankenship 2002; Garellek & Keating 2011; Esposito 2010a、2012; Khan 2012）、H1-A3（Stevens & Hanson 1995; Blankenship 2002; Wayland & Jongman 2003; DiCanio 2009; Esposito 2010b、2012; Khan 2012）。上述频谱参数（尤其是后三个）表示的是频谱中高频能量的强度，它们被认为与声门关闭的速率有关（Stevens 1977）。需要说明的是，频谱参数在区分同一种语言的发声类型时其表现并非总是一致。例如 Blankenship（1997）在 Mpi 语中发现 H1-H2 是区分高调的一个比较可靠的指标，H1-A2 则对于中调和低调的区分更有效。此外，测量信号周期性和信噪比的参数也被用来量化发声的不同，常见的参数是倒频谱峰值凸显（cepstral peak prominence, CPP）（Hillenbrand *et al.* 1994），它被认为是判定气嗓音的一个可靠指标（Blankenship 2002; Esposito 2010a; Garellek & Keating 2011; Khan 2012; Kuang 2013a、2013b）。

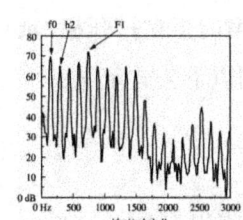

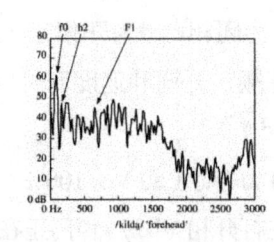

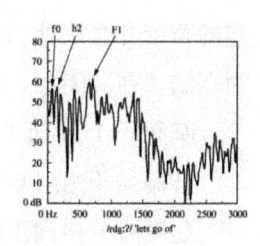

图6 采用正常嗓音（左）、气嗓音（中）和挤喉音（右）
发/a/的FFT频谱（引自Gordon & Ladefoged 2001）

电声门图（EGG）也是测量发声中声带接触面积变化的一个十分有用的工具（Fabre 1957; Frokjaer-Jensen & Thorvaldsen 1968; Fourcin & Abberton 1971）。电声门信号也被称作声门阻抗信号，它是通过喉头仪采集表征声带接触面积大小变化的生理电信号。喉头仪的工作原理是信号根据声带接触面积的大小不同而变化，声带接触面积越大，喉头仪信号就越强，反之，声带打开时，喉头仪信号就很弱。需要指出的是，喉头仪信号是声门关闭段的信号，而声门气流则是声门打开段的信号。语音学研究中，从声门阻抗信号中提取出来的参数可以很好地用来描写不同语言的发声类型，因而被语音学家广泛使用。跨语言研究中最为常见的测量发声的EGG参数是开商（open quotient, OQ），其定义是开相时长和整个周期时长的比值（孔江平 2001: 282; 孔江平 2015: 130—133; Keating et al. 2011、2012）。

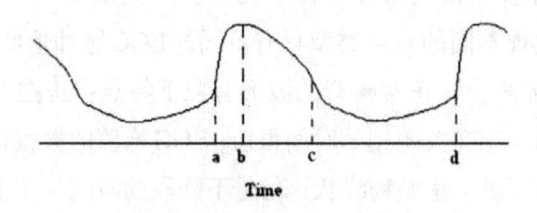

图7 声门阻抗信号的基频、开商和速度商的
基本定义（引自孔江平 2015: 131）

图7为声门阻抗信号的原始形式，通常情况下其波形的峰值是左倾的，这与声门气流波形的情况正好相反。图中ad表示一个完

整的声带开合周期，ac为闭相，cd为开相，bc为声门正在打开相，ab为声门正在关闭相。基频、开商和速度商可以用以下公式定义：

基频 = 1/周期（ad）

开商 = 开相（cd）/周期（ad）× 100%

速度商 = 声门正在打开相（bc）/声门正在关闭相（ab）× 100%

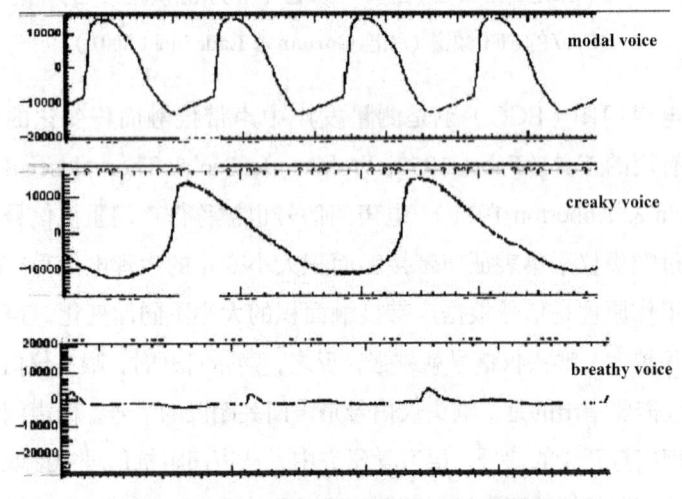

图8　在相同时间和振幅刻度下采用正常嗓音、
挤喉音和气嗓音发/a:/的EGG波形（引自Marasek 1997）

图8显示的是同一发音人在相同的时间和振幅刻度下采用正常嗓音、挤喉音和气嗓音三种不同的发声类型发/a:/时的EGG波形，不难发现不同的发声类型具有不同的EGG脉冲形状（Marasek 1997）。具体来说，正常嗓音的波形有以下特点：正在关闭相的接触急剧增加、正在关闭相的时间很短；EGG峰值的振幅很高；最大接触相（关闭段）呈抛物线状；信号下降段的时间长于上升段（偏斜度小于100%），并且在下降部分可以观察到一个拐点；信号的开商约为50%。挤喉音的EGG波形可以被描述为"呈圆角的三角形"，其周期约为正常嗓音的两倍，在波形急剧上升处可以清晰地确定声门闭合的瞬时点，正在打开相上无拐点出现；与其他嗓音相比，挤喉音的脉冲存在明显的左倾偏斜，且峰值的振幅也很高，表

明声带之间有完全的接触。气嗓音最明显的特点是EGG峰值振幅较低，这可能是声带振动时闭合不严导致的；脉冲呈很小的三角形状，且左偏的偏斜程度较小、开商很大；在非接触相可以观察到信号的波动；音高低但又高于挤喉音。

开商和接触商（contact quotient, CQ）二者相加为1，并且它和H1-H2密切关联（DiCanio 2009）。相对于正常嗓音而言，气嗓音通常有较大的开商和H1-H2。速度商（speed quotient, SQ）指的是振动周期内正在打开相和正在关闭相的比值，它反映的是脉冲的倾斜度（Esling 1984; Holmberg et al. 1988; Dromey et al. 1992; Marasek 1996）。另一个参数是PIC（peak increase in contact），指的是EGG微分波形上的正峰值，用来测量声门关闭的速度（Michaud 2004; Keating et al. 2011; Esposito 2012; Kuang 2013a）。通常来说，那些声门关闭快的发声类型都有较大的速度商和PIC值。近年有大量文献利用上述提到的EGG参数来描写跨语言的发声类型（例如，DiCanio 2009; Mazaudon & Michaud 2009; Esposito 2012; Khan 2012; Kuang 2013a; Kuang & Keating 2014）。

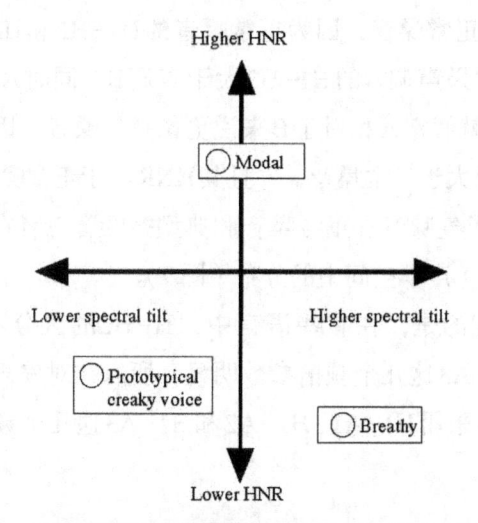

图9　气嗓音、正常嗓音和挤喉音三者的相对声学差异（Garellek 2019）

从语音或喉头仪信号中提取声学和嗓音参数后，接下来的问题就是要利用这些参数对发声类型进行分类。在此，研究者应该明确的是，仅仅通过单一的参数是很难为不同的发声类型进行分类的。以往研究中常常仅根据H1-H2这个参数来定义发声类型，例如，相对于一个特定声调而言，如果一个声调的H1-H2较大，就将其判定为气嗓音；相反，如果一个声调的H1-H2较小，就将其判定为挤喉音。事实上，这种操作方法是存在缺陷的，因为H1-H2这个频谱参数在气嗓音和挤喉音之间是连续变化的，正常嗓音的H1-H2通常处于气嗓音和挤喉音之间。H1-H2这个频谱参数的绝对值并不能和发声类型形成一一映射的关系。再者，声学参数在不同发音人之间亦是存在变异的。因此，仅仅根据两个声调H1-H2的相对大小，我们其实并不知道这两个声调之间的差异是气嗓音和正常嗓音的对立、气嗓音和挤喉音之间的对立还是正常嗓音和挤喉音之间的对立。在这种情况下，如果要对发声类型进行准确的分类，就需要引入其他参数，和频谱参数一起用来对发声类型进行分类的最为常见的参数就是信噪比（Harmonic-Noise-Ratio，HNR）。如果声调A的H1-H2和HNR都大于声调B，那么我们就假定A相对于B来说更像是正常嗓音，因为正常嗓音的H1-H2和HNR通常都大于挤喉音；如果声调A的H1-H2大于声调B，同时A的HNR小于B，那么我们就假定A相对于B来说更像是气嗓音，因为气嗓音的H1-H2通常都大于正常嗓音，并且其HNR小于正常嗓音。Garellek（2019）阐释了气嗓音、正常嗓音和典型挤喉音三者在二维（频谱倾斜和信噪比）声学空间中的分布（图9）。

需要注意的是，在有些语言中，H1-H2的区分不如H1-A1、H1-A2和H1-A3这几个频谱参数明显，所以在对发声类型进行分类时，有时会采用H1-A1、H1-A2和H1-A3这几个频谱参数来代替H1-H2。

3.3 特殊发声类型：声调语言的两种类型

当认识到声调语言中的发声线索后，那么我们就有必要确定发声线索是否可以成为声调的一个区别性特征。通常来说，就音高和发声的关系而言，语言中存在两种不同的使用发声的方式：独立于音高的特殊发声（pitch-independent non-modal phonation）和依赖于音高的特殊发声（pitch-dependent non-modal phonation）（Kuang 2013a、2013b）。在前一种情形中，一些语言单独利用发声来区分声调，即声调在音高相同的情况下仅仅通过发声类型的不同来实现区分语言学意义的功能。换言之，当两个音节具有相同的声母、韵母和音高，那么区分二者的唯一因素就是发声类型，例如，Jalapa Mazatec（Silverman et al. 1995; Blankenship 2002; Garellek & Keating 2011），Mpi（Silverman 1997: 190—192），哈尼语（Maddieson & Ladefoged 1985; Maddieson & Hess 1986; 孔江平 2001: 53—68），彝语（Maddieson & Ladefoged 1985; Maddieson & Hess 1986; 孔江平 2001: 124—140; Kuang & Keating 2014）。从生理的角度看，这种情形存在的生理基础是由杓间肌（interarytenoid muscles）和侧环杓肌（lateral cricoarytenoid muscles）控制的声门打开相对独立于由环甲肌（cricothyroid muscles）控制的音高（Gobl & Ní Chasaide 2010）。由于音高和发声类型由不同的肌肉控制，所以这二者可以彼此独立用来表达音位对立。另一方面，在声调语言中，一些语言通常将特定发声类型和特定声调相结合。例如，挤喉音常出现在汉语普通话的上声（Davison 1991; Belotel-Grenié & Grenié 1994、2004; Yang 2015; Kuang 2017）、粤语的第4调（Yu & Lam 2014）、白苗的低降调（Esposito 2012; Garellek et al. 2013）、北部越南语的几个声调（Brunelle 2009）；气嗓音通常伴随着绿苗的中降调（Huffman 1987; Andruski & Ratliff 2000）、白苗的高降调（Esposito 2012; Garellek et al. 2013）、黑苗的中平调（Kuang 2013a、2013b）和低平调（Liu & Kong 2017a、2017b; Liu et al. 2020）、汉语吴方言的阳调（Jianfen & Maddieson 1989）。生理上，由不同肌肉所控制的声带振动频率和振动方式可以共同作用来表达词汇意义。例如，对气嗓音而言，无论声带振动快慢，声门都可以存在漏气状态,这就为气嗓音出现在低、中、高等音高范围上提供了可能。

3.4 发声和基频的关系

一些研究在某些语言中揭示了音高和发声类型的关系,例如,相对于正常嗓音而言,气嗓音通常伴随较低的F0（例如,Hindi:Ohala 1973; Dutta 2007; Gujarati:Fischer-Jørgensen 1967; Khan 2012; Marathi:Berkson 2013; Black Miao:Liu & Kong, 2017a、2017b）。当然,也有语言的气嗓音是和较高的F0相关联（例如,Khmer:Wayland & Jongman 2003; Black Miao:Kuang 2013a、2013b; White Hmong:Esposito 2012; Garellek *et al.* 2013）。与之相反的是,另一种常见的特殊发声类型挤喉音则只和低音高目标相伴（Kuang 2017）。

还有一些研究揭示了发声参数和F0的关系,例如,在汉语普通话的四个声调中,H1-H2和F0密切关联（Keating & Esposito 2007; Keating & Shue 2009; Kuang 2017）。Keating & Esposito（2007）发现根据F0的不同可以将汉语普通话声调起始位置的H1-H2分为两类:(1) H1-H2与高平调和高降调起始处的较大的F0呈高度正相关;(2) H1-H2与升调和低降调起始处的较小的F0呈低度负相关。Iseli *et al.*（2007）发现当F0低于175Hz时,H1-H2随F0的增加而增加。孔江平（2001:190—210）、Kong（2007:96—136）发现汉语普通话声调的F0和发声参数（OQ、SQ）之间存在密切关联。具体来说,阴平调的F0和速度商曲线都是高平的、开商曲线是上升的;阳平调的F0和开商曲线是上升的、速度商曲线是下降的;上声调的F0是低平的、速度商曲线是高平的、开商曲线是降升型的;去声的F0曲线是下降的、速度商曲线是上升的、开商曲线是升降升型的。就苗语而言,前人研究表明挤喉音在绿苗（Huffman 1987; Andrusik & Ratliff 2000）和白苗（Esposito 2012）中常出现在音高最低处。此外,Esposito（2012）还发现在白苗中发声参数（例如，CPP，H1*，H1*–H2*，CQ，DECPA）与F0显著相关。Kuang（2013a、2013b）在黑苗中也发现特殊发声类型在五平调的产出中扮演重要角色，气嗓音出现在中平调上，紧音出现在高调上。

3.5 特殊发声类型在声调感知中的作用

前人对声调的感知研究主要集中在音高线索上（例如，Wang 1976；Abramson 1979；Gandour 1983；孔江平 1995；Francis et al. 2003；Hallé et al. 2004；Xu et al. 2006；Peng et al. 2010），鲜有研究关注发声线索在声调感知中的作用（杨若晓 2009；Garellek et al. 2013；Yu & Lam 2014；张锐锋、孔江平 2014；Yang 2015；刘文、张锐锋 2016；Liu & Kong 2017b），这是因为在声调语言中音高通常被认为是区分声调对立的唯一因素。

在对特殊发声类型的感知研究中，研究较多的是气嗓音。之前的研究表明气嗓音的感知主要是受第一谐波振幅（H1）和送气噪音的影响，但是对这两个因素在气嗓音感知中的权重则存在争议。有些研究认为H1是气嗓音感知的主要线索，送气噪音几乎不起作用（Fischer-Jorgenson 1967；Bickley 1982；Ladefoged & Antonanzas-Barroso 1985）。然而，Klatt & Klatt（1990）和Hillenbrand et al.（1994）则认为送气噪音是气嗓音感知的主要线索，H1是次要线索。

近年来，随着语言中嗓音类型的大量报道，一些学者开始关注特殊发声类型在声调感知中的作用。通常来说，当声调可以通过音高和调型进行很好地区分时，特殊发声类型的作用就不明显。例如，汉语普通话上声（Yang 2015）和粤语第4调（Yu & Lam 2014）中的挤喉音。正如Yu & Lam（2014）所言，挤喉音在汉语普通话声调确认中的角色并不明显，这是因为汉语普通话声调种类较少（只有四个），并且这四个调在音高曲线（高平、升、降、降升）上的区分比较明显，普通话母语者仅通过音高线索就可以很好地区分这四个声调。然而，当语言中的声调具有相同或相似的调型时，发声类型的作用就很明显。例如，黑苗的中平调（33）主要依赖气嗓音来区分中低平调（22）和中高平调（44）（Kuang 2013b）；白苗（Garellek et al. 2013）和汉语方言禹州话（张锐锋、孔江平 2014）中的两个音高相近的高降调也主要依赖发声来区分。还有一种情况是，声调间调型相同但是音高不同，例如新寨苗语的五平调，研究表明特定声调中的特殊发声类型亦会影响到声调的感知（Liu & Kong, 2017b；刘文 2019）。

此外，Esposito（2006、2010a）研究了不同语言背景的被试对发声的感知，三组被试分别为Gujarati母语者（母语中气嗓音作为一个区别特征）、美国英语母语者（母语中气嗓音作为一个伴随特征）和西班牙语母语者（母语中没有气嗓音），感知实验的结果显示嗓音特征的感知与特定的语言经验有关。

4 总结及展望

从发音生理的角度看，发声类型源于声带的振动。一般来说，声带可以在两个维度上振动：一是声带振动的快慢，决定着嗓音的音高；二是声带振动的方式，决定着嗓音的发声类型。从言语产生的声学视角看，发声类型的区别主要在于声源，对声源的模拟可以从时域和频域两个维度展开，并且在每一个域内嗓音都有许多不同的属性可以被参数化描写。从语言学的视角看，发声类型主要是用来表达语言学意义，即起到区别意义的作用。前人对语言发声类型已经做了大量的研究，并揭示了语言发声类型的诸多特性。但是，学界对发声类型的感知研究还处于起步阶段。这是因为嗓音发声类型的感知十分复杂，而目前对嗓音发声类型的声学性质还未全面了解。从现有的研究看，一种发声类型的声学性质往往是多维的。此外，现有的语音参数合成还有待改进，以提高参数的准确性和相互关联能力，最终合成出可控参数的高质量的感知样本。再者，嗓音的发音生理和声学模型还不能解释嗓音质量中所有的感知变化,换句话说,嗓音的发音和声学参数也可能与嗓音的感知无关。

语言发声类型研究的进展与嗓音生理和声学技术的发展相辅相成、密不可分。语言发声类型研究的终极目标是关注说话者和听话者在嗓音发声类型产生和感知上的关联,即发音生理、声学和感知的统一。以往研究多关注嗓音发声类型的声学表现,今后的研究应该重点关注嗓音发声类型的感知。尽管与发声类型相关的声学参数很多,但是只有那些与感知相连的声学参数才是有用的。

参考文献

鲍怀翘、吕士楠 (1992) 蒙古语察哈尔话元音松紧的声学分析,《民族语文》第1期,61—68页。

鲍怀翘、周植志 (1990) 佤语浊送气声学特征分析,《民族语文》第2期,62—70页。

孔江平 (1993) 苗语浊送气的声学研究,《民族语文》第1期,67—72页。

孔江平 (1995) 藏语(拉萨话)声调感知研究,《民族语文》第3期,56—64页。

孔江平 (1996) 哈尼语发声类型声学研究及音质概念的讨论,《民族语文》第1期,40—46页。

孔江平 (1997) 阿细彝语嗓音声学研究,戴庆厦等编《中国民族语言论丛》,79—88页,云南民族出版社,昆明。

孔江平 (2001)《论语言发声》,中央民族大学出版社,北京。

孔江平 (2009) 语言发声研究的基本方法,Fant, G., Fujisaki, H., and Shen, J. (eds.)《现代语音学前沿文集》,33—48页,商务印书馆,北京。

孔江平 (2015)《实验语音学基础教程》,北京大学出版社,北京。

刘 文 (2019)《同型声调感知的多维研究——基于声学、行为学和脑电的证据》,北京大学博士研究生学位论文。

刘 文、汪 锋、孔江平 (2019) 北五里桥白语声调的发声及变异研究,《当代语言学》第1期,119—138页。

刘 文、张锐锋 (2016) 鱼粮苗语低平调和低降调的声学感知研究,《语言学论丛》第54辑,197—212页,商务印书馆,北京。

麦 耘 (2014) 湘语冷水江毛易镇方言声调系统——一个方言内部的两种"两域四上升调"格局,《方言》第4期,289—295页。

彭建国、朱晓农 (2010) 岳阳话中的假声,《当代语言学》第1期,24—32页。

王彩豫 (2013) 湖北松滋方言的假声,《语言研究》第4期,12—19页。

王彩豫、朱晓农 (2015) 湖北监利张先村赣语的三域十声系统,《方言》第2期,111—121页。

杨若晓 (2009)《基于发声的汉语普通话四声的范畴知觉研究》,北京大学硕士研究生学位论文。

张锐锋、孔江平 (2014) 河南禹州方言声调的声学及感知研究,《方言》第3期,206—214页。

朱晓农、吴和德 (2007) 高坝侗语五平调和分域四度制,《语言研究集刊》第4辑,306—317页,上海辞书出版社,上海。

Abramson, Arthur S. (1979) The noncategorical perception of tone categories in Thai. In Lindblom, B, & Ohman. S. (eds.), *Frontiers of Speech Communication Research*, 127-134. London: Academic Press.

Abramson, Arthur S, Theraphan L-Thongkum, & Patrick W Nye (2004) Voice register in Suai (Kuai): an analysis of perceptual and acoustic data. *Phonetica* 61: 147-171.

Abramson, Arthur S, Patrick W Nye & Theraphan Luangthongkum (2007) Voice register in Khmu': experiments in production and perception. *Phonetica* 64: 80-104.

Abramson, Arthur S., & Theraphan Luangthongkum (2009) A fuzzy boundary between tone languages and voice-register languages; In Fant G, Fujisaki H, Shen J (eds.), *Frontiers in Phonetics and Speech Science*, 149-155. Beijing, Commercial Press.

Andruski, Jean E., & Martha Ratliff (2000) Phonation types in production of phonological tone: The case of Green Mong. *Journal of the International Phonetic Association* 30: 37-61.

Belotel-Grenie, Agnès & Michel Grenie (1994) Phonation types analysis in Standard Chinese. In *Proceedings of Spoken Language Processing*, Yokohama, 343-346.

Belotel-Grenie, Agnès & Michel Grenie (2004) The creaky voice phonation and the organisation of Chinese discourse. In *International symposium on tonal aspects of languages: with emphasis on tone languages*.

Berkson, Kelley Harper (2013) *Phonation types in Marathi: An acoustic investigation*. University of Kansas. (Ph. D. dissertation)

Bickley, Corine (1982) Acoustic analysis and perception of breathy vowels. *Speech communication group working papers, Research Laboratory of Electronics*, 71-82. Boston: MIT Press.

Blankenship, Barbara (1997) *The Time Course of Breathiness and Laryngealization in Vowels*. University of California Los Angeles. (Ph.D. dissertation)

Blankenship, Barbara (2002) The timing of nonmodal phonation in vowels. *Journal of Phonetics* 30: 163-191.

Brunelle, Marc (2009) Tone perception in Northern and Southern Vietnamese. *Journal of Phonetics* 37: 79-96.

Brunelle, Marc (2012) Dialect experience and perceptual integrality in phonological registers: Fundamental frequency, voice quality and the first formant in Cham. *The Journal of the Acoustical Society of America* 131: 3088-3102.

Colton, Raymond H. (1972) Spectral characteristics of the modal and falsetto registers. *Folia Phoniatrica* 24: 337-344.

Colton, Raymond H. (1973a) Some acoustic parameters related to the perception of modal-falsetto voice quality. *Folia Phoniatrica* 25: 302-311.

Colton, Raymond H. (1973b) Vocal intensity in the modal and falsetto registers. *Folia Phoniatrica* 25: 62-70.

Davison, Deborah S. (1991) An acoustic study of so-called creaky voice in Tianjin Mandarin, Work. *UCLA Working Papers in Phonetics* 78: 50-57.

DiCanio, Christian T. (2009) The phonetics of register in Takhian Thong Chong. *Journal of the International Phonetic Association* 39: 162-188.

Dromey, Christopher, Elaine T. Stathopoulos, & Christine M. Sapienza (1992) Glottal airflow and electroglottographic measures of vocal function at multiple intensities. *Journal of Voice* 6: 44-54.

Dutta, Indranil (2007). *Four-way stop contrasts in Hindi: An acoustic study of voicing, fundamental frequency and spectral tilt.* University of Illinois at Urbana-Champaign. (Ph.D. Dissertation)

Edmondson, Jerold A. & John H. Esling (2006) The valves of the throat and their functioning in tone, vocal register and stress: Laryngoscopic case studies. *Phonology* 23: 157-191.

Esling, John H. (1984) Laryngographic study of phonation type and laryngeal configuration. *Journal of the International Phonetic Association* 14: 56-73.

Esling, John H. & Jimmy G. Harris (2005) States of the glottis: An articulatory phonetic model based on laryngoscopic observations. In W. J. Hardcastle & J. M. Beck (eds.), *A Figure of Speech: a Festschrift for John Laver*, 347-383. Mahwah, NJ: Erlbaum.

Esposito, Christina M. (2006) *The effects of linguistic experience on the perception of phonation.* University of California Los Angeles. (Ph.D. dissertation)

Esposito, Christina M. (2010a) The effects of linguistic experience on the perception of phonation. *Journal of Phonetics* 38: 306-316.

Esposito, Christina M. (2010b) Variation in contrastive phonation in Santa Ana Del Valle Zapotec. *Journal of the International Phonetic Association* 40: 181-198.

Esposito, Christina M. (2012) An acoustic and electroglottographic study of

White Hmong tone and phonation. *Journal of Phonetics* 40: 466-476.
Fabre, Philippe (1957) Un procede electrique d inscription de I accolement glottique aucours de laphonation: glottographie de haute frequence. *Bulletin de l'Académie Nationale de Médecine* 141: 66-69.
Fant, Gunnar (1960/1970) *Acoustic Theory of Speech Production*. The Hague: Mouton.
Fischer-Jørgensen, Eli (1967) Phonetic analysis of breathy (murmured) vowels in Gujerati. *Indian Linguistics* 28: 71-139.
Fourcin, A. J. & Abberton, Evelyn (1971) First applications of a new laryngograph. *Medical & Biological Illustration* 21: 172-182.
Francis, Alexander, Valter Ciocca & Brenda Kei Chit Ng (2003) On the (non) categorical perception of lexical tones. *Perception and Psychophysics* 65: 1029-1044.
Frokjaer-Jensen B. & P. Thorvaldsen (1968) Construction of a Fabre glottograph. *ARIPUC* 3: 1.
Gandour, Jack (1983) Tone perception in Far Eastern languages. *Journal of Phonetics* 11: 149-175.
Garellek, Marc (2019) The phonetics of voice. In W. Katz & P. Assmann (eds.), *The Routledge Handbook of Phonetics*. 75-106. Abingdon-on-Thames, UK: Routledge.
Garellek, Marc & Patricia Keating (2011) The acoustic consequences of phonation and tone interactions in Jalapa Mazatec. *Journal of the International Phonetic Association* 41: 185-205.
Garellek, Marc, Patricia Keating, Christina M. Esposito & Jody Kreiman (2013) Voice quality and tone identification in White Hmong. *The Journal of the Acoustical Society of America* 133: 1078-1089.
Gerratt, Bruce R., & Jody Kreiman (2001) Toward a taxonomy of nonmodal phonation. *Journal of Phonetics* 29: 365-381.
Gobl, Christer & Ailbhe Ní Chasaide (2010) Voice source variation and its communicative functions. In W. J. Hardcastle, J. Laver & F. E. Gibbon (eds.), *The Handbook of Phonetic Sciences* (2nd ed.) , 378-423. Oxford: Blackwell.
Gordon, Matthew & Peter Ladefoged (2001) Phonation types: A cross-linguistic overview. *Journal of Phonetics* 29: 383-406.
Hallé, Pierre A., Yueh-Chin Chang & Catherine T. Best (2004) Identification and discrimination of Mandarin Chinese tones by Mandarin Chinese vs. French listeners. *Journal of Phonetics* 32: 395-421.
Hillenbrand, James, Ronald A. Cleveland & Robert L. Erickson (1994) Acoustic correlates of breathy voice quality. *Journal of Speech and Hearing Research*

37: 769-778.

Hirose, Hajime (2010) Investigating the physiology of laryngeal structures. In W. J. Hardcastle, J. Laver & F. E. Gibbon (eds.), *The Handbook of Phonetic Sciences* (2nd ed.), 130-152. Oxford: Blackwell.

Holmberg, Eva B., Robert E. Hillman & Joseph S. Perkell (1988) Glottal airflow and transglottal air pressure measurements for male and female speakers in soft, normal, and loud voice. *Journal of the Acoustical Society of America* 84: 511-529.

Holmberg, Eva B., Robert E. Hillman, Joseph S. Perkell, Peter C. Guiod & Susan L. Goldman (1995) Comparisons among aerodynamic, electroglottographic, and acoustic spectral measures of female voice. *Journal of Speech, Language, and Hearing Research* 38: 1212-1223.

Huffman, Marie K. (1987) Measures of phonation types in Hmong. *Journal of the Acoustical Society of America* 81: 495-504.

Jianfen, Cao & Ian Maddieson (1989) An exploration of phonation types in Wu dialects of Chinese. *UCLA Working Papers in Phonetics* 72: 139-160.

Keating, Patricia & Christina M. Esposito (2007) Linguistic voice quality. *UCLA Working Papers in Phonetics* 105: 85-91.

Keating, Patricia, Christina M. Esposito, Marc Garellek, Sameer Khan & Jiangjing Kuang (2011) Phonation contrasts across languages. In *Proceedings of the 17th International Congress of Phonetic Sciences (ICPhS)*. Hong Kong. 1046-1049.

Keating, Patricia, Marc Garellek & Jody Kreiman (2015) Acoustic properties of different kinds of creaky voice. In *Proceedings of the 18th International Congress of Phonetic Sciences*. Glasgow.

Keating, Patricia, Jiangjing Kuang, Christina M. Esposito, Marc Garellek & Sameer Khan (2012) Multi-dimensional phonetic space for phonation contrasts. In *LabPhon* 13. Stuttgart.

Keating, Patricia & Yen-Liang Shue (2009) Voice quality variation with fundamental frequency in English and Mandarin. *The Journal of the Acoustical Society of America* 126: 2221.

Khan, Sameer D. (2012) The phonetics of contrastive phonation in Gujarati. *Journal of Phonetics* 40: 780-795.

Kirk, Paul, Peter Ladefoged & Jenny Ladefoged (1984) Using a spectrograph for measures of phonation types in a natural language. *UCLA Working Papers in Phonetics* 59: 102-113.

Klatt, Dennis H. & Laura C. Klatt (1990) Analysis, synthesis, and perception of voice quality variations among female and male talkers. *Journal of the Acoustical Society of America* 87: 820-857.

Kong, J. (2007) Laryngeal dynamics and physiological models: high speed imaging and acoustical techniques. Peking University Press.

Kong, Jiangping (2015a) A dynamic glottal model through high-speed imaging, *Journal of Chinese Linguistics* 43 (1B) : 311-336.

Kong, Jiangping (2015b) Phonetic study on phonations in China. In William S-Y. Wang & Chaofen Sun (eds.), *The Oxford Handbook of Chinese Linguistics*, 445-458. Oxford University Press.

Kong, Jiangping & Gaowu Wang (2013) Contemporary voice research: A China perspective. In Edwin M-L. Yiu (eds.), *International Perspectives on Voice Disorders*, 167-181. Multilingual Matters.

Kreiman, Jody, Bruce R. Gerratt & Norma Antonanzas-Barroso (2007) Measures of the glottal source spectrum. *Journal of Speech, Language, and Hearing Research* 50: 595-610.

Kreiman, Jody, Bruce R. Gerratt, Marc Garellek, Robin Samlan & Zhaoyan Zhang (2014) Toward a unified theory of voice production and perception. *Loquens* e009.

Kuang, Jianjing (2013a) *Phonation in Tonal Contrasts*. University of California Los Angeles. (Ph.D. dissertation)

Kuang, Jianjing (2013b) The tonal space of contrastive five level tones. *Phonetica* 70: 1-23.

Kuang, Jianjing (2017) Covariation between voice quality and pitch: Revisiting the case of Mandarin creaky voice. *Journal of the Acoustical Society of America* 142: 1693-1706.

Kuang, Jianjing & Patricia Keating (2014) Vocal fold vibratory patterns in tense versus lax phonation contrasts. *Journal of the Acoustical Society of America* 136: 2784-2797.

Ladefoged, Peter (1983) The linguistic use of different phonation types. In D. M. Bless & J. H. Abbs (eds.), *Vocal Fold Physiology: Contemporary Research and Clinical Issues*, 351-360. San Diego: College-Hill Press.

Ladefoged, Peter & Norma Antoñanzas-Barroso (1985) Computer measures of breathy phonation. *UCLA Working Papers in Phonetics* 61: 79-86.

Laver, John (1980) *The Phonetic Description of Voice Quality*. Cambridge: Cambridge University Press.

Liu, Wen & Kong, Jiangping (2017a) A study on phonation patterns of tones in Hmu (Xinzhai variety). (Paper presented at the conference of the 9th International Conference in Evolutionary Linguistics, Kunming, 25-27 August 2017)

Liu, Wen & Kong, Jiangping (2017b) The role of breathy voice in Xinzhai Miao tonal perception. (Paper presented at the conference of the 50th International Conference on Sino-Tibetan Languages and Linguistics, Beijing, 26-28 November 2017)

Liu, Wen, You-Jing Lin, Zhenghui Yang & Jiangping Kong (2020) Hmu (Xinzhai variety). *Journal of the International Phonetic Association* 50: 240-257.

Maddieson, Ian & Susan Hess (1986) 'Tense' and 'Lax' revisited: More on phonation type and pitch in minority languages in China. *UCLA Working Papers in Phonetics* 63: 103-109.

Maddieson, Ian & Peter Ladefoged (1985) 'Tense' and 'lax' in four minority languages of China. *UCLA Working Papers in Phonetics* 60: 59-83.

Marasek, Krzysztof (1996) Glottal correlates of the word stress and the tense/lax opposition in German. In *Proceedings of the International Congress of Phonetic Sciences*, Stuttgart, 1573-1576.

Marasek, Krzysztof (1997) *EGG & Voice Quality*. University of Stuttgart.

Mazaudon, Martine & Alexis Michaud (2009) Tonal contrasts and initial consonants: A case study of Tamang, a 'missing link' in tonogenesis. *Phonetica* 65: 231-256.

Michaud, Alexis (2004) A measurement from electroglottography: DECPA, and its application in prosody. In *Proceedings of Speech Prosody*, 633-636.

Michaud, Alexis & Martine Mazaudon (2006) Pitch and voice quality characteristics of the lexical word-tones of Tamang, as compared with level tones (Naxi data) and pitch-plus-voice-quality tones (Vietnamese data). *Proceedings of Speech Prosody 2006, Dresden*, 819-822.

Miller, Amanda L. (2007) Guttural vowels and guttural co-articulation in Juǀ'hoansi. *Journal of Phonetics* 35: 56-84.

Moisik, Scott R. (2013) Harsh voice quality and its association with blackness in popular American media. *Phonetica* 69: 193-215.

Ohala, John J. (1973) The physiology of tone. *Southern California Occasional Papers in Linguistics* 1: 1-14.

Peng, Gang, Hong-Ying Zheng, Tao Gong, Ruo-Xiao Yang, Jiang-Ping Kong & William S.-Y. Wang (2010) The influence of language experience on categorical perception of pitch contours. *Journal of Phonetics* 38: 616-624.

Ratliff, Martha (2010) *Hmong-Mien Language History*. Canberra: Pacific Linguistics.

Silverman, Daniel (1997). *Phasing and Recoverability*. New York: Garland Publishing.

Silverman, Daniel, Barbara Blankenship, Paul Kirk & Peter Ladefoged (1995) Phonetic structures in Jalapa Mazatec. *Anthrolopological Linguistics* 37:

70-88.

Stevens, Kenneth N. (1977) Physics of laryngeal behaviour and larynx modes. *Phonetica* 34: 264-279.

Stevens, Kenneth. N. (2000) *Acoustic Phonetics*. Cambridge: MIT Press.

Stevens, Kenneth N. & Helen M. Hanson (1995) Classification of glottal vibration from acoustic measurements. In O. Fujimura & H. Minoru (eds.), *Vocal Fold Physiology: Voice Quality Control*, 147-170. San Diego: Singular Publishing Group.

Thurgood, Ela (2004) Phonation types in Javanese. *Oceanic Linguistics* 43: 277-295.

Titze, Ingo R. (2000) *Principles of Voice Production*. Iowa Ciety, IA: National Center for Voice and Speech.

Wang, William S.-Y. (1976) Language change. *Annals of the New York Academy of Sciences* 208: 61-72.

Wayland, Ratree & Allard Jongman (2003) Acoustic correlates of breathy and clear vowels: The case of Khmer. *Journal of Phonetics* 31: 181-201.

Xu, Yisheng, Jackson T. Gandour & Alexander L. Francis (2006) Effects of language experience and stimulus complexity on the categorical perception of pitch direction. *Journal of Acoustical Society of America* 120: 1063-1074.

Yang, Ruoxiao (2015) The role of phonation cues in Mandarin tonal perception. *Journal of Chinese Linguistics* 43: 453-472.

Yoon, Tae-Jin, Xiaodan Zhuang, Jennifer Cole & Mark Hasegawa-Johnson (2006) Voice quality dependent speech recognition. In *International Symposium on Linguistic Patterns in Spontaneous Speech*.

Yu, Kristine M. & Hiu Wai Lam (2014) The role of creaky voice in Cantonese tonal perception. *Journal of the Acoustical Society of America* 136: 1320-1333.

Zhang, Zhaoyan (2015) Regulation of glottal closure and airflow in a three-dimensional phonation model: Implications for vocal intensity control. *Journal of the Acoustical Society of America* 137: 898-910.

Zhang, Zhaoyan (2016a) Cause-effect relationship between vocal fold physiology and voice production in a three-dimensional phonation model. *Journal of the Acoustical Society of America* 139: 1493-1507.

Zhang, Zhaoyan (2016b) Mechanics of human voice production and control. *Journal of the Acoustical Society of America* 140: 2614-2635.

Physiological and Physical Basis of Phonation Types and Its Linguistic Value

LIU Wen

Abstract: Phonation types is a hot issue in the phonetic and linguistic research within recent decades, which involves physiology, acoustics, and linguistics. The physiological level focuses on the muscle control of vocal fold vibration. The acoustic level focuses on the acoustic correlates corresponding to the vocal fold vibration. The linguistic level focuses on whether the physiological and acoustic performance of vocal fold vibration can express a distinctive function in language. This study discusses the physiological mechanisms and acoustic properties of phonation types cross-linguistically from the perspectives of physiology, acoustics, and linguistics. Moreover, some basic issues in the research of phonation types will be clarified in this paper, including the definition of phonation types, phonation types that occur commonly, the research methods and the parameters used commonly in examining phonation types, the relationship between phonation types and tone, the correlation between phonation measures and fundamental frequency, the role of non-modal phonation types in tone perception, and so on. Finally, this study suggests that only by integrating physiology, acoustics, and perception of vocal fold vibration can we better understand the nature of phonation types.

Keywords: voice, phonation types, physiology, acoustics, perception

（250100　济南，山东大学文学院　liuwen3214@163.com）

从《切韵序》《音辞篇》看陆法言、颜之推的"正音"观*

侍建国

提要 本文通过比较《切韵序》和《音辞篇》关于南北韵部和声母的差异，对《切韵》性质提出另一种看法：它反映陆法言、颜之推的"正音"理念，所依据的是隋朝被认可的文人"读书音"。陆、颜在这个框架内对南北古今的语音差异采取了"析异不判同"的原则：一方面指摘这些差异与"正音"不合，以彰显"正音"具有"剖析毫厘，分别黍絫"的析异功能；另一方面对体现音类混并的时音变异，陆、颜并不看重。
关键词《切韵序》《音辞篇》正音观 规范理念 析异法

1 汉语通语

1.1 通语传统和《切韵》"正音的观念"

汉语自古以来就有通语，最初的名称叫"雅言"，见于《论语·述而》，"子所雅言，诗、书、执礼，皆雅言也。"孔安国注："雅言，正言也。"郑玄注："读先王典法，必正言其音，然后义全，故不可有所讳。"[①]这里的"雅言"指依据《诗》《书》的正音，不因避讳或个人方音而改变读音。清人刘台拱《论语骈枝》曰："夫子生长于鲁，不能不鲁语，惟诵《诗》读《书》执礼三者，必正言其音，所以重先王之训典，谨末学之流失。近人不解此义。"[②]可见春秋时代的"雅言"跟孔子的鲁国方言是不同的。

收稿日期：2018-11-10；定稿日期：2020-10-14。
＊ 本文初稿曾在中国音韵学研究会二〇一九年香港高端论坛（香港中文大学，2019年5月17日）上报告，得到孙玉文、丁治民、郑林啸、汪业全、莫超、严志诚等同行的批评和建议。初稿还得到《语言学论丛》两位匿名评审详细而中肯的修改意见，在此谨表谢意。笔者对初稿的观点做了较大的修正。

到了汉代，扬雄《方言》有"通语""凡语""凡通语""通名"等术语，指那些使用地域广阔的词语。孙玉文（2012）根据《方言》里不同区域同义词的语音对应关系，认为秦汉各方言之间在音类上存在很大的一致性，共通语的很多声、韵、调类各方言都有，且跟中古汉语有对应关系。据刘君惠、李恕豪、杨钢、华学诚（1992）对《方言》中不同区域地名并称的统计，"周郑韩"（今河南省境内）三地的方言关系密切，它们跟其他方言也有较密切的联系。"周郑韩"地区是西汉的重要方言区，其重要性来自该区域历史上的崇高地位，该区域的语音在文人心目中地位也很高。汉代"周郑韩"的语音与春秋时期"子所雅言"的"正音"一定有直接的传承关系，而其他地区或多或少继承了前代"雅言"的语音系统。可以推断，各代的文人都将理想的"读书音"视为"正音"，而朝廷所在区域的文人读书音，特别是当时有影响的音韵学家的读音，自然被当作语音楷模。

通语传统在东晋发生了变化。公元317年晋室东渡以后，那些身居江东的侨姓士族依然保持着传统语音，于是几百年后南方士族的语音形成了具有江淮特色的金陵音，它既不等同汴洛音，亦非金陵庶民的方言音。《颜氏家训·音辞篇》描写了晋室南迁两百年后南方士族口音与庶民口音的明显区别："易服而与之谈，南方士庶，数言可辨。隔垣而听其语，北方朝野，终日难分。"③自此，北方文人的汴洛音和南方士族的金陵音成为隋朝文人普遍认可的"雅音"的两个地域变体，隋仁寿元年（公元601年）的《切韵》就是一部切合"雅音"南北变体、反映"正音的观念"的韵书（周祖谟1966b）。陈寅恪（1949）认为它以晋室南渡前的"洛阳旧音"为标准，周祖谟（1966b）认为"它的语音系统就是金陵、邺下的雅言，参酌行用的读书音而定的"，邵荣芬（1982/2008）主张它是在洛阳音的基础音系上吸收了金陵话的特点，李荣（1957/1982）认为它"如实的记录了一个内部一致的语音系统"。此后"雅音"南、北变体一直延续到明清，直至清朝末年北京城里流行具有官话音地位的

"京音",后者也被视为现代普通话音系的早期形式。

1.2 《切韵》的"正音"观不同于现代标准音

《切韵》的"正音"观不能跟现代语言学意义上的汉语标准音同日而语,二者的差异体现在多个方面。首先,普通话标准音以特定城市的语音为标准,有一定数量的人群将它作为第一语言;但《切韵》的"正音"不是人们日常生活的说话音,而是文人的"读书音"。第二,当代标准音是现代社会的产物,它拥有电视、广播、录音、现代教育等多种大众传播渠道;而隋朝"正音"的实际语音形式,除了小规模的师生口耳相传之外,缺乏大众传播渠道。由此产生第三点:当代标准音是由现代语言学者集体制定的一套既有音位又有实际音值的语音系统;而《切韵》的"正音"系统体现于音类分别(也叫析异),其确切音值目前难以考证。④我们可以说,现代标准音跟《切韵》"正音"在语音的系统性和音值的精准性方面都有很大的差别。

陈寅恪的《从史实论切韵》以现代语言学观点论述《切韵》的"正音"观,虽然该文的观点常被概括为《切韵》反映"洛阳旧音",但陈寅恪(1949:7)在分析颜之推的《音辞篇》后是这么说的:颜黄门"岂非于心目中本悬有一绝对之标准,此标准亦即未染吴越语音时殆即东晋过江时侨姓士族所操用之洛阳旧音邪?"这段话应理解为《切韵》反映当时文人"心目中本悬有一绝对之标准","旧音"是陈先生用的简称,"旧"相对于"新",后者即时音,陈先生的"旧音"就是文人"心目中本悬有一绝对之标准"。

再看陈寅恪(1949:16)在该文最后的重申:

> 夫诸贤之论难,与切韵之写定,既于南北古今之音或是之或非之,故或取之或舍之,自必有一抉择之标准。此标准既非为漫无系统之严分,则诸贤心中乃有一成为系统之标准音存在无疑也。夫既有标准音矣,而于捃选除削之际,多所取决于颜萧,岂不以颜萧所操用者较近于此一标准音邪?……至此乃可于陆氏序文中此节作

一解释曰,诸贤于讨论音韵之时,其心目中实以洛阳旧音为标准者。而南北朝时金陵士族与洛阳朝野所操之语音虽同属此一系统,然经三百年之变化,均已非古昔之旧观,故必须讨论其是非以决定所取舍,讨论之结果,得一折衷一是之意见,即谓南方士族之音声较近于此一标准,于是捃选除削,乃多取决于颜萧。

这段话的意思很明确,《切韵》论韵者"心目中"对"正音"十分向往,而让萧、颜二位"多所决定",因为萧、颜的"读书音"最接近他们认定的楷模。陈寅恪作为中国现代最著名的文史学家之一,曾留学日本、瑞士、法国、美国,20世纪初两度赴德求学,想必经历过当时德国所谓"标准德语"的推广,[⑤]深知现代国家的标准音为何物。他在这篇堪称汉语史的代表作里将陆法言、颜之推的"正音"观与时音的关系分析得相当透彻,那就是隋朝的"正音"存在于文人心目中,它是东汉至西晋的"规范语音";经过三百年的南北变异,各地语音"已非古昔之旧观",一些细微的语音类别混并了,但陆、颜仍能捃选与"正音"最接近的音类。陈寅恪所主张的"洛阳旧音"并非当时某地的活语音,他认为南方士族的金陵音是接近"正音"的活语音。从现代语言学角度看,陈寅恪的"洛阳旧音"只是个观念,它为我们理解隋朝文人"心目中"的"正音"做了很好的注解。

周祖谟(1966b)不同意《切韵》反映"洛阳旧音"的观点,但赞同当年讨论《切韵》的九位学者"显然有一个正音的观念",这些学者欲通过制定《切韵》对各地的语音进行规范。周祖谟(1966b:439)在一个标题中说,"《切韵》为辨析声韵而作,参校古今,折衷南北,目的在于正音,要求在于切合实际。"他对《切韵》的结论是"一部有正音意义的韵书,它的语音系统是就金陵、邺下的雅言,参酌行用的读书音而定的。既不专主南,亦不专主北,所以并不能认为就是一个地点的方音的记录"。假如不拘泥于陈寅恪以"洛阳旧音"的简称诠释"正音",那么周祖谟的观点与陈寅恪的观点差距并不大,二者都主张《切韵》是一部反映文人心目中

"正音"的韵书。二者不同之处只在周祖谟认为金陵音和邺下音都不能视为"正音",它们是"正音"所要"切合"的实际对象;而陈寅恪认为"洛阳旧音""较接近于此一标准"。显然,陈寅恪和周祖谟对于《切韵》反映陆、颜"正音"观的共识大于分歧,而周祖谟把"正音"视为规范理念的意思更加明显。

再看邵荣芬(1982/2008)的观点,他认为《切韵》时代的"正音"以洛阳音为基础,吸收了一些金陵音的特点。其实他的"正音"也是一个非特定地点音的概念,也可看作"正音"存在于文人"心目中",因此邵荣芬的观点与陈寅恪、周祖谟对于"正音"的理解差异也不大。

以上三位学者都认为《切韵》所表达的"正音"存在于文人"心目中";至于跟"正音"最接近的活语音,邵荣芬根据文化中心所在地而主张"洛阳音+金陵音",陈寅恪根据颜之推《音辞篇》对各地语音的批评以及史料而选择金陵音,周祖谟则从现代标准音概念上既不主南、亦不主北。其实,将隋朝的时音与陆、颜"心目中"的"正音"进行比较是难以达到的目标,我们或许应该从其他方面探索陆、颜"心目中"的"正音"观。

耿振生(1992:126)从现代语言学意义上对明清时期等韵图音系研究后提出一个观点,即"'正音'是文人学士心目中的标准音,它纯粹是一种抽象的观念,没有一定的语音实体和它对应,因此,它只存在于理论上,而不存在于实际生活中"。这是针对明清时期的读书音而言,笔者将这一观点运用于隋代,并把耿振生的"抽象的观念"定义为规范理念,通过比较《切韵序》和《音辞篇》所述的南北古今语音差异来探讨陆、颜的"正音"观。

2 探索《切韵》性质的新视角

2.1 明代文人的"读书音"和当代民众的"读书音"

在分析《切韵序》和《音辞篇》的"正音"观之前,先厘清

从《切韵序》《音辞篇》看陆法言、颜之推的"正音"观 239

古人"读书音"跟"说话音"的关系。古代文人的"说话音"不等于庶人所操之语音，也不是文人日常生活所用之方音，⑥而是他们在庄重场合的说话音，这一推断基于《论语·述而》"子所雅言，诗、书、执礼，皆雅言也"，从古到今，概莫能外。现以明代文人的官话口音为例说明当时文人的官话就是他们在正式场合的"说话音"。明代张位认为江南文人说的官话齿音不清，⑦属于官话中的"乡音"。⑧在张位的表述里，官话代表"正音"，"官话中乡音"指带乡音特色的官话口音，但"乡音"不等于错误发音。张位在《问奇集·误读诸字》里专门说到文人对于读错字的态度是"每宾客在座，闻读字之误者，在相知则为正之；不相知唯唯而已"。⑨

明末的"读书音"是南京话还是北方话是有争议的，争议围绕着《利玛窦中国传教史》（利玛窦著，刘俊馀、王玉川合译 1986；又《利玛窦中国札记》利玛窦、金尼阁著，何高济、王遵仲、李申译，何兆武校 1983）所记载的"南京男孩"到底说什么样的"读书音"。笔者把"南京男孩"理解为书童，并猜测《利玛窦中国传教史》将"putto"译成"书童"基于两条理由：一、这男孩不但说中国话发音清晰，还能教人说中国话；二、这男孩一定识字，因为只有读书人才能教人"学中文""学南京话"，利玛窦的意大利原文和金尼阁的拉丁文版都不违背这男孩的两个特点。显然"南京男孩"的准确身份应为"南京书童"，他的"中国话"是南京官话，南京官话在明末无疑属于"地道的中国话"，也是明代文人认可的"读书音"。

再看当代汉民族大众所说的普通话。普通话是近百年来由政府推行的全民交际语，经过六十多年的大力"推普"而形成的当代民众普遍使用的带方言特征的普通话，既成了普通民众的读书音，也是他们在庄重场合的说话音。笔者发现，虽然经过六十年标准音的"浸濡"，现今常州人的读书音（包括在庄重场合的说话音）依然是带方音特征的普通话。从这个实例推测，既然经过大半辈子标准音的"浸濡"，当今受过教育的人的读书音仍带方音特色,那么古代文人在缺乏标准音"浸濡"的情况下,各自的读书音差异应该更大。

2.2 从"正音"观看"析异"法

20世纪初高本汉研究中国古音取得了瞩目成就,他对中古音的研究以前人对《切韵》的音类研究为基础,运用32种方言材料加上汉语域外借音,以历史比较法构拟了中古各个音类的"音值"。但他的构拟不能看作中古某个时代的实际语音,也不代表任何一个时代的地点音;他的构拟是用一套符号注解中古各音类之间的区别,在现代语言学看来,用一套注解音类的符号是不可能描写任何实际语音的音值的。不过高本汉的方法能帮助我们理解《切韵》论韵者的"正音"观,它使我们认识到中古的"音类系统"并非完全抽象,它可用一套标音符号显示音类之间的差异,本文称之"析异"法。

王洪君(2014:47)在分析方言比较与古代文献材料运用的关系时认为《切韵》反映中古通语音类的分合,属于"文献音类";而高本汉的中古音构拟只是为"文献音类填上合理的音值"。这个《切韵》反映音类分合的说法与本文的"正音"观有一定程度的契合,但王洪君的理据未充分展现,即如何将"南北朝士人心目中的标准语,可能是西晋时的洛阳音"跟《切韵》只显示音类分合而无法确定实际音值这两方面(尤其是后一方面)联系起来。其次,王洪君为"文献音类填上合理的音值"的观点很形象地说明了高本汉对《切韵》音类分合所做出的伟大贡献,这个音值"填充法"看似简单,[⑩]却是历史上首创,且至今无人超越。

然而这里所用的"音值"概念需要澄清。王洪君(2014:33)在讨论原始语音类的"音"时说"要拟测的原始语音值就要综合考虑各个对应链的各种音值,拟测出一个可以解释所有后代语音值的原始音值"。既然高本汉所用的"音值"只是一套符号,不是国际音标标写的实际发音,那么这里的"音值"就应该叫作符号,而不是记录南北朝文人实际语音的音标，前者也可叫"最小公倍数"。

对于《切韵》的性质，罗常培（1931）提出"《切韵》的分韵是采取所谓'最小公倍数的分类法'的"，这是《切韵》音系"综合性"的典型说法，也是所谓"从分不从合"原则。笔者认为，对于《切韵》音系性质的讨论，还可从音类的角度探索陆法言、颜之推的"正音"观。一方面，不能以现代观念批评古人的观念；另一方面，在评价古人观念之前必须对它进行理性的分析，不能随意否定。罗杰瑞、柯蔚南（Norman & Coblin 1995）对《切韵》性质提出新的看法，认为《切韵》不代表任何一个活方言，而是传统音韵注释的记录。笔者不同意罗、柯关于《切韵》拟测的中古音全无语音结构可言的说法，赞同从新的角度重新认识《切韵》的性质，认为这个新角度应该是陆、颜的"正音"观。用"正音"观才能解释陆、颜为什么不重视活语音和地点音，也能解释为什么《切韵序》《音辞篇》没有大力褒奖任何一处活语音，以此说明为什么依据《切韵》系统构拟不出一个跟当时活语音一致的音系。

本文尝试从"单一性"和"综合性"以外的途径探索《切韵》的音系性质，即从《切韵序》《音辞篇》探索陆、颜二人的规范理念。他们反复指摘南北韵部和声母的差异，因为这些差异与"正音"不合，这彰显了"正音"具有"剖析毫厘，分别黍累"的析异功能。另一方面，当时的活语言如洛阳音、金陵音都是"正音"的地域变异，地域变异体现了一些音类的混并，而判别音类混并的首要工作是"判同"，[11]然而陆、颜只注重"正音"的析异，不看重对各地时音的"判同"。在这两篇经典著作里，只看到陆、颜"因其或异而分"的举例，并无"因其或同而合"的例子，这可视为陆、颜采用"析异而不判同"的分析法。当"论南北是非"，多谪南北之非，甚少言是；当述及古今语音，则"参校方俗，考核古今，为之折衷"。

2.3 陆、颜的"正音"观

下面以《切韵序》和《音辞篇》关于南北语言差异的论述重新

诠释陆法言、颜之推等人"有感于数百年来南北对峙，来往阻隔，致使南北言语复殊，楚夏有异。今隋天下统一，也迫切需要一个文化上语言上的统一"的"正音"观（张民权 1993）。

综观《切韵序》，无一句褒奖或称赞某个地点音，全文胪陈古今南北语音的差异，而在提到《切韵》时说它"剖析毫厘，分别黍累"，这虽不直接表达《切韵》就是"正音"，却表示《切韵》系统能做到区分音类的细微差别。这反映陆法言的"正音"并非当时的地点音，亦非前代的地点音，而是一种能对当时的南北古今音类进行甄别的系统，是一种规范系统。本文使用"音类"系统，不用"语音"系统，因为后者通常指有实际音值的音系，而前者可只辨音类，不管实际音值。可以说《切韵序》的读音规范理念体现在音类的析异，这就不难理解为什么《切韵序》无一句褒奖当时或者前代的地点音。

《切韵序》的"萧、颜多所决定"为我们提供了另一线索，虽然无法肯定萧、颜二人是否操同一口音，但每逢争议处，"萧、颜多所决定"。一个合理的推断是萧、颜二人在正式场合的"说话音"（即文人的规范读书音）被其他七位学者认为是"心目中"的语音楷模，或者说他们二人的语音被其他人"认为好的读音"。萧该的《汉书音义》亡佚已久（周祖谟 1966b），我们只能参考颜之推对"正音"的见解，而《音辞篇》对"正音"确实有明确表述：当"各有土风，递相非笑"，即出现"共以帝王都邑，参校方俗，考核古今，为之折衷"的"正音"。若要解释何为"折衷"，则"搉而量之，独金陵与洛下耳"；再比较金陵与洛下，颜之推从语言变异的角度推崇"冠冕君子，南方为优"。综观《音辞篇》全文，唯"独金陵与洛下耳"和"南方为优"两句是对地点音的笼统评价，其余的也是胪陈差异。

2.4 "南染吴越"和"南方为优"

要解读《音辞篇》对于南北语音笼统评价的真正意图，绕不开"南染吴越，北杂夷虏，皆有深弊，不可具论"这十六字，鲁国尧（2002；2003）称为"颜之推谜题"。此前分析颜之推的"正音"观时，只说他以语言变异的眼光推崇"南方为优"，而"南染吴越"该如何解读？两个"南"指同一语音现象还是不同现象？

鲁国尧（2002；2003）对"南染吴越"有深刻的剖析和独特的见解，他认为《切韵序》和《音辞篇》的南、北语音分别指"南方通语"和"北方通语"。"通语"对应于一般文人的读书音，而"南方通语"指永嘉之乱以后从北方迁徙到淮河以南的南方士族语音，即今日江淮官话的前身，这是"南染吴越"之"南"的所指。鲁国尧把"南染吴越"分析为北方话南迁而受到江淮地区原土著语言吴语的影响继而变异为"南方通语"。

鲁国尧对"冠冕君子，南方为优"并无着墨，大概将"南""南人""南方"三者视作一类。陈寅恪（1949：6）对"南方为优"有精辟见解，他说"当日金陵之士庶，各操不同之音辞"，可知"颜黄门乃以金陵士族所操之语音为最上，以洛阳士庶共同操用之语音居其次，而以金陵庶人所操之语音为最下也"。

比较陈寅恪和鲁国尧的观点，看出"南方为优"之"南"与"南染吴越"之"南"有不同含义。"南染吴越"诚如鲁国尧所析，实为"南方通语"之形成过程，即北方话在南迁过程中受吴语影响而形成"南方通语"；至于"南方为优"，依陈寅恪的看法，指隋朝初年南方侨姓士族的语音最接近当时文人心目中的"正音"。因此"南染吴越"与"南方为优"两个"南"的含义不同：依鲁国尧所见，前者指"南方通语"；按陈寅恪的分析，"南方为优"的"南"指"金陵音"，是特定的时音。它们二者的关系可用当今汉民族人民的语言使用状况作类比，隋朝初年的"南方通语"相当于当前全国汉族人民所讲的通语，而当年的"金陵音"相当于现代普通话北京音，当前一般国人的通用语音与北京语音的差距是显而易见的。

3 《切韵序》和《音辞篇》胪陈的语音差异比较

《音辞篇》从开头至"汝曹所知也"凡472字,为《音辞篇》第一段。这段可分三部分,第一部分172字记自古以来"言语不同";第二部分210字论"音韵锋出",南北语音有别;第三部分90字告诫"时有错失","虽在孩稚,便渐督正之"。本文选择第二部分论及古今南北语音有别的210字作为比较对象。《切韵序》凡397字,可分两部分。前一部分172字记述九人论韵的时间、地点及南北语音差异,后一部分225字记载《切韵序》起由及目的。本文选择《切韵序》前一部分记述南北语言差异的172字为比较对象。现将两文的有关段落摘引如下。

自兹厥后,音韵锋出,各有土风,递相非笑,指马之谕,未知孰是。共以帝王都邑,参校方俗,考核古今,为之折衷。推而量之,独金陵与洛下耳。南方水土和柔,其音清举而切诣,失在浮浅,其辞多鄙俗。北方山川深厚,其音沈浊而铌钝,得其质直,其辞多古语。然冠冕君子,南方为优;闾里小人,北方为愈。易服而与之谈,南方士庶,数言可辩;隔垣而听其语,北方朝野,终日难分。而南染吴越,北杂夷虏,皆有深弊,不可具论。其谬失轻微者,则南人以钱为涎,以石为射,以贱为羡,以是为舐;北人以庶为戍,以如为儒,以紫为姊,以洽为狎。如此之例,两失甚多。(《音辞篇》)

昔开皇初,有仪同刘臻等八人同诣法言门宿。夜永酒阑,论及音韵。以古今声调,既自有别,诸家取舍,亦复不同。吴楚则时伤轻浅,燕赵则多涉重浊;秦陇则去声为入,梁益则平声似去。又支脂鱼虞,共为一韵,先仙尤侯,俱论是切。欲广文路,自可清浊皆通;若赏知音,即须轻重有异。吕静《韵集》、夏侯咏《韵略》、阳休之《韵略》、李季节《音谱》、杜台卿《韵略》

等各有乖互。江东取韵与河北复殊。因论南北是非，古今通塞，欲更捃选精切，除消疏缓，萧、颜多所决定。(《切韵序》)

下面对这两段的语音差异进行分析比较。

3.1 "清浊"与"轻重"

《切韵序》的"清浊"与"轻重"都是传统音韵学术语，"清浊"在韵图里的所指明确，"清"指声带不振动，"浊"指声带振动。但"清浊""轻重"在早期韵书里对举时的概念并不清晰，下面列出两文关于"清浊""轻重"的论述。

南方水土和柔，其音清举而切诣，失在浮浅，其辞多鄙俗。北方山川深厚，其音沈浊而钝，得其质直，其辞多古语。(《音辞篇》)

吴楚则时伤轻浅，燕赵则多涉重浊。(《切韵序》)

欲广文路，自可清浊皆通；若赏知音，即须轻重有异。(《切韵序》)

罗常培（1932）说这两篇"皆以重轻清浊并举"，但"轻""重"二词"异义纷歧"。《音辞篇》认为南方的"清举"和"浮浅"得自"水土和柔"，北方的"沈浊而钝"来自"山川深厚"；《切韵序》则以地名指代南北，南方的吴楚语音"轻浅"，北方的燕赵语音"重浊"。笔者同意"轻浅"和"重浊"分别反映南、北语音感知上的差异，这一感知差异也是当时文人对于南北语音的普遍评价。

然而，凭目前所见文献，我们难以从发音部位或发音方法上看出"轻浅"和"重浊"的任何语音特征。若以现代方言为例，南方方言如苏州话，单元音韵母有12个（不算跟声母 [ts] 相应部位的元音 [ɿ]），其中9个是前元音。叶祥苓（1993）将"元音偏前"作为苏州话的第一大特征。而北方方言如西安话（孙立新 2007），单元音韵母只有7个（不算跟声母 [ts] 和 [tʂ] 相应部位的元音 [ɿ] 和 [ʅ]），其中前元音 [i, y, æ]，中元音 [a]，后元音 [ɤ, u, ɯ]，单元音在口腔前、后部的分布均匀，都是3个。若对比这两个现代南北方言的元音特色，苏州话前元音居多，可称"轻浅"；西安话前、后元音均等，属非"轻浅"，或曰"重浊"。这只是"轻浅"和"重浊"的现代方言元音感知差异的粗略类比，对于《切韵》时代南音、北音的差异，它并无实质上的对比意义。

《切韵序》还说"欲广文路，自可清浊皆通；若赏知音，即须轻重有异"。按照"广文路"和"赏知音"的目的，此处通"清浊"和辨"轻重"是一种较高的音韵境界，笔者将这四句看作陆法言对"正音"境界的评价，但"清浊"和"轻重"具有什么样的音类辨别功能，还是难以下判断。李荣（1957/1982：31）说"清浊轻重，大概都指韵母的差别"。

尉迟治平（2003）认为《切韵》性质是综合了南、北通语的文学语言，它既非"诗文韵"，亦非"韵类韵"。他提出"诗文韵"和"韵类韵"的区别在于对介音的"忽略"和"重视"：诗文写作讲求押韵，可"忽略"介音，以此解释"欲广文路，自可清浊皆通"两句；对韵类"剖析毫厘"则是音韵学的境界，须将不同介音的韵类逐个分解，以此说明"若赏知音，即须轻重有异"。诚然，尉迟分析的"诗文韵"和"韵类韵"两类对"广文路"和"赏知音"有很大的说服力，但将"轻"与"重"分别对应"忽略"介音和"剖析"介音，仍有待论证；"轻"与"重"或许跟介音有关，但不清楚其相关性以及相关程度。

由此看来"清浊"跟"轻重"的关系仍是一个悬而未决的难题，它们的语音学含义目前只能存疑。

3.2 古今语音不同

《音辞篇》和《切韵序》都提到古今语音不同，对于古今语音的态度也很一致：既要通古今，又要"考核古今"。下面是两文关于古今语音的论述。

以古今声调，既自有别，诸家取舍，亦复不同。（《切韵序》）

因论南北是非，古今通塞，欲更捃选精切，除消疏缓。（《切韵序》）

共以帝王都邑，参校方俗，考核古今，为之折衷。（《音辞篇》）

据胡竹安（1982）的《切韵序》疏义，第一句的"声调"指声、韵、调三者。[12]笔者认为，通古今或者"古今通塞"代表陆法言对规范音系的要求，即后代的规范系统必须能"统摄"前代的读书音，若缺乏这种"统摄"力，则规范功能未臻完善。至于如何做到"古今通塞"，《切韵序》没有说明。

"考核古今，为之折衷"出自《音辞篇》。《切韵序》有"以古今声调，既自有别，诸家取舍，亦复不同"四句，它们既可理解为各家观点的不同，也可理解为时代和南北的不同。显然，颜之推的"考核古今，为之折衷"对规范系统"统摄"功能的解说比陆法言的"古今通塞"更深入一步，必须先对古今语音的变化逐个加以考证和查核后，才能斟酌是非，进而"折衷"。

笔者以20世纪民国初期"国语"是否应该保留入声调的争议作为"古今通塞""为之折衷"的实例来解释规范系统的"统摄"功能。当时不少学者认为入声必须保留在"国语"的声调系统，尽管入声调在当时北方话的实际语音里已经消失。从这个例子看到，能否做到"古今通塞""为之折衷"显示了规范系统是否具备超越时空的"统摄"能力。

从《切韵序》和《音辞篇》的"古今通塞""为之折衷"看到陆、颜意图以文人"心目中"的规范理念"统摄"古今差异，在现代语言学看来，通古今根本就是一个无法完成的任务，它反映了古代学者希望规范系统能够超越时空的一种理想。然而，通过对各地时音的"搉而量之"，还是能找到保持"正音"音类较多的某个地点音，这就是颜之推以语言变异眼光推崇"金陵音"作为"南方为优"的理据。多亏《音辞篇》用这个例子说明"通古今"的含义，使我们理解"通古今"比理解"轻浅""重浊"更实在一些。

3.3 南北韵部比较

本文所选段落中关于南北韵部的差异有下面三处：

支脂鱼虞，共为一韵，先仙尤侯，俱论是切。(《切韵序》)

江东取韵与河北复殊。(《切韵序》)

北人以庶为戍，以如为儒，以紫为姊，以洽为狎。(《音辞篇》)

《音辞篇》还有其他关于南北韵部读音差异的描述，这里不一一列出，如"岐山当音为奇，江南皆呼为神祇之祇"，颜之推可能根据"奇""祇"二字的古书音注而指摘江南读音有混淆（尹凯2014）。

先看支与脂的南北分别。梅祖麟（2001）用现代吴语处衢片材料说明《切韵》的江东方言（即南朝吴越方言）保留鱼与虞有别、支与脂之有别；罗杰瑞（1988）指出闽语里脂之合，与支有别；陈章太、李如龙（1991）也说支与脂之"闽东多数能分，闽中有分有混；其他地区多数相混"。这些研究显示现代南部吴语和闽东地区至今仍保持支脂有别，而陆法言的"支脂鱼虞，共为一韵"指摘隋朝北音"分别黍累"不足，支脂相混；同样，颜之推的"以紫为姊"也是说北人支脂无别。

再看鱼虞的南北分歧。罗常培（1931）说："《切韵》鱼、虞两韵在六朝时候沿着太湖周围的吴语有分别，在大多数的北音都没有分别。鱼韵属开口呼，所以应当读作io音，虞韵属合口呼，所以应当读作iu音。"《切韵序》以"支脂鱼虞，共为一韵"批评北音，《音辞篇》则说"北人以庶为戍，以如为儒"，隋朝鱼虞二韵北方无别，这是肯定的。

以上支脂和鱼虞都是北方混而南方有别，陆法言认为"江东取韵与河北复殊"，所举例子是河北分别将支脂、鱼虞"共为一韵"。依照"正音"观，这些南方有别而北方"共韵"之处显示了北人"分别黍累"不够。

"先仙尤侯，俱论是切"与"支脂鱼虞，共为一韵"并举，由于对该句"切"的理解不同，形成对"先仙尤侯，俱论是切"的不同解释。本文从"正音"观角度赞同将此句的"切"等同颜之推评论"李祖仁、李蔚兄弟，颇事言词，少为切正"之"切"，即规范义；再根据周斌武（1988：55—56）的观点，把先仙的区别看作介音i的无和有，把尤侯的不同视为三等和一等的不同，这样先仙和尤侯的差别都是有无i介音。

再看北人"以洽为狎"。根据陆志韦（1947/1985）的分析，"洽""狎"为韵图二等重韵，"洽"拟为ɐp，"狎"拟为ap。"洽""狎"相混说明北人在区分元音的细微差别上做得不够。

从《音辞篇》《切韵序》对南北韵部的比较看，颜、陆二人的举例可谓"剖析毫厘"，例子既有当时北音已混并的支脂和南音仍分开合的鱼虞，也有先仙、尤侯涉及i介音的问题，还包括二等元音开口度的细小差异。谢纪锋通过比较《汉书》颜氏音切跟《切韵》音切的异同，发现二者绝大部分相合，只有少数地方不合；不合之处"应该理解为《切韵》音系无法在当时通语中实践的部分"（谢纪锋 1992：117）。这后一句值得重视，因为"正音"观念并不在乎规范音类的细微差异是否在活语言中体现。

3.4 南北声母的不同

本文所比较的两段文字对声母差异的描述只有四小句：

南人以钱为涎，以石为射，以贱为羡，以是为舐。（《音辞篇》）

"以钱为涎""以贱为羡"指摘南人从邪不分，"以石为射""以是为舐"又说南人船禅无别。从宋代三十六字母的拟音看，从邪属于齿音的浊塞音和浊擦音，船禅属于舌音的浊塞擦音和浊擦音；而唐代守温"三十字母"只有禅母，没有床母（包括崇二、船三）。周祖谟（1966a：421）说"颜氏以为二者有分，不宜混同，故论其非。考床禅不分，实为古音"。李新魁（1979）也认为船禅在《玉篇》里相混，而顾野王是吴人，所以《切韵》区分船禅肯定不是依据南方的吴音；也不是北方的秦陇音，因为慧琳的《一切经音义》是船禅合而崇禅有别；当时其他北方方言是否区分船禅，无材料证明；现代方言也是船禅为一类，崇为另一类。他的结论是"隋唐时代无论是南方的吴楚方言、北方的秦陇方言和中原地区的共同语，都是船、禅无别，禅、崇有分"。对于区分船禅的依据，李新魁猜测颜之推的"乡音金陵话大概是船禅有别的"，且它"可能就是金陵语音中保留下来的晋代洛阳音（洛阳话的古音）的特点之一"。

笔者赞同周祖谟"颜氏以为二者有分，不宜混同，故论其非。考床禅不分，实为古音"的观点，周祖谟此处用"以为"一词表达颜之推对当时是否存在床禅之分的不确定。《颜氏家训音辞篇注补》全文表示颜之推不确定的"以为"共三处，另两处分别为"稗为逋卖"之"逋"的帮並之分，即"颜氏以为此字当读傍卦切，故不以仓颉训诂之音为然"（周祖谟 1966a：416）以及"颜氏以为攻当作古红反，河北之音，恐未为得"（周祖谟 1966a：428）。从这三处的语气看，周祖谟认为颜之推的这些评论仅属己见，或与史不合。

笔者认为"以石为射""以是为舐"是颜之推依"正音"观试图说明"南人"语音亦有"谬失轻微者"。为什么此处只说"南人"，这反映颜之推认为即便最似"正音"的南人语音仍有"析异"不足，它跟《切韵序》《音辞篇》胪陈各地语音差异而无褒奖时音的做法一脉相承。

《音辞篇》其他段落也有对声母差异的评价，如"玙璠，鲁人宝玉，当音余烦，江南皆音藩屏之藩"。"璠""藩"二字表示江南把並（奉）母读为帮（非）母，在颜之推看来"璠"读如"烦"才合乎"正音"。其实江南的实际读音并非颜之推所指摘的，顾野王《玉篇》"璠音甫园反"可证"方烦、甫园，即为藩音。是江南有此一读"（周祖谟 1966a：422）。

总括以上《音辞篇》《切韵序》有关南北韵部和声母的差异，它们说明了北音支韵重纽两类相混、鱼虞相混，而南音船禅混并、帮非与並奉混并，这些南北差异都跟"正音"不合。

最后来看声调。《切韵序》关于调类差异的论述很少，只有两句：

> 秦陇则去声为入，梁益则平声似去。(《切韵序》)

这两句接在"吴楚则时伤轻浅，燕赵则多涉重浊"后，从排比的内容看，陆法言似乎更注重四地名称的排列，而对于四方语音差异，或限于感知（"轻浅"和"重浊"），或囿于大类（去为入，平似去）。当时骈体文盛行，讲究文藻和声韵。陆法言将吴楚、燕赵、秦陇、梁益分别代表南方、北方、西北、西南，南音的轻浅和北音的重浊所表示的语音特征不甚明了；而调类的差异除此句以外并无提及，加上《音辞篇》没有关于声调的评论，令笔者猜测隋朝的陆法言、颜之推对于各地调类的实际发音没有合适的语词表述。虽然韵书上都标注每个汉字的调类，但隋朝文人"正音"调类的实际读法（即音值）需要参照乡音，这个推测可从清代同治周赟《山门新语》的"论读法"得到证实。[13]

> 有南北人对读而不知其为何字者。赟自同治乙丑北上，至今凡海航京邸所遇各省士大夫，与之接谈，未尝不留心採听，乃知字音相去之远。其故有二，一在乡音，一在读法，不得专咎乡音，亦不得混指读法之不同为乡音之不同，使乡音不同而读法皆同。初听虽觉难解，尚可即已解之音以推其余，即不尽中而亦不远。

周赟先描述自己北上的观察，[14]所遇各省士大夫，留心与之交谈，乃知不同人的字音相去较远。然后发现"字音相去之远"有两个原因：一是乡音不同，二是"读法"不同。什么是"读法"，周赟未进一步说明，但"不得混指读法之不同为乡音之不同"表示"读法"与乡音必须区别开来；"乡音不同而读法皆同"，即指排除特定乡音之后的规律。对各地带乡音的官话，周赟初听觉得难懂，留心听一会就能依语音规律类推，结果虽"不尽中"但"亦不远"，因为他掌握了"读法"的类推规律。古人"读书音"的声、韵依照韵书之反切，但调类的实际发音更须参照乡音，周赟所揣摩的"读法"大概属于"反切＋乡音"的类推法，乡音是"正音"调类实际发音的重要参考。我们以周赟对清代文人"读书音"的描绘推测隋朝文人的"读书音",后者调类的实际读法应该也是如此。

对于"去声为入""平声似去"两句,魏建功曰"长言为去,短言为入",俞敏(1991)说"去声为入"指秦方言把收-i的去声字念成收-d的入声字,郑张尚芳(2012)也说"去声为入"跟"平声似去"只表示调值偏降不同,秦陇的"去声为入"还涉及韵母结构不同。三位学者都从调类和韵母结构上解释这两句,笔者认为还应该从隋朝文人"读书音"声调的具体读法来理解这两句的真正含义,大概是说这两地的"去声"和"平声"应以当时金陵音的读法为准。

4 结语

《切韵》是中国音韵史上第一部关于规范音类系统的韵书,它的重要性是其他任何韵书无法相比的。对于一千五百年前的这么一部伟大音韵著作,我们需要从多个角度探索它的真正意图,理解其音类系统所显示的分韵法,从而准确认识汉语中古音状况。本文通过比较《切韵序》和《音辞篇》关于南北韵部、声母和古今语音的差异,对《切韵》的音系性质提出另一种看法:它反映陆法言、颜之推"心目中"的规范理念,并非言北有混则南有别、言南有分则北无别,而是从语音规范理念上指摘那些南北古今语音变异与"正音"音类不合;另一方面,对于反映某些音类混并的时音,陆、颜采取"析异而不判同"的方法;可以说陆、颜的音类"析异"重在指摘南北语音变异,不重视时音的音类合并。

此外,陆、颜的"正音"观跟"单一音系说"不能在同一框架内讨论。"正音"观是一千多年前陆法言、颜之推的规范理念,是一种表示音类差异的规范系统;而"单一音系说"是近代西方国家意识的现代语言学衍生物,即国家语言的语音系统(如德国的所谓"标准德语")。《切韵》的音类系统只反映陆、颜"心目中"的样子，它跟当时任何一个活语音不能直接匹配，大概颜之推、萧该两人的读书音可配得上"正音"的样子，可惜颜之推没有将自己的语音具体描写出来，所以我们无法根据《切韵》归纳出一个符合现代语言学意义上的"单一音系"。

附　注

① 见武英殿本《十三经注疏》影印本,《论语注疏》卷七，页八。
② （清）刘台拱:《刘端临先生遗书》道光十四年阮思海刻本，卷一，页八。哈佛燕京图书馆，中国哲学书电子化计划。
③ 《颜氏家训》(诸子百家丛书)，上海：上海古籍出版社，1992年，页四十。
④ 李荣（1957/1982：36）说"我们可以假定《切韵》时期的方言，音类上头的差别比音值上头的差别小"。
⑤ 　德国境内的方言各种各样，从南到北按照地形的高低大致分为高、中、低三大块。所谓"标准德语"，历史语言学上称之为"新高地德语"，它在14、15世纪作为一种综合若干方言特征的书面语出现，主要用于行政管理。德语标准化从15世纪的城镇化开始，到16世纪基督教改革运动的领袖马丁·路德以东中部德语方言的区域书面语翻译德语版《圣经》，使得该区域的书面语成为一种超区域的书面语，路德称之为"语言模范"（Davies & Langer 2006：74）。
⑥ 也有学者将"说话音"视为古人日常的方言音，如罗常培（1959）评论龙果夫的《八思巴字和古官话》提出甲、乙两类读音时说:"我对于他这种解释相当地赞成，这两个系统一个是代表官话的，一个是代表方言的；也可以说一个是读书音，一个是说话音。"
⑦ 耿振生（1992：118）认为江南"齿音不清"指正齿与齿头不分，精知庄章混。
⑧ （明）张位:《问奇集》卷下，影印福建省图书馆藏明万历刻本，页四十一。上海：上海古籍出版社，2002年,《续修四库全书》。
⑨ （明）张位:《问奇集》卷上，影印福建省图书馆藏明万历刻本，页二十。上海：上海古籍出版社，2002年,《续修四库全书》。
⑩ 这里的"填充法"没有贬低高本汉贡献的意思，为未知提供答案就像在完成一道无人能解的填空题。
⑪ 只有在判断几个相关音素不属于同一个音（即音位）之后，分析这些音素之间的差异（即"析异"）才有音位上的价值。
⑫ 胡竹安（1982）注：此句《广韵》所录《切韵序》无"古"字。
⑬ （清）周赟:《山门新语》，光绪十九年六声草堂刻本，卷二，页六-

七。哈佛燕京图书馆, 中国哲学书电子化计划。

⑭ 据说周赟曾六次赴京参加会试, 先后拜见过曾国藩、李鸿章、左宗棠等晚清重臣 (见周赟《小桃源十景诗序》: 至京师仰瞻天子宫阙之壮丽, 纵观百官冠盖之繁盛, 于华夏见诸亲王, 曾文正公、左李二爵相⋯⋯)。郑树森: http://www.ngnews.cn/system/2016/06/27/010750335.shtml, 浏览日期2017.10.4。

参考文献

陈寅恪 (1949) 从史实论切韵,《岭南学报》第9卷第2期, 1—18页。
陈章太、李如龙 (1991)《闽语研究》, 语文出版社, 北京。
耿振生 (1992)《明清等韵学通论》, 语文出版社, 北京。
胡竹安 (1982) 唐写全本《刊谬补缺切韵》所存《切韵序》疏义,《江西师院学报》第4期, 74—77页。
李　荣 (1957/1982) 陆法言的《切韵》,《音韵存稿》, 26—39页, 商务印书馆, 北京。
李新魁 (1979) 论《切韵》系统中床禅的分合,《中山大学学报》第1期, 51—65页。
利玛窦著, 刘俊馀、王玉川合译 (1986)《利玛窦中国传教史 (上、下)》, 光启出版社、辅仁大学出版社, 台北。
利玛窦、金尼阁著, 何高济、王遵仲、李申译, 何兆武校 (1983)《利玛窦中国札记 (上册、下册)》, 中华书局, 北京。
刘君惠、李恕豪、杨钢、华学诚 (1992)《扬雄方言研究》, 巴蜀书社, 成都。
鲁国尧 (2002) "颜之推谜题"及其半解 (上),《中国语文》第6期, 536—549页。
鲁国尧 (2003) "颜之推谜题"及其半解 (下),《中国语文》第2期, 137—147页。
陆志韦 (1947/1985)《古音说略》(燕京学报专号之二十); 又《陆志韦语言学著作集 (一)》, 中华书局, 270—276页, 北京。
罗常培 (1931)《切韵》鱼虞的音值及其所据方音考——高本汉《切韵》音读商榷之一,《中央历史语言研究所集刊》第二本第三分, 358—385页。
罗常培 (1932) 释重轻——《等韵发疑》二《释词》之三,《中央历史语言研究所集刊》第二本第四分, 441—449页。
罗常培 (1959) 论龙果夫的《八思巴字和古官话》,《中国语文》12月号, 575—581页。
罗杰瑞 (1988) 福建政和话的支脂之三韵,《中国语文》第1期, 40—43页。
梅祖麟 (2001) 现代吴语和"支脂鱼虞, 共为不韵",《中国语文》第1期, 3—15页。
邵荣芬 (1982/2008)《切韵研究》, 中国社会科学出版社, 北京; 又《切韵研究（校订本）》，中华书局，北京。
孙立新 （2007）《西安方言研究》，西安出版社，西安。
孙玉文 （2012） 扬雄《方言》折射出的秦汉方音，《语言学论丛》第44辑，222—270页，商务印书馆，北京。
王洪君 （2014）《历史语言学方法论与汉语方言音韵史个案研究》，商务印书馆，北京。
谢纪锋 （1992）《汉书》颜氏音切韵母系统的特点——兼论切韵音系的综合性，《语言研究》第2期，110—118页。
叶祥苓 （1993）《苏州方言词典》，江苏教育出版社，南京。
尹　凯 （2014） 从古代文人的"正音"意识再谈《切韵》音系的性质，《邢台学院学报》第3期，144—146页。
俞　敏 （1991） 汉藏文献学相互为用一例——从郑注《周礼》"古者立位同字"说到陆法言《切韵序》"秦陇则去声为入"，《语言研究》第1期，128—132页。
尉迟治平 （2003） 欲赏知音 非广文路——《切韵》性质的新认识，《古今通塞：汉语的历史与发展》，157—185页，第三届国际汉学会议论文集语言组，台北。
张民权 （1993） 试论《切韵》一书的性质——读《切韵·序》和《颜氏家训·音辞》，《南昌大学学报》第4期，94—100页。
郑张尚芳 （2012） "秦陇去声为入"实证，《语言研究》第3期，56—58页。
周斌武 （1988）《中国古代语言学文选》，上海古籍出版社，上海。
周祖谟 （1966a） 颜氏家训音辞篇注补，《问学集（下册）》，404—433页，中华书局，北京。
周祖谟 （1966b） 切韵的性质和它的音系基础，《问学集（下册）》，434—473页，中华书局，北京。
Davies, Winifred V., Nils Langer （2006） *The Making of Bad Language: Lay Linguistic Stigmatizations in German: Past and Present*. Frankfurt: Peter Lang GmbH.
Norman, Jerry, South Coblin（罗杰瑞、柯蔚南）（1995） A new approach to Chinese historical linguistics. *Journal of the American Oriental Society* 115. 4: 576-584.

Examination of Lu Fayan and Yan Zhitui's 'Accepted Pronunciation' Based on *Qieyun Xu*(切韵序) and *Yinci Pian*(音辞篇)

SHI Jianguo

Abstract: This article examines different pronunciation variants, for instance, initials and finals, in the southern and the northern areas, besides the sound variations of the past and present, all of which are divided by the Sui Dynasty and described in the books of *Qieyun Xu* and *Yinci Pian*. Based on these analysis the author argues that Lu Fayan and Yan Zhitui had a perception of 'accepted pronunciation', which is an assumed ideal sound model or standard reading pronunciation to evaluate different accents. By applying this assumed sound model to all kinds of sound variants in the Sui Dynasty both Lu and Yan followed a principal of differentiating alternative sounds but ignoring equivalent ones. It means that Lu and Yan criticized the sound variants which deviate from the assumed sound system but paid no attention to sound merges occurred in actual dialects.

Keywords: *Qieyun Xu, Yinci Pian,* accepted pronunciation, hypothetical correctness, sound differentiation

(519082 珠海,中山大学珠海校区中文系
jshi@emeritus.um.edu.mo)

论段玉裁的"上入声多转而为去声，平声多转为仄声"
——兼论声调源于韵尾假说*

刘鸿雁　马毛朋

提要　除了"古无去声之说"外，段玉裁还有一项关于上古汉语声调的重要论述，即"上入声多转而为去声，平声多转为仄声"。本文通过分析《六书音均表·诗经韵分十七部表》中韵字的上、中古调类差异指出，段氏实际认为上古平、上、入三声均可转入中古平、上、去、入四声，而上、入转为去，平转为仄则是对上、中古声调总体演变趋势的概括。此外，本文比较了段玉裁与唐作藩先生上古调类归属的异同，探究了段氏判断某字与中古异调的根据。本文还指出，汉语声调源于韵尾的假说，在解释段氏概括出的上、中古不同调类的转化现象时遇到了逻辑困难，该假说有待继续完善。

关键词　段玉裁　《诗经》　上古调类　异调字　声调源于韵尾假说

0　缘起

如王力先生（1992/2013：134）所言："清代古韵之学到段玉裁已经登峰造极。"至段玉裁《六书音均表》，上古韵部分类研究的基本格局已经建立起来了。段氏在古音学上的贡献，学者们已有许多研究，全面讨论的著述比如王力（1992/2013）、陈新雄（2005）、孙玉文（2010）、黄易青等（2015）。最近的比如鲁国尧师（2015）对段氏语言学思想的阐发，黄耀堃师（2016）对段氏古韵十七部排

收稿日期：2018-09-11；定稿日期：2020-10-14；通讯作者：刘鸿雁。
＊ 本文曾在中国音韵学研究会第20届国际学术研讨会（陕西师范大学，2018年8月）上宣读，感谢鲁国尧、田小琳、黄耀堃、孙玉文诸师长的修改建议。两位匿名审稿人的宝贵意见，让本文减少了错误，谨致以诚挚的谢意！

序与切韵图关系的剖析。就上古声调而言，段氏为后人称述最多的是其"古无去声之说"。该说只是段氏上古声调学说的一部分内容。段氏的上古声调理论是从古今（即上古中古）演变的角度展开论述的，其总的看法是，一个字古今可能分属不同的调类。具体来说，关于声调的总体分类，上古只有平、上、入三声，在从上古三声发展为中古四声的过程中，存在"上入声多转而为去声，平声多转为仄声"的趋势。笔者以为，段氏这一声调演化趋势的观点及其背后的理据，对于上古声调研究及古音构拟具有重要的意义，值得进一步探讨。

1 段氏之前的上古声调分类研究

1.1 声调的总体分类研究

有清一代及之前的古音学家有关上古汉语调类的研究大致可以分为两个方面，一是声调的总体分类，一是每个字的具体归类。第一个方面涉及上古有没有声调，有哪些声调的问题。段氏之前的吴棫、程迥、陈第、顾炎武、江永都主张上古汉语有声调。其中，程迥大概认为古有三声，《四库全书总目提要·经部四十二》曰："迥书以三声通用，双声互转为说，所见较棫差的，今已不传"。其他均认为古有四声。吴棫有"四声互用，切响同用"（江永《古韵标准·例言五》）之说，《韵补》就按平、上、去、入分卷。陈第所言"四声之辨，古人未有"（《读诗拙言》），是在谈《诗经》用韵，陈第实际认为古有平、上、去、入四声（康瑞琮1985）。顾炎武认为"一字之中，自有平、上、去、入"（《音学五书·古人四声一贯》）。江永则更指出"四声虽起江左，案之实有其声，不容增减"（《古韵标准·例言五》）。

1.2 单字声调归类研究中的古今异调字

声调的总体归类是建立在单字归类的基础之上的。段氏之前持四声说诸家，即认为每个字的上古调类与中古基本相同，不过他们还是特别讨论了一些明显的古今异调字及调类之间的转化关系。顾炎武《音学五书·古人四声一贯》说："四声之论，虽起于江左，然古人之诗，已自有迟疾、轻重之分，故平多韵平，仄多韵仄。亦有不尽然者，而上或转为平，去或转为平、上，入或转为平、上、去，则在歌者之抑扬高下而已，故四声可以并用。"众所周知，顾氏这里所说的"转为"不是谈字调的历时演变，不是说某一个字以前是上声，现在是平声，而是在谈共时平面的《诗经》押韵，是解释《诗经》中的异调相押现象，认为歌者为了歌唱需要，就不考虑韵脚字声调的不同了。《音学五书·入为闰声》说："诗三百篇中，亦往往用入声之字，其入与入为韵者，什之七，入与平、上、去为韵者，什之三。以其什之七，而知古人未尝无入声也。以其什之三，而知入声可转为三声也，故入声，声之闰也。"这仍然是谈押韵的问题。然而，一个字如果总是与异调相押，是否说明该字在上古就属于另一调类？《音学五书·四声之始》说："今考江左之文，自梁天监以前，多以去、入二声同用，以后则若有界限，绝不相通。是知四声之论，起于永明而定于梁陈之间也。……乃约所自作《冠子祝辞》读'化'为平，《高士赞》读'缁'为去，《正阳堂宴劳凯旋诗》读'傅'为上，今《广韵》'化'字、'傅'字无平、上二声，而去声有'㴛'字，无'缁'字。是约虽谱定四声，而犹存古意，不若后人之昧而拘也。"照顾氏的理解，梁天监之前，去、入两个调类是相通的，之后则壁垒分明，"化"字古应为平声字，"缁"古为去，"傅"古为上。这是在谈古今异调字问题。顾氏对这些古今异调字也进行了初步的研究。比如"降"字中古有平声"下江切"和去声"古巷切"两读。《诗本音·草虫》"降"下注曰："古音户工反，考'降'字，《诗》凡四见，《礼记》一见，《楚辞》三见，并同，后人分四江韵"，顾氏这里把"降"归入东部的同时，也认为"降"上古只有平声一读。再比如其《唐韵正》去声卷之十一"伪"下注："古音讹"，"伥"下注："古音丑良反，《说文》伥从人长声,今此字两收于十阳、四十三映部中",这是说中古去声"伪"上古属平声,中古平、去两读的"伥",上古只有平声一调。

顾氏之后的江永,对这一现象也给予相当的重视,这体现在其《古韵标准》各部的"别收"当中。江永认为古有四声,《诗经》中异调相押的例子,江永赞同陈第和顾炎武的看法,认为是诗人"随其声讽诵咏歌",后人读诗不应"强扭为一声"。不过他又认为陈第不能坚守自己的原则,"陈氏知四声可不拘矣,他处又仍泥一声,何不能固守其说邪?四声通韵,今皆具于举例,其有今读平而古读上,如'予'字,今读去而古读平,如'庆'字,可平可去如'信''令''行''听'等字者,不在此例"(《古韵标准·例言五》)。可见,江永明确意识到古今异调字问题。《古韵标准·平声第二部》"别收去声八未"有"畏"字,"别收去声十六怪"有"坏"字,江永认为此二字上古就应归入平声。

2 段玉裁的调类转化论述及例析

2.1 段氏的古今调类转化论述

段玉裁《六书音均表·古四声说》:"古四声不同今韵,犹古本音不同今韵也。考周秦汉初之文,有平、上、入而无去,洎乎魏晋,上、入声多转而为去声,平声多转为仄声,于是乎四声大备而与古不侔。"除了古无去声外,段玉裁对汉语从上古到中古发展过程中,不同调类之间的演变关系做出了概括,即"上入声多转而为去声,平声多转为仄声"。关于段氏的这一论断,后人的评价多集中在去声问题上,比如王力(1992/2013:132—133)说:"段氏古无去声之说是可以成立的。从他的《〈诗经〉韵分十七部表》来看,有后世读去声而古读入声的,此类最多,⋯⋯有后世读去声而古读上声者,此类次之,⋯⋯有后世读去声而古读平声者,此类较少"。再如孙玉文(2010:251—254)不仅详论了段氏古无去声的依据,还指出了其否认异调相押的错误。不过,段氏概括出的上、中古调类转化的总体趋势即上、入转为去，平转为仄是否准确，根据为何？较少有学者论及。

2.2 例析

段玉裁的观点，具体体现在《诗经韵分十七部表》和《群经韵分十七部表》中。段氏每部所收的韵脚字均按声调分类。有些韵部所分调类是不合理的，比如第二部宵部只有平声，中古的上声字"小"、去声字"笑"、入声字"爵"都算作平声，第十七部歌部的情况类似。由于这一分类本身有缺陷，用这些韵部讨论段氏的调类转化学说就欠缺说服力。所以用作例子的阴声韵部应该是平、上、入俱全的，比如之部。之部中，既然已有上声，平声中仍出现中古上声字，就值得讨论了。王力（1982：13）将上古韵部分为甲、乙、丙三类，分属收喉、收舌、收唇三类韵尾的韵部。现以段玉裁第一部（王力之、职部）、第六部（王力蒸部）、第十五部（王力脂、微、质、物、月部）、第十二部平声（王力真部）、第七部（王力缉、侵部）作为甲、乙、丙三类韵部的代表作以分析。下文以《诗经韵分十七部表》为例，将以上各部所收上、中古属于不同调类的字列表如下，表头平、上、入是段氏的分类，平声所列的都是中古的非平声字，上、入相同。其中"上古调类"一栏，据唐作藩先生（2013）的归类[①]，段、唐上古调类相同的字，用阴影标出。

2.2.1 如何确定多音字的中古调类

《诗经》中不少韵字在《广韵》里有多个声调。比如某字中古有平、上两调，如果可以判断在《诗》韵中出现的该字，在中古应读平声，段玉裁将其归入平声，那就不是异调转化的例子。所以，在讨论前，首先要确定这些多音字的中古调类。由于古今谈《诗经》者众多，歧见纷纭，这里采用向熹（2000：238）先生关于《诗经》注音的意见："多音多义字，当依义定音，对号入座，避免张冠李戴。这类字可参考《释文》注音。"邵荣芬（1995：5）认为《经典释文》"标之于首"的音切，是陆德明认为的标准音。[②]所以我们同意向熹先生确定多音字读音的办法。如果根据《广韵》可以依义定音，就据之确定中古调类，如果不能判断，就以《经典释文·毛诗音义》为定。比如表一平声（9）"膴"，《广韵》平声"武夫""荒乌"二切，是"无骨腊"，上声"文甫切"，义为"土地腴美"，可以判断"膴"是上声，就在相应的调类下划双线。比如平声（8）"右"，《广韵》上声"云久切"，去声"于救切"，都是"左右也"。《毛诗音义》"音又，注及下同，本亦作佑。"据此定"右"中古为去声。再如平声（11）"紑"，《广韵》平声"匹尤""甫鸠"二切，上声"芳否切"，都是衣服洁鲜的意思。《毛诗音义》："孚浮反，徐孚不反，絜鲜也。又音培，又音弗。""孚浮反"同"匹尤切"，因而定"紑"为平声。实际上，如果"紑"中古是平声字，那么它就不应出现在这个表里，表中就将这些字用双线隔开放在末尾，不作为讨论段氏调类演化问题的依据。还有个别字，比如表五中见于《鲁颂·泮水》八章的平声（9）"黮"，中古上声"徒感切""他感切"二切，应为"葚"的通假字，这种情况就只能认为"黮"是上声，就在两调下都画线。具体讨论如下。

2.2.2 表一

段玉裁第一部、王力之、职部								
	平[3]			上[4]			入[5]	
序号	韵字	中古调类	上古调类	韵字	中古调类	上古调类	韵字	中古调类	上古调类
1	矣	上	上	时	平	平	来	平	平
2	佩	去	平	事	去	上	子	上	上
3	又	去	上	痗	去	上	祀	上	上
4	疚	去	去	海	上	上	侑	去	上
5	异	去	长入	晦	去	上	囿	去	上
6	试	去	长入	又	去	上	戒	去	长入
7	富	去	长入	饎	去	去	异	去	长入
8	右	上去	上[6]	旧	去	去	意	去	长入
9	膴	平平上	平上	忌	去	去	备	去	长入
10	治	平去去	平	寺	去	去	背	去去	入

论段玉裁的"上入声多转而为去声，平声多转为仄声"

（续表）

11	紑	平平上	平	试	去	长入	载	上去去	上上
12				富	去	长入	巘	平入	平入
13				炽	去	长入	告	去入	长入
14				识	去	入	辐	去入	入
15				克	入	入	伏	去入	入
16				式	入	入	亟	去入	入入
17				福	入	入	塞	去入	长入入
18				右	上去	上	媵	平上入	平
19				背	去去	入			
20				食	去入	入			
21				载	上去去	上上			
22				能	平平上去	平平去			
23				俟	平上	上			
24				在	上去	上			
25				悔	上去	上			

说明：

平声（8）"右"，见《我将》。《广韵》上声"云久切"，去声"于救切"，均为"左右也"。《释文》"音又"。此处去声。

平声（9）"膴"，见《小旻》五章等⑦。《广韵》平声"武夫""荒乌切"，"无骨腊"；上声"文甫切"，"土地腴美"。此处上声。

平声（10）"治"，见《绿衣》三章。《广韵》平声"直之切"，"水名"；去声"直利""直吏切"，"理也"。《释文》此诗无注，他处"直吏反"。

平声（11）"紑"，见《丝衣》。《广韵》平声"匹尤切"，"鲜衣貌"；"甫鸠切"，"《诗传》云：洁鲜貌"；上声"芳否切"，"鲜也"。《释文》"孚浮反"，同"匹尤切"。

上声（18）"右"，见《文王》一章等。《释文》此诗无注，他处音"又""佑""佑"，均去声。

上声（19）"背"，见《伯兮》四章等。《广韵》去声"蒲昧切","弃背，又姓也";"补妹切","脊背"。《释文》"音佩",同"蒲昧切"。

上声（20）"食",见《有杕之杜》一章等。《广韵》去声"羊吏切","人名";入声"乘力切","饮食"。此处入声。

上声（21）"载",见《彤弓》二章等。《广韵》上声"作亥切","年也";去声"作代切","年也、事也、则也、乘也、始也、盟辞也";去声"昨代切","运也"。此处去声"昨代切"。

上声（22）"能",见《桑柔》十章。《广韵》平声"奴来切","《尔雅》谓三足鳖也","奴登切","工善也";上声"奴等切","夷人语";去声"奴代切","技能"。此处平声"奴登切"。

上声（23）"俟",见《相鼠》二章等。《广韵》平声"渠希切","房复姓";上声"床史切","待也"。此处上声。

上声（24）"在",见《小弁》三章。《广韵》上声"昨宰切","居也，存也";去声"昨代切","所在"。此处上声。

上声（25）"悔",见《抑》十二章。《广韵》上声"呼罪切","悔吝";去声"荒内切","改悔"。此处上声。

入声（10）"背",见《桑柔》十五章。此处去声,同上声（19）。

入声（11）"载",见《出车》一章,此处去声,同上声（21）。

入声（12）"嶷",见《生民》四章。《广韵》平声"语其切","九嶷山名";入声"鱼力切","岐嶷,《诗》曰：克岐克嶷"。此处入声。

入声（13）"告",见《楚茨》五章。《广韵》去声"古到切","报也";入声"古沃切","又音诰,告上曰告,发下曰诰"。此处入声。

入声（14）"辐",见《伐檀》二章。《广韵》去声"方副切","辐凑,竞聚";入声"方六切","车辐"。《释文》音福,同"方六切"。此处入声。

入声（15）"伏",见《灵台》二章。《广韵》去声"扶富切","鸟菢子";入声"房六切","匿藏也、伺也、隐也"。此处入声。

论段玉裁的"上入声多转而为去声,平声多转为仄声" 265

入声(16)"亟",见《灵台》二章。《广韵》去声"去吏切","数也、遽也";入声"纪力切","急也、疾也、趣也"。此处入声。

入声(17)"塞",见《常武》六章。《广韵》去声"先代切","边塞";入声"苏则切","满也、窒也、隔也"。此处入声。

入声(18)"螣",见《大田》二章。《广韵》平声"徒登切","螣蛇,或曰食禾虫";上声"直稔切"、入声"徒得切",均为"螣蛇"。《释文》"字亦作貳,徒得反"。此处入声。

2.2.3 表二

序号	段玉裁第六部、王力蒸部		
	平⑧		
	韵字	中古调类	上古调类
1	赠	去	去
2	梦	平去	平平
3	乘	平去	平平
4	兴	平去	平平
5	胜	平去	平平
6	增	平去	平
7	陾	平上	平

说明:

平声(2)"梦",见《鸡鸣》三章等。平声"莫中切","《说文》曰:不明也";去声"莫凤切","寐中神游"。此处去声。

平声(3)"乘",见《閟宫》五章等。平声"食陵切","驾也、胜也、登也、守也";去声"实证切","车乘也"。此处去声。

平声(4)"兴",见《小戎》三章等。《广韵》平声"虚陵切","盛也、举也、善也",《说文》曰:起也";去声"许应切"。此处平声。

平声(5)"胜",见《正月》四章等。《广韵》平声"识蒸切","任也、举也";去声"诗证切","胜负,又加也、克也"。此处平声。

平声(6)"增",见《天保》三章。《广韵》平声"作滕切","益也、加也、重也";去声"子邓切","剩也"。此处平声。

平声（7）"陂"，见《绵》六章。《广韵》平声"如之切，又音仍"；上声"乃后切"，"众陂"。《释文》"耳升反"，与"仍"同音。此处平声。

2.2.4 表三

序号	段玉裁第十五部、王力脂、微、物、月部							
	平⑨			上⑩			入⑪	
	韵字	中古调类	上古调类	韵字	中古调类	上古调类	韵字	中古调类	上古调类
1	畏	去	平	偕	平	平	柴	平	平
2	坏	去	平	依	平	平	饮	去	去
3	戾	去入	长入	皆	平	平	肆	去	长入
4	衣	平去	平	穧	去	长入	弃	去	长入
5	遗	平去	平平	至	去	长入	溃	去	长入
6	胐	平去	平	阕	去	入	迈	去	长入
7	郿	平去	平	唯	平上	平	卫	去	长入
8	跻	平去	平	衣	平去	平	害	去	长入
9	隮	平去	平	泥	平去	平平	逝	去	长入
10	累	平去	平	积	去入	长入	谓	去	长入
11	祁	平上	平平	穧	去去去	去	拜	去	长入
12	坻	平上上	上	荠	平上	上	吠	去	长入
13	几	平平上去	平上	弟	上去	上	四	去	长入
14	骙	平入	平	近	上去	上	畀	去	长入
15	憎	平去	平	视	上去	上	厉	去	长入
16				济	上去	上上	遂	去	长入
17				涕	上去	去	悸	去	长入
18				砥	平上上	上	带	去	长入
19				菲	平上去	平上	穗	去	长入
20				鲜	平上去	平上	醉	去	长入
21				弥	平上上	平	岁⑫	去	长入

说明：

平声（3）"戾"，见《采菽》。《广韵》去声"郎计切"，"乖也、待也、利也、立也、罪也、来也、至也、定也"；入声"练结切"，"罪也、曲也"。此处去声。

平声（4）"衣"，见《葛覃》三章等。《广韵》平声"于希切"，"上曰衣"；去声"于既切"，"衣着"。此处平声。

平声（5）"遗"，见《北门》三章等。《广韵》平声"以追切"，"失也、亡也、赠也、加也"；去声"以醉切"，"赠也"。此处平声。

平声（6）"腓"，见《采薇》五章。《广韵》平声"符非切"，"脚腨肠也"；去声"扶沸切"，"病"。此处平声。

平声（7）"郿"，见《崧高》六章。《广韵》平声"武悲切"，去声"明秘切"，均为"县名"。《释文》"亡悲反"。此处平声。

平声（8）"跻"，见《蒹葭》二章等。平声（9）"隮"，见《候人》四章。二字通用。《广韵》平声"祖稽切"；去声"子计切"，均为"升也"。《释文》"子西反"，此处平声。

平声（10）"累"，见《樛木》一章等。《广韵》平声"力追切"，"累索也"；去声"力遂切"，"系也"。此处平声。

平声（11）"祁"，见《七月》二章。《广韵》平声"渠脂切"，"盛也"；上声"职雉切"，"地名"。此处平声。

平声（12）"坻"，见《蒹葭》二章。《广韵》平声"直尼切"，"小渚"；上声"诸氏切"、去声"都礼切"，均为"陇坂也"。此处平声。

平声（13）"几"，见《车舝》三章等。《广韵》平声"渠希切"，"近也"，"居依切"，"庶几"；上声"居狶切"，"几何"；去声"其既切"，"未巳"。此处平声"渠希切"。

平声（14）"骙"，见《采薇》五章等。《广韵》平声"渠追切"，"强也、盛也，又马行貌"；入声"古穴切"，"《尔雅》马回毛在背曰骙"。此处平声。

平声（15）"懠"，见《板》五章。平声"徂奚切"，去声"在诣切",均为"怒也"。《释文》"才细反"。此处去声。

上声（7）"唯",见《敝笱》三章。《广韵》平声"以追切","独也";上声"以水切","诺也"。此处平声。

上声（8）"衣",见《七月》一、二章。同平声（4）。此处平声。

上声（9）"泥",见《蓼萧》三章。《广韵》平声"奴低切","水和土也";去声"奴计切","滞陷不通"。此处平声。

上声（10）"积",见《载芟》。《广韵》去声"子智切","委积也";入声"资昔切","聚也"。此处去声。

上声（11）"穧",见《大田》三章。《广韵》去声"子计切","获也","在诣切","刈禾把数","子例切","获也"。《释文》"才计反",同"在诣切"。此处去声。

上声（12）"荠",见《谷风》二章。《广韵》平声"疾资切",同"薋";上声"徂礼切","甘菜"。此处上声。

上声（13）"弟",见《谷风》二章等。《广韵》上声"徒礼切","兄弟";去声"特计切",同"第"。此处上声。

上声（14）"近",见《杕杜》四章。《广韵》上声"其谨切","迫也、几也";去声"巨靳切","附也"。此处上声。

上声（15）"视",见《大东》一章。《广韵》上声"承矢切","比也、瞻也、效也";去声"常利切","看视"。此处上声。

上声（16）"济",见《载驰》二章等。《广韵》上声"子礼切","定也、止也、齐也,亦济济多威仪貌";去声"子计切","渡也、定也、止也,又卦名"。此处上声。

上声（17）"涕",见《大东》一章。《广韵》上声"他礼切","目汁";去声"他计切","涕泪"。《释文》"音体",同"他礼切"。此处上声。

上声（18）"砥",见《大东》一章。《广韵》平声"旨夷切","石细";上声"诸氏切","平也、直也、均也、砺石也";上声"职雉切","砥砺也"。此处"诸氏切",上声。

上声（19）"菲",见《谷风》一章。《广韵》平声"芳非切",

"芳菲"；上声"敷尾切"，"薄也、微也，又菜名"；去声"扶沸切"，"菜可食"。《释文》"妃鬼反"，同"敷尾切"。此处上声。

上声（20）"鲜"，见《新台》一章。《广韵》平声"相然切"，"鲜洁也、善也"；上声"息浅切"，"少也"；去声"私箭切"，"姓也"。此处上声。

上声（21）"弥"，见《新台》一章。《广韵》平声"武移切"，"渺弥大水貌"；上声"绵婢切"，《诗》曰：河水弥弥，水盛貌也"，上声"奴礼切"，"水流也"。此处上声"绵婢切"。

2.2.5 表四

序号	段玉裁第十二部、王力真部 平⑬		
	韵字	中古调类	上古调类
1	信	去	平
2	命	去	平
3	甸	去	平
4	训	去	平
5	烬	去	去
6	替	去	长入
7	泯	平上	平
8	卣	平上	上
9	尽	上上	上
10	引	上去	上
11	矧	平去	平
12	零	平平去	平
13	令	平平平去去	平平

说明：

（7）"泯"，见《桑柔》二章。平声"弥邻切"，"没也"；上声"武尽切"，"水貌，亦灭也、尽也"。此处上声。

（8）平声"卣"，见《江汉》五章。《广韵》平声"以周切"，"中樽，樽有三品，上曰彝，中曰卣，下曰罍"；上声"与久切"，"中形鐏"。《释文》"音酉"，同"与久切"。此处上声。

（9）"尽"，见《楚茨》六章。《广韵》上声"慈忍切"，"竭也、终也"；"即忍切"，"《曲礼》曰：虚坐尽前"。此处"慈忍切"。

（10）"引"，见《楚茨》六章等。上声"余忍切"，"《尔雅》曰：长也，《说文》曰：开弓也"；去声"羊晋切"。此处上声。

（11）"阗"，见《采芑》三章。《广韵》平声"徒年切"，"轰轰阗阗，盛貌"；去声"堂练切"，"于阗国"。此处平声。

（12）"零"，见《定之方中》三章。《广韵》平声"落贤切"，"《汉书》云：先零，西羌也"；平声"郎丁切"，"落也，《说文》曰：徐，雨也，又姓，出姓苑"；去声"郎定切"，"零落"。此处平声"郎丁切"。

（13）"令"，《卢令》一章等。《广韵》平声"力延切"，"《汉书》云：金城郡有令居县"；"吕贞切"，"使也"；"郎丁切"，"汉复姓有令狐氏"；去声"力政切"，"善也、命也、律也、法也"，"郎定切"，"令支县，在辽西郡"。《释文》"音零"，同"郎丁切"。平声。

2.2.6 表五

序号	段玉裁第七部、王力缉、侵部		
		平[⑭]	
	韵字	中古调类	上古调类
1	葚	上	上
2	谂	上	上
3	寝	上	上
4	锦	上	上
5	玷	上	上
6	贬	上	上
7	簟	上	去
8	潜	去	平
9	黮	上上	上
10	甚	上去	上
11	僭	去入	去
12	三	平去	平
13	风	平去	平
14	耽	平上	平
15	湛	平平上	上

说明：

（9）"黮"，见《泮水》八章。《广韵》上声"徒感切""他感切"，均为"黝黮，黑也"。《释文》："《说文》《字林》皆作葚，时审反"。

（10）"甚"，见《巷伯》一章。《广韵》上声"常枕切"，"剧过也,《说文》曰：尤安乐也"；去声"时鸩切"，"太过"。此处上声。

（11）"僭"，见《鼓钟》四章等。《广韵》去声"子念切"，"拟也，差也"；入声"他结切"，"僭侦，狡猾"。此处去声。

（12）"三"，见《摽有梅》三章。《广韵》平声"苏甘切"，"数名"；去声"苏暂切"，"三思"。此处平声。

（13）"风"，见《绿衣》四章。《广韵》平声"方戎切"，"教也、佚也、告也、声也"；去声"方凤切"，"讽刺"。此处平声。

（14）"耽"，见《氓》三章。《广韵》平声"丁含切"，"《说文》曰：耳大垂也，又耽乐也"；上声"都感切"，"虎视"。此处平声。

（15）"湛"，见《鹿鸣》三章。《广韵》平声"直深切"，"《汉书》曰：且从俗浮湛"；"丁含切"，"湛乐"；上声"徒减切"，"水貌，又没也、安也"。此处"丁含切"。

3 "上入声多转而为去声，平声多转为仄声"的内涵及段氏确定异调字的根据

3.1 "上入声多转而为去声，平声多转为仄声"的内涵

从上节的表格可以看出，根据段玉裁的归类，除本调外，上古平声字转入中古的上、去声，上古上声字转入中古的平、去、入声，上古的入声字转入中古的平、上、去声。实际上，段玉裁的平声也可以转作入声。段氏第二部宵部只有平声一类，中古入声也算作了平声，段玉裁也说"第二部平多转为入声"。

可见，上古同一个调类的字，到中古可能分属四调，而中古的每个调类都有三个不同的源头。也就是说，平、上、入三个调

类之间可以相互转化,这一转化并不局限在某几类之间,也并非单向的,即只能由此转为彼,而是彼此转化。除上文所引之外,《六书音均表·古四声说》还说"明乎古本音不同今韵,又何惑乎古四声不同今韵哉?如戒之音亟,庆之音羌,宫饟之音香,至之音质,学者可以类求矣。……第二部平多转为入声,第十五部入多转为去声"。虽然表一和表三的上、入声都收了一些中古平声字,段玉裁始终没有提到仄转为平的现象。这些字大致可分两类,一类是平声和仄声兼收,比如表一的"时""能""来",表三的"依""衣",段氏既把它们收入平声,又把它们收入上声或入声,等于认为这些字在上古是多调字。另一类比如表三的"偕""皆""唯""泥""柴",只收入上声或入声。段氏将这些中古平声字归入仄声,理由是不充分的(详见下节)。但在段氏而言,为什么不说仄转为平,可能主要是因为与平转为仄的字相比,这些字数量不多,不构成一种显著的趋势。"上入声多转而为去声,平声多转为仄声"概括的是转化的总体趋势。由于段氏认为古无去声,所以将中古大部分的去声字都算作入声,也有相当数量的归入了上声,所以段氏特别指出"上入声多转而为去声"。而平声转入上、去、入三声,明显比上、去、入转入平声趋势更明显,但转入上、入字数的多寡又不像上、入转入去声那样明显。所以,段氏既不说"仄声多转为平",也不说平声多转为某一类,只笼统的说转为仄声。段氏的"多"不是"大多"而是"不少"的意思。

3.2 段氏确定上中古异调字的根据

段氏对调类转化趋势的概括是建立在其对汉字上古调类判断的基础之上的。因为段氏把中古去声主要归到上、入声,中古上、去、入声不少字又归到平声里去了,自然就可说上、入多转为去,平多转为仄。可段氏又根据什么判定某一个字在上古属于与中古不同的调类呢?段氏《六书音均表》没有说明。去声归到入声的原因,无须再谈。这里主要讨论平、上中的上、中古异调字问题。对比唐作藩先生（2013）的归类可见，有些字的调类，段、唐是一致的，比如在表一中，中古去声"佩"，上古段、唐都是平声，去声"事"，段、唐都归上声。有些字段唐则归入不同调类，比如表三的"偕"，段归上，唐归平，表五的"甚"，段归平，唐归上。此外，段氏还认为一些字是多调字，比如表一的"又""试""富""右"平、上兼收，"背""载"上、入兼收，而唐则归入一个调类。下面就这三种情况加以分析。

3.2.1 段唐归调一致例析

"佩"出现于2个韵段，均与平声字押韵：

（1）青青子佩，悠悠我思。纵我不往，子宁不来（此处的"来"段氏归入平声）。（《子衿》二章）

（2）我送舅氏，悠悠我思。何以赠之，琼瑰玉佩。（《渭阳》二章）

"事"出现于7个韵段：

（1）于以采蘩，于沼于沚。于以用之，公侯之事。（《采蘩》一章）

（2）涉彼北山，言采其杞。偕偕士子，朝夕从事。王事靡盬，忧我父母。（《北山》一章）

（3）大田多稼，既种既戒，既备乃事，以我覃耜，俶载南亩。……（《大田》一章）

（4）乃慰乃止，乃左乃右。乃疆乃理，乃宣乃亩，自西徂东，周爰执事。（《绵》四章）

（5）于乎小子，未知藏否。匪手携之，言示之事。匪面命之，言提其耳。借曰未知，亦既抱子。……（《抑》十章）

（6）亹亹申伯，王缵之事。于邑于谢，南国是式。……（《崧高》二章）

（7）……如贾三倍，君子是识。妇无公事，休其蚕织。（《瞻卬》四章）

除了"戒""式"外，与"事"押韵的均为上声字。这说明，段氏归类的标准很明确，中古某调的字，如果全部或者大多数情况下，都与另一调类的字押韵，那么该字在上古就归入该类。

3.2.2 段唐归调差异例析

"偕"出现于5个韵段：

（1）……，予弟行役，夙夜必偕。上慎旃哉，犹来无死。（《陟岵》三章）

（2）……，卜筮偕止，会言近止，征夫迩止。(《杕杜》四章）

（3）物其旨矣，维其偕矣。(《鱼丽》五章）

（4）鼓钟钦钦，鼓钟钦钦。鼓瑟鼓琴，笙磬同音。以雅以南，以钥不偕。(《钟鼓》四章）

（5）……，酒既和旨，饮酒孔偕。……(《宾之初筵》一章）

除了"钦""琴""音"外，其他押韵字都是上声。

唐作藩（2006）将其算作平、上合押的例子。既然"偕"主要与上声押韵，段氏就将其归入上声。

表五的"葚"，作为韵脚只出现过一次：

（1）……无食桑葚，于嗟女兮，无与士耽。……(《氓》三章）

因而唐将其算作与中古同调。段氏仅根据孤例将其归入与中古不同的调类，就失之仓促了。

3.2.3 段玉裁的多调字

如前所述，如果上古某字总是与另一个声调的字押韵，那么它就属于该调，这是段氏判断某字古今异调的根据。这一根据成立的前提是《诗经》是分调押韵的。据黄易青等（2015：462）统计，《诗经》四声各自相押，达九成以上。但是，在肯定分调押韵的同时，也不能否认异调相押的存在，这与"合韵"的道理是一样的。段氏将同一组韵脚字归入同一个声调，等于是否认异调押韵。其结果是，拿"试"来说，与平声字"袭"押韵时（《大东》四章）就算平声；与上声字"苢""宙"押韵时（《采苢》一章）就算作上声。"试"中古只有去声一调，在《诗经》中的意思也只有"用也"

一义，但却有平、上两调，段氏《六书音均表·古音义说》认为"字义不随字音为分别"的观点应该也与他归调的这个办法是有关系的。

段氏分出这些多调字的做法，是不正确的。相比之下，唐作藩先生的归类就合理很多。再拿"右"字来说，即《广韵》的"右"有上去二调，均为"左右"义。《我将》中的"右"与平声"牛"韵，段玉裁归入平声：

（1）我将我享，维羊维牛。维天其右之。（《我将》）

下列8个韵段中的"右"归入了上声：

（2）泉源在左，淇水在右。女子有行，远兄弟父母。（《竹竿》二章）

（3）蒹葭采采，白露未已。所谓伊人，在水之涘。溯洄从之，道阻且右。溯游从之，宛在水中沚。（《蒹葭》三章）

（4）彤弓弨兮，受言载之。我有嘉宾，中心喜之。钟鼓既设，一朝右之。（《彤弓》二章）

（5）瞻彼中原，其祁孔有。儦儦俟俟，或群或友。悉率左右，以燕天子。（《吉日》三章）

（6）曾孙来止，以其妇子。馌彼南亩，田畯至喜。攘其左右，尝其旨否。禾易长亩，终善且有。曾孙不怒，农夫克敏。（《甫田》三章）

（7）……右之右之，君子有之。维其有之，是以似之。（《裳裳者华》四章）

（8）……有周不显，帝命不时。文王陟降，在帝左右。（《文王》一章）

（9）乃慰乃止，乃左乃右。乃疆乃理，乃宣乃亩。自西徂东，周爰执事。（《绵》四章）

《文王》的"时"，《绵》中的"事"，段氏认为上古本为上声。这说明"右"绝大多数情况下都与上声押韵，段氏本应将"事"归入上声时用的标准（即某字大多数情况下与另一个声调的字押韵，那么它就属于该调）一以贯之，把"右"归入上声。但他没有这样处理。唐先生的"右"即归上声，是符合逻辑一致性原则的。

4　声调源于韵尾假说在异调字问题上的逻辑困境

段氏总结的古今异调字及演变趋势，在具体字的归类上还有争议，但这一现象的存在是确实可靠的。比如据周祖谟先生（1941/1966）考证，讼、宠、降、众、梦、胜、乘、僭、潜、犯、享、庆、飨、爽、鵝、让、上、贶、葬、甸、信、泯、镇、宪、翰、化、议、畏、罪、坏，这些后代的上、去声字在上古惟读平声。李方桂先生（1971/1980：32）也认为，如果一个上声或去声字在《诗经》或者别的古代文献里总跟平声押韵而不跟上声或去声押韵，可以认为这些字是上古的平声字。何大安先生（2006）以"狩""庆""予"等字声调从先秦到《广韵》的转变过程为例，说明"字调流变"现象是上古到中古语音演变的一个显著特点。而这一现象却是声调源于韵尾假说难以解释的。

主张汉语声调起源于韵尾的学者认为，上古音时期，汉语没有音位（phonemic）性质的声调，音节之间的音高差异还只是韵尾的羡余特征（redundant feature），中古的上声源自喉塞音-ʔ尾，去声源自擦音-s尾。

在汉语历史语音研究中，确定音类及其辖字，是构拟音值的前一步。（王洪君 2014：29—32）不管是否认为上古时期已有音位性质的音高变化，都需要参照中古调类对上古汉字进行分类，即分别出哪些字演变为中古的平声，哪些字演变为中古的上、去、入声，从而解释上古到中古的语音演变过程。以郑张尚芳（2013）的做法为例，郑张先生是从中古向上古逆推，凡是中古的平声字在上古就构拟-ø后置韵尾，中古的上声字构拟-ʔ尾，中古的去声字在上古与入声关系密切的，构拟-bs/-ds/-gs尾，其他去声字（"庆"

字除外），构拟-s尾，入声构拟-b/-d/-g尾。既然上古构拟什么后置韵尾，是根据中古四声定出的，自然不能为某个中古的上声字，在上古构拟-ø尾，因为如果这个字是-ø尾，那么它到中古就要变作平声，中古上声是高升调[15]，是-ʔ尾的附带特征，-ø尾是无法变成上声的。所以，在这一学术框架中解释古今异调字是有困难的。举例来说，比如郑张先生的将中古去声字"佩"拟为buɯːs，"命"拟为mreŋs，"又"拟为Gʷɯs，"诲"拟为hmɯːs。但是根据上古文献，"佩""命"可能是平声字，"又""诲"可能是上声字。如果为"佩""命"构拟-s尾，那么据何将"佩"buɯːs与没有韵尾的"培"buɯː，"命"mreŋs与没有韵尾"鸣"mreŋ，归入同一个调类，都算作平声呢？又据何将"又"Gʷɯs跟"有"Gʷɯʔ，"诲"hmɯːs跟"悔"hmɯːʔ归入同一个调类，都算作上声呢？如果根据上古文献的实际状况，将"佩""命"归入平声，为其构拟-ø尾，"又""诲"归入上声，为其构拟-ʔ尾，依照声调源自韵尾的假说，则会出现中古去声字不但可以来自-s尾，也可以源自-ø尾（ø尾本应变作平声）和-ʔ尾（-ʔ尾本应变作上声），这样一种演变图景。

　　有趣的是，可能考虑到上古的"庆"无一例外只与平声字押韵，郑张先生的"庆"拟为平声kʰraŋ，根据该假说，-s尾的作用是使音高下降，中古去声是长降调，"庆"既然缺少-s尾这一发展为去声的语音条件，如何到中古时变为去声长降调呢？而且情况类似的"信""命"等为何仍旧构拟了去声-s尾？此外，中古只有去声一读的"畏"，郑张先生构拟为平、去两调quI/s，"事"构拟为上、去两调zrɯʔ/s，据此构拟，似乎可以说，"畏""事"上古本为多音字，中古的去声调并非从上古的平声或上声调发展而来，因为到中古时期"畏""事"的平声和上声读法消失了，所以才会有此误解。这种做法，首先是根据尚欠充分，其次类似的"佩""诲"为何不构拟为多音字呢？可见，段氏总结的"上入声多转而为去声，平声多转为仄声"这一上中古调类转化现象给声调源于韵尾的假说出了一个难题。声调源于韵尾假说的完善有待于克服这一逻辑困境。

由上文分析可知，段氏对上古到中古单字调类转化现象的判断总体上是正确的。段氏确定某字上古调类归属的办法也有相当的合理性。从学术史的角度看，段氏关于汉语声调的这些论述，确如空谷足音。段氏称赞江有诰"集音学之成"（《音学十书·江氏音学序》），江氏后出，但早期"古无四声，确不可易矣"（《音学十书·古韵凡例》）的识见，是不如段氏的，甚至其全面研究古今异调字的《唐韵四声正》也没有关于古今声调演变规律的概括。此外，就古音构拟而言，构拟的形式如何解释上中古的异调字的声调演变过程，这也是段氏为今人提出的一个有趣的课题。王力先生（1992/2013：134）认为"段玉裁在古韵学上，应该功居第一"，鲁国尧师（2015）盛赞段氏为"杰出的中国语言学思想家"，都是公允的评价。

附 注

① 郭锡良（2010）上古音不标声调；董同龢（1944）、周法高（1973）、李珍华、周长楫（1999）上古声调归类与中古基本相同，没有反映古今异调字；郭锡良（2018）上古分平、上、去、长入、短入五调，也没有涉及异调字；考虑古今异调现象的古音手册只有唐作藩（2013），故此处列出，作为参考。

② 杨军、储泰松（2016）指出，今本《释文》许多"首音"非陆德明所作，而是唐宋人添加的。那么如果说"首音"不代表陆氏的标准音，而代表唐宋时士人认可的读音，大致是不错的。

③ 本部平声收韵字54个，重复的算1个，下同。

④ 收韵字88个。

⑤ 收韵字67个。

⑥ 中古多音字，唐作藩（2013）有些注明上古只有一读，有些上古仍为多音字，有些则只标出常见音义的上古音韵地位，此处不能详述，其调类归属仅供讨论参考。

⑦ 韵字见于多个篇章者，为省篇幅，仅列一篇为例，详见段氏原书。

⑧ 收韵字33个。

⑨ 收韵字90个。

⑩ 收韵字54个。

⑪ 收韵字139个。

⑫ 段氏去声归入声的理据，已经很清楚了，亦非本文讨论重点。为节

省篇幅，表格中省去了下列中古去声字：外棣肺萃筛瘁惠届退寐悴利驷瘵蛋妹渭喙爱世对季类肆穟匿位怼内隧穟晢噫洢兑骯骸；中古属去声的多音字：蔚悦败出塈哛谇翳茬勋溉儌逮泄祋悖戾比瞰；中古属平声的多音字：纰；中古属入声的多音字：茀苐瀎愒偈说筏率揭。

⑬ 段氏误将质部（王力）作为本部入声，因十五部已有入声，故此处不作讨论。收韵字61个。

⑭ 收韵字34个；该部入声无中古异调字。

⑮ 郑张尚芳（2013：218）认为中古上声是高升调，去声是长降调，这一观点也是有争议的。比如赖惟勤（1951）认为中古上声是微上升型，去声是强势上升型；平山久雄（1984）认为中古上声是高平调，去声是升调。此处是按着郑张先生自己的论证思路来说的。

参考文献

陈新雄 （2005）《声韵学》，文史哲出版社，台北。
董同龢 （1944）《上古音韵表稿》，中研院历史语言研究所，南京。
郭锡良 （2010）《汉字古音手册》(修订本)，商务印书馆，北京。
郭锡良 （2018） 汉字古音表稿，《文献语言学》专辑，中华书局，北京。
何大安 （2006） 从上古到中古音韵演变的大要，《中国语言学集刊》卷一，37—46页。
黄耀堃 （2016） 读《六书音均表》札记——论段玉裁与韵图之一，《段玉裁诞辰280周年纪念暨段学、清学国际学术研讨会论文集》，302—320页，江苏人民出版社，南京。
黄易青、王宁、曹述敬 （2015）《传统古音学研究通论》，商务印书馆，北京。
康瑞琮 （1985） 陈第及其《毛诗古音考》，《天津师范大学学报》第3期，86—93页。
赖惟勤 （1951） 漢音の聲明とその聲調，《言語研究》17—18号，1—46页。
李方桂 （1971/1980）《上古音研究》，商务印书馆，北京。
李珍华、周长楫 （1999）《汉字古今音表》(修订本)，中华书局，北京。
鲁国尧 （2015） 新知：语言学思想家段玉裁及〈六书音均表〉书谱，《汉语学报》第4期，2—15页。
平山久雄（1984）江淮方言祖调值构拟和北方方言祖调值初探，《语言研究》第1期，185—199页。
邵荣芬 （1995）《〈经典释文〉音系》，学海出版社，台北。
孙玉文 （2010） 清代古音研究，载林焘主编《中国语音学史》，220—306页，语文出版社，北京。
唐作藩 （2006） 上古汉语有五声说——从《诗经》用韵看上古的声调，《语言学论丛》第33辑，1—31页，商务印书馆，北京。

唐作藩（2013）《上古音手册》，中华书局，北京。
王洪君（2014）《历史语言学方法论与汉语方言音韵史个案研究》，商务印书馆，北京。
王　力（1982）《同源字典》，商务印书馆，北京。
王　力（1992/2013）《清代古音学》，中华书局，北京。
向　熹（2000）《诗经》注音杂说，《古汉语研究》第1期，2-12页。
杨　军、储泰松（2016）从兴福寺本《礼记音义》残卷论今本《释文》的"首音"，《汉语史学报》第16辑，1—14页，上海教育出版社，上海。
郑张尚芳（2013）《上古音系》（第二版），上海教育出版社，上海。
周法高（1973）《汉字古今音汇》，香港中文大学出版社，香港。
周祖谟（1941/1966）古音有无上去二声辨，《问学集》，30—80页，中华书局，北京。

引书目录

《毛诗正义》，毛亨（汉）、郑玄（汉）、孔颖达（唐），北京大学出版社，1999。
《经典释文》，陆德明（唐），上海古籍出版社，2012。
《韵补》，吴棫（宋），中华书局，1987。
《毛诗古音考》，陈第（明），中华书局，2008。
《音学五书》，顾炎武（清），中华书局，1982。
《古韵标准》，江永（清），中华书局，1982。
《六书音均表》，段玉裁（清），中华书局，1983。
《四库全书总目》，永瑢（清），中华书局，1965。
《音学十书》，江有诰（清），中华书局，1993。

A Study on the View of the Change of Tones from Old Chinese to Middle Chinese by Duan Yucai: The Hypothesis of Chinese Tones Arising from Postcodas Revisited

LIU Hongyan, MA Maopeng Paul

Abstract: Besides the view that there was no Departing tone in Old Chinese, Duan Yucai also proposed that there were some characters of Rising and Entering tones in Old Chinese becoming Departing tone in Middle Chinese and some characters of Level tone becoming Oblique tones. Through the analysis of the book studying Old Chinese phonology by Duan Yucai, we point out that Duan Yucai actually believed that each of four tones in Middle Chinese originates from the three Old Chinese tones. After the comparison of the tone classification between Duan's work and Professor Tang Zuofan, the reasons and methods for why and how Duan Yucai classified the characters into tone categories different from Middle Chinese are also discussed. Furthermore, we find that the hypothesis of Chinese tones arising from postcodas is in logic dilemma when explaining the tone changing phenomena summarized by Duan Yucai.

Keywords: Duan Yucai, *Shijing*, Old Chinese tones, Characters having different Old and Middle Chinese tones, Hypothesis of Chinese tone origin

（刘鸿雁：750021 银川，宁夏大学人文学院 lhyy66@sina.com；
马毛朋：香港，岭南大学中国语文教学与测试中心 mp.ma@qq.com）

"不"字入声读音考*

余　忠

提要　"不"字近代读入声"分勿切"或"逋骨切",但从历史上看,南北朝以前,作为否定词的"不"只有平声尤韵"甫鸠切"、上声有韵"甫九切"和去声宥韵"甫救切"三个读音,南北朝时期又产生平声虞韵"方于切"。入声读法始见于北宋初期,这可以从字书、韵书的记载和诗词押韵两个方面得到印证。

关键词　不　入声　考源

0　前论简述

"不"字近代以来读入声"分勿切"或"逋骨切",但从历史发展的角度来看,南北朝以前,否定词"不"只有平声尤韵"甫鸠切"、上声有韵"甫九切"和去声宥韵"甫救切"三个读音,意思都相当于"弗",南北朝时期,又产生平声虞韵"方于切",并无入声读法。那么,"不"的入声读法最早见于什么时期呢?对于这个问题,宋代以来已有学者做出过研究,如:北宋陈正敏(1956:3113)"打字不字"条云:"今土俗同讹者,岂惟'打'字,'不'字本分鸠切,人皆以逋骨反呼之,遍检诸韵,并无此音。"①

据晁公武《郡斋读书志》(1990:591)的记载,陈正敏《遯斋闲览》成书于北宋崇观间,即徽宗崇宁、大观(1102—1110)年间,可见,在此之前,"不"已有"逋骨切"的读音。

收稿日期:2018-07-06;定稿日期:2020-10-14。
　*　本文曾提交第四届文献语言学国际学术论坛(2018.7.3—7.5北京语言大学)并作小组发表,承蒙与会学者提出宝贵意见;本文的写作得到了孙玉文先生的指导,谨此表示衷心的感谢。感谢匿名审稿人的修改意见。文中错误概由本人负责。

宋王观国（1988：335）"不"字条云："'不'字举世读为奔物切，而诸字书并不收此音，许慎《说文》曰：'不，鸟飞上翔不下来也。音方九切。'又甫鸠、甫救二切。《广韵》平声曰：'不，弗也，甫鸠切，又甫九切、甫救切。'入声曰：'不与弗同，分物切。'观国窃详《广韵》入声，既收'不'字作分物切，又注释曰：'与弗同'，则读'不'为'弗'矣。考古人用'不''弗'二字，几于通用……盖许慎《说文》不收为奔物切，故诸家字书皆不收，然观古人多以'不''弗'字并用之，则知字书收字有未尽者，而'不'字当有'奔物切'之音也。"②

可见，王氏认为入声"分勿切"首见于《广韵》，进而列举了很多例证来说明古人"不弗二字，几于通用"。其例证有的是异文，如《尚书·胤征》"辰弗集于房"，《左传·昭公十七年》作"辰不集于房"；有的是同一文段中，"不""弗"二字并举成文，如《诗经·小雅·节南山》："天子是毗，俾民不迷。不吊昊天，不宜空我师。弗躬弗亲，庶民弗信。弗问弗仕，勿罔君子。"王氏还认为，"不"在宋代应该还有"奔物切"的读音，但字书未收。

宋孙奕（1935：12）"不"字条云："世俗语言及文字中所急者，惟'不'字极关利害，韵书中如府鸠、方久二切者，施之于诗与赋押韵，无不可者，至于市井相与言，道涂相与语，官吏之指挥民庶，将帅之号令士卒，乡校之教训童蒙，凡出诸口而有该此字者，非以逋骨反者呼之，断莫能喻。陈正敏《遯斋闲览》云：'不字本方鸠切，人皆以逋骨反呼之，遍检诸韵，并无此音。'窃谓举世同词，必有所自始，逋骨切殆不可废。按《广韵》八物韵中，'不'与'弗'同，则近于逋骨声，然亦庸夫难晓，况《礼部韵》不出此音，徒见于佛经有曰'不也'，世尊乃作弗声读，亦可一证。今以司马公《切韵图》考之，明举一'杯'字以发声，曰'杯彼贝不'，即是与逋骨切同音，信乎此音不可废矣。是字也，本有四音，自陈正敏之说兴，而人始疑。自温公之图出，而音始定，第温公之图近行于世，知音为希，故表而出之。"③

可见，在孙氏看来，在宋代以前，"不"的常见读音主要为府鸠、方九二切，宋代普遍读作逋骨切，并进而认为逋骨切这个读音应该来源于陈正敏说，确定于《切韵指掌图》，因为在《切韵指掌图》的第十九图"微尾未物"图中，"不"字排在帮母物韵一等位置，而同图的见母没韵一等字是"骨"。

元黄公绍、熊忠（2000：413）沃韵云："不，否辞也。又尤、有、勿韵。今增。《项氏家说》曰：'音随土俗，轻重不同而字义则一而已。如不字有补没、甫勿、甫尤、甫鸠四音之类是也。'……案《孟子》曰：'不，不然也。'今人皆作两音读之，然不见于注，诸儒虽皆言合有逋骨一切，及援温公切韵为据，而诸韵未收。近惟《蒙古韵略》于逋字入声收一不字，于襮字之下，音与卜同。今详。"

认为"不"的逋骨切始见于《切韵指掌图》，之后的韵书才有收录；而《蒙古韵略》还在"沃"韵"襮"字下收有"不"字，音与"卜"同，也就是"逋沃切"，这应该是当时实际语音的反应。

明方以智（1990：12）"不有十四音"条云："又分勿切，音弗……又沃韵逋沃切……《蒙古韵略》于逋入声襮下收不，音与卜同……细论逋骨，亦用门法，未快今读，故戴氏作布没切，依沈韵布没切，如今扬州人语矣，其布木乎？逋骨、布木二音，韵脚不同，晓然易别。或唐宋先有逋骨之音，而温公乃定为杯入以正之……又《尔雅》'佳其，鹝鹝'，古作夫不，《诗疏》亦引夫不，《本草》亦载，小鸠皆曰佳，曰夫不，不音铺，以《说文》之铺鼓，后讹为布谷，今俗呼勃。"

方氏总结了秦汉至元明以来的古注和韵书记载，认为"不"有十四个读音，其中原属于入声的读音有"分勿切""逋沃切""逋骨切"三个，另有当时的俗音"勃"。方氏还简单概括了其中三个重唇音的来历，只是"或唐宋先有逋骨之音"之说不太准确，此音应该是宋以后才有的。

清王鸣盛（1958：503）"不"字条亦谈到了"不"的入声读音，云："《广韵》又于入声八物内收此字，注云'与弗同'，此乃别音，因不义同弗,遂亦呼弗耳。《左传注疏》《释文》鲁惠公名不皇,正义作'弗皇'。又读敷,《诗》'鄂不韡韡'、《罗敷行》'安可共载不'是又一别音,音之转也。至《广韵》二沃并无此字,《礼韵》亦不收,突出于黄公绍《韵会》,方氏《小补》因之,遂读若卜,而且以为古读,夫此音起宋元以下,岂古读乎?《韵府》于二沃襮下收此字,云'否辞。'而五物反不收……不读卜,北宋以前无此音,今日语言,自当从俗,韵书则不应收。"

王氏的观点是有道理的,"沃"韵的读音应该出现于宋元以后,而非古音。

清陈启源(1988:382)"鄂不韡韡"条云:"'鄂不韡韡',郑读不为柎,训'萼足',今皆以王肃读入声。案《说文》:'不,甫久切。'然《笺》云:'古声不、柎同。'则甫久切其后矣。古诗《日出东南隅行》,'不'与'敷、夫'协韵,亦作柎音也。又甫鸠切,陶靖节《酬刘柴桑》诗,'不'与'周秋畴游'韵协是也。孙愐《唐韵》始有分勿切,读与弗同,内典不也作此音矣,近世并读逋骨切,概始于温公《指掌图》(注:以杯字发声),而孙奕《示儿编》、陈正敏《遯斋闲览》皆祖其说,黄公绍《韵会》遂收入二沃韵,于是不字有甫鸠、甫久、分勿、逋骨四切,而柎音虽最古,反惊俗矣。郑夹漈云:'不本鄂不之不,音跗,因音借为可不之不,音否。又因义借为不可之不,音弗。'斯言良是。"

陈氏虽然说到"今皆以王肃读入声",但实际上,王肃对《诗经》的注本宋代以后均已亡佚,据清马国翰《玉函山房辑佚书》所载王肃《毛诗王氏注》卷二"常棣之华,鄂不韡韡"条来看,王氏并未给"不"作注音,据我们的考证,王肃时代"不"并无入声读法。陈氏还从古诗押韵的角度论述了"不"在汉魏六朝时期只押舒声韵,并认为孙愐《唐韵》始有分勿切,《切韵指掌图》始有逋骨切,此说不太准确,"分勿切"并非始见于《唐韵》,而是《广韵》,"逋骨切"的读音陈正敏《遯斋闲览》已有记载。

《说文·不部》:"不,鸟飞上翔不下来也。"段注(1981:584)

曰："凡云不然者，皆于此义引申假借。其音古在一部，读如德韵之北，音转入尤、有韵，读甫鸠、甫九切。与弗字音义皆殊，音之殊，则弗在十五部也；义之殊，则不轻弗重。如'嘉肴弗食，不知其旨''至道弗学，不知其善'之类可见。《公羊传》曰：'弗者，不之深也。'俗韵书谓不同弗，非是。又《诗》'鄂不韡韡'《笺》云：'不当作柎，柎，鄂足也。古声不、柎同。'"

段玉裁认为"不"在古音第一部，"读如德韵之北"，根据我们后面的论述，"不"古音确实在第一部，但不是入声职部一等（读如"北"），而是平声之部合口三等，南北朝时期发生分化，一部分仍属尤韵，变成开口三等，另一部分转入幽部合口三等（据王力《汉语语音史》），后在晚唐五代轻重唇分化时期，由于保存重唇，三等介音丢失，变成合口一等，后在宋初转为合口一等入声，正是"逋骨切"的由来。这在后文会有详论，此处从略。同时，段氏认为"不"与"弗"字音义皆殊，则是有道理的，根据我们后面的论述可知，"不"在宋代的入声读音"逋骨切"并非通过"弗"字的读音而来，而是另有来源。

综合以上各家所论，认为"不"字入声读法始见于唐代及以前者有以下几种依据：

第一，见于孙愐《唐韵》，如陈启源（1988：382）："孙愐《唐韵》始有分勿切，读与弗同。"

然而，经查，《唐韵》残卷中，物韵弗小韵内共收有"弗、彶、黻、綍"等11字，并未收录"不"字，不仅如此，周祖谟（1983）中所收录的各种《切韵》《唐韵》残本的入声韵内都未收"不"字，而《广韵》的弗小韵内才有"不"字。丁声树（1933）亦认为《广韵》物韵之"不"字为宋人所增。可见，陈启源《毛诗稽古编》的说法并无根据。

第二，见于佛经，如孙奕（1935：12）："徒见于佛经有曰'不也'，世尊乃作弗声读，亦可一证。"又陈启源（1988：382）："孙愐《唐韵》始有分勿切，读与'弗'同，内典'不'也作此音矣。"

关于佛经，徐时仪（2008）收录有唐玄应、慧琳和辽希麟三种《一切经音义》，均未对"不"加注音。唯佛经中有以下内容值得注意：

师举，百丈上堂，众方集，以拄杖一时打下。复召大众，众回首，丈云："是甚么？"诸方目为百丈下堂句。也好参详。王荆公曰："我得雪峰一句语，作宰相。"人固请教。公曰："这老子常向人道是甚么。"此一句颂召僧回首。并是甚么。<u>识我不者。不字甫鸠切。弗也。</u>意问识我也无。仰山用无义手。（《大正藏》第48册·宋释正觉《万松老人评唱天童觉和尚颂古从容庵录》第三十七则沩山业识）

万松老人行秀禅师为金元时人，"不字甫鸠切，弗也"的注释只是表明"不"的词义为"弗"，并未标注入声读法。又如：

神曰："我神通去佛几何？"曰："汝神通则十句五不能，佛则十句七能三不能。"神竦然辟席曰："可得闻乎？"珪曰："汝能戾上帝东天行而西七曜乎？"曰："弗能也。"珪曰："汝能夺地祇融五岳而结四海乎？"曰："弗能也。"珪曰："是谓五不能也。"（《大正藏》第49册·元念常《佛祖历代通载》卷十三）

以上佛经是元念常所集，其中有"十句五不能""七能三不能"的阐述，也有"弗能"的回答语，表明此时可能"不""弗"音同或音近，"不"可能是入声读法。

但以上两段佛经都是宋代以后的资料，不能表明"不"在宋代以前就有入声读法。

第三，"不"和"弗"古人通用，故应读与"弗"同。如王观国（1988：335）所举的例子有"不""弗"异文或同一文段中的连缀成文。事实上，异文只能证明两字的意义相同，并不能说明读音是否必须相同。因此，以异文作为读音相同的证据可靠性不够。

1 宋前无入声

我们考察了唐五代以前的各种字书、韵书、音义，"不"均无入声读法，如《篆隶万象名义》卷26："不，甫负反。否也，弗也。"（吕浩 2007：421）未标入声读法。

《说文解字·不部》："不，鸟飞上翔不下来也。从一，一犹天也。象形。凡不之属皆从不。"徐铉注音："方久切。"（许慎 1963：246）亦未标注入声读法。

周祖谟（1983）所收《切韵》系各种残卷中，多数都残缺了"不"字所在页，能查到"不"字的，都只有平上去三种读法，并无入声读法。

陆德明《经典释文》给"不"注音五次，均无入声，分别如下：

《诗经·小雅·常棣》："常棣之华，鄂不韡韡。"音义："不，毛如字，郑改作拊，方于反，拊，鄂足也。"（陆德明 1983：75）

《诗经·小雅·常棣》"鄂不韡韡"郑笺："不当作拊，拊，鄂足也……古声不、拊同。"音义："不音如字，又芳浮反，二声相近也。拊亦作跗。前注同。一云：不亦方于反。"（陆德明 1983：75）

《左传·僖公二十四年》引《诗经》曰："常棣之华，鄂不韡韡。"音义："不，方九反。"（陆德明 1983：236）

以上三例都是给《诗经·小雅·常棣》"鄂不韡韡"中的"不"的注音。

《诗经·小雅·四牡》："翩翩者鵻，载飞载下，集于苞栩。"毛传："鵻，夫不也。"笺云："夫不，鸟之悫谨者。"音义："夫，方于反，字又作鴀，同。不，方浮反，又如字，字又作鴀，同。《草木疏》云：'夫不，一名浮鸠。'"（陆德明 1983：75）

《诗经·大雅·行苇》："舍矢既均，序宾以贤。"毛传："言宾客次序皆贤。孔子射於矍相之圃，观者如堵墙。射至於司马，使子路执弓矢出，延射曰：'奔军之将，亡国之大夫，与为人后者，不入。其餘皆入。'"音义："不，弗武反。下同。"孔疏："若有此行者，不得入。其餘无此行者，皆入。"（陆德明 1983：94）

《经典释文》中多次记载的"反于反"，当是南北朝时期新产生的读音，此时"不"已开始产生虞韵合口的读音。《行苇》例毛传中的"不"，据传、疏之意，应为否定词，但"弗武反"，实则是"方于反"的上声。由此可见，以上五例注音，都没有入声。

除此之外，《经典释文》中如下一例值得重视：

《礼记·乐记》："是故治世之音，安以乐，其政和。"郑注："言八音和否，随政也。"《释文》："否音不。"（陆德明 1983：196）

这里虽是给"否"注音，但能说明此时的"不"应该读作"方久反"，而不是入声的"分勿反"或"逋骨反"，因为《广韵》中"否"有两个读音，一个是上声有韵"方九切"，与"不"同音，非母，今读 fǒu；另一个是上声旨韵"符鄙切"，奉母，今读 pǐ。此处陆氏注"否音不"，应该是说"否"当作方久切，因为只有此时"否、不"才同音，这也许能够间接说明唐时"不"还没有入声读法。

近现代学者对敦煌对音文献的研究结论也可以直接或间接地说明"不"在晚唐五代时期没有入声尾，并且声母是帮母。如罗常培（1933：148）从《开蒙要训》里认为"-r, -g 两个收声从五代起也露出消失的痕迹了"，虽未直接涉及"不"的读音问题，但我们正好可以反证当时的"不"很可能是没有入声尾的。

黎新第（2012）通过对敦煌对音文献的研究，发现在《发愿文》中，"不"和"般（般若）"可以互相代用，《诗残卷》中有"不"代"北"之例，并进而"认同唐五代汉语西北方音中的入收声已趋于消失的见解""与'般'代用的'不'字也都不应仍带入声韵尾"，虽然我们不同意"不"在中古以前就是入声字，但是我们可以据此理解为当时的"不"是没有入声尾的，并且声母是重唇音帮母的。

王新华（2013）统计了敦煌藏汉对音文献中的"不"的读音情况，"不"在其所统计的材料中出现了144例，"都已失去入声尾，而变入阴声韵。藏文以 [pu]、[pi]、[po]、[phu]、[bu]、[fibu] 来对音，可见韵尾已经完全消失，没有例外。"该文虽然误认为"不"

在中古以前本该读入声，但也恰好可以证明，"不"在唐五代时期并无入声读法，而是读作阴声，并且声母是重唇音。

那么，"不"的入声读法究竟始于何时，韵文押韵或许是最为有利的证据。考诸唐五代以前的诗歌押韵，"不"字在《诗经》和《楚辞》中均未入韵，"不"字入韵最早可以追溯到汉代，属之部（罗常培、周祖谟 1958：125）。在《陌上桑》和《陇西行》这两首汉乐府诗中入韵，如：

……"秦氏有好女，自名为罗敷。""罗敷年几何？""二十尚不足，十五颇有馀。"使君谢罗敷："宁可共载不？"罗敷前致辞："使君一何愚！使君自有妇。罗敷自有夫。"东方千馀骑，夫婿居上头。何用识夫婿，白马从骊驹。青丝系马尾，黄金络马头……

邵荣芬（1982/1997：114）也认为本诗属于鱼侯之三部合韵，其中"不"是唯一的之部字。

又如汉乐府古辞《陇西行》：

天上何所有，历历种白榆。桂树夹道生，青龙对道隅。凤凰鸣啾啾，一母将九雏。顾视世间人，为乐甚独殊。好妇出迎客，颜色正敷愉。伸腰再拜跪，问客平安不？请客北堂上，坐客毡氍毹。清白各异樽，酒上正华疏。酌酒持与客，客言主人持。却略再拜跪，然后持一杯。谈笑未及竟，左顾敕中厨……

此诗中，侯鱼之幽四部合韵，其中"不持杯"属之部。

魏晋南北朝时期，"不"共入韵5次，其中押平声4次，押上声1次，分别相当于《广韵》里的"甫鸠切"或"甫九切"，如：

开岁倏五十，吾生行归休。念之动中怀，及辰为兹游。气和天惟澄，班坐依远流。弱湍驰文鲂，闲谷矫鸣鸥。迥泽散游目，缅然睇曾丘。虽微九重秀，顾瞻无匹俦。提壶接宾侣，引满更献酬。未知从今去，当复如此不。中觞纵遥情，忘彼千载忧。且极今朝乐，明日非所求。（晋陶渊明《游斜川诗》之二）

"鸥"属侯韵，其余均属尤韵，与《广韵》"甫鸠切"合，且

《广韵》注明尤侯幽同用。

穷居寡人用，时忘四运周。榈庭多落叶，慨然知已秋。新葵郁北墉，嘉穟养南畴。今我不为乐，知有来岁不。命室携童弱，良日登远游。（晋陶渊明《酬刘柴桑》）

时祀望归来，四节静茔丘。孝子抚坟号，父子知来不。欲还心依恋，欲见绝无由。烦冤荒陇侧，肝心尽崩抽。（南朝宋鲍照《松柏篇》）

大艑珂峨头，何处发扬州。借问艑上郎，见侬所欢不。（南朝齐释宝月《估客乐》之二）

以上押平声韵，除"鸥"属《广韵》侯韵外，其余都属平声尤韵，相当于《广韵》中的"甫鸠切"。以下《读曲歌》中，"不"与"有"押韵，属于《广韵》有韵，与"甫九切"相合。

念子情难有。已恶动罗裙，听侬入怀不。（南朝宋《读曲歌》）

《全唐诗》中，"不"字入韵共有33次，其中押平声韵者23次，押上声韵者10次，"不"分别属于平声尤韵和上声有韵，但无一例押入声韵者。各举5例如下：

平声：

（1）王维《献始兴公》"流侯头优雠谋不求"，其中"侯头"属侯韵，尤侯幽同用；

（2）王昌龄《箜篌引》"舟讴啾愁楼篌秋头流休收丘州裘羞眸牛喉吼雠留游稠鍪筹投优求囚幽飕忧畴搜谋俦柔钩由蜉抽沟矛侯不"，其中"讴楼篌头喉投钩沟侯"属侯韵，"幽"属幽韵，尤侯幽韵同用；

（3）李白《秋浦歌十七首》之一"秋愁楼流不州"，其中"楼"属侯韵，尤侯同用；

（4）杜甫《夏日李公见访》"游楼求不流秋稠幽留谋"，其中"楼幽"分别属于侯、幽韵，尤侯幽同用；

（5）杜甫《晦日寻崔戢、李封》"裘柔头由侯俦留求修酬愁不游休忧谋洲流收浮"，其中"侯"属侯韵，尤侯同用。

上声：

（1）元稹《杂曲歌辞·筑城曲五解》之三"口不走"，其中"口走"属厚韵，"不"属有韵，有厚同用；

（2）王绩《春桂问答二首》之二"久不"；

（3）韩愈《泷吏》"守不"；

（4）韩愈《除官赴阙至江州寄鄂岳李大夫》"友不"；

（5）卢仝《行冬三首》之二"久有厚口走取苟偶酒肘撒吼狗斗不朽守不丑首友"，其中"厚口走取苟偶撒吼狗斗"属厚韵，有厚同用。

2　入声始见于宋初

唐五代词中没有"不"字入韵的作品。从现有材料来看，"不"的入声读法最早见于北宋初的《广韵》，稍后的《群经音辨》和《集韵》亦有收录：

《广韵》成书于宋真宗大中祥符元年（1008），其中"不"收有平上去入四个读音，分录如下：

（1）帮（非）母尤韵："甫鸠切。弗也。又姓。《晋书》有汲郡人不准，盗发六国时魏王冢，得古文竹书，今之《汲冢记》也。又甫九、甫救二切。"

（2）帮（非）母有韵："方久切。弗也。《说文》作丕，鸟飞上翔不下来也。从一，一，天也，象形。又甫鸠、甫救二切。"

（3）帮（非）母宥韵：本韵漏收，但据平声和上声中的又音可知，应为"甫救切"。

（4）帮（非）母物韵："分勿切。与弗同。又府鸠、方久二切。"

贾昌朝的《群经音辨》大约成书于宋仁宗景祐四年（1037）前后，其卷四"辨字同音异"有如下记载：

不，方久切。不，无也，方久切；不，弗也，音弗，《诗》"受爵不让"；不，否也，弗武切，《诗·序》"宾以不侮"；夫不，雗也，方浮切，《诗·传》"雗，夫不，鸟之谨愨者"；不，足也，音跗，《诗》"鄂不韡韡"陆德明读（贾昌朝1939：104—105）。

《集韵》成书于宋仁宗宝元二年（1039），其中"不"收有五个读音，分别是平声虞韵"风无切"、平声尤韵"方鸠切"；上声有韵"俯九切"；去声宥韵"方副切"和入声勿韵"分物切"。

据孙玉文师《说"凫茈"》，"分勿切"应该是"不"的训读音，不是它在宋代的实际读音。"不"在宋代的实际读音应是"逋骨切"，这一读音并非来自于"分勿切"。

宋代开始，"不"在口语中也已经有了重唇音帮母入声的读法，如《切韵指掌图》的第十九"微尾未物"图中，"不"字排在帮母没韵一等位置，而同图的见母没韵一等字是"骨"，因此这一读音也就是"不"字"逋骨切"的明确证据。虽然《切韵指掌图》的真实作者并非司马光，大约是南宋人所作，但"逋骨切"这一读音很可能是宋代口语中的真实读音。北宋陈正敏（1956）、王观国（1988）、南宋初期孙奕（1935）等对这一读音或其后续发展亦有记载。

这些韵书的记载与实际的诗词押韵也是可以互相印证的，今见押入声韵最早的是北宋秦观《品令》词，据秦观《淮海居士长短句》徐培均校注，此词作于熙宁九年（1076），以高邮方言写成：

幸自得。一分索强，教人难吃。好好地恶了十来日。恰而今、较些不。　　须管啜持教笑，又也何须肬织。衠倚赖脸儿得人惜。放软顽、道不得。（秦观著，徐培均校注《淮海居士长短句》，上海古籍出版社1985年，137页）

在此词中，"不"与"得、吃、日、织、惜、得"等字押韵，必是入声无疑，依《词林正韵》的归部，其中，"得、织"属职韵，"吃（吃喝）"属于锡韵，"日"属于质韵，"惜"属于陌韵，这几个韵可以通押，而《词林正韵》将"不"归属于第十八部物韵，这应该是受"分勿切"的影响，根据我们的论述，此时的"不"应该已经是一等字，属于第十八部的没韵，物韵和没韵就是一三等的差别,"不"应该是与"得、吃"等字合韵。

又如南宋郑域《蓦山溪》:

> 嫣然一笑,风味人间没。来自广寒宫,直偷得、天香入骨。软金缕屑,点缀碧琼枝,花藏叶,叶笼花,刚被风吹拂。　道人衾帐,不用沉烟熨。插满枕屏山,觉身在、蓝桥仙窟。一觞一咏,消得九秋愁,篱边菊,畹中兰,甘避芳尘不。(唐圭璋编《全宋词》,中华书局1965年,2300页)

据《全宋词》,郑域为淳熙十一年(1184)进士,庆元二年(1196)随张贵谟使金,嘉定十三年(1220)行在诸司粮料院干办。依《词林正韵》,"没、骨、拂、熨、窟、不"均属入声第十八部,其中"没、骨、窟、不"均属于没韵。

又如南宋葛长庚《瑞鹤仙》:

> 赋情多懒率。每醉后疏狂,醒来飘忽。无心恋簪绂。漫才高子建,韵欺王勃。胸中绝物。所容者、诗兵酒卒。一两时,调发将来,扫尽闷妖愁孽。　莫说。杀人一万,自损三千,到底尴尬。悬河口讷。非凤世,无灵骨。把湖山牌印,莺花权柄,牒过清风朗月。且束之、高阁休休,这回更不。(唐圭璋编《全宋词》,中华书局1965年,2565页)

葛长庚为南宋宁宗嘉定(1208—1225)前后人。依《词林正韵》,"率"属质韵,"忽、勃、卒、讷、尬、骨、月"属月没韵,"绂、物、不"属物韵(据我们意见,"不"属没韵),"孽、说"属屑韵,月、物、屑韵通押,质韵稍隔。

据统计,《全宋词》中"不"字入韵的共有54例,其中入声只有如上3例;平声48例,均属于《词林正韵》第十二部平声尤韵,如晁端礼《满庭芳》(雪满貂裘)中"钩、侯、州、游、流、头、秋、不、楼"押韵;还有3例押去声,但分别归入了《词林正韵》的两个韵中:一是第十二部"尤侯幽"的去声,即宥韵,如赵长卿《水龙吟》中"溜、秀、皱、瘦、袖、不"等押韵;二是第四部"鱼虞模"的去声④,如赵长卿《蓦山溪》(和曹元宠赋梅韵)和

《青玉案》(德远归越因作此饯行)：

　　玉妃整佩，绛节参差御。一笑唤春回，正江南、天寒岁暮。孤标独立，占断世间香，云屋冷，雪篱深，长记西湖路。　　人间尘土，不是留花处。羌管一声催，碎琼瑶、纷纷似雨。枝头著子，聊与世调羹，功就后，盍归休，还记来时不。(唐圭璋编《全宋词》，中华书局1965年，1802页)

　　东门杨柳空盈路。系得征鞍能驻不。暗绿枝头新过雨。柔丝千尺，乳莺百啭，似怨行人去。　　行人去后知何处。去向天边篁鹉鹭。瑶管琼台多雅趣。花砖稳上，玉阶阔步，肯念人尘土。(唐圭璋编《全宋词》，中华书局1965年，1807页)

《蓦山溪》中，"御、暮、路、处、雨"都属于《词林正韵》第四部去声，虽未收"不"字，但"不"也自当属于这一部；《青玉案》中，"土"属于第四部上声，其余都应该属于第四部去声。

宋代诗歌中亦有两首"不"押入声韵者：

如张耒《再寄》(《张耒集》，中华书局1990年，238页)：

　　宛丘之别今五年，汴上留连才一日。残生飘泊客东南，忧患侵陵心若失。先生神貌独宛然，但觉岩岩瘦而实。有如霜露入秋山，扫除繁蔚峰峦出。自言近读养生书，颇学仙人饵芝术。披寻图诀得茯苓，云是松间千岁物。屑而为食可不饥，功成在久非仓卒。上侔金石免毒裂，下比草木为强崛。涓涓漱纳白玉津，炼以真元纳之骨。神仙自是人不知，岂为难求废其术。我闻公说心独嗟，欲问太虚穷恍惚。奈何不使被金朱，乃俾枯槁思岩窟。又观世事不可常，倚伏谁能定于一。终身轩冕亦何赖，况有朝升而暮黜。何如端坐养形骸，寿考康宁无夭屈。乃知岂即非良图，却笑儿曹嗜糠粃。青衫弟子昔受经，赋分羁穷少伦匹。自知无命作公卿，颇亦有心穷老佛。但思饱暖愿即已，妄意功名心实不。终期策杖从公游，更乞灵丸救衰疾。

据《张耒集》前言，张耒生卒年为1054—1114，属北宋后期人。此诗中，"日、失、实、出、术、一、黜、匹、疾"属于质韵，

"物、崛、屈、佛"属于物韵,"卒、骨、惚、粝、不"属月没韵。

又如南宋楼钥《金峨本老领优婆塞众求写选僧堂三大字示以数语》(《攻媿集》卷81,商务印书馆1935年,1103页):

> 行者堂中选僧,众僧堂中选佛。人道是,我却不。不如莫待僧伽梨,便与竖起脊梁骨。大丈夫,休泪没。一粒爆起冷灰豆,十分钝以辽天鹘。赤脚踏透祖师关,神锥击碎精灵窟。君不见卢能只在碓坊前,解道本来无一物。

据《宋史》记载,楼钥为南宋孝宗隆兴元年(1163)进士,"嘉定六年薨,年七十七",故其生卒年应为1137—1213年。此诗中,"弗、物"属物韵三等字,"不、骨、没、鹘、窟"属月没韵一等字,两韵通押。

由此可见,"不"的入声读法最早应见于北宋初期,从押韵的角度来说,与其押韵的入声一等、三等字数量大致相当。

宋以后也偶见"不"押入声韵的诗词,如明陶望龄《生诗十首书王堇父慈无量集以凡百畏刀杖无不爱寿命为韵》其六:

> 吾闻丰坊生,赤章咒蚕虱。蚕虱食几何,讨捕况已酷。借问坊食者,还当咒坊不。弘恕圣所称,斯言非佞佛。(钱谦益编《列朝诗集》,中华书局2007年,5829页)

"不"自古至今读音差别较大,先秦两汉属于帮母之部,南北朝时期又新产生平声虞韵"方于切"的读音,所以,南北朝至唐代,"不"有平声尤韵"甫鸠切"、上声有韵"甫九切"、去声宥韵"甫救切",都是否定副词,意思都相当于"否"或"弗",另有平声虞韵"方于切",也可以作否定词用,并无入声读法。其中作上声读法时与"否"同音,意思也与"否"相同,大致相当于"否"的异体,属于开口三等字。

后来虞韵平声"方于切"的读音保存重唇音,宋初产生[-t]韵尾,转而读入声,这个读音正是后来"逋骨切"的由来。"不"由阴声转为入声的发生时间大约是在宋初,因为"不"的入声读法最早见于北宋初期,这可从韵书和诗词押韵两方面得到验证:在

《广韵》物韵中首次标注有"分勿切"一音,《群经音辨》亦注明"音弗",其后的《集韵》亦有"分勿切";北宋陈正敏(1956)、王观国(1988)、南宋孙奕(1935)均记载,北宋前期就有"逋骨切"之音,《切韵指掌图》第十九图即首次将"不"字作为"杯"字入声收录,属于帮母没韵。

从用韵来看,"不"字最早入韵见于汉乐府《陌上桑》和《陇西行》两诗中,都属平声之部,魏晋至唐代,都有入韵,但都只押平声或上声韵,未见押入声韵者;"不"最早押入声韵的是作于北宋熙宁九年(1076)的秦观《品令》词,读音与"逋骨切"相当,两宋诗词中,"不"均有押入声韵者。由此可见,"不"的入声读法最早见于北宋初期。

3 入声之由来

"不"上古属之部阴声韵,到宋代转而读入声,为何会有这一变化呢?历来也有学者进行过探讨。

如北宋王观国《学林》认为"不"与"弗"古通用,所以读音相同。清钱大昕(2016:52)"苗民弗用灵"条说:"古书'弗'与'不'同,'否'即'不'字。"又在卷五"古无轻唇音"条说:"古读'弗'如'不'。《广韵》'不'与'弗'同,分勿切。《说文》:'吴谓之不律,燕谓之弗,秦谓之笔弗,声相近也。'"(钱大昕 2016:152)钱氏主要是从声母的角度来说的,"弗"与"不"在上古都属于帮母,但直接说古读"弗"如"不",则似乎并无确证。

丁声树(1933:967)在引述段玉裁《古文尚书撰异》时加按语说:"《广韵》入声'物'韵'弗'纽内亦有'不'字,注云,'与弗同';然考之敦煌唐写本《切韵》残卷,故宫本王仁昫《刊谬补缺切韵》,及唐写本《唐韵》,'物'韵内均无'不'字,则《广韵》'物'韵之'不'字明是宋人所增,非《切韵》之旧也。"丁先生此说可信，我们的查考也印证此说。丁先生还说："至于到宋修《广韵》《集韵》时何以忽然增入，而近代方音里，'不'字何以也有入声的痕迹，这种不规则的音变或者是受了'弗'字音的类推所致，或者另有其他的原因，此刻还不明了。"丁先生在文末还转述李方桂先生的观点，认为"弗"可能很早就有轻（读 [puət]）重（读 [piuət]）两读，重读音今北京话读 [fu]，仍写作"弗"；轻读音今北京话读 [pu]，写作"不"。

今所见"不"字最早的入声确实是《广韵·物韵》的"分勿切"，但孙玉文师《说"凫芘"》认为"分勿切"是由于"不"常常被解释为"弗"，且在古籍中常有"不""弗"构成异文，因而形成的"不"的训读音，它与"不"在宋代口语中所读的入声没有关系。因此，"不"字真正的入声应该是从帮母重唇入声即"逋骨切"开始的。

因为，认为"不"的入声来自"弗"音，将有两个问题无法解释：一是，自先秦至唐宋，"不"在各文献中的使用频率均远高于"弗"，刘黎（2010：191—192）就统计过先秦部分文献中"不""弗"的使用数量对比，现根据刘文列表如下：

表1　先秦部分文献中"不""弗"数量对比

	尚书	诗经	论语	孟子	左传
"弗"字句	58	35	6	38	362
"不"字句	266	773	583	1084	3545

从统计可见，"不"在先秦时期用量就远超"弗"；刘文还认为："'弗'在数量上日益减少，至中古时期，'弗'已极少出现，如《世说新语》中，'不'出现1094次，而'弗'只出现了2次。晚唐五代以后，'弗'基本已销声匿迹，明清小说中偶见几次也是出于仿古之故，至现代，更是踪迹全无。"（刘黎 2010：191）

我们也统计了汉魏至唐宋部分文献中"弗"的出现次数，如下表所示：

表2　汉魏至唐宋部分作品中"不""弗"的出现次数对比[⑤]

新序 211：4	论衡 5627：34	曹丕集 350：8
搜神记 621：4	齐民要术 722：1	唐小说 1075：7
敦煌变文集新书 1909：1	敦煌变文选 417：0	宋词 220：0

从表中数据可以看出，从汉魏至唐宋，"不"一直很常见，但"弗"只是零星偶见，宋代基本消失，所以说，"不"是借道于"弗"而在宋代产生入声读音，这是不太可能的。

认为"不"来自于"弗"音，还有第二个难以解释的问题："分勿切"属于非母合口三等，此音既始见于北宋，又为何会变成同样始见于北宋的"逋骨切"这个帮母合口一等音？这也是不合常理的。

王力（2004：199）认为："一切都使我们倾向于相信今天'不'字的读音（不论读入声和不读入声）是来自物韵的，它保存着古代的重唇音，没有和'弗''物'等字一起变为轻唇。'不'字在上古属之部，念 pǐwə，到中古分化为尤物两韵，在尤韵的变了开口三等的 pǐəu，在物韵的变了合口三等的 pǐuət，主要元音都没有改变。后来，合口三等的 pǐuət 由于保存重唇，所以变为合口一等 pǐuət→put→pu。这种音变还是很自然的。常用字往往在音变上是一种'强式'，不随着一般的变化。'不'字是一个典型的例子。"

王力先生的观点是很有启发性的，即"不"的入声并不是来自于"弗"，而是来自于"不"字自身的阴声韵。只是王力先生认为"不"字入声产生时间在轻重唇分化之前，对此，我们有不同的看法：

我们认为，"不"在汉代以前属于之部合口三等（尤小韵），读［pǐwə］，南北朝时期语音分化，一部分仍属尤韵，变成开口；一部分转入幽部（虞韵）合口三等，读［pǐu］（王力 2008：132），在晚唐五代轻重唇音分化时，由于"不"属于常用字，具有"强式"效果，所以丢失介音，保留了重唇读法，读［pu］，据孙玉文师《说"虎兕"》，"应该承认有少数唇音声母拼主元音为［u］的字，它们增生了塞音韵尾变成入声，不能因为阴声韵转入入声韵按照现有的理论不好解释，就不承认这种基本的事实"。"不"就属于这种情况，增生了塞音韵尾，变成了［puət］，这就是后来没韵"逋骨切"的由来，只是这个音应该不久之后就变成了［put］，所以《中原音韵》将其收入鱼模韵中，与"卜"同音，看作是入声作上声的字。

4 余论

自先秦至南北朝，"不"有平声尤韵"甫鸠切"、上声有韵"甫九切"、去声宥韵"甫救切"三个读音，都是否定副词，意思都相当于"否"或"弗"，其中读上声"甫九切"时大致相当于"否"的异体，读去声"甫救切"不太常见，不是主流读音。南北朝时期尤韵一分为二，一部分仍属于尤韵，另一部分归入合口虞韵，读"方于切"，也可以作否定词用，到晚唐五代轻重唇分化时，合口虞韵之"不"丢失三等介音，保留了重唇读法，宋初增生［-t］韵尾，读"逋骨切"，变成入声，直到元代入声消失时，归入鱼模韵上声，与"卜"同音，今普通话去去声。《广韵》虽也首次收录入声"分勿切"，但此音属于"不"的早期训读音，不是其常规读音，与"逋骨切"读音无关。

值得注意的是，"不"在南北朝时期分化成了两个系列的读音：虞韵合口的"不"后来变成了入声；仍属于尤有宥韵的"不"在音义和语法上也有后续的发展，它们在南北朝时期变成开口，在轻重唇分化之前又变成合口，最后变成轻唇音。尽管《广韵》及各字书对尤有宥韵三个读音的意义均解释为"弗"，但事实上，根据古籍的用例和前贤的注解来看，平上去三个音项所表现出来的意义和语法并非完全相同，它们之间是有差别的。由于去声宥韵读音不是常见读音，因此我们只讨论其中的平声和上声两个读音。

读平声"甫鸠切"时，意义和用法可以分为两个序列：一是普通的否定词，意思相当于"弗"，用在动词、形容词或其他副词之前，这是中古以前最常见的意义，其用例也最多，如《论语·学而》："学而时习之，不亦说乎？"二是用于疑问句的末尾，表示

"是否""可否"之类的疑问，如上述的汉乐府《陌上桑》诗中，"不"与"敷、馀、愚、夫、头、驹"等平声字合韵，此"不"应读平声，且用于疑问句末表示疑问，也大致与现代汉语中表示反复问的作用类似，如"我准备去图书馆，你去不？"

读上声"方久切"时，意义和用法相当于"否"，甚至可以看作是"否"的异体字，一般用于疑问句的末尾或肯定否定对举而表示否定义的句子中，如《荀子·正论》："居如大神，动如天帝，持老养衰，犹有善于是者与不？"俞樾《群经平议·荀子三》："不读为否。"（俞樾 2010：149）这是用于句末表示疑问的情况，又如《管子·宙合》："依贤可，用仁良，既明通于可不利害之理，循发蒙也。"王念孙《读书杂志·管子第二·宙合》："不与否同。"（王念孙 1985：67）这是用于正反对举的句子中。

概括来说，"不"的音义关系及其演变过程如下：

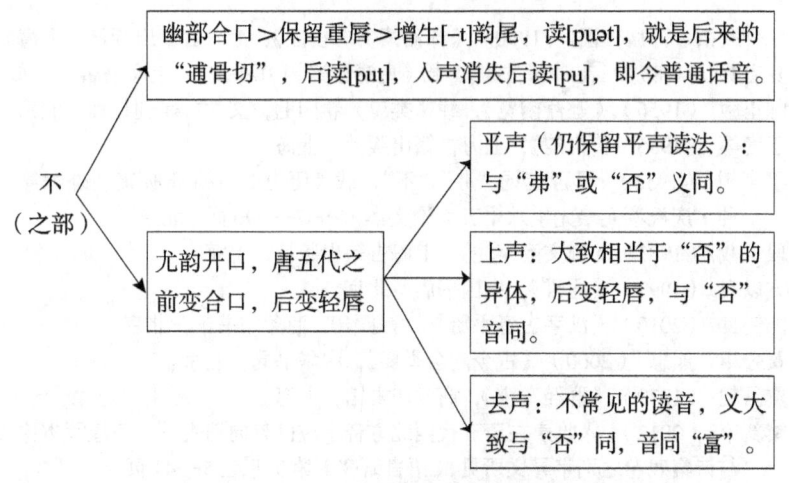

```
                ┌─ 幽部合口＞保留重唇＞增生[-t]韵尾，读[puət]，就是后来的
                │  "逋骨切"，后读[put]，入声消失后读[pu]，即今普通话音。
 不 ─┤
(之部)          │                          ┌─ 平声（仍保留平声读法）：
                │                          │  与"弗"或"否"义同。
                │                          │
                └─ 尤韵开口，唐五代之 ─────┼─ 上声：大致相当于"否"的
                   前变合口，后变轻唇。    │  异体，后变轻唇，与"否"
                                           │  音同。
                                           │
                                           └─ 去声：不常见的读音，义大
                                              致与"否"同，音同"富"。
```

图1　"不"的音义关系及其演变过程

附　注

① 据晁公武《郡斋读书志》记载，该书成书于"崇观间"，即北宋徽宗崇宁、大观年间（1102—1110年）。

② 据《点校说明》引清陆心源《仪顾堂题跋》的考证，王观国为北

宋徽宗政和九年（1119）进士，南宋高宗绍兴初官左承务郎，绍兴十四年（1144）被劾出知邵州，故此书成书大约在两宋之交。

③ 据《四库提要》记载，孙奕大约是南宋宁宗庆元三年前后人，即1197年，故此书成书大致亦在此前后。

④ 此音可能是南北朝时期"不"属幽部音的残留，而此时这个读音也基本与《广韵》去声漏收的"甫救切"合流了，宋代实际大约与"富"（方副切）读音相同，而"富"依《词林正韵》就既属于第十二部去声，也属于第四部去声。

⑤ 表中《论衡》数据引自刘殿爵、陈方正主编《论衡逐字索引》，商务印书馆（香港）有限公司1996年版；《曹丕集》数据引自刘殿爵、陈方正、何志华主编《曹丕集逐字索引》，香港中文大学出版社2000年版；其余数据均来自北京大学中国语言学研究中心CCL语料库，其中《唐小说》包括《五代新说》《南岳小录》《唐国史补》《大唐创业起居注》《大唐新语》《明皇杂录》《游仙窟》《朝野佥载》《隋唐嘉话》《霍小玉传》；《宋词》包括《晏几道词》《晏殊词》《李煜词》《柳永词》《欧阳修词》《秦观词》《苏轼词》；《敦煌变文集新书》中共有53例"弗"，但其中有52例都是"舍利弗"，只有1例属于否定词。

参考文献

晁公武撰、孙猛校证 （1990）《郡斋读书志校证》，上海古籍出版社，上海。
陈启源 （1988）《毛诗稽古编》，载《皇清经解》（第一册），上海书店，上海。
陈正敏 （1956）《遯斋闲览》，载《类说》卷四七，文学古籍刊行社，北京。
丁度等 （1985）《集韵》，上海古籍出版社，上海。
丁声树 （1933） 释否定词"弗""不"，载《历史语言研究所集刊外编第一种·庆祝蔡元培先生六十五岁论文集》，967—996页，北京。
段玉裁 （1981）《说文解字注》，上海古籍出版社，上海。
方以智 （1990）《通雅》，中国书店，北京。
郭锡良 （2010）《汉字古音手册》（增订本），商务印书馆，北京。
黄公绍、熊忠 （2000）《古今韵会举要》，中华书局，北京。
贾昌朝 （1939）《群经音辨》，商务印书馆，上海。
黎新第 （2012） 入收声在唐五代西北方音中应已趋向消失——敦煌写本愿文与诗集残卷之别字异文所见，《语言研究》第3期，35—41页。
刘 黎 （2010） 先秦否定副词"弗"字消失之原因，《求索》第2期，191—193页。
陆德明 （1983）《经典释文》，中华书局，北京。
罗常培 （1933）《唐五代西北方音》，中研院历史语言研究所集刊。
罗常培、周祖谟 （1958）《汉魏晋南北朝韵部演变研究》（第一分册），科学出版社，北京。
吕 浩 （2007）《篆隶万象名义校释》，学林出版社，上海。
钱大昕 （2016）《十驾斋养新录》，载陈文和主编《嘉定钱大昕全集》（增订本）第七册，凤凰出版社，南京。
邵荣芬 （1982/1997） 古韵鱼侯两部在后汉时期的演变，载《邵荣芬音韵学论集》，105—117页，首都师范大学出版社，北京。
司马光 （1986）《宋本切韵指掌图》，中华书局，北京。
孙玉文 （2020）《说"凫茈"》，待刊。
孙　奕 （1935）《履斋示儿编》，商务印书馆，上海。
王观国 （1988）《学林》，田瑞娟点校本，中华书局，北京。
王　力 （2004）《汉语史稿》，中华书局，北京。
王　力 （2008）《汉语语音史》，商务印书馆，北京。
王鸣盛 （1958）《蛾术编》，商务印书馆，北京。
王念孙 （1985）《读书杂志》（中册），中国书店，北京。
王新华 （2013） 敦煌藏汉对音文献中的入声字演变，《山东社会科学》第6期，140—144页。
徐时仪 （2008）《一切经音义三种校本合刊》，上海古籍出版社，上海。
许　慎 （1963）《说文解字》，中华书局，北京。
余廼永 （2000）《新校互注宋本广韵》，上海辞书出版社，上海。
俞　樾 （2010）《诸子平议》，载《春在堂全书》（第二册），凤凰出版社，南京。
周祖谟 （1983）《唐五代韵书集存》，中华书局，北京。

The Origin of the Ru Tone（入声）of Bu（不）

YU Zhong

Abstract: The word *bu*（不）pronounced in ru tone（入声）fenwuqie（分勿切）or buguqie（逋骨切）in Pre-modern Chinese; while it was pronounced with ping tone（平声），shang tone（上声）or qu tone（去声）before the Southern and Northern Dynasties; then, a new ping（平声）tone fangyuqie（方于切）came about during the Southern and Northern Dynasties. The pronunciations of ru tone（入声）began in the early North Song Dynasty, which could be attested by ancient rhythmic dictionaries and the rhyming in poems.

Keywords: bu（不），the ru tone（入声），origin

（300387　天津，天津师范大学文学院　yuzhonghb@163.com）

汉语语气词"罢了"源流探究*

张俊阁

提要 汉语语气词"罢了"产生于明代,它是用于句尾的完结义动词"罢"与完成义助词"了"的组合形式"罢了"词汇化和语法化的结果,并出现了音变形式"罢哩"。受满语 dabala、dere 等的影响,在清代满汉合璧文献及旗人作家作品中又出现了音变形式"罢咧",且扩展到非旗人作品中。现代汉语中,语气词"罢了"仍为主要形式,"罢咧"只偶见用例,"罢哩"已难觅踪迹。
关键词 罢了 旗人汉语 语言接触 词汇化 语法化

0 引言

"罢了"是现代汉语中常见的一个陈述语气词,有关其著述虽然不是很多,但是论及的都是较为核心的问题,如"罢了"的来源、性状及其所表示的语气等。

首先看来源和性质方面:孙锡信(1999:186—188)认为"罢了"是完结义动词"罢"和完结义动词"了"的组合,作谓语,有时也用在其他谓词后面;并指出由于"罢了"组合经常居于句尾,所以有了语气词的功能,尤其是前面有其他谓词的时候,且此种"罢了"为语气短语。刘志远、刘顺(2012)认为语气词"罢了"是完结义动词"罢"和"了"的动词组合"罢了"词汇化和语法化的产物。太田辰夫(2003:336—338)指出:"原来'罢'是'结

收稿日期:2018-12-14;定稿日期:2020-10-14。
* 本文为国家社科基金项目"满语对清代旗人汉语的语法干扰及其对北京话语法的影响研究"(17BYY142)和山东省社会科学规划研究项目"基于白话报刊的清末民初白话语法研究(1987—1918)"(16CZWJ38)的阶段性研究成果。《语言学论丛》匿名审稿专家对本文提出了宝贵的修改意见,深表谢忱。

束'的意思,'罢了'是'完了'的意思",并由此逐步发展出表限制语气的助词"罢了"。冯春田(2000:519)认为"罢了"是语气词"罢"的复合形式。爱新觉罗·瀛生(1993:197—198)与兼汉满语会话教材《清文启蒙》相比照,认为《红楼梦》中表示"不过……而已""只是""仅仅"之意的"罢了"源自满语的dabala。张美兰、綦晋(2016)认为满汉合璧文献《清文指要》中"罢咧"对应满语表示"而已""罢了"的判断语气词dabala是音兼意译的结果。竹越孝、陈晓(2016:36)指出:"'罢了/罢咧'的句末助词功能来源于汉语内部'罢'+'了'的演变,并非来源于满语的dabala;但在使用和流传过程中应受到了满语dabala的影响与促进。"祖生利(2013)认为"罢了"是语气词"罢"的双音形式,始见于晚明;他又结合《清文启蒙》等满汉合璧文献进一步指出清代旗人汉语里"罢咧(罢了)"大量使用且用法与汉语有着明显不同是受了满语判断语气词dabala、dere的影响。以上学者从汉语自身和语言接触的角度对"罢了"的形成和性质进行了较为深入的探讨,但其中的分歧也显而易见。

其次语气方面:孙锡信(1999:186—188)认为"罢了"所表示的语气有两种:1.表示容忍、让步,带有"只好如此""就这样算了"的意味;2.表示限止义,"仅此而已""不过如此"的语气。王力(1985:226)、冯春田(2000:519)认为"罢了"表示"仅此而已"的语气。朱德熙(1982:213)、吕叔湘(1980:52)认为"罢了"有把事情往小里说的意味。祖生利(2013)指出《清文启蒙》等满汉合璧文献中"罢咧(罢了)"可表示判断、容让、商榷等语气。从中不难看出,在其历史发展中语气词"罢了"所表语气并非单一状况。

总之,就目前研究情况来看,"罢了"无论其来源、性质还是语气都还存在继续探讨和论证的空间和必要。因此,在前贤时哲研究的基础上,本文拟对"罢了"的形成及其发展过程作进一步的梳理。

一 早期"罢了"的性质及组合关系

"罢"和"了"作为完结义动词在汉语中出现的时代并不相同,"罢"在先秦汉语中既可见到,而"了"的用例在汉代始见,魏晋以后使用增多。如:

(1)郑人有欲买履者,先自度其足而置之其坐,至之市而忘操之。已得履,乃曰:"吾忘持度。"反归取之。及反,市罢,遂不得履。(《韩非子·外储说左上》)

(2)更汲冷水浇淋,味薄乃止。淋法,令当日即了。(《齐民要术·作酢法》)

除"罢""了"之外,汉语中还有表示完结义的动词"讫""已""毕""竟""终"等。自魏晋一直到南宋完结义动词"讫""已""毕""竟""终"相对于"罢""了"来说不仅使用频率高,而且还有不少连用的情况,如"毕讫""毕已""毕竟""已竟""竟已""讫竟""终竟"等。而使用频率较低的完结义动词"罢"和"了"一直到南宋以前的文献都没有发现连用的例子[①]。这说明在南宋以前汉语实际应用中尽管有不少完结义动词连文的用例,但作为完结义动词的"罢"和"了"没有连用的习惯。

根据笔者所调查的文献来看,"罢了"连文较早的用例见于《朱子语类》,共7例。

(3)今且做把一百里地封一个亲戚或功臣,教他去做,其初一个未必便不好,但子孙决不能皆贤。若有一个在那里无稽时,不成教百姓论罢了一个国君!(《朱子语类》卷八十六)

(4)某为守,一日词诉,一日著到。合是第九日亦词讼,某却罢了此日词讼。(《朱子语类》卷一百六)

(5)又云:"须是罢了堂除,及注授教官,却请本州乡先生为之。"(《朱子语类》卷一百九)

(6)唐时州县上供少,故州县富。兵在藩镇,朝廷无甚养兵

之费。自本朝罢了藩镇，州郡之财已多归于上。(《朱子语类》卷一百一十)

（7）第二世继而立者，个个定是不晓事，则害民之事靡所不为。百姓被苦来诉国君，因而罢了，也不是；不与他理会，亦不是。(《朱子语类》卷八十六)

（8）诸路牒试皆罢了，士人如何也只安乡举。(《朱子语类》卷一百九)

（9）如浙间除了和买丁钱，重处减些，使一家但纳百十钱，只依而今税赋放教宽，无大故害民处。淳录云："如漳之盐钱罢了。"(《朱子语类》卷八十六)

例（3）—（9）中"罢""了"处在连续的线性序列中，对于序列中的"罢"和"了"的词性和意义学界的看法并不一致。刘志远、刘顺（2012）指出上面例（4）、例（8）中"罢""了"表示完结、结束义，"罢了"在性质上是动词性的句法组合②。刘晓晴、邵敬敏（2012）认为上面例（6）、（8）中"罢了"为"废除""取消"义，"罢"为动词；"了"表示"掉"的意思，可看作补语，又说"了"兼具表达动作的"完成"义，已经开始具有体标记功能③。杨永龙（2001：98—181）认为"罢了"所在的句子表示的是一种终结性情状，终结性情状自身有终结点，"罢"是表示瞬间完成、不可持续的终结性动词，因此事件的完成或终止不是"了"负载的，"了"的作用在于突显变化的完成，即以上句子中"罢了"为终结性动词"罢"+完成义助词"了"的组合形式。

语言是一个系统，许多语言现象之间是相互关联、相互影响的。连续性线性序列中的"罢了"也必须放在汉语发展的系统中，与相关的语言现象结合在一起来考察。一方面，上文指出南宋以前动词"罢"和"了"没有连文使用的习惯，那么到了南宋时期突然出现连文的用例似乎缺少了使用的传统和基础。另一方面，我们也要考虑"罢"和"了"在汉语历史中各自的发展状况。在南宋以前"了"已由完结义动词发展出完成体助词和事态助词的用法，到南宋这两种用法的"了"使用已非常广泛④,《朱子语类》中就有大量的例子。如：

（10）日所以蚀于朔者，月常在下，日常在上，既是相会，被月在下面遮了日，故日蚀。(《朱子语类》卷二)

（11）谦之录云："有言私欲难去。曰：'难。有时忘了他，有时便与他为一片了！'"(《朱子语类》卷四十一)

（12）曰："佛氏虽无私意，然源头是自私其身，便是有个大私意了。"(《朱子语类》卷四十一)

（13）如两军冢杀，两边擂起鼓了，只得拚命进前，有死无二，方有个生路，更不容放慢。若才攻慢，便被他杀了！(《朱子语类》卷一百一十六)

例（10）和例（11）中前一个"了"分别用在动词"遮"和"忘"的后面说明动作的完成，为完成体助词。例（11）中后一"了"及例（12）中的"了"则表明一个事件的完成，为事态助词。例（13）"便被他杀了"的"了"可能身兼两职——一是表示"杀"这一动作的完成，为完成体助词；二是表示"被他杀"这一事件的完成，为事态助词。

再来看例（3）—（9）。从语义上看，这七个例子中"罢"均表示"免除""取消"义，是瞬间完成、非延续性的终结性动词。例（3）—（6），"罢了"后均带有宾语，"了"旨在说明"罢"所表示的终结过程的完成，所以"了"是完成体助词。例（7）从表层结构上来看"罢了"后并没有宾语成分出现，但根据语境不难推断出"罢了"的宾语为"二世所立之臣"，因此这里的"了"与例（3）—（6）一样说明动词"罢"终结过程的完成，"了"为完成体助词。例（8）、（9）中主语"诸路牒试""如漳之盐钱"分别是"罢"的受事宾语，而且与例（3）—（7）不同的是"罢了"处在分句或句子的末尾，"了"在说明动词"罢"终结过程完成的同时，也可能具有说明句子所表述的整个事态、变化已经实现完成的功能，那么"了"在例（8）、（9）中可能是身兼完成体助词和事态助词两个功能。因完成体助词是说明动作行为的完成、事态助词是说明事态变化的完成，所以我们把可能兼具这两种功能的句尾"了"称为完成义助词。因此综合动词"罢""了"的历史使用情况和"了"的功能发展，我们可以更为确切地说《朱子语类》中居于连续性线性序列中的"罢了"在句中时为终结性动词"罢"+完成体助词"了"的组合形式；在句尾（分句或句子末尾）时为终结性动词"罢"+完成义助词"了"的组合形式。

到了元代"罢了"组合中的"罢"有了表"完毕""结束"义的用例，如：

（14）如今罢了干戈，绝了征战，扶持俺这唐十宰文武官员。（《尉迟恭三夺槊杂剧》第四折，见《元刊杂剧三十种》）

（15）一投定了华夷，一投罢了相待，那里想困难之时，用人之际！（《诸葛亮博望烧屯杂剧》第一折，见《元刊杂剧三十种》）

（16）姨姨，我为甚罢了雨云？却也是避些风波。做这些淡生涯，且熬那穷过活。（《诸官调风月紫云亭杂剧》第三折，见《元刊杂剧三十种》）

例（14）—（16），"罢了"后均带宾语，"罢"为"完毕""结束"义的终结性动词，"了"为说明"罢"这一终结性过程完成的完成体助词。换言之，例中"罢了"为完结义终结性动词"罢"+完成体助词"了"的组合形式。

二 "罢了"的词汇化与语法化

从所调查文献的整体情况来看[⑤]，"罢了"在元代使用频率并不高，到了明代才广泛使用开来。句法分布上，"罢了"可以单独成句，可以用于句中，也可以用于句尾。据观察独立成句和用于句中的"罢了"与句尾语气词"罢了"的形成无关，因此下面只考察与语气词"罢了"的形成存在渊源关系的句尾"罢了"。

首先我们要廓清如下情况，来看例句：

（17）晁盖道："他的寨在那里？"和尚道："他有四个寨栅，只是北寨里便是曾家兄弟屯军之处。若只打得那个寨子时，别的都不打紧，这三个寨便罢了。"(《水浒全传》60回）

（18）猴王又道："我无性。人若骂我，我也不恼；若打我，我也不嗔，只是陪个礼儿就罢了。一生无性。"（《西游记》1回）

例（17）"若只打得那个寨子时，别的都不打紧，这三个寨便罢了"为一复句，"罢了"处于后一分句末尾，受关联副词"便"修饰，作后一分句的谓语。例（18）"若打我，我也不嗔，只是陪个礼儿就罢了"也是一个复句，充当其中一个分句的"只是陪个礼儿就罢了"为一紧缩句，受关联副词"就"修饰的"罢了"实为紧缩句的一个分句。

不难看出，在这种复句或紧缩句且前有关联副词"就/便/也/还"等的句法语境下，充当分句或分句的谓语的"罢了"尽管已经由表终结性情状的完结义"动词+助词"组合转变为表说话人主观态度的"算了""好了"义的"动词+助词"组合，位置上也处于句子或分句的末尾，但它是无法发展成语气词的。

与语气词"罢了"的形成有直接渊源关系的是元明时期大量出现的这样一种句法语境：(NP+) VP+罢了。这又可分为两种情况：

A. "罢"前添加关联副词"就/便/也/还"等而不改变句子原有的语义表达，"罢了"含有"只好如此""就这样算了"的意味。如：

（19）（净）我家神道是泥塑木雕，那得五爪金龙？（外）自家不敬神，安得神人敬？你既不信，明日赔你一只罢了。（《白兔记》第四出，见《六十种曲》）

（20）玄德曰："几时归？"童子曰："归期亦不定，或三五日，或十数日。"玄德惆怅不已。张飞曰："既不见，自归去罢了。"（《三国演义》37回）

（21）又听得那个男子说道："我算那厮身边东西，也七八分了。姐夫须决意与我下手，出这口鸟气！"张世开答道："只在明

后日教你快活罢了!"(《水浒全传》103回)

例(19),这是一个对话语境,"罢了"处在一个因果复句的后一分句即结果分句"明日赔你一只罢了"的句尾。"明日赔你一只"这一谓词性结构VP叙述了一个完整的行为事件,"罢了"并不表示VP的完结,而是表示说话人对VP所表示的行为事件的一种让步,有"算了""好了"之义。而且如果在"罢了"前加上"便""就"等关联副词也并不改变句子原有意义的表达,所以"明日赔你一只罢了"应是一个紧缩句,"明日赔你一只"是紧缩句的前一分句,"罢了"是紧缩句的后一分句,"罢"依然有一定的动词性。例(20)、(21)仿此。

从深层的句法关系来说,例(19)—(21)这类句子与例(17)、(18)并无不同,但表层形式上这类句子比例(17)、(18)少了标明复句关系的关联副词"就/便/也/还"等。正因为此,加之"罢了"前VP所述行为事件的完整性,"罢了"在这类句子中充当谓语或分句的身份也变得不太显明。而且这类句子都是带有强烈主观性的对话语境,"罢"由原来"完结""结束"义的表瞬间终结性情状的动词变为语义较虚、动词性较弱的反映说话人主观态度的动词,与之相伴"了"表示动作或事件完成的助词功能也在降低,"罢"与"了"二者之间的组合界限也在逐渐消失,"罢了"的结合更加紧密,但是还没有完全词汇化和语法化。

B. "罢"前不能添加关联副词"就/便/也/还"等,这类句子中"罢了"的含义可分为两种。

a. "罢了"为"仅此而已""不过如此"的限止义

(22)八戒道:"好!好!好!做个梦罢了,又告诵他。他那些儿不会作弄人哩?就教你三桩儿造化低。"三藏回入里面道:"是那三桩?"(《西游记》37回)

(23)三藏道:"他有些甚么勾当?"八戒道:"他倒也有些道行。他曾劝我跟他修行,我不曾去罢了。"(《西游记》19回)

(24)西门庆大喜,作揖谢了他二人重礼。伯爵道:"哥没的

说，惶恐，表意罢了。"(《金瓶梅词话》31回)

（25）铁生道："我也是取笑的说话，难道我真个舍得你不成？我只是要勾着他罢了。"(《初刻拍案惊奇》卷32)

（26）日往月来，穷苦过日子，只是不毂。做田庄人，毕竟要吃饭。劳氏每日只煮粥，先伴几碗饭与阮大吃，好等他田里做生活；次后把干粥与婆婆吃，道他年老饿不得；剩下自己吃，也不过两碗汤、几粒米罢了。(《型世言》33回)

例（22）的句法语境显示："做个梦罢了，又告诵他"可以理解成"做个梦就做个梦罢，没必要把做的梦告诉他"，"罢了"义为"就这样算了"，表示说话人对"做梦"这一件事的容忍、让步，"罢了"似乎仍有一定的动词性，可是"罢了"前又很难加进"就/便/也/还"等关联副词，这说明"罢了"的动词性已非常微弱。同时不难看出该句中说话人对事情的容让是有限度的，而这种有限度的容让很容易被解读为说话人的主观限止情绪，即说话人主观上有认为事情仅止于某种情况的倾向，因此该例还可以理解成"不过是做个梦而已，没必要把做的梦告诉他"。此时"罢了"就完全失去了动词意义，只是附于"做个梦"这一行为事件之后表示说话人的一种主观情绪，含有"不过如此""仅此而已"的意味，已经可以看作是一个语气词。换言之，在后一种语境语义下，随着"罢"动词意义的丧失，"了"的完成义助词功能也彻底泯灭，"罢"与"了"之间的界限也随之消失，"罢了"凝结成一个不参与句子命题意义只表示说话人情绪的句尾语气词。例（23）—（26）"罢了"均为句尾语气词，传达说话人的一种情绪，含有"不过如此""仅此而已"的限止语气。而且例（25）、（26）还表现出"罢了"与"只是""不过"等副词前后呼应的句法语用特征。

b."罢了"为"姑且如此"的决断义

（27）那呆子道："……如今茶水不得见面，灯火也无人管，虽熬了这一夜，但那匹马明日又要驮人，又要走路，再若饿上这一夜，只好剥皮罢了。"(《西游记》23回)

（28）八戒嘻嘻笑道："你那钯只好与我这钯做孙子罢了！"（《西游记》88回）

（29）蚩英道："姐姐又不出来，官人又进去不得，如何得会？只好传消递息罢了。"（《初刻拍案惊奇》卷29）

（30）金莲又道："你说，你那咱不得来，亏了谁？谁想今日咱姊妹在一个跳板儿上走，不知替你顶了多少瞎缸，教人背地好不说我。奴只行好心，自有天知道罢了。"（《金瓶梅词话》21回）

例（27），"再若饿上这一夜，只好剥皮罢了"是一个假设复句，"只好剥皮"表示在假设条件下"只能如此""别无选择"的一种结果，"罢了"附于"只好剥皮"这一VP结构后，传达了说话人对事情结果的一种决断，此时"罢了"可理解为"就这样算了"。如此，"罢"好像还具有一定的动词性，但是句法上"罢了"前并不能加上关联副词"就/便/也/还"等，这从一个侧面说明"罢了"的动词性已微乎其微；语义上，去掉"罢了"，句子所表述的基本意义并不受影响，只是说话人对事情结果的主观情绪表达不够明显。因而该句"罢了"也可以看作不参与句子命题的构成，只表示说话人对假设条件下产生的结果的一种决断语气，含有"姑且如此"之义。此时"罢"的动词义彻底消失，"了"的完成义助词功能也不复存在，"罢了"蜕变成一个彰显说话人主观决断的语气词。例（28）—（30）"罢了"均可视为句尾语气词，传递说话人"姑且如此"的决断语气。

至此，语气词"罢了"的形成过程可用下图表示：

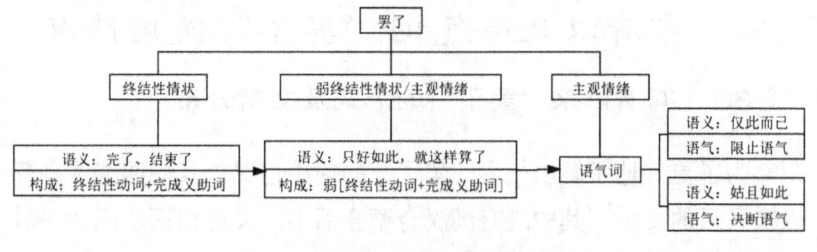

图1 语气词"罢了"的形成过程

值得一提的是,在《金瓶梅词话》中还出现了"罢哩",其中"哩"li应是"罢了"的"了"le发生了由央元音e向前元音i的转化。

(31)大舅向大妗子说道:"你往家去罢了。家没人,如何只顾不出去了?"大妗子道:"三姑娘留下,教我过了初三日,初四日家去罢哩。"(《金瓶梅词话》76回)

(32)月娘便叫:"李大姐,你还不教奶子抱了孩子,往后边去罢哩。你看唬的那腔儿!"(《金瓶梅词话》48回)

例(31),从语境看,"罢哩"可作两可理解:一种义为"算了",表示对暂且不家去的退让,"罢"仍有一定动词义;一种义为"仅此而已",表示对暂时不家去的限止语气。例(32)为祈使句,"李大姐,你还不教奶子抱了孩子往后边去"构成了一个完整的命题,"罢哩"不参与句子命题的构成,所以"罢哩"应看作语气词。如果说祈使、命令的语气是由前面的祈使命题结构表达出来的,那么"罢哩"则是一种决断语气,表示对前面的命令要求的强烈建议和肯定。

语气词"罢了/罢哩"在明代产生后使用并不广泛,从下表可见一斑。

表1 语气词"罢了""罢哩"在明代文献中的使用情况[6]

文献 频次 调查项	三国演义	水浒传	西游记	金瓶梅词话	牡丹亭	"三言"	"二拍"	型世言	醉醒石
(NP+)VP+罢了	2	3	32	173	2	39	170	51	5
语气词"罢了"	0	0	10	11	0	4	13	8	0
语气词"罢哩"	0	0	0	1	0	0	0	0	0

三 有清以来语气词"罢了"使用情况

3.1 有清以来"罢了"的形式及文献分布

为了更好地了解语气词"罢了"的使用情况,我们调查了有清以来大量的文献,其中既有满汉合璧会话书,又有白话小说,并对调查结果进行了列表。

表2　满汉合璧文献"罢了"及音变形式"罢哩""罢咧"使用情况⑦

文献	词项	对应词	性质	频次	合计	占比
满汉成语对待	罢了	dabala	语气词	18	43	42%
			动词+助词	12		28%
		dere	动词+助词	1		2.3%
		joo dere	动词+助词	1		2.3%
		-okini	语气词	1		2.3%
		wajiha	语气词	2		4.7%
			动词+助词	1		2.3%
		其他	语气词	4		9.3%
			动词+助词	3		7%
	罢哩	dabala	语气词	3	3	100%
清文启蒙	罢咧	dabala	语气词	35	43	81%
			动词+助词	0		0%
		dere	语气词	4		14%
			动词+助词	3		5%
	罢了	wajiha	动词+助词	3	5	60%
		joo	动词+助词	1		20%
		-okini	动词+助词	1		20%
清文指要	罢咧	dabala	语气词	25	30	83%
			动词+助词	0		0%
		dere	语气词	3		10%
			动词+助词	2		7%
	罢了	wajiha	动词+助词	2	5	40%
		joo	动词+助词	1		20%
		joo dere	动词+助词	1		20%
		-okini	动词+助词	1		20%
续编兼汉清文指要	罢咧	dabala	语气词	19	22	86.5%
			动词+助词	0		0%
		dere	语气词	1		4.5%
			动词+助词	1		4.5%
		其他	语气词	1		4.5%
	罢了	joo	动词+助词	1	3	33.3%
		-okini	动词+助词	1		33.3%
		其他	动词+助词	1		33.3%

由表2反映出如下情况。

A.《满汉成语对待》中"罢了"共出现43例，30例对应满语表示强调或限定的句尾语气词dabala，6例用来对译满语表示推测的句尾语气词dere或感叹语气词joo与dere的组合形式joo dere、语气词o与表示愿望或请求的终止词尾-kini的组合形式-okini、完结义动词词干waji-与形动词词尾-ha的组合形式wajiha，另有7例无明显的满语对应词。从性质上看，"罢了"有25例为语气词，18例为动词"罢"+助词"了"的组合形式。"罢哩"共出现3例，均对应dabala，作语气词。

B.《清文启蒙》《清文指要》和《续编兼汉清文指要》与《满汉成语对待》比较有如下变化：a.无"罢哩"；b."罢了"不再对译dabala，而主要对译wajiha、joo、joo dere、-okini等，并且不是语气词，而是"动词+完成助词"的组合结构；c.出现了新的语气词"罢咧"，主要对译dabala，而且很有意思的是"罢咧"对译dabala均为语气词，无一例外；"罢咧"与dere对译，则有的表语气，有的为"动词+完成助词"的组合结构。

为什么在满汉合璧会话书中出现了这些变化呢？根据这几部文献反映出的情况，我们尝试着做如下推测：清代早期操满语的旗人在说汉语时直接借用了汉语里意义和用法相近的"罢了/罢哩"来对译满语dabala、dere等。不难看出满语dabala的后两个音节与"罢了/罢哩"读音相近，后元音a在实际语流中也容易央元音化为e；dere的后一音节re的读音与汉语"了"le的读音也十分接近。在功能上，汉语"罢了/罢哩"具有语气词和"动词+助词"的谓词性功能，而从频率上看"罢了"谓词性功能的使用远远高于语气词，"罢了"的音变形式"罢哩"的有限用例中也是谓词性用例多于语气词用例。随着满汉语言接触的深入，在满语dabala、dere的语音影响下，在前元音i与央元音e发音相近的前提下，在对"罢了/罢哩"语气词功能和谓词性功能相区分的需求下，汉语中使用不久且频率较低的"罢哩"的"哩"li在旗人汉语中进一步吸纳了央元音e而变成"咧"lie。新的音变形式"罢咧"主要对译满语dabala且均为语气词，而与dere的对译除作语气词外还有作谓词的用例，这也正是受了源词"罢了/罢哩"的功能影响的结果。"罢了"则主要对译wajiha、joo、joo dere、-okini等，是"动词＋完成助词"的组合结构。

有清以来的非满汉合璧文献也能为以上推理提供佐证。我们看表3。

表3 有清以来白话小说语气词"罢了"及音变形式"罢哩""罢咧"

时代		作家	出生地[8]	作品	作品字数（万字）	频次		
						罢了	罢哩	罢咧
清代		陈沈	乌程	水浒后传	25	1	0	0
		西周生	不详	醒世姻缘传	80	33	0[9]	0
		张南庄	上海	何典	6	5	0	0
		李绿园	河南宝丰县	歧路灯	60	8	0	0
		曹雪芹	南京	红楼梦	90	56	0	23[10]
		文康	北京	儿女英雄传	54	2	0	8[11]
		石玉坤	北京	三侠五义	54	10	0	12
		吴敬梓	安徽全椒	儒林外史	33	4	0	0
		李宝嘉	江苏武进	官场现形记	65	36	3	5
		韩邦庆	上海	海上花列传	32	0	0	0
		张春帆	江苏常州	九尾龟	75	54	0	0
		梦花主人	不详	九尾狐	34	51	0	0
		刘鹗	江苏镇江	老残游记	12	4	0	1[12]
清末以来	清末以来满族作家作品	蔡友梅	北京	小额	7	0	0	0
				损公作品	50	4	0	0
		穆儒丐	北京	北京	16	1	0	0
		庄耀亭	北京	白话聊斋·胭脂	4	0	0	0

(续表)

清末以来	清末以来满族作家作品	老舍	北京	老张的哲学	10	0	0	0
				茶馆	3	0	0	0
				骆驼祥子	13	0	0	0
				正红旗下	7	0	0	0
				四世同堂	70	7	0	0
				二马	14	2	0	3
		端木蕻良	辽宁昌图	曹雪芹	20	16	0	0
				科尔沁旗草原	8	2	0	0
		叶广芩	北京	青木川	8	1	0	0
				黄连厚朴	19	14	0	0
		赵大年	北京	公主的女儿	7	4	0	0
		舒群	黑龙江阿城	没有祖国的孩子	1	0	0	0
		赵玫	天津	秋天死于冬季	32	21	0	0
	清末以来非满族作家作品	夏衍	浙江杭州	上海屋檐下	33	0	0	0
		丁玲	湖南临澧	太阳照在桑干河上	18	0	0	1
				苏菲女士日记	22	0	0	0
		周立波	湖南益阳	暴风骤雨	25	0	0	0
		茅盾	浙江嘉兴	子夜	28	12	0	0
		赵树理	山西晋城	三里湾	14	2	0	0
				李有才板话	18	0	0	0
				小二黑结婚	10	0	0	0
		钱钟书	江苏无锡	围城	40	1	0	0
		曹禺	天津	日出	9	0	0	0
				雷雨	8	0	0	0
				原野	9	0	0	0
				北京人	13	1	0	0

（续表）

清末以来	清末以来非满族作家作品	张爱玲	上海	红玫瑰与白玫瑰	30	0	0	0
				倾城之恋	30	1	0	0
		巴金	四川成都	激流三部曲	25	11	0	0
				爱情三部曲	30	5	0	0
		姚雪垠	河南南阳	差半车麦秸	1	2	0	0
				长夜	15	8	0	0
		王小波	北京	黄金时代	26	13	0	0
				白银时代	27	15	0	0
				青铜时代	40	13	0	0
				黑铁时代	30	6	0	0
		梁斌	河北蠡县	红旗谱	30	11	0	0
		王蒙	北京	青春万岁	21	1	0	0
		路遥	陕西清涧	平凡的世界	27	10	0	0
		严歌苓	上海	第九个寡妇	20	5	0	0
		贾平凹	陕西西安	废都	38	22	0	0
		莫言	山东高密	红高粱家族	27	2	0	0
		陈忠实	陕西西安	白鹿原	46	4	0	2[13]
		陆文夫	江苏苏州	美食家	6	2	0	0
				清高	13	1	0	0
		铁凝	河北赵县	大浴女	24	6	0	0
		韩寒	上海	三重门	17	3	0	0
		郭敬明	四川自贡	幻城	13	0	0	0
				悲伤逆流成河	12	1	0	0

由表3可以看出，有清以来语气词"罢了"仍是主要形式，"罢哩"只在《官场现形记》中出现3次，"罢咧"在清代的作品中除《官场现形记》的5例和《老残游记》的1例外，均出现在旗人作家

作品《红楼梦》《儿女英雄传》和《三侠五义》中,而且用例较多。我们认为这正好印证了前面的推测:在清前期的旗人汉语里由于受满语dabala和dere的影响"罢哩"发生了音变而产生"罢咧",所以在清中期、后期的旗人作家作品中出现了较多用例,而"罢咧"出现在清后期非旗人作家作品《官场现形记》和《老残游记》中则说明"罢咧"由北京话扩展到了其他地域。清末以来北京满族作家老舍《二马》、湖南作家丁玲《太阳照在桑干河上》以及陕西作家陈忠实《白鹿原》中"罢咧"的少量用例则进一步说明"罢咧"在现代汉语中仍有使用。

3.2 有清以来语气词"罢了/罢哩/罢咧"所表语气

3.2.1 满汉合璧文献中"罢了/罢哩/罢咧"所表语气

(33) bi　　inu　usaka,　gūnici　ai　　hacin i　taciha seme,
　　　我　也　灰心　想　　　什么　种类　　学习
　　　ineku　ere　hūman　dabala,　nonggibure　aibi.
　　　照旧　这　状况　　　　　使增加　　　什么有
　　　我也灰了心了,想来就是怎么样的学去,不过是这个嘴脸罢咧,那里能长进?(《清文指要》4b6—7)

(34) age　si　serengge　gūnin　saha　gucu　ofi,　teni uttu
　　　阿哥　你　说　　　　心　　知道　朋友　因为才　这样
　　　tafulara dabala.
　　　劝
　　　皆因阿哥你是知心的朋友,才这样劝罢咧。(《清文启蒙》9a2—3)

(35) ainahai　niyalma　ci　hon　lakcaha　fulu　erdemu
　　　未必　　人　　　比　很　　超绝　　强　　武艺
　　　bi,　inu　arsari　dorgide　tukiyebufi,　imbe　sektu sehe dabala.
　　　有　也　一般　　里面　　显出姿色　　他　　聪慧　说
　　　未必有比人绝顶狠强的武艺子,也只是差不多儿的人

里头显得他机灵罢了。(《满汉成语对待》1027a5)

(36) haha　niyalma　baita　bici, teng tang seme　yabure,
　　　男人　　　　事　　有　　毅然地　　　　行
　　　hoo hio seme　arbušara　oci, teni　inu dabala.
　　　慷慨　　　　　行动　　　若　才　是
　　　汉子家有事，响响哓哓的行走，慷慷慨慨的动作，才是罢咧。(《清文启蒙》25b2—3)

(37) enteke　niyalma　mekele　banjifi　untuhuri　wajire
　　　这样　　人　　　空空的　生　　　虚假的　　完
　　　aibi,　abka　urunakū　hūturi　isibure dabala.
　　　什么有　天　必定　　　福　　　施
　　　这样人岂有虚生空完的呢？天必降福罢咧。(《清文指要》22b4—5)

(38) ainci　eiten　baita de, gemu　dosobumbi dere.
　　　想必　凡　　事情　　都　　使忍耐
　　　想是诸凡事儿上，都奈得住罢咧。(《清文启蒙》20b2)

(39) bucere be　gemu　ongkoho dabala.
　　　死的　　　都　　忘了
　　　把死都忘了罢哩。(《满汉成语对待》3007b3)⑭

如果细加区分的话，"罢了/罢哩/罢咧"在上面例子中所表语气又有些微不同：例(33)—(35)表限止语气，例(36)—(39)表示决断语气。

3.2.2　有清以来白话小说中"罢了/罢哩/罢咧"所表语气

(40) 养娘道："奶奶没要紧，把东西都俵散了。大爷说道要休，也只要快活嘴罢了。"(《醒世姻缘传》9回)

(41) 黛玉冷笑道："难道我也有什么'罗汉''真人'给我些香不成？便是得了奇香，也没有亲哥哥亲兄弟弄了花儿、朵儿、霜儿、雪儿替我炮制。我有的是那些俗香罢了。"(《红楼梦》19回)

（42）所谓讨论，无非是没事扯淡罢了。(《黄金时代》11章)

（43）这二爷正说得高兴，不提防旁边那个抚院跟来的一个三小子——是伺候抚院执帖门上的，听了这话，便说道："你说抚台大人他不演习；他演习的时候，这怕你瞧不见罢哩。"那二爷道："伙计你瞧见你说。"(《官场现形记》7回)

（44）我的黄货白货给土匪打抢了，又砸断了我的腰，我不像人样儿像条狗，我连一句气话也没骂还是踏我的轧花机；我不信世上还有啥'闲话'能把我气死，能把我扳倒？顶大不过是想算我的伙食帐（处死）罢咧！(《白鹿原》17章)

（45）他两个才拐过那座拐角墙，就说道："咦！师傅今日怎么这么早就吹了灯儿睡了？"那瘦子说："想是了了事了罢咧！"(《儿女英雄传》6回)

（46）赵大架子推头有公事，还要到衙门里去，余荩臣不好挽留，自己的事始终未曾能够向他开口。临到出来上轿，便邀他明天晚上到这里吃晚饭。赵大架子道："看罢咧；如果没有公事，准来。"(《官场现形记》32回)

以上例句中语气词"罢了/罢哩/罢咧"所表语气也可分为两种：例（40）—（44）表示限止语气，例（45）、（46）表示决断语气。

基于以上调查和论证我们可以做如下分析：1.自清代以来，语气词"罢了""罢哩""罢咧"三者相比，"罢了"仍是主要形式；2.无论是"罢了"、"罢了"的音变形式"罢哩"，还是清代受满语dabala、dere的影响而出现的"罢哩"的音变形式"罢咧"均承继了明代语气词"罢了"产生之初所表示的语气，即限止语气和决断语气；3."罢了"及音变形式"罢哩""罢咧"表限止语气的用例一直都比表决断语气的用例多。

附　注

① 本文有关"罢""了""讫""已""毕""竟"等调查的自先秦至宋金时期的文献主要有：《论语》《孟子》《荀子》《韩非子》《礼记》《老子》《庄

子》《世说新语》《颜氏家训》《搜神记》《百喻经》《贤愚经》《文选》《洛阳伽蓝记》《昌言》《齐民要术》《敦煌变文集新书》《唐五代笔记》《祖堂集》《五灯会元》《景德传灯录》《游仙窟》《大唐西域记》《唐摭言》《入唐求法巡礼行记》《全宋词》《河南程氏遗书》《朱子语类》《欧阳修集》《曾巩集》《苏轼集》《苏洵集》《苏辙集》《王安石集》《刘知远诸宫调》《西厢记诸宫调》等。

② 这两个例子在刘志远、刘顺（2012）文中分别为例（5）、例（8）。

③ 这两个例子在刘晓晴、邵敬敏（2012）文中分别为例（1）、例（2）。

④ 赵金铭（1979）、梅祖麟（1981、1999）、刘勋宁（1985）、木霁弘（1986）、祝敏彻（1991）、冯春田（1992）、曹广顺（1995）、吴福祥（1996、1998）、杨永龙（2001）等。

⑤ 此部分所调查的文献主要有:《近代汉语语法资料汇编·元代明代卷》《元刊杂剧三十种》《六十种曲》《三国演义》《水浒传》《西游记》《金瓶梅词话》《牡丹亭》、"三言""二拍"、《型世言》《醉醒石》。

⑥ 表1"罢了""罢哩"用作语气词的频次不包括两可理解的例子在内。

⑦ 竹越孝（2017b:133）指出《满汉成语对待》四卷，刘顺著，康熙四十一年（1702）刊。《清文启蒙》由满人舞格（字寿平）编著，程明远（字佩和）校梓，雍正八年（1730年）刊行。《清文指要》《续编兼汉清文指要》由蒙古正黄旗人、翻译进士出身的清代名臣富俊编著，现存最早的本子是乾隆间绍衣堂刊本（存一册）和乾隆五十四年（1789年）双峰阁刊本，较为常见的版本是嘉庆十四年（1809年）三槐堂重刊本。《清文启蒙》《清文指要》《续编兼汉清文指要》满文的拉丁转写均依据竹越孝校本（2014—2015、2015），《满汉成语对待》满文的拉丁转写依据寺村政男校本（2008）。

⑧ 表中作者地属据文献记载详细指明出生地的就按出生地标注，只指明祖籍（或哪里人）的就按祖籍标注。作者的出生地与祖籍有时不一致，出生地与其后的长期居住地有时也不一样。有时出生在某地而语言并不一定是某地方言，如曹雪芹出身清代内务府正白旗包衣世家，雍正六年（1728年），曹家因亏空获罪被抄家，曹雪芹随家人迁回北京老宅，后又移居北京西郊，所以他虽出生在南京，但他从小接触和使用的语言主要应是北京话。

⑨ 《醒世姻缘传》中出现了1例"罢哩"，但不是语气词，而是谓词性结构，义为"算了"，作谓语。

⑩ 《红楼梦》中"罢咧"共26例，有3例不是语气词。

⑪ 《儿女英雄传》中"罢咧"共13例，有5例不是语气词。

⑫ 《老残游记》中"罢咧"共2例，有1例不是语气词。

⑬ 《白鹿原》"罢咧"共4例:2例为语气词;1例表"算了"义，作谓语;1例为"吃罢+咧"，"罢"为完结义动词，作"吃"的补语，"咧"为语气词。

⑭ 例（33）—（39）满文拉丁文转写下面的汉语词汇对译文字系笔者所加，汉语对译句子保持寺村政男、竹越孝本原貌。

参考文献

爱新觉罗·瀛生 （1993）《北京土话中的满语》，北京燕山出版社，北京。
曹广顺 （1995）《近代汉语助词》，语文出版社，北京。
冯春田 （1992）《朱子语类》"得""了""着"的主要用法分析，程湘清主编《宋元明汉语研究》，243—289页，山东教育出版社，济南。
冯春田 （2000）《近代汉语语法研究》，山东教育出版社，济南。
胡增益主编 （1994）《新满汉大词典》，新疆人民出版社，乌鲁木齐。
季永海 （2011）《满语语法》（修订本），中央民族大学出版社，北京。
李小军 （2009） 语气词"好了"的话语功能，《世界汉语教学》第4期，465—474页。
李宗江 （2005） 试论古汉语语气词"已"的来源，《中国语文》第2期，139—145页。
刘坚、江蓝生等 （1992）《近代汉语虚词研究》，语文出版社，北京。
刘晓晴、邵敬敏 （2012）"罢了"的语法化进程及其语义的演变，《古汉语研究》第2期，66—73页。
刘勋宁 （1985） 现代汉语词尾"了"的来源，《方言》第2期，128—133页。
刘志远、刘顺 （2012）"罢了"的词汇化及语气意义的形成，《语文研究》第1期，25—31页。
龙国富 （2004）《姚秦译经助词研究》，湖南师范大学出版社，长沙。
罗竹风主编 （1997）《汉语大词典》（缩印本），汉语大词典出版社，上海。
吕叔湘 （1980）《现代汉语八百词》，商务印书馆，北京。
梅祖麟 （1981） 现代汉语完成貌句式和词尾的来源，《语言研究》00期（创刊号），65—77页。
梅祖麟 （1999） 先秦两汉的一种完成貌句式——兼论现代汉语完成貌句式的来源，《中国语文》第4期，285—294页。
木霁弘 （1986）《朱子语类》中的时体助词"了"，《中国语文》第4期，288—295页。
［日］寺村政男 （2008）《東アジアにおける言語接触の研究》，竹林舍，日本东京。
孙锡信 （1999）《近代汉语语气词》，语文出版社，北京。
［日］太田辰夫著，蒋绍愚、徐昌华译 （2003）《中国语历史文法》，北京大学出版社，北京。
王 力 （1985）《王力文集·第三卷·汉语语法纲要》，山东教育出版社，济南。
吴福祥 （1996）《敦煌变文语法研究》，岳麓书社，长沙。
吴福祥 （1998） 重谈"动词+了+宾"格式的来源和完成体助词"了"的产生，《中国语文》第6期，452—462页。

（东汉）许慎 （1985）《说文解字》，中华书局，北京。
杨永龙 （2001）《〈朱子语类〉完成体研究》，河南大学出版社，开封。
张美兰、綦晋 （2016） 从《清文指要》满汉文本用词的变化看满文特征的消失，《中国语文》第5期，566—575页。
赵金铭 （1979） 敦煌变文中所见的"了"和"着"，（原载《中国语文》第1期），冯力、杨永龙、赵长才主编（2009）《汉语时体的历时研究》，第92—99页，语文出版社，北京。
朱德熙 （1982）《语法讲义》，商务印书馆，北京。
［日］竹越孝 （2014—2015）《〈清文启蒙·兼汉满洲套话〉校本》，古代文字资料馆。
［日］竹越孝 （2015）《新刊清文指要 —翻字と翻訳—》，古代文字资料馆。
［日］竹越孝、陈晓 （2016） 满语助词dabala与汉语句末助词"罢了/罢咧"相关关系研究，《民族语文》第6期，26—37页。
［日］竹越孝 （2017a）《〈满汉成语对待〉校注》，古代文字资料馆。
［日］竹越孝 （2017b）《满汉成语对待》——现存最早的清代满汉合璧会话教材，《汉语史学报》（第18辑），132—142页，上海教育出版社，上海。
祝敏彻 （1991）《〈朱子语类〉句法研究》，长江文艺出版社，武汉。
祖生利 （2013） 清代旗人汉语的满语干扰特征初探——以《清文启蒙》等三种兼汉满语会话教材为研究的中心，《历史语言学研究》（第6辑），187—227页，商务印书馆，北京。

引用书目

《韩非子》，岳麓书社，长沙，2015。
《齐民要术》，中国书店出版社，北京，2018。
《朱子语类》，中华书局，北京，2007。
《元刊杂剧三十种》，《古本戏曲丛刊四集》，商务印书馆，北京，1958。
《水浒全传》，上海人民出版社，上海，1975。
《西游记》，人民文学出版社，北京，1972。
《六十种曲》，中华书局（重印本），北京，1982。
《三国演义》，人民文学出版社，北京，1973。
《金瓶梅词话》，人民文学出版社，北京，1985。
《初刻拍案惊奇》，上海古籍出版社，上海，1992。
《型世言》，中华书局，北京，1993。
《醒世姻缘传》，上海古籍出版社，上海，1981。
《红楼梦》（以庚辰本为底本），人民文学出版社，北京，1982。
《儿女英雄传》，人民文学出版社，北京，1983。
《官场现形记》，人民文学出版社，北京，1978。

Exploring the Origin and Evolution of Chinese Modal Particle Bale

ZHANG Junge

Abstract: The Chinese modal particle bale（罢了）originated in the Ming Dynasty. It was the result of the lexicalization and grammaticalization of the combination of the verb ba（罢）meaning 'to finish' and the perfective auxiliary word le（了）, which were at the end of the sentence. And bali（罢哩）, the phonetic variant of bale（罢了）, appeared. Balie （罢咧）, the phonetic variant of bali（罢哩）which was influenced by the Manchu *dabala, dere* etc., appeared in the Manchu-Chinese bilingual textbooks and Manchu writers' works in the Qing Dynasty. Moreover balie（罢咧）extended to the non-Manchu writers' works. In modern Chinese, the modal particle bale（罢了）is still the main form, balie（罢咧）is used occasionally, and bali（罢哩）is hard to find.

Keywords: bale（罢了）, Manchu Chinese, language contact, lexicalization, grammaticalization

（250014 济南，山东师范大学文学院 zjg7476@126.com）

试论《毛诗笺》文意训释的语义构成*

白 如

提要 文意训释是传统的随文释义类训诂著作中常见的训释类型。与词义训释相比，文意训释对具体语境的依赖程度更高，但这些训释并非随意而发，其内部语义结构亦有规律可循。以《毛诗笺》为例，其文意训释的语义成分可以分为"客观词义信息"和"语境信息"两大类，这些语义成分的组构方式则有"添加""转移""整合"三种类型，分别对应文意训释与被释词客观词义之间"相合""相交""相邻"三种关系。这也说明，古人对于典籍中语词意义的理解虽然会受到不同层次语境信息的影响，但总体上仍围绕客观词义展开。通过对文意训释的内部语义结构进行分析，可进一步加深对典籍训释材料的理解与认识，亦可为词汇语义学的研究提供参照。

关键词 文意训释 语境《毛诗笺》语义构成

在传统的随文释义类训诂著作中，有不少承载较多语境信息、记录语词言语义的文意训释。而与之相对的词义训释则可适用于不同的言语环境，亦可作为语词的语言义纳入到辞书之中。现代语言文字之学创立以来，不少学者就文意训释与词义训释的理论概念进行过辨析。黄侃先生（1983：189—190；192）的《文字声韵训诂笔记》中辨析了"说字之训诂"与"解文之训诂"、"独立之训诂"与"隶属之训诂"的异同。王宁先生（1996：88—94）沿着这一思路，在《训诂学原理》中明确提出了"词义训释"和"文意训释"这一组概念，同时也关注到词义在贮存状态和使用状态下的不同特征。此外，冯利（1983）还对文意训释与词义训释的区别方法进行过探

收稿日期：2019-06-19；定稿日期：2020-10-14。
＊《语言学论丛》的匿名审稿专家及王立军老师为本文提供了许多宝贵的修改意见，谨致谢忱。

讨，孙雍长（1996）、李亚明（2004）也对文意训释与词义训释的理论概念进行过申释与阐发。这些研究都为我们从理论层面了解文意训释奠定了坚实基础。但其中所涉及的例证多为举隅性质，对于文意训释仍缺乏系统全面的考察，且仍有一些问题可继续深究：文意训释的内部语义结构是怎样的？其中的语境信息有着怎样的分布规律？文意训释与被释词的客观词义之间有着怎样的联系？这些都是本文所想要探讨的问题。

《毛诗笺》中文意训释的数量非常丰富，据我们的初步统计，《毛诗笺》中共有文意训释566条，占全部2355则训释条目的24%。且这些训释多以义界为主，更便于语义分析的展开。本文就以《毛诗笺》的文意训释作为研究材料，对其内部的语义构成成分及语义成分的组构方式进行分析，挖掘潜藏在训释表述背后深层的语义结构及其内在规律。

1 文意训释的基本特征

文意训释与词义训释是训诂学中一组相对应的概念。这两类训释皆可用于典籍的传意，都具有文献的说解功能，但二者的基本特征存在着显著差异。

文意训释与词义训释最核心的区别在于二者与客观词义之间的关系："词义训释是对客观词义进行表述，而文意训释是在词义训释的基础上，讲解词在文中的具体含义，疏通句、段、章的思想内容。"（王宁 1996：60）受到语境制约作用的影响，无论是文意训释还是词义训释，其说解对象都是被释词的某一义位，而非其全部词义。这里所说的"客观词义"，也是以义位为单位的。

客观词义是对事物的理解与认识，而训释则是对这种认识的表述与呈现。词义训释对客观词义的表述是较为忠实的，但也有完整呈现和部分呈现之别。当词义训释为被释词的同义词或是对被释词时，训释词与被释词在语义上接近于等值关系，这类训释可以视为客观词义的完整呈现。而当词义训释是被释词所属义位的某一个义素时，训释词则只是部分地呈现出客观词义的某一特点。

（1）《召南·行露》："厌浥行露，岂不夙夜，谓行多露。"《毛传》："行，道也。"

（2）《周礼·春官·典瑞》："以朝觐宗遇会同于王。"郑玄注引郑司农云："秋曰觐。"

（3）《尚书·舜典》："乃日觐四岳群牧。"孔安国传："觐，见也。"

（4）《齐风·猗嗟》："终日射侯，不出正兮，展我甥兮。"《毛传》："二尺曰正。"《毛诗笺》："正，所以射于侯中者。"

例1中的"行"表示道路之义，《毛传》所使用的训释词"道"与被释词"行"在此义位上属于同义词。故该词义训释是对客观词义的完整呈现。例2和例3中的"觐"字，均表示诸侯在秋天时朝见君王之义。《说文·见部》："觐，诸侯秋朝曰觐，劳王事。"而郑众和孔安国的训释均只着眼于其中的一个义素：训释词"秋"强调"觐"的时间特征（特征义素），而训释词"见"则强调"觐"的类别意义（类义素）。例4中的"正"表示箭靶的中心，《毛传》说明了"正"的形制大小，《毛诗笺》则说明了"正"的位置特点，二者是从不同的角度对"正"这一名物进行说解。例2到例4这三则词义训释均是对客观词义的部分呈现。

而对于文意训释来说，其训释内容往往是客观词义的具体化呈现。客观词义往往具有概括性的特征，文意训释将来自语境的信息纳入其中，使得客观词义的所指对象从"某一类"具体化为"某一个"，或从"某一大类"具体化为"某一小类"。一些文意训释虽然训释表述不同，但训释者对被释词词义内涵的理解则是一致的，这一特点从以下两组训释中可以看出（例5、例6为一组，例7、例8为一组）：

（5）《左传·成公十八年》："师不陵正，旅不逼师。"杜预注："正，军将命卿也。"

（6）《周礼·天官·大宰》："乃施法于官府，而建其正，立其贰，设其考，陈其殿，置其辅。"郑玄注："正，谓冢宰、司徒、宗伯、司马、司寇、司空也。"

（7）《后汉书·明帝纪》："夫春者，岁之始也。始得其正，则三时有成。"李贤注："正，谓日、月、五星不失其次也。"

（8）《逸周书·周祝解》："故天有时人以为正，地出利而民是争。"孔晁注："正，谓敬授民时也。"

"正"有官长、君长之义。《尔雅·释诂》："正，伯，长也。"郭璞注："正、伯，皆官长。"例5和例6中的"正"均作此义，但因具体语境有别，所涉人物的范围不同，故训释的指称亦有差异。如例5中的"师""旅"等词提示此处涉及的是军队的相关内容，故杜预将"正"训释为"军将命卿"，也就是军队中的将领，天子任命的官员。例6中涉及的是大宰的职责，所涉人物范围与朝廷官府有关，所以郑玄训"正"为冢宰、司徒等六卿。"正"亦有常法、常规之义。例7中"得正"即谓合乎常法、合乎规范。李贤将"正"的对象具体化为"日、月、五星"，并用"不失其次"说明了"常法、常规"的具体特征。例8中"天有时人以为正"表示人应当以天时规律作为行为的常法和规范。孔晁整合句意，将"正"注释为"敬授民时"。以上例证皆为典型的文意训释。

由于文意训释中含有丰富的语境信息，所以当语境发生变化时，该训释便无法移用，故而文意训释只能出现在文献典籍之中，且表述完全相同的文意训释较为少见。文意训释只有经过提炼、筛选和概括，将临时性的语境信息剥离出去，才能由言语义转变为语言义，进而被纳入到语言的贮存状态。而词义训释是对客观词义的描述，不含有具体语境信息，所以这类训释不仅适用于某一个语境，在其他语境下也可适用。且既可出现在文献典籍之中，也可以纳入到纂集类训诂著作中用于贮存。如例5、例6中的文意训释仅此一例，但与此义位相对应的词义训释"正，长也"，则在《毛传》、郑玄的三《礼》注、韦昭的《国语》注、孔颖达的《左传正义》等文献中皆有用例，亦被收录在《尔雅》《玉篇》《广韵》等字书之中。综合以上论述，我们将文意训释与词义训释的特征对比如下：

表1　文意训释与词义训释基本特征对比表

对比角度	文意训释	词义训释	
与客观词义的关系	对客观词义的具体化呈现	对客观词义的完整呈现或部分呈现	
与语境关系	依附于某一语境	可适用于不同语境	
存在状态	使用	使用	贮存
出现的载体	文献典籍	文献典籍	字书、辞书
数量	多为孤例	多为常训	

2　《毛诗笺》文意训释的语义成分类型

明确文意训释的基本特征，可为随文释义类训诂著作中训释类型的判定提供参照。不过仅从基本特征入手，仍会遇到模棱两可、难以决断的情况。只有深入到训释的内部结构中，对其语义构成成分进行离析和描写，才可对训释材料有更为具体的认识。①文意训释的语义成分类型可分为"客观词义"与"语境信息"两种类别。而在多数文意训释中，这两种类型的语义成分并不是简单相加的关系，其呈现形态及组合模式都是复杂多样的。

2.1　客观词义信息

在任何一种类型的训释中，对于被释词客观词义的理解都是训释得以生成的前提条件。文意训释虽然依附于具体语境存在，但其中也会不同程度地体现被释词的客观词义信息。换句话说，客观词义在文意训释中有着不同类型的呈现形态：有一些是被释词的某一义位，有一些是被释词某一义位之下的某个义素。

2.1.1　义位形态

文意训释中的客观语义信息与被释词的某一义位相对应。

（9）《小雅·车攻》："决拾既佽，弓矢既调。"《毛诗笺》："佽，谓手指相佽比也。调，谓弓强弱与矢轻重相得。"

"佽"为"次"的分化字，《段注》"佽"字条："此与次音义同。""次"有相次、顺次之义，此诗中的"佽"正为此义。郑玄训释中的"比"正与此相对应。"比"字的构意像两人相从之形，故"比"有并列、排列之义，与"佽"在此诗中"相次、顺次"的义位相近。《正字通》："佽，比也。"训释中的"手指"与"佽"形义无关，属于语境信息。"调"即为"协调"义，郑玄训释中的"相得"即与此义位相照应。弓矢之间也要讲求配合与协调，长弓配重箭则力道重，短弓配轻箭则射程远，所以郑玄又在客观词义的基础上进一步补充了"弓强弱与矢轻重"这些语境信息。

2.1.2 义素形态

文意训释中的客观语义信息与被释词某一义位中的某一义素相对应。

（10）《大雅·云汉》："旱既太甚，黾勉畏去。"《毛诗笺》："黾勉，急祷请也。欲使所尤畏者去。所尤畏者，魃也。"

"黾勉"表示勉力、尽力之义。尽力做某事往往有着"急忙、急切"的语义特征，《毛诗笺》训释中的"急"就与被释词的这一特征义素相对应。"祷请"为黾勉的宾语，是郑玄在上下文语境的提示下所补充的信息。《云汉》中"旱既太甚，涤涤山川""敬恭明神，宜无悔怒"等诗句均提示此诗所写的是周宣王担忧旱情、求神祈雨之事。故可得知此句中周宣王尽力去做之事为"祷请上帝"，其目的是祈求上帝赐雨。

也有一些文意训释并不直接含有客观词义信息，但与客观词义存在一些间接联系，具体分析可参见本文第三部分的内容。

2.2 语境信息

2.2.1 语境信息的语义类型

文意训释中含有来自语境的信息，这是其区别于词义训释的核心特征。不同的训释所面临的语境千差万别，但其语义类型则是可以归纳的。语境对于词义既有制约、限定作用，也有解释、呈现作用。语境信息的两种类型——"所指对象"和"具体义值"也正与此相对应。②

"所指对象"是名词、代词的指称对象，或发出某动作行为、具备某性状特征的主体。张志毅、张庆云（2012：17）指出，义位由义值和义域两部分组成。义域指义位的意义范围和使用范围。"所指对象"可以视为义位结构中的义域范畴。贮存状态下客观词义的义域往往是宽泛的，而当词义从贮存状态进入到使用状态后，受到语境对于词义限定作用的影响，义位的义域就会由广变狭，语词的所指对象也会进一步确定。词义训释是对客观词义的表述，义域的变化并不直接呈现在训释表述之中。但经由语境的提示，读者在理解词义训释时亦可确定其所指对象。如《卫风·考槃》："考槃在陆，硕人之轴。"《毛诗笺》："轴，病也。"这一训释是对被释词类义素的说解，属于词义训释。受到上下文语境的提示，我们在理解这一训释时，可以明确知晓此"病"的所指对象为"硕人"。而在文意训释中，所指对象则显现在训释表述中，所以义域的变化是显性的。（下面例证中加下划线的即为所指对象。）

（11）《鄘风·载驰》："大夫跋涉，我心则忧。"《毛诗笺》："跋涉者，<u>卫大夫</u>来告难于许时。"

（12）《召南·鹊巢》："维鹊有巢，维鸠盈之。"《传》："盈，满也。"《毛诗笺》："满者，言众<u>媵侄娣</u>之多。"

"具体义值"是客观词义进入到言语语境之后，伴随着所指对象的确定，加之语境解释作用的影响，而增加的一些语义要素。这些语义要素的类型与被释词词性类别的语义框架有关，关于这一问题我们会在本文的第三部分详细讨论。

"所指对象"和"具体义值"相互之间有着紧密的联系。因为"所指对象"的确立是训释者根据文本语境对被释词的语义进行"赋值"的前提和基础，所以有时训释者在陈述具体义值的同时也会暗含所指称的对象。《邶风·谷风》："泾以渭浊，湜湜其沚。"《毛诗笺》："湜湜，持正貌。""持正"是描写人品行端正的语词，这说明郑玄将"湜湜"一词的所指对象由"河水"转向"人"。而对于一些不便描述特征的语词，训释者确定其所指对象，也就暗含有对语词具体义值的理解。如《周颂·良耜》："杀时犉牡，有捄其角。"《毛诗笺》："捄，角貌。""捄"表示长而曲的样子。③郑玄并未直接对此特征进行描写，而是说明了该词所指称的对象"角"，"角"的形状正有弯曲的特点。正是因为"所指对象"与"具体义值"之间有着紧密联系，所以郑玄的这一训释才能完成其传意的任务。

2.2.2 语境信息的来源

传统经学典籍中语境信息的来源分为言内语境和言外语境两种类型。言内语境即为上下文语境，而言外语境则是文本之外作者个人及其所处时代、所属学派的学术理念。④就《毛诗笺》而言，言内语境即诗篇文本本身，言外语境则主要体现为以小序为代表的经学义理思想。而郑玄自身的一些阐释理念，也会作为言外语境影响文意训释的生成。

在《毛诗笺》中，受言内语境影响而产生的文意训释其所指对象和具体义值均来源于诗篇文本。如《大雅·韩奕》："诸娣从之，祁祁如云。韩侯顾之，烂其盈门。"《毛诗笺》："烂，烂粲然，鲜明且众多之貌。""烂"为色彩明丽貌。《广韵》："烂，明也。"所以此训释中粲然鲜明为客观词义信息。而"众多"之义则来源于前句的"诸娣"。而在受言外语境影响的文意训释中，上下文所提供的语境信息则被文本之外的语境信息所替换。在此过程中，"所指对象"的替换尤为关键。《毛诗》小序多承载着讽谏教化的政治功能，为了使得诗篇文本与经学义理更为贴合，郑玄常会将被释词的所指对象从文本语境中的具体所指替换为政治范畴中的人或事上，而训释中的具体义值也会随着所指对象的转变而发生相应的变化。

（13）《唐风·椒聊》："彼其之子，硕大无朋。"《毛诗笺》："大谓德美广博也。"

从文本语境来看，"硕大"的所指对象当为前句中的"之子"（这个人），侧重其形貌体格方面的描写。而郑玄对于"大"的训释则转向到"之子"的性情品德层面。之所以进行这种转换，是为了照应小序中"君子见沃之盛强，能修其政，知其蕃衍盛大，子孙将有晋国焉"的信息。"能修其政"则其德行必值得称颂，所以郑玄此处借"大"的文意训释来传达这一信息。随着所指对象的侧重点发生变化，"大"的具体义值也就从"体型健壮"转变为"美"和"广博"。

来源不同的语境信息自然会对文意训释产生影响，而且影响力度也会有差异。凌丽君（2010；2012；2014）的一系列文章就详细探讨了不同类型的语境信息对于《毛传》直训的影响情况。不过这种影响是就训释的具体内容而言的。从训释的内部结构关系来看，语境信息的不同来源并不会对语义成分的类型及其组构方式有本质的影响。

3 《毛诗笺》文意训释语义成分的组构方式

"客观词义信息"和"语境信息"是我们从《毛诗笺》的文意训释中分析而得的两类语义信息，这种分类是平面性质的。在具体训释中，这两种语义成分的组合方式呈现出立体、多样、复杂的状态，可归纳为"添加""转移""整合"三种方式。

3.1 添加

"添加"是指文意训释基本保留训释词客观词义的语义框架，在此基础上增加一些具体语境所提供的语义信息。语境信息的分布多与被释词所属词性的语义框架有着密切关联，在不同词性中有着不同的呈现方式。

3.1.1 名词

名词的语义成分可以分为"概念意义"和"性质意义"两种，

与此相对应，名词的语义功能也可以分为"指称功能"和"描写功能"两类。⑤

指称功能是名词的基础性语义功能。对于诗中的一些代词，郑玄常常添加其具体所指对象。如《唐风·蟋蟀》："今我不乐，日月其除。"《毛诗笺》："我，我僖公也。"《小雅·白华》："之子之远，俾我独兮！"《毛诗笺》："之子，斥幽王也。"《邶风·绿衣》："绿兮丝兮，女所治兮。"《毛诗笺》："女，女妾上僭者。"

描写功能基于名词的性质意义而存在。性质意义是指名词所指称的事物所具有的特征。事物的特征并不唯一，挖掘特征的角度也因人而异，这也就为训释者传情达意提供了较大的发挥空间。郑玄对于《诗经》兴喻之辞中名物词的训释，就常会根据传意的需要，添加一些被释词临时具有的、带有较强主观意识的特征信息。这类训释有不少是受到言外语境，也即经学义理影响下的文意训释。

（14）《小雅·采绿》："终朝采绿，不盈一匊。"《毛传》："兴也。自旦及食时为终朝。两手曰匊。"《毛诗笺》："绿，王刍也，易得之菜也。终朝采之而不满手，怨旷之深，忧思不专于事。"

《毛传》将此句标"兴"，并对"终朝""匊"两词进行了词义训释，但未就兴喻之义作具体阐释。《毛诗笺》借助"绿"字的说解阐释了兴喻之义。"绿"为"菉"的借字，"菉"为一种牧草，《说文·艸部》："菉，王刍也。"郑玄在客观词义的基础上，从获取方式的角度添加了"易得之菜也"这一特征，为的是突出此句的兴喻之义，表示整日采"菉"这种易得之菜，一整天下来却不满两手心。这是因为采菉之人心思不在此，"忧思不专于事"，而忧虑的原因是思念行役之人，以此与小序中"幽王之时，多怨旷者也"的说法相照应。

（15）《大雅·旱麓》："鸢飞戾天，鱼跃于渊。"《毛传》："言上下察也。"《毛诗笺》："鸢，鸱之类，鸟之贪恶者也。飞而至天，喻恶人远去，不为民害也。鱼跳跃于渊中，喻民喜得所。"

《毛传》用"上下察也"简要说解了整句的大义，并未明确标兴。郑玄将"鸢、鸥"训释为"鸟之贪恶者也","贪恶"为形容人的品质的语词，这里用来形容鸟类，是以其飞而至天来比喻恶人远去。郑玄将人的品性特征添加到对动物的描写上，其实是有意识地将此句解读为兴喻之辞。该诗小序："《旱麓》，受祖也。"说明此诗的主旨是文王受先祖赐福，天下大治。《毛诗笺》的这一文意训释同样是为此主题服务的。

3.1.2 动词

动词的语义框架往往由"动作行为和关涉成分"组成。（于屏方2017：120）关涉成分也即与动作行为相关联的语义要素，包括"主体、客体、工具、手段、原因、地点、时间"等。动词的词义训释所突显的关涉成分是内化在被释词词义范畴之内的语义信息。如《大雅·崧高》："申伯信迈，王饯于郿。"《毛诗笺》："饯，送行饮酒也。"这则训释所体现的关涉性成分"送行"（表原因）和"饮酒"（表方式）均为"饯"词义内部的语义信息，故为词义训释。而动词的文意训释所突显的关涉性成分则是语境所赋予的、临时性的、被释词词义范畴之外的语义信息。如以下几则训释材料（划横线者为所添加的成分）：

（16）《小雅·宾之初筵》："发彼有的，以祈尔爵。"《毛诗笺》："发，发<u>矢</u>也。"（添加动作的对象）

（17）《鄘风·载驰》："许人尤之，众穉且狂。"《毛传》："尤，过也。"《毛诗笺》："过之者，<u>夫人之欲归唁其兄</u>。"（添加动作的对象）

（18）《小雅·彤弓》："我有嘉宾，中心贶之。"《毛诗笺》："贶者，<u>欲加恩惠</u>也。"（添加表情态的成分以及动作的宾语）

（19）《小雅·采菽》："采菽采菽，筐之筥之。"《毛诗笺》："采之者，采<u>其叶以为藿</u>。"（添加动作的对象及目的）

（20）《鄘风·载驰》："大夫跋涉，我心则忧。"《毛诗笺》："跋涉，<u>卫大夫来告难于许时</u>。"（添加动作的主体、目的、时间）

（21）《小雅·宾之初筵》："大侯既抗，弓矢斯张。"《毛传》：

"抗,举也。"《毛诗笺》:"举者,举鹄而栖之于侯也。"(添加动作的对象以及相关联的动作行为)

3.1.3 形容词

形容词的释义模式一般都是"(适用对象)+性状的说明描写"(符淮青 1996:139)。有一些形容词本身意义较为宽泛,进入到语境之后,所指对象得以确定,文意训释便在客观词义的基础上添加这一语义信息。

(22)《小雅·无羊》:"旐维旟矣,室家溱溱。"《毛传》:"溱溱,众也。"《毛诗笺》:"溱溱,子孙众多也。"

"溱"字从"秦"得声,属于真部字,与其同声符的"蓁""榛"皆有众多之义。"蓁"为草木茂盛之貌,《说文·艸部》:"蓁,艸盛也。""榛"表示丛生的树木,《说文·木部》:"榛,木也,从木秦声,一曰蓻也。"段玉裁改为"一曰丛木也。"《段注》:"《仓颉篇》、《淮南》高注、《汉书》服注、《广雅》皆云:'木丛生曰榛。'"故从"秦"之字可表多、盛之义。《毛传》"溱,众也"的训释属于词义训释。因"室家"与"溱溱"相连,所以郑玄依据言内语境增加了其所指对象"子孙"。

随着所指对象的确定,形容词的意义特点也更为具体、更具针对性。文意训释也会随之增加一些语境信息所赋予的意义特征。

(23)《大雅·韩奕》:"诸娣从之,祁祁如云。韩侯顾之,烂其盈门。"《毛诗笺》:"烂,烂粲然,鲜明且众多之貌。"

"烂"为色彩明丽貌。《广韵》:"烂,明也。"训释中的"烂粲""鲜明"与其客观词义相对应。但"烂"并无"众多"之义。此处因前句提到"诸娣",知其所指对象为众女子,所以郑玄据此增加了"众多"这一语义信息。

3.2 转移

转移是指训释者未对被释词客观词义本身进行训释,而转向描述在具体语境中与客观词义相关联的语义内容,这种关联关系包括

"相似关系"和"相关关系"。这两种关系均是在具体语境中建立起来的,并非客观词义本身所具有的内涵。

"相似关系"是指文意训释与客观词义之间存在相似的语义特征,但文意训释的所指对象常由客观词义所指的"物"转移到小序中所提及的"人"上。这种情况多见于《诗经》兴喻之辞的说解。

(24)《伐木》小序:"燕朋友旧故也。"

《小雅·伐木》:"伐木丁丁,鸟鸣嘤嘤。"《毛诗笺》:"丁丁、嘤嘤,相切直也。"

郑玄的训释引自《尔雅·释训》:"丁丁、嘤嘤,相切直也。"郭璞注:"朋友切磋相正。""丁丁、嘤嘤"皆为拟声词,"相切直"与此客观词义并没有直接联系,但伐木声与鸟鸣声之间彼此应和与朋友之间相互回应、彼此切磋的状态有着相似特征,而这种特征是存在于语境中的,并非"丁丁、嘤嘤"本身的词义内涵。

(25)《湛露》小序:"天子燕诸侯也。"

《小雅·湛露》:"湛湛露斯,在彼杞棘。"《毛诗笺》:"杞也棘也,异类,喻庶姓诸侯也。""其桐其椅,其实离离。"《毛诗笺》:"桐也,椅也,同类而异名,喻二王之后也。"

郑玄此处的训释挖掘出了名物之间相互关系的特点,并将其转嫁到人物类型的特征上,从而点明名物所喻指的具体对象。"杞""棘"果实不同,前者果实为枸杞,后者为酸枣。郑玄着眼于这一差异,故言二者"异类"。⑥庶姓诸侯与天子的姓氏不同而且无亲属关系,这种关系特征也是"异类"。"桐""椅"均为高大的落叶乔木,类别相同但名称有别,"二王之后"即夏朝、殷商的后代。《毛诗正义》:"二王之后,其尊与诸侯殊绝,故知荐俎礼物多于诸侯也。"郑玄言"同类",着眼于二王之后与天子同有尊贵地位,"异名"则指二者所属朝代不同。其实从文本来看,"杞""棘"同为灌木丛,"桐""椅"的差异也较小,《段注》"椅"字条:"《诗》言'椅桐梓漆',其分别甚微也。"训释中的"异类""同类异名"均是郑玄为义理说解而挖掘的特征。

"相关关系"指文意训释的训释内容从客观词义本身转移到被释词在具体语境中的所指对象或其特征上来。

(26)《邶风·北门》:"我入自外,室人交遍摧我。"《毛传》:"摧,沮也。"《毛诗笺》:"摧者,刺讥之言。"

"摧"有折损、毁坏之义,《说文·手部》:"摧,挤也。一曰挏也。一曰折也。"《段注》:"《诗》:'室人交遍摧我',《传》:'摧,沮也。'此折之义也。"在此诗的语境中,"摧"表示室人言语上对"我"的"讥刺、打击"。郑玄的训释所描述的是"摧"这一动作的发出者,而并非指明"摧"这一动作本身的特征。

(27)《鄘风·鹑之奔奔》:"鹑之奔奔,鹊之彊彊。"《毛诗笺》:"奔奔、彊彊,言其居有常匹,飞则相随之貌。刺宣姜与顽非匹偶。"

"奔奔、彊彊"均形容鸟飞行之貌,高亨(1980:70)《诗经今注》:"奔奔,《礼记·表记》引作贲贲。奔、贲皆借为翻。《玉篇》:'翻,飞貌。'翻翻,犹翩翩。又解奔奔,跳行貌。……彊彊,《礼记·表记》引作姜姜。彊、姜皆借为翔,回环飞也。又解:彊彊,鹊鸣声。"其说可从。《鹑之奔奔》一诗从文本上看内容与小序基本吻合,小序:"刺卫宣姜也。卫人以为宣姜,鹑鹊之不若也。"诗人选取"鹑""鹊"这两种鸟来起兴是颇有深意的,这两种鸟都有成对出现的习性特征,以此来讽刺宣姜与公子顽不合礼教的行径。但是就"奔奔、彊彊"这两个动作本身而言,则不具有训释中所体现的意思。郑玄是将"鹑""鹊"的习性特征转移到了形容词"奔奔、彊彊"之上。

3.3 整合

整合是指训释者将上下文句或经学义理中的信息打包并附加到了被释词之上,或说明被释词在语境中的言外之意。

(28)《小雅·小明》:"岂不怀归?畏此反覆。"《毛诗笺》:"反覆,谓不以正罪见罪。"

《小明》一诗的小序为"大夫悔仕于乱世也",基本与诗文内容相符。此诗共有五章,前两章与此章中均有类似表达:"岂不怀归?畏此罪罟。""岂不怀归?畏此谴怒。"皆表示远行之士因为害怕身陷囹圄而不敢归乡。"反覆"一词本表示重复、翻来覆去的意思。郑玄整合整体诗义,将"反覆"理解为"不以正罪见罪",也就是随便加罪的意思。

(29)《小雅·斯干》:"乃生女子,载寝之地,载衣之裼,载弄之瓦。"《毛传》:"瓦,纺砖也。"《毛诗笺》:"纺砖,习其有所事也。"

《斯干》中给女孩纺砖来玩耍,象征其长大后从事纺织女工之事。郑玄此处并未对"纺砖"一词本身进行训释,而是就其在诗中的象征意义进行说明。

有时文意训释也会对被释词的修辞意义进行阐发。如《谷风》中的"匍匐"一词,诗人在运用该词时就有夸张的意味在里面,所以郑玄训释时并未说明其词义信息,而是就其修辞意义进行说明。

(30)《邶风·谷风》:"凡民有丧,匍匐救之。"《毛诗笺》:"匍匐,言尽力也。凡于民有凶祸之事,邻里尚尽力往救之,况我于君子家之事难易乎?固当黾勉,以疏喻亲也。"

"匍匐"为爬行义。《说文·勹部》:"匍,手行也。"《说文·勹部》:"匐,伏地也。"此处"匍匐"后接动词"救之",文句中含有勉力、尽力之义。郑玄是将上下文中所含之意整合到了"匍匐"一词的训释中。

文意训释内部语义成分之间的三种组合方式,其实对应着文意训释与被释词客观词义之间的三种关系:通过"添加"方式生成的文意训释,从中可以离析出客观词义信息,所以这种文意训释与被释词客观词义之间的联系最为紧密,属于"相合"关系;通过"转移"方式生成的文意训释,并未对客观词义本身就行训释,而描述的是在语境中与客观词义相关联的内容,所以其与被释词客观词义之间是"相交"关系;通过"整合"方式生成的文意训释,多说明的是语词的言外之意或修辞特点,所以其与被释词客观词义之间属于"相邻"关系。这也印证了高守纲先生(1994:127)的观点:"词的言语义虽然千差万别,但却绝非变幻莫测,无规律可循,它总是以语言义为基准,在语言义允许的范围内实现其浮动变异。"⑦

4 余论

文意训释所处的语境虽各不相同,训释表达也各随语境而变。不过深入到训释的内部语义结构中进行考察则可发现:文意训释其实并非随意而得,无论是其语义成分的类型,还是语义成分之间的组合关系,皆有规律可循。这些内在规律亦可为其他典籍训释的解读提供帮助。

文意训释并不能直接等同于被释词的客观词义。关于这一现象,古代学者已有所认识。孔颖达在《毛诗正义》中,有时会使用"非训某为某"的表达来说明《毛传》训释词与被释词之间的关系,其中有一些例证属于文意训释的范畴。而通过对其内部语义结构进行分析,可将前人已感知到的语义关系用更为清晰的方式呈现出来,亦可在前人基础上进一步细化对典籍训释的理解。如《郑风·大叔于田》:"叔在薮,火烈具扬。"《毛传》:"扬,扬光也。"《毛诗正义》:"言举火而扬其光耳,非训扬为光也。"该训释是在被释词之后添加了动作的临时关涉性成分"光",属于通过"添加"方式生成的文意训释。又如《大雅·大明》:"肆伐大商,会朝清明。"《毛传》:"会,甲也。"《毛诗正义》:"传言'会甲',长读为义,谓甲子日之朝,非训会为甲。"在武王伐纣这一语境下,"甲子"是与"会集"这一动作相关联的时间要素,故此训释属于通过"转移"方式生成的文意训释。由此可见,对于这两则训释,孔颖达所使用的分析用语相同,但其内在语义关系则是有差异的。

文意训释是对语词言语义的描述,无法直接纳入到语言义的范畴中。而通过对其内部语义进行分解、分类,从中提取的客观语义信息亦可为词汇语义学的研究提供参照。如《小雅·巷伯》："骄人好好，劳人草草。"《毛诗笺》："草草者，忧将妄得罪也。"该训释突出的是"草草"这一心理状态的具体原因"将妄得罪"。将这一语境信息剔除之后，训释中的"忧"正是"草草"对应的义位。《辞源》："草草，忧貌。"取用的正是郑玄这则文意训释中的客观语义信息。

文意训释中的语境信息虽然不能纳入到语词的语言义之中，但这些信息对于理解训释者自身的思想理念有帮助。如《小雅·斯干》："乃生男子，载寝之床，载衣之裳，载弄之璋。"《毛诗笺》："裳，昼日衣也。衣以裳者，明当主于外事也。""乃生女子，载寝之地，载衣之裼，载弄之瓦。"《毛传》："裼，褓也。"《毛诗笺》："褓，夜衣也。明当主于内事。"郑玄将"裳"和"褓"分别释为"昼日衣"和"夜衣"，皆是从使用时间的角度进行的说解，目的是强调"裳"与"褓""男主外、女主内"的象征意义，而这一特征并不在"裳"和"褓"的客观词义的范畴之内，郑玄是将男女的社会分工特点纳入到语词的训释之中，带有其个人观念的烙印。⑧

综上所述，文意训释有其灵活性、多样性的一面，亦有其规律性、固定性的一面。前者体现在表层的训释表述中，后者则隐藏在深层的语义结构里。通过对文意训释的内部结构进行语义分析，将其中的客观语义信息与语境信息分而别之，可对训释材料的传意方式及其特殊的词汇语义学价值有更为深入的理解。

附　注

①　这里指的"语义成分的分析"是对训释的语义信息进行分类，对其相互之间的关系进行描写，并不是指传统的义素分析。

②　王宁先生（1996：92—94）将文意训释分为"明确指向的训释"和"陈述具体义值的训释"两种类型。此处对于语境信息的分类受到此观念的影响。

③　"捄"之本字为"觓"，《说文·角部》："觓，角貌。《诗》曰：'兕觥其觓。'"亦或作"觩"。声符"丩""求"皆有"弯曲"的词义特征。

④ "言内语境"与"言外语境"的类别划分源于西方学者的语境研究。人类学家马林诺夫斯基在1923年和1935年先后提出"情景语境"和"文化语境"的概念。20世纪50年代，伦敦学派语言学家Firth将语境理论进行了扩展，语境分为来自语言内部的语言语境和来自语言外部的情景语境。在其之后，学者们对语境分类越来越细，但总体不离"言内语境"和"言外语境"二分的理论框架。

⑤ 概念意义和性质意义的提法来自于谭景春（1998），施春宏（2001、2002）将名词的语义成分分为"关涉性语义成分"和"描述性语义成分"，其核心理念与谭是一致的。

⑥ 《毛诗正义》："礼有同姓、异姓、庶姓。同姓，王之同宗，是父之党也。异姓，王舅之亲。庶姓，与王无亲者。"

⑦ 高守纲先生在《古代汉语词义通论》中基于语言义与言语义的关系，将言语义分为"体现语言义的言语义"和"偏离语言义的言语义"两种类型，其中后者又可以分为"相似式偏离""相关式偏离"和"相反式偏离"三种类型。本文此处对文意训释义成分组合方式的分析也借鉴了部分高先生的观点。

⑧ 关于"裳"与"袡"的象征意义，学者也有不同看法。《毛诗正义》引侯苞《韩诗翼要》云："'示之方也.'明袡制方，令女子方正事人之义。"认为"袡"的象征意义在于其形状方正。

参考文献

冯　利　（1983）　区分词义训诂与文意训诂，《辞书研究》第3期，78—86页。
符淮青　（1996）《词义的分析和描写》，语文出版社，北京。
高　亨　（1980）《诗经今注》，上海古籍出版社，上海。
高守纲　（1994）《古代汉语词义通论》，语文出版社，北京。
黄侃述，黄焯编　（1983）《文字声韵训诂笔记》，上海古籍出版社，上海。
黎千驹　（2009）　因语境求义论，《湖北师范学院学报（哲学社会科学版）》第6期，1—6页。
李亚明　（2004）　文意训释与词义训释的学理及其应用，《古籍整理研究学刊》第6期，63—67、44页。
凌丽君　（2010）　言内语境影响下的《毛传》直训训释词分析，《南京师大学报（社会科学版）》第2期，148—154页。
凌丽君　（2012）　言外语境影响下的《毛传》直训分析，《民俗典籍文字研究》第9辑，94—104页。
凌丽君　（2014）《毛传》言内言外语境关系辨析及对其训释的影响，《北京师范大学学报（哲学社会科学版）》第1期，89—94页。
施春宏　（2001）　名词的描述性语义特征与副名组合的可能性，《中国语文》第3期，212—287页。

施春宏（2002） 试析名词的语义结构,《世界汉语教学》第4期, 2、17—25页。
孙雍长（1996） 语境与"随文释义",《长沙水电师院社会科学学报》第4期, 120—124页。
谭景春（1998） 名形词类转变的语义基础及相关问题,《中国语文》第5期, 368—377页。
王 宁（1996）《训诂学原理》, 中国广播电视出版社, 北京。
于屏方（2007）《动作义位释义的框架模式研究》, 中国社会科学出版社, 北京。
张志毅、张庆云（2012）《词汇语义学》, 商务印书馆, 北京。

引书目录

《毛诗正义》《周礼正义》《尚书正义》《左传正义》, 艺文印书馆, 台北, 2001年。
《后汉书》, 中华书局, 北京, 1965年。
《逸周书汇校集注》, 上海古籍出版社, 上海, 2007年。

The Semantic Structure of the Explanation of Contextual Meaning in *Maoshijian*

BAI Ru

Abstract: The explanation of contextual meaning is a common type of Chinese exegesis on classical works. Contextual meaning of explanation is more dependent on the specific context, compared with the lexical meaning. However, these explanations are far from random, actually their internal semantic structure has its own regularity. Take *Maoshijian* for example, the semantic components of contextual meaning can be divided into two categories: objective meaning information and contextual information. The means of structuring semantic components are categorized into three main types: adding, transferring and integrating, which correspond to the three relationships between contextual meaning and objective meaning: congruence, intersection and adjacency. Although the ancient semantic comprehension of the words in classics can be influenced by different kinds of contextual information, it still mainly focuses on objective meaning. Through the analysis of the internal semantic structure of explanation of contextual meaning, we can further deepen the understanding of the textual meaning interpretation materials, and provide more reference for the study of lexical semantics.

Keywords: the explanation of contextual meaning, the explanation of lexical meaning, context, *Maoshijian,* semantic analysis

(100875 北京,北京师范大学文学院 bairu610613@163.com)

"二反"语义探源*

魏启君 王闰吉

提要 近代汉语的"二反"一词,学界多倾向于理解为副词,释为"又、再"。经文献查证,"二反"当来源于数量组合"二番",意为"再次、第二次"。北方方言口语里尚有"二返脚""二反脚""二番脚"等结构组合,可资参证。

关键词 二反 二番 来源

0 缘起

太田辰夫(1991:288)对"二反"一词最早做出解释,他认为"是表重复的副词""是罕见的用法",举了《小额》的两个例子。刘一之(2011)在《中国语文》撰文作了更具体的解释,谓"二反:又,再",举了三例,其中两例与太田辰夫同。由于例证太少,又欠缺探源性的考释,"二反"的词义尚有待商榷。

1 "二反"可与"再、又"连用

1.1 "二反"释为"又、再"似嫌重复

现代汉语"表重复的副词"很多,太田辰夫释"二反"为"表重复的副词",释义似嫌宽泛。而刘一之释为"又、再",不少例句

收稿日期:2017-12-22;定稿日期:2020-10-15;通讯作者:魏启君。

* 本文为教育部人文社会科学研究项目"大理国写本佛经汉文白语俗字研究"(项目编号:20XJA850001)和国家社科基金一般项目"唐宋禅录方俗语词江户时代日人释义研究"(项目编号:16BYY147)的阶段性成果之一。《语言学论丛》编辑部及匿名审稿专家提出了宝贵的修改意见,谨此一并致谢。文中错漏概由作者负责。

也解释不圆通。"二反"与"又"复现颇为常见，倘若"二反"是表重复的副词"又、再"的意思，岂不语义重复，啰唆不通？如：

（1）徐吉春又微坐了一会儿，约计着本家儿把钱交给赶车的啦，二反告辞起身（这块德行）。(《小额》)

（2）小文子儿把片子搁在门房儿啦，车也搁在门口儿啦，街上吃的早饭。二反回来，又等了会子，徐吉春才回来。(《小额》)

（3）赛武大溜到外头，蔫蔫的把大口开放，二反又来到里面。(损公《赵三黑》)

（4）（哎哟）不怕你们在家走，瞧着我一个人现。二反又把场面安（哎哟），要唱"艳阳天"。(《楼揽泰请局》)

（5）贾长发一听这话，猛可的立起身来，扭头向外便跑。……官人才要向他解释，九锡却先说道："贾长发，你不可胡闹，凡事全有本道做主。你横竖也跑不开，你要耐着性儿，等我慢慢讯问。"长发二反又跪下，气哼哼的低头不语。(《新新外史》第四十五回)

例（1）"二反"前文有"又"，例（2）"二反"后文有"又"，例（3）（4）（5）"二反"与"又"连用，若把"二反"释为"又、再"，表义累赘重复。

诚然，明清文献偶见"再""又"连用之例，但其中的"再"并非表示重复的副词，如《水浒传》第四十一回："宋江道：'却用侯家兄弟引着薛永并白胜，先去无为军城中藏了。来日三更二点为期，只听门外放起带铃鹁鸽，便叫白胜上城策应。先插一条白绢号带，近黄文炳家，便是上城去处。再又教石勇、杜迁，扮做丐者，去城门边左近埋伏。只看火起为号，便下手杀把门军士。李俊、张顺，只在江面上往来巡绰，等候策应。'"该句"再又"中的"再"是表示承接关系的副词，与"先""便"呼应。从下文亦可得到佐证，"宋江分拨已定，薛永、白胜、侯健先自去了。随后再是石勇、杜迁，扮做丐者，身边各藏了短刀暗器，也去了。""再又"中的"再"相当于"随后"。

1.2 "二反"亦作"二返"

此外,清末、民国文献中,"二反"又作"二返",也常与"又"复现。如:

(6)徐爷走了两步,老太太又把他叫住,徐爷二返回来说:"老娘有何吩咐?"(损公《苦鸳鸯》)

例(6)"二返回来"谓"徐爷走了两步",被老太太叫住,故再次返回。不过"二返"应该还不是"二反"的来源,因为"返回"义不适合词义,写作"返"也许是因为受后面的"回来"的影响而致,而且"反""返"通用本就十分常见。又如:

(7)不大的工夫有人扣门,开门一看,原来拉车的何某给送茶叶来了。何某接过车钱之后拉起车来就走,到了北池子口上水月灯下方才看见,二返回来送茶叶,某甲喜之不禁,叫车夫不要走,意思要酬劳几个钱。(《洋车夫拾物不昧》,《顺天时报》1921年11月30日第7版)

例(7)言车夫何某本已拉车走到了北池子口上,发现车上落下了茶叶后,再次回来送还茶叶给甲某。

2 "二反"当源于"二番"

2.1 "再次、第二次"与"又、再"之别

那么,"二反"究竟源自何处呢?从词的语素义分析来看,当来源于数量组合"二番",意为"再次、第二次"。"再次、第二次"与"又、再"至少存在以下几点区别:第一,词性不同,前者为数量词,常后接动词,后者为副词,除接动词外,亦可接形容词,如"又瘦又乏";第二,语义指向不同,前者侧重动作、行为的第二次发生,后者侧重动作、行为重复,不仅第二次,亦可第三次、第四次等反复发生,常含持续意味,如"他又迟到了",隐含他多次迟到之意。上引诸例均谓动作、行为的第二次发生,概无超过两

次,多次发生之意。第三,动作、行为的一致性不同。前者所指动作、行为必须相同,后者可相同亦可不同。如:

(8)翻书又照照自己的脸,放下镜子又仔细研读那本线装书。(曹禺《北京人》)

李文治(1982)认为,该句"又"前后连接两个不同的动词,表示不同动作相继发生。上引例句"二反"承接的动作、行为都是一致的,以下例句貌似不一致,如:

(9)且说拳匪牛儿用手中刀把旁边小门拨开,探头向里张望,忽见樊神甫从内走出,吓得他抹头跑下台阶,口中大声嚷道:"师兄们,快上体吧,洋人出来了哇!"说完这话,自加力抽喘,抹头而回,二反奔入旁门,只听"叭"的一声枪响,牛老二竟自中了佛烟(调侃说,就是中了枪子了啦),噗咚摔倒在地。(徐剑胆《衢州案》)

该句先言"吓得他(拳匪牛儿)抹头跑下台阶",再言"二反奔入旁门",似乎动作、行为并不一致,一为"下台阶",一为"入旁门"。其实"跑""奔"均指逃命的动作,实际相同。

2.2 "反""番"通假

"反""番"《广韵》都是"孚袁切",皆为滂母元韵,音同义通。"反""番"相通,由来已久。如:

(10)反然举恶桀、纣而贵汤、武。(《荀子·强国篇第十六》)

(11)谁谓绮罗番有力,犹自嫌轻更著人。(唐·刘宴《咏王大娘戴竿》)

例(10)"反"通"番";例(11)"番"通"反"。

《广韵·元韵》:"番,数也。"《字汇·田部》:"番,次也。""番"的量词较早用例,可追溯至南朝·刘义庆《世说新语·文学》:"于是弼自为客主数番,皆一坐所不及。"

早在汉代,"反"跟"番"一样,都可以表示"遍""次"类的量词,《佛经续释词》(李维琦 1999:53)曾做发明,姑转录二例,后汉《修行本起经》："上为天帝，下为圣王，各三十六反。"后汉《中本起经》："出没七反，身出水火，从上来下，前礼佛足，却侍于左。"传世文献亦见用例，如唐宋时期的乐谱《仁智要录》中的《春莺啭》《团乱旋》《贺殿》《玉树后庭花》等曲记有"一反""二反""三反""四反""七反""八反"等术语，"几反"为"几遍"之意。而乐谱《愿成双》中的《狮子序》一曲记有"三番"，表示"三遍"（于韵菲 2012）。经文献查检，表示"再次"义的"二番"较早用例，始见于金代，如：

（12）当外发寒邪，使令消散，内泻二火，不令交攻其中，令湿气上归，复其本位，可一二服立已，仍令小儿以后再无二番斑出之患。（金·李杲《兰室秘藏》卷下）

清代用例甚夥，"二番"均可理解为"第二次、再次"，如：

（13）说着出去将门关好，二番回来在下垂首相陪。（《大八义》第六回）

（14）自己由太湖石后绕奔东南，就在来的那个人身后，"喀哧"一刀，将那人杀死。二番回来，至山洞，再找赵虎踪迹不见。（《小五义》第一百五十六回）

（15）何巡按吩咐把庵中老尼唤来，役人二番回去，把老尼唤到，跪在面前。（《春秋配》第十二回）

较之"二反"，"二次"由"两次"发展为"第二次、再次"的轨迹更为清晰，是极为有力的旁证。作为泛表一般动作次数的动量词"次"，于南北朝始见（刘世儒 1965：262）。"二次"连用的较早用例始于唐代，表示"两次"，如：

（16）可用术附汤二贴、木瓜、木香一块，用刀锉碎，用水三盏、生姜二十片，煎取一盏半，去滓分二次下，震灵丹五粒至十丸，食前服之。（《海上仙方·温隐居海上仙方前集》）

至迟在明代，"二次"由"两次"衍生出"第二次、再次"，如：

（17）殷开山说："头次枪刺姜眸，二次鞭打颜勇，三次鞭打老大王，四阵鞭打世子仲文，五阵鞭击唐万人马头，险丧其

命！"(《大唐秦王词话》第二十六回)

2.3 "二反""二返"均源于"二番"

据此,"二反""二返"均源于"二番"。释"二反"为副词"又、再"的错误在于未明"反"的通假义,以至于太田辰夫自己亦感叹"是罕见的用法"了,无法从语源上解释语义所自。我们再来解释太田辰夫、刘一之先生所用的"二反"用例。例(1)前文"(徐吉春)说罢,佔〔站〕起来告辞",又故意提及不要给车夫赏钱一事,意在提醒额家别忘了给付赏钱。于是坐下继续喝茶,等着老张给赶车的送去赏钱,估计时间差不多了,才再次向额大奶奶告辞,故"二反"当释为"再次、第二次",系数量组合,非副词;例(2)前文言"今天小文子儿去请去,正赶上徐吉春上衙门去啦,门上的说是晌午歪才回来呢",于是把片子搁在门房儿,车也搁在门口儿,到街上吃了早饭,估计徐吉春快从衙门回来了,才再次回到徐吉春诊所等待,因此"二反"亦当释为表示数量的"再次、第二次"。

(18) 二人也不能追赶,二人对叫:"小子,咱们拿那个去。"二反回来,崔龙不容二人动手,早就跑了。(《忠烈小五义传》第五十三回)

(19) 石禄一见,暗说:"不好,铜头要跑。"遂说道:"铜头啊,你别走。"说着他把死尸扔下,踊身越过墙去,二反进屏门来迎,正遇吕登清要出屏风门。(《大八义》第二十三回)

(20) 于奢谢恩站起身来,将丝绳往肩头一套,双手一拢铁鼎的耳子,用平生之力,他这鼎一举,比韩天锦差不多,看这光景,也不大费力,前走三步,后退了三步,绕了个四面,二返又回到万岁爷面前,点了三点,复又奔了正北,安放石头座子之上。(《续小五义》第二十一回)[①]

(21) 一转想,杀害叔父的,没有别人,定是刘通无疑,于是二反把被褥盖好,把残灯吹灭,将门由外面关好,这才往家中

急奔。(《新侦探》第四回)

（22）王亚奇找出几件衣裳来，让当差的带着他洗澡推头，又买的新鞋新袜，二反回来，立刻另一番精神。(损公《非慈论》)

例（18）二人抓另一个去了，等他们再次返回时，崔龙已逃之夭夭，"二反"犹再次；例（19）石禄出门追赶铜头（吕登清），踊身越过墙去，再次进屏门堵住了将要逃跑的吕登清；例（20）于奢"前走三步，后退了三步，绕了个四面"，再次又回到万岁爷面前。例（21）刘一之先生已引用，本处谓再次把被褥盖好，"这才往家中急奔"。例（22）言沧为乞丐的少谷换了衣服，洗澡推头后，别有一番精神，若把"二反回来"理解为"又回来"，于全句似乎不通。因为此处是说少谷经过修饰后再一次回到王亚奇家中，"二反"指称的是数量，而非重复"回来"这一动作。

3　方言参证

至今仍活跃在北方方言口语里的尚有"二返脚""二反脚""二番脚"[②]。盖为凸显"二返""二反"的"再次"语义，人们在使用过程中加上表示次数的量词"脚"，从而形成了叠架结构。受此影响，"二番"也叠架为"二番脚"。《现代汉语难词词典》(1985：69)、《关东方言词汇》(1991：106)、《东北方言词条集成》(2015：235)等均收词条"二返脚"，均释为"去而复返"，似乎局限于"返"的"返回"义，不如径释为"再次，第二次"。略举例于下：

（23）我从树下爬起来，准备下山去和把头接头，没等我和把头搭上话，狡猾的敌人二反脚又回来了，我赶紧又隐蔽起来。(张玺山《在东北抗日游击战争的年代里》)

（24）我马上带着小跑奔铁工厂，到厂长室未找着人，一问会计他说在车间，我又跑到车间，顺着每个窗户找了一遍未找到，二番脚又问会计，会计说他可能在钳工车间，我这回直接向钳工车间厂房里走去。(吴梦起《夏天的早晨》，《长春》1958年

11期）

（25）王老憨二返脚又下去捞，一捞还是没有，这可就怪了。（《天上掉下来的福》）

此外，《国语辞典》（2011：1103）收词条"二反投唐""二返回头"，均释为第二次返回。《北京土语辞典》（1990：123）谓"二反投唐可能用隋唐间故事"，似乎拘泥于字面语义。

附　注

①　原文"二返"连前文"四面"，"二返"后点断，盖不明语义而误。
②　经笔者调查，云南红河弥勒一带方言，谓"第二次、再次"为"二反复"，盖不明"二反"的语源，由"二反"与"反复"截搭而成。如"他出门走了一圈，二反复又回来了"。

参考文献

董联声　（2015）《东北方言词条集成》第1册，线装书局，北京。
李维琦　（1999）《佛经续释词》，岳麓书社，长沙。
李文治　（1982）　关于"又"和"再"，《语言教学与研究》第1期，65—76页。
刘世儒　（1965）《魏晋南北朝量词研究》，中华书局，北京。
刘一之　（2011）　清末民初北京话语词札记，《中国语文》第6期，565—569页。
吕才桢等　（1985）《现代汉语难词词典》，延边教育出版社，延吉。
［日］太田辰夫著，江蓝生等译　（1991）《汉语史通考》，重庆出版社，重庆。
王长元　王博　（1991）《关东方言词汇》，吉林教育出版社，长春。
徐世荣　（1990）《北京土语辞典》，北京出版社，北京。
于韵菲　（2012）《谈古乐谱中表示反复的汉字术语》，《文化艺术研究》第2期，105—116页。
中国大辞典编纂处编　（2011）《国语辞典》，商务印书馆国际有限公司，台北。

引书目录

"京人京语京文化丛书"《小额（注释本）》，世界图书西安出版公司，西安，2011。
《喜庆堂会·旧京寿庆礼俗》，学苑出版社，北京，2001。
《新新外史》，吉林文史出版社，长春，1987。
《损公作品（2）》，首都师范大学出版社，北京，2014。

《徐剑胆作品（1）》，首都师范大学出版社，北京，2014。
《兰室秘藏》，江阴朱氏校刊本。
《忠烈小五义传》，北京师范大学出版社，北京，1993。
《大八义》，吉林文史出版社，北京，1995。
《续小五义》，北京师范大学出版社，北京，1993。
《黑龙江文史资料》第14辑，黑龙江人民出版社，哈尔滨，1984。
《生活故事卷》，中国文联出版社，北京，1999。

A Semantic exploration on Erfan（二反）

WEI Qijun, WANG Runji

Abstract: The word "erfan（二反）" in modern Chinese tends to be interpreted as an adverb meaning "again". After literature verification, "erfan（二反）" should be derived from the quantitative combination "erfan（二番）", meaning the second and second time. In the spoken northern dialects, there are also such structural combinations as "erfan jiao（二返脚）", "erfan jiao（二反脚）" and "erfan jiao（二番脚）", which can be referenced and verified.

Keywords: erfan（二反）, erfan（二番）, semantic source

（魏启君：650221　昆明，云南财经大学传媒学院　wqj991103@163.com;
　　王闰吉：323000　丽水，丽水学院民族学院　wangrunji@gmail.com）

试析战国竹书中的"貌"字*

贾连翔

提要 通过《清华大学藏战国竹简（捌）》中新刊的"夆""爻"二字，联系以往战国竹书中出现的"伀""佫"等字，我们能够了解到，在战国时期的楚文字中，明母药部字的"貌"字常常以匣母宵部的"爻"作为声符。根据类似的形声异构规律，我们对过去出现在清华简《赵简子》中的"狄"和上博简《孔子见季桓子》的"狢"这两个疑难字，在构形来源人和辞例释读上加以考辨，认为它们都应释为"貌"；同时将上博简《从政》（甲篇）中两个旧释为"诎"的字，改释为"詾（教）"。

关键词 貌 《赵简子》《孔子见季桓子》《从政》 楚文字

《清华大学藏战国竹简（捌）》中出现了一些新见字形，为以往战国竹书中的一些疑难字的释读提供了帮助，"貌"字就是其中一例，我们试析如下。

《治邦之道》简17曰：

古（故）兴善人，必笘（熟）聝（闻）亓（其）行，女（如）雚（观）亓（其）夆（貌），女（如）聖（听）亓（其）訇（辞）。

句中"夆"字从爻、页，字形作：

收稿日期：2019-04-25；定稿日期：2020-10-14。

* 本文是北京市社科基金重点项目"清华简古文字资料建设与相关问题研究"（20YYA001）、国家社科基金重大项目"楚文字综合整理与楚文字学的构建"（18ZDA304）、国家社科基金重大项目"清华简与儒家经典的形成发展研究"（项目批准号：16ZDA114）的阶段性成果。

根据文义，整理者将此字读为"貌"是正确的。《说文》："皃，颂仪也。从人、白，象人面形。凡皃之属皆从皃。䫉，皃或从頁、豹省声。貌，籀文皃，从豹省。""貌"是明母药部字，尚书《吕刑》有"惟貌有稽"句，《说文》"䫉"字下引《周书》作"惟䫉有稽"，"䫉"是明母宵部字。又郭店简《性自命出》简63："䫉（貌）谷（欲）壮（庄）而毋枭（伐）"，也是以"苗"声字通"貌"。与此同时，在战国竹书中还有一部分可以确知读为"貌"的字，则是以匣母宵部的"爻"为声符，具体例子可见表1。这种唇音与喉音相通的例子并不鲜见，在宵部字中还可举出耄耋的"耄"，属唇音明母，字又作"薹"，《说文》曰："年九十曰薹。从老，从蒿省。"所省之"蒿"即"薹"的声符，属喉音晓母。

表1 战国竹书中可以确知的以"爻"为声符的"貌"字

字形	隶定	辞例	来源
	伩	㡾（颜色）伀（容）伩（貌）	郭店简《五行》简32
	佾[①]	颂（容）佾（貌）不☐＜异＞于人	上博简《孔子见季桓子》简7
	佾	☐（亲？）又（有）此佾（貌）也	上博简《孔子见季桓子》简8

"𡟰"字以"爻"为声符，与表1诸字相同，又以"頁"为意符，则合于《说文》"皃"之或体"䫉"，故可视作"貌"的另一个形声异体字。

表1引《五行》《孔子见季桓子》中的三个形体，除从"爻"外，另都从"人"旁，由这两个部件构成的字，在清华简第八辑《邦家处位》简3中也有出现，只是作上下结构，字形作：

简文曰：

> 子立弋（代）父，自寞（定）于遂（后）事，臚（阶）啻（嫡）丈（长），辠（罪）逴詞（辞），反夋（貌）叜（称）愚（伪）。

整理者注："夋，从人，爻声，即'皃'字异体，今作'貌'……反夋，即反貌，指与容仪相反。"将"伩"形的左右结构变为上下结构，与"荟"形的构形方式是相似的，可以理解为把突出人面形的"页"省作"人"。

如果上"爻"下"人"的"夋"可视作"貌"的又一个形声异体字的话，我们还可以想到清华简《赵简子》简10中一个从"夋"的字，文曰：

> 熹（就）虔（吾）先君坪（平）公，宫中卅（三十）里，驰（驰）马四百驷，△亓（其）衣尚（裳），孚（饱）亓（其）畲（饮）饲（食），宫中三壑（台），是乃欤（侈）已（已）。

△字原作：

整理者出于谨慎考虑，对此字未作隶定，注云："字左旁疑为奴字古文（这类奴字写法参见徐在国《传抄古文字编》，线装书局，二〇〇六年，第一二四三页），字从大，奴声（奴、者同为鱼部字，声母同为舌音），可能是奢字的异体。"程薇（2017）则认为△左侧所从为"死"（上"歺"下"人"），将其隶作"欤"，读为"侈"。

实际上，△左上的形体与楚文字中的"女""歺"区别明显，而与前引《孔子见季桓子》简7之"佁"所从的"亥"形最为贴切，孙合肥（2017）指出此字从"佼"声，或即"貌"字异体，是正确的。

严格按照部件来分析，△应由亥、刀、大三部分组成。古文字中的"刀"旁与"人"旁每每混讹同形，这种例子不烦赘举，故△左部所从完全可以理解为"亥"字的变体。顺此思路而分析，右侧所从的"大"（正面人形），则应为累增的意符。字可隶作"犾"，从人、大，亥声，应当是"貌"的一个异体。

"犾（貌）"在《赵简子》简文中应属名动用法。《荀子·大略》："君子之于子，爱之而勿面，使之而勿貌，导之以道而勿强。"王先谦《荀子集解》（1988：490）注称："面、貌，谓以颜色慰悦之，不欲施小惠也。"并引郝懿行之说："勿面，谓不形见于面。勿貌，谓不优以辞色。"这是"貌"作为动词用法的典型例子。又《逸周书·文政》："九过：一视民傲，二听民暴，三远慎而近頪"，黄怀信等《逸周书汇校集注》（2007：379）引王念孙云："頪即貌字也。《史记·商君传》曰：'貌言华也，至言实也。'孔注《周祝篇》曰：'貌谓无实。'是貌与慎意正相反。"《赵简子》"貌其衣裳"之"貌"正与《商君传》中的说法相合，句意为过分饰美衣服，这自然也是一种奢侈的行为。

从《赵简子》中"犾"的形体来看，"亥"下部所从的"人"形是很容易与"刀"形相混的，受此启发，下面讨论的这个字，也可能是"亥"的讹形。该字也见于表1所引《孔子见季桓子》简8，现将这段话完整抄录如下：

▨（亲？）又（有）此佁（貌）也，而亡（无）以享＜畲＞（合）者（诸）▲矣。

▲字原作：

原整理者隶作"猋",分析为"从勿,爻声",读为"狡",梁静（2008）从"爻"声将其读为"郊",但这两种读法在文义上都难以通顺。为解决这个问题,陈剑（2008、2013:283—317）通过比较《孔子见季桓子》全篇的"此"字,认为▲是"此"的讹形,陈文中所列举的变体"此"字如下:

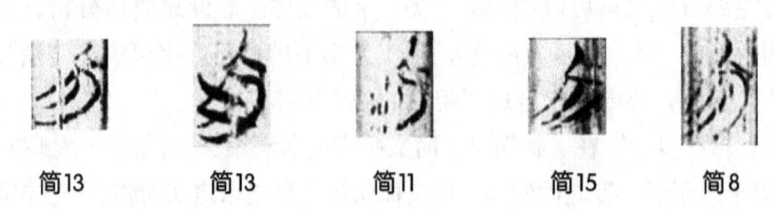

| 简13 | 简13 | 简11 | 简15 | 简8 |

从文义的角度考虑,释"此"是比较通畅的,但▲与同篇其他变体的"此"字相比,无论是部件的形态,还是部件之间的位置关系,都有很大差距,故这一说法从字形的角度难以被采信。值得注意的是,季旭昇（2010:233）曾疑此字与"佫"同从"爻"声,亦当读为"貌",②现在看来应是正确的。

实际上原整理者的隶定还是可取的,▲仍当分析为从爻从勿。古文字中"刀"旁与"勿"旁也每每混讹相通,最常见的例子就是从"刀"的"则""利"二字,在楚文字中大多从"勿"旁。如果能进一步联想到"刀"形与"勿"形作为意符的同等关系,也就很容易想到"人—刀—勿"这一形体讹变的序列。因此将"猋"视作"此"的讹形,不如视作"爻"的讹形更具理据。《孔子见季桓子》篇中同出三个"貌"字,形体皆不相同,或当归结于书手的"避复"行为,只是由于他不明字理,遂将近似"刀"形的"人"旁,误写成了"勿"形,而简7上的字形下部难以分析的结构,大概也是因类似原因而形成的。当然,这是从形体来源的角度对"猋"字所做的分析。如果从文献释读的角度上讲,从勿、爻声的字,径可按季旭昇先生的意见,读为"貌"。简文称"□有此貌也,而无以合诸貌矣",意谓"□有这样的仪容,却没有与仪容相配的东西"。这与陈剑先生释"此"的说法,在文义理解上应该是殊途而同归的。

关于"癶"下所从的"人"形可能会沿着"人—刀—勿"的序列发生讹变，也有一则材料可以提供佐证。上博简《从政》（甲篇）简10曰：

　　从正（政）所癶（务）三：敬、詻、信＿（信。信）则旻（得）众，詻则远＿戾＿（远戾，远戾）所以……

此段两处旧释为"詻"之字原整理者引《说文》段注："后人多用挑字"，并推测此字有"择言""择善"的意思。然仔细推敲文义，将"詻／挑"与"敬""信"并举是颇为可疑的。③该字两个形体原作：

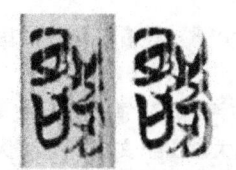

其右侧所从实与"兆"区别明显，字应分析为从言、癶、刃三部分，当改隶作"謗"。其中"癶"是声符，故句中两处皆应读为"教"，指教化。有关"敬""教""信"的论说还可参看《管子·形势解》："敦敬忠信，臣下之常也。以其事主，终而复始。爱亲善养，思敬奉教，子妇之常也。以其事亲，终而复始。"古文字中"刃""刀"可互作，"謗"所从之"刃"恰可说明，我们推拟的"人—刀（刃）—勿"的形体讹变序列是客观存在的。故"謗"字也当分析为从言、癶（貌）声。

以上所论战国竹书中的"伎""佫"等字用作"貌"，是以往出土文献整理已经提供的考释定点，《治邦之道》"斊"字的出现，使我们进一步认识到"貌"以"癶"作为声符在战国时期的楚文字中已非个例，而是一个比较常见的现象。我们据此将《赵简子》中的"狄"和《孔子见季桓子》的"荔"也释作"貌"，并将《从政》（甲篇）的"謗"读为"教"，在构形来源和辞例释读上，都是比较顺适的。借由这一系列"貌"字的考释，我们亦可管窥楚文字在形声方向发展之豹。

附 注

① 此字从何有祖（2007）所释，字右下形体不可辨，似有讹误，何先生认为从"心"。

② 洪淑玲（2009：147—148）已引此说，该论文即季旭昇先生指导。这一重要意见拙文原失引，承审稿专家指出，特此致谢。

③ 季旭昇等（2003：77—79）也提出了这一疑问，但仍采释"誂"说，并认为"兆"的一个来源为"涉"，提出将"誂"读为"谦"。

参考文献

陈　剑（2008）《上博（六）·孔子见季桓子》重编新释，复旦大学出土文献与古文字研究中心网站2008年3月22日。

陈　剑（2013）《上博（六）·孔子见季桓子》重编新释，《战国竹书论集》，上海古籍出版社，上海。

程　薇（2017）《清华简（柒）中一新见字试解》，香港浸会大学饶宗颐国学院、澳门大学中国语言文学系、清华大学出土文献研究与保护中心举办"'清华简'国际研讨会"会议论文。

何有祖（2007）读《上博六》札记，简帛网2007年7月9日。

洪淑玲（2009）《〈上海博物馆藏战国楚竹书（六）·孔子见季趄子〉研究》，台湾师范大学硕士学位论文，台北。

黄怀信、张懋镕、田旭东（2007）《逸周书汇校集注》，上海古籍出版社，上海。

季旭昇主编，陈美兰、苏建洲、陈嘉凌合撰（2003）《〈上海博物馆藏战国楚竹书（二）〉读本》，万卷楼图书股份有限公司，台北。

季旭昇（2010）《上博六·孔子见季桓子》译释，国际儒学联合会，《国际儒学研究》第17辑，220—236页，九州出版社，北京。

荆门市博物馆（1998）《郭店楚墓竹简》，文物出版社，北京。

黎翔凤（2004）《管子校注》，中华书局，北京。

梁　静（2008）《孔子见季桓子》校读，简帛网2008年3月4日。

马承源主编（2002）《上海博物馆藏战国楚竹书（二）》，上海古籍出版社，上海。

马承源主编（2007）《上海博物馆藏战国楚竹书（六）》，上海古籍出版社，上海。

清华大学出土文献研究与保护中心编，李学勤主编（2017）《清华大学藏战国竹简（柒）》，中西书局，上海。

清华大学出土文献研究与保护中心编，李学勤主编（2018）《清华大学藏战国竹简（捌）》，中西书局，上海。

孙合肥 （2017） 清华七《赵简子》札记一则，简帛网2017年4月25日。
王先谦 （1988）《荀子集解》，中华书局，北京。

Discussion on the Character "Mao 貌" in Warring States Period Bamboo Slips

JIA Lianxiang

Abstract: "𦣞" and "爻" are two different forms of "Mao 貌" written on bamboo slips of Warring States period, which were published in *Qinghua Daxue Cang Zhanguo Zhujian* (*ba*). Combining with the other two different forms "伇" and "侳", we will find that "Mao 貌" takes "Yao 爻" as the vocal sign, which is a common rule in Chu characters. According to this rule, we analyze that "犾" in *Zhaojianzi* and "豩" in *Kongzi Jian Jihuanzi* are both "Mao 貌".

Keywords: 貌, *Zhaojianzi*, *Kongzi Jian Jihuanzi*, *Chong Zheng Jia*, Chu characters

（100084　北京，清华大学出土文献研究与保护中心
13581768964@163.com）

《〈金瓶梅〉非山东方言补证》质疑*

汤传扬

提要 本文对《〈金瓶梅〉非山东方言补证》一文的补证提出质疑。通过历史文献的细致考察分析，笔者对《金瓶梅》中真文（侵寻）韵与庚青韵相混押诗词的来源作了考辨，区分"外源"和"自源"。这两类韵通押并不一定是吸收了其他方言。在现代山东境内有相当一部分方言点没有指示代词"乜"。

关键词 金瓶梅 真文 侵寻 庚青 乜

0 引言

《中国语文》2016年第6期刊有张惠英《〈金瓶梅〉非山东方言补证》一文（下文简称"张文"）①。在文章开篇，作者提到该文对其在1985年第4期《中国语文》发表的《〈金瓶梅〉用的是山东话吗？》一文的结论（《金瓶梅》的语言是在北方话的基础上，吸收了其他方言，其中，吴方言特别是浙江吴语显得比较集中）作一点补证。张文的补证有二：1. 山东话真文韵和庚青韵不混押，《金瓶梅》则常常混押。2. 山东话指示代词"乜"《金瓶梅》中未见。细读数过，我们认为张文所举的以上两点证据还可以再讨论。下面一一论述。

收稿日期：2019-03-08；定稿日期：2020-10-14。

* 基金项目：江苏省社科基金重点项目"基于汉语史语料库建设实践的中古汉语分词标准研究"（项目编号19YYA001）。论文修改过程中，承蒙蒋绍愚先生提出中肯意见。承蒙《语言学论丛》匿名审稿专家及编辑部提出中肯意见。谨此统致谢忱！文中如有错误，概由作者负责。

1 《金瓶梅》中真文（侵寻）韵与庚青韵相混押现象分析

1.1 《金瓶梅》中真文（侵寻）韵与庚青韵相混押诗词考源

张文703页提到山东话真文（侵寻）韵和庚青韵不混押，《金瓶梅》则常常混押。张文在703—704页举了《金瓶梅》诗词韵文中韵脚相押的例证凡24则。从其所举的例证来看，张文似乎忽略了《金瓶梅》诗词来源的复杂性。文学界对《金瓶梅》素材来源、诗词韵文的出处等已有大量的考辨，如韩南（1987：1—48）、黄霖（1989：151—169）、蔡敦勇（1989）、周钧韬（1991）、吴晓铃（1991：1—24）、孟昭连（1991）等，此不赘述。诚如傅想容（2014：29）所说："在古典小说中，情节、诗词的相互移植和渗透是一种常见的现象。《金瓶梅》的写作素材包罗万象，若论及诗词的原始出处，有源于《水浒传》、宋元话本、元明中篇传奇小说、元明戏曲和历代诗词等。"

笔者对张文所举例证一一核查后发现，有6则诗词韵文是《金瓶梅》作者征引他书且韵脚字未变者。调查结果如下：①张文举的第1则例证"上下寻人虎饥渴，撞着狰狞来扑人。虎来扑人似山倒，人去迎虎如岩倾"见于《水浒传》第二十三回[②]。②张文举的第5则例证"花开不择贫家地，月照山河处处明。世间只有人心歹，百事还教天养人"、第21则例证"花开不择贫家地，月照山河处处明。世间只有人心歹，万事还教天养人"源于《水浒传》第三十三回："花开不择贫家地，月照山河到处明。世间只有人心恶，万事还须天养人"。③张文举的第12则例证"思量起，思量起，怎不上心？无人处，无人处，泪珠儿暗倾"源于《雍熙乐府》卷十四："思量起，思量起，怎不上心？无人处，无人处，泪珠暗倾。"④张文举的第15则例证"长吁气两三声，斜倚定帏屏儿，思量那个人。……扑扑簌簌雪儿下，风吹檐马把奴梦魂惊，叮叮当当，捻碎了奴心"，《词林摘艳》卷二、《雍熙乐府》卷十六均有收录。相比之下，《金瓶梅》抄录此曲的文字，与《词林摘艳》同者更多。《词林摘艳》卷二作："长吁气两三声，斜倚定帏屏，思量着那一个人。一心指望梦儿里，略略的重相见。扑扑簌簌雪儿下，风吹的檐马把我梦魂惊。玎玎珰珰，捻碎奴心。"⑤张文举的第23则例证"为人切莫用欺心，举头三尺有神明。若还作恶无报应，天下凶徒人食人"源于《清平山堂话本·错认尸》③，《金瓶梅》改"吃"为"食"。

仅从对以上6则材料的考辨来看，《金瓶梅》所征引的诗词韵文有的直接抄写，有的略有改易。张鸿魁（1996：101）认为："《金瓶梅》中的韵语，有抄录前人成作的部分。那些几乎一字不改地抄录的宋元作品，反映的只能是前代的语音情况和用韵习惯，自然不适于明代用韵的研究……现在的情况是，察有实据的前人成作不多。可肯定韵脚未易的，只有第一回的'词曰'（丈夫只手把吴钩），这是宋代卓田的《眼儿媚》……见于同代其他文献的韵语，（像见于《雍熙乐府》《词林摘艳》的曲作，见于《水浒传》《醒世恒言》的诗文）不管有无改动，都能反映当时的一般用韵习惯，我们一律编入韵谱。"我们认为在分析语料时，既要注意时代性，又要注意地域性。参考张鸿魁（1996）对《金瓶梅》用韵的研究，笔者查证《金瓶梅》中真文（侵寻）韵和庚青韵混押的诗词韵文有部分出自《水浒传》《词林摘艳》《雍熙乐府》《清平山堂话本》《南西厢记》《贾云华还魂记》等。《水浒传》以江淮一带的南方官话为基础；《清平山堂话本》由明代洪楩（钱塘西溪人）编；《南西厢记》是明代李日华（江苏吴县人）根据王实甫《西厢记》改编成的传奇剧本，流行于昆曲舞台；《贾云华还魂记》是明代李昌祺（江西卢陵人）创作的一部中篇传奇小说；《词林摘艳》《雍熙乐府》是明代散曲、戏曲的选集。《金瓶梅》所征引的诗词韵文出自以上材料者是否可以作为立论的依据？笔者认为应该慎重！在分析语料时，地域因素不可忽视。诚如江蓝生（2015：106）所说："如果不考虑地域的因素，把各种资料都掺和在一起的话，在科学性方面就要打一些折扣了。"以往学界探究《金瓶梅》的方言背景，倾向于将文本作为同质性的语料。但从源头来看，《金瓶梅》是从《水浒传》的故事情节敷演、发展而成，一些方言语词难免随着情节一起而被移植。此外，"《金瓶梅》还抄引了话本小说、戏曲中的大量文字"。（周钧韬 2010：201）因此，在探究《金瓶梅》的方言背景时，若能对语料进行剥离、对比分析，或许会进一步推动相关研究。

此外，在语料引用方面，张文所举《金瓶梅》诗词韵文中真文（侵寻）韵和庚青韵相押的第13则用例中"海棠花"当作"海棠枝"；第15则用例出自"第六十一回"而非"第六十二回"。

1.2 《金瓶梅》中真文（侵寻）韵和庚青韵混押一定是吸收了其他方言吗？

《金瓶梅》中真文（侵寻）韵和庚青韵相混押诗词韵文除了征引他书且韵脚字未变者，还有作者的自创及征引他书韵脚字有变④或尚未被发现者。就体裁而言，这一部分作品主要是诗歌。那么，我们应该如何看待这一现象？耿振生（2016：12）指出："造成合韵的原因有多种，大致说来，可以分为'方音入韵''仿古押韵'和普通的押宽韵。"《金瓶梅》中真文（侵寻）韵和庚青韵混押属于何种性质，这是需要作进一步探究的。张文704页将《金瓶梅》与《聊斋俚曲集》做对比，指出后者就没有相混的情况。其实，《聊斋俚曲集》中也是有的。据王衍军（2004）考察："《聊》(《蒲松龄全集》路大荒本) 1217页：'张大哥无日生，纵着老婆养满村，石庵吃醋心不忿。'以'生村忿'为韵。"⑤据邱宏香（2005）研究，《醒世姻缘传》中的口语诗谣、词里也有真文韵和庚青韵混押的例证。各举一例如下：第七十二回《立退约》："情愿退，免公庭。凭另娶，选高门。人有话，嘴生疔。立文约，作证盟。""庭门疔盟"混押；第七十九回《武陵春》："酒后夜归更漏改，倦眼不分明；绿云鬒鬓是珍珍，乘间可相亲。只道好花今得采，著肉手方伸；谁知是假竟非真，百口罪难分。""明珍亲伸真分"混押。据索钰尧（2015）调查，明初贾仲明《玉梳记》第二折、刘君锡《来生债》第一折存在庚青韵部字杂入真文韵部的现象。贾仲明，今山东淄博人；刘君锡，今北京西南人。

如果我们把历史画面再拉长一些，真文（侵寻）韵和庚青韵在唐、宋、元诗词曲文中相混押的情况如何？以下真文韵和庚青韵相混押记作A，侵寻韵和庚青韵相混押记作B。⑥笔者调查了相关研究，它们在唐代文人的作品（诗词文等，主要是诗歌）中的情况如下⑦：

表1 真文（侵寻）韵和庚青韵相混押在唐代文人作品中的情况

文人	时期	籍贯	A	B	文人	时期	籍贯	A	B
张说	初唐	山西永济	+		孟郊	中唐	浙江德清	+	+
苏颋	初唐	陕西武功	+		元稹	中唐	陕西西安	+	
韦嗣立	初唐	陕西长安	+		卢仝	中唐	河南洛阳		+
辛怡谏	初唐	甘肃定西	+		顾况	中唐	江苏苏州	+	
王勃	初唐	山西河津	+		杨巨源	中唐	山西永济		+
李邕	初唐	江苏扬州	+		章孝标	中唐	浙江杭州		+
拾得	初唐	不详		+	毛熙震	晚唐五代	不详	+	
李义府	初唐	四川盐亭	+		吕岩	晚唐五代	山西永济	+	+
张九龄	初唐	广东韶关	+		张乔	晚唐五代	安徽贵池		
李百药	初唐	河北定州	+		皮日休	晚唐五代	湖北天门	+	
于志宁	初唐	陕西西安	+		韦庄	晚唐五代	陕西西安		+
高迈	初唐	山东陵县	+		司空图	晚唐五代	山西永济		+
郭震	初唐	河北大名	+		罗隐	晚唐五代	浙江富阳		+
元结	盛唐	河南鲁山	+		卢肇	晚唐五代	江西宜春		+
南卓	盛唐	山东兖州	+		若虚	晚唐五代	不详		
高适	盛唐	河北景县	+		贯休	晚唐五代	浙江兰溪		+
李贺	中唐	河南洛阳	+		杜荀鹤	晚唐五代	浙江富阳		
姚合	中唐	浙江湖州	+		秦韬玉	晚唐五代	湖南	+	
刘禹锡	中唐	河南洛阳	+		许浑	晚唐五代	江苏丹阳	+	
武元衡	中唐	河南偃师	+		和凝	晚唐五代	山东东平	+	

从上表我们可以得出以下两点结论：1. 从时代来看，盛唐时期相混押的情况最少。这与该期严格的诗律有关；2. 从文人的籍贯来看，遍及南北。

它们在宋代文人诗词文中的情况如何？近些年来，学界根据籍贯对两宋时期文人的诗词文押韵情况进行了调查。笔者综合了相关研究，现总结如下⑧。表2中除了浙江词人用韵调查的是南宋时期、江西诗人用韵和山东诗文用韵调查的是北宋时期外，其余都是两宋。

表2 真文（侵寻）韵和庚青韵相混押在宋代文人作品中的情况

籍贯	福建		江西		江浙		浙	河南		四川		河北	山东		
体裁	诗	词	诗	词	诗	词	诗	诗	词	诗	词	诗	诗	文	词
A	+	+	+	+	+	+	+	+	+	+	+	+	+	+	+
B	+	+	+	+	+		+	+	+	+	+			+	+

从表2不难看出，真文（侵寻）韵和庚青韵在南北文人作品中均有分布。

据李爱平（1985）考察，在金元山东词人词中真文韵与庚青韵合用34次，侵寻韵与庚青韵合用6次。据崔彦（2008）研究，在金代山东诗人孙不二、刘处玄、王处一等的诗作中有真文或侵寻韵与庚青韵混押的用例。

吴葆勤（2003）曾将《元刊杂剧》中庚青和真文互叶现象所涉及的作品、作家及其籍贯和反映刊刻地点的《元刊杂剧》题目制成下表，现转引如下。

表3 庚青和真文互叶在《元刊杂剧》中的情况

简名	作者	籍贯	今地名	《元刊杂剧》题目
陈抟高卧	马致远	大都	北京	新刊的本泰华山陈抟高卧
调风月	关汉卿	大都	北京	新刊关目诈妮子调风月
七里滩	宫大用	大名开州	河南濮阳	新刊关目严子陵垂钓七里滩
追韩信	金志甫	杭州	浙江杭州	新刊关目全萧何追韩信
东窗事犯	孔文卿	平阳	山西临汾	大都新刊关目的本东窗事犯

(续表)

介子推	狄君厚	平阳	山西临汾	新编关目晋文公火烧介子推
紫云庭	石君宝	平阳	山西临汾	古杭新刊的本关目风月紫云庭
气英布	尚仲贤	真定	河北正定	新刊关目汉高皇濯足气英布
三夺槊	尚仲贤	真定	河北正定	古杭新刊的本尉迟恭三夺槊
焚儿救母	无名氏			古杭新刊小张屠焚儿救母
替杀妻	无名氏			新编足本关目张千替杀妻

吴先生分析道："庚青和真文互叶现象涉及的南方作家仅有杭州的金志甫，更多的却是北方作家，或者说中原地区的作家，刊刻地点既有大都，也有杭州。"

曹正义（1981）指出："山东人剧曲与同时的山东人散曲及辞章的用韵，也互有异同……庚青、真文两韵字类，在剧曲里疆界清晰，辞章里也一般不混，散曲则多见混用。如，高文秀套曲［黄钟·啄木儿］，张养浩［中吕·朝天曲］等。"

刘丽辉（2007）对宋元明南戏的用韵进行了考察，指出："绝大多数南戏中庚青、真文、侵寻三部混用合为一部。""南戏用韵的一些特点，能够在今天的吴语方音（主要指苏州话）中找到证据，如庚青、真文、侵寻三部在今苏州话中主要读为ən，合为一部。"

真文（侵寻）韵和庚青韵在明代诗词文中相混押的情况如何？笔者综合了相关研究[9]，列表如下。

表4 真文（侵寻）韵和庚青韵相混押在明代诗词文中的情况

籍贯	福建		浙江		江西	湘南	安徽宣城	湖南常德	湖北竟陵
体裁	诗	词	诗	词	诗	诗	诗	诗	诗文
A	+	+	+	+	+	+	+	+	+
B		+	+	+	+		+	+	+

表中所列文人作品中真文（侵寻）韵和庚青韵相混押的现象均能够在相应的现代方言中找到根据。

真文（侵寻）韵和庚青韵在中古或上古并无通押之惯例，由此首先排除"仿古押韵"。的确，在以上所列举的唐、宋、元、明诗词曲文中有方音入韵的情形，尤其是证以今天的方言用历史比较语言学方法来研究的话。但在冀鲁豫腹地是不存在这种合韵现象的。那么，如何解释历史上山东、河南、河北文人诗词曲文中"真文（侵寻）"与"庚青"混押的现象？

胡运飚（2006）认为："宋代山东词人深臻梗曾摄阳声合用不分、咸山摄阳声合用不分，是由于这些词人长期生活于吴赣楚地区，受了吴赣楚方音的影响，而不是用韵较宽所致。"该说有一定的道理，但不能解释所有现象。如前文我们提到李爱平对金元山东词人用韵的研究。这些金元山东词人就没有南方生活经历。宋洪民（2008：162）认为唐代时的混押是唐代关西强势方言的影响。在探讨宋词、元曲有大量-n、-ŋ二韵尾字混叶的原因时，宋洪民（2008：154—180）先述评了三种代表性的观点：1.南方方音说（以王力先生为代表）；2.自然叶韵说（以廖珣英先生为代表）；3.用韵习尚说（以鲁国尧先生为代表）。接着，进行历史考察、听感验证，分别得出以下两点结论：如果说我们在《诗经》至唐的材料中还能找到-n、-ŋ二尾混押与地域的对应关系的话，那在宋词、元曲的令人眼花缭乱的材料面前，我们已无法重新祭起这一法宝，只能放弃方音说；-n、-ŋ二尾在中原人士的听感上还是有比较大的区别的，通押很少。宋先生在鲁说的基础上进一步发问：习惯来自何方？宋先生（2008：174）认为："尽管-n、-ŋ二尾通押表现为西北、西南与东南三地比较集中的地域特点，但从文学发展史来看，这与词曲的发祥地——西北方音有密切的关系。"但宋说尚且存在一个问题，那就是如何解释诗文中的混押现象？

在以上"一元论"不能完全奏效的情况下，我们何不转换思维，释之以"多元论"？胡运飚、宋洪民的观点均有一定的道理，但从以上所举的例子来看，文人们时代有别、方言参差，混押之情形在诗词曲文中有或多或少的体现，应该看到跨越时间、空间、体裁还有押宽韵（韵母比较接近的字放在一起押韵）这一因素不能忽略！从以上分析，我们可以看到历史上山东、河南、河北文人诗词曲文中"真文（侵寻）"与"庚青"相混押的影响因素是多方面的，既可能是受到其他方言的影响，也可能只是受用韵习尚、押宽韵的影响。

至于《金瓶梅》中"真文（侵寻）"韵与"庚青"韵相混押主要是受哪种因素影响？我们认为吸收其他方言的可能性不大，更可能是个人的用韵习惯使然。这是因为张鸿魁（1996：147—148）即曾指出："与《金瓶梅》中的诗、词曲相比，文谣类韵语是供诵读用的，在用韵和声调上更要求谐和，更切近口语语音实际。""在文谣中，真文、侵寻极少与庚青通押，表明现实语音中n尾和ng尾的对立。"

2 指示代词"乜"在山东方言的分布情况

张文705页提到山东话指示代词"乜"《金瓶梅》中未见。但笔者调查《汉语方言地图集》（语法卷）"11那~个"条、"12指示代词的分类"条以及《山东方言志丛书》26本后发现，张文对"乜"的"今籍"考订得不全面。总体来说，山东方言指示代词可分为二分、三分两类。二分又包括"这/那""这/乜"两种情况；三分者为"这/乜/那"。将山东方言指示代词情况与山东省地图相结合来看，自西向东大致是：二分（这/那）—三分（这/乜/那）—二分（这/乜）。调查情况如下：

表5　山东方言指示代词使用情况

指示代词	方言点
这/那	德州、聊城、新泰、金乡、汶上、定陶、郯城、章丘、苍山、宁阳、泰安、济南、临邑、夏津、肥城、沂南、平邑、滕州、东明、成武、单县、郓城、青岛
这/乜/那	潍坊、诸城、日照、临朐、桓台、淄博、淄川、无棣、利津、寿光、沂水、宁津、临沂、莱州、沂南
这/乜	乳山、莱阳、平度、即墨、牟平、荣成

从上表不难看出，在山东境内还有相当一部分方言点没有指示代词"乜"。的确，《聊斋俚曲集》中有指示代词"这／乜／那"，而蒲松龄是山东省淄博市淄川区洪山镇蒲家庄人。将历史文献与现代方言相结合，我们可以得出该地从蒲松龄时代到现在一直存在指示代词"乜"。

与此同时，也应该看到明末清初山东方言作品《醒世姻缘传》中未见指示代词"乜"。关于《醒世姻缘传》的作者和方言背景，学界有从语言学角度来做出判断的。语法方面如刘钧杰（1988）考察了两部书中"与$_1$／给$_1$""与$_2$／给$_2$""与$_3$／合$_1$""特指问句里语气词的使用""甚、甚么／嘎"等5项用词差异以及"的／得"用字差异，得出蒲松龄不是《醒世姻缘传》作者的结论。罗福腾（1998）指出："仅以'V他V'结构而言，(《醒世姻缘传》与《聊斋俚曲集》)二者间就存在着明显的不一样，这种差异使我们不能不认为这两部书具有不同的方言背景，或者方言背景相同而书写习惯不同，二书完全是出自两人之手的。""如果我们再结合书中的反复问句的差异、比较句的差异以及虚词'可'与'着'的差别，就更可以肯定地说，根据书中的语法特征来看，《醒》书的作者绝不会是蒲松龄，而是另有他人。"词汇方面如殷晓杰（2010）指出"一霎"在《醒》《聊》中有截然不同的表现。汤传扬（2017）指出"绳索"义词、"每天"义词语、"物品"义词在《醒》和《聊》中的使用情况存在差异。

罗福腾（1996）指出："从作品(《醒世姻缘传》)的方言特征来看，可以较肯定地说，作者使用的是较为地道的山东章丘—历城—济南一带的方言。"将其与现代方言相结合，似乎可以透露出该区域从明末清初至今一直不存在指示代词"乜"。这表明"乜"在明清时期也有可能不是整个山东方言的特征词。

民国时期山东方志所录方言资料⑩中有有关指示代词"那""乜"的零星记载：

《民国续修范县志·礼俗志·方言》(民国24年)："那汪这

汪_{指地点言。}"

《续修广饶县志·政教志·礼俗·方言》（民国24年）："指点之词曰乜、曰那，皆所指事物省文。"

《牟平县志·文献志·方言》（民国25年）："指示代名词：指示在彼曰那。按那字古音挪，亦音娜、训何，又音哪、语助，土音读纳又读若涅、均系转音，其义有二：一训为何，为疑问代名词（详后），一训为彼，为指示代名词。如指示确定之时地或人事，曰'那一年上'，曰'那点地方'，曰'那桩事情'，曰'那个东西'，一经提及，谈话人不问便知。此处那字，土音多读若涅。"

民国时期这些地点的指示代词使用情况与当今是一致的。

根据《汉语方言地图集》（语法卷）"11那~个"条的分类，作者将声韵母相同或相近的归为一个小类，ni／niɛ是其中一个小类。值得注意的是，ni／niɛ除了集中分布在山东省之外，在河北（石家庄）、山西（长子）、陕西（志丹）、宁夏（吴忠、盐池）、甘肃（瓜州、张掖、武威）、青海（乐都）等地亦有分布⑪。这些地区的指示代词ni／niɛ是否为同一个来源？如果是，它们产生于何时？与指示代词"那"的关系又是怎样的？何以形成现在的分布？如果不是，又各自有何来源？以上问题还值得深入研究。

综上所述，本文商榷了张惠英《〈金瓶梅〉非山东方言补证》一文所举的两条证据。针对第一条证据，笔者首先对《金瓶梅》中真文（侵寻）韵与庚青韵相混押的诗词韵文进行了考辨，区分"他源"和"自源"。其次结合前代（唐宋元）和同时代（明）韵文材料分析了《金瓶梅》中真文（侵寻）韵与庚青韵相混押的原因，得出两者相混押更可能是个人用韵习惯（押宽韵）所致，而非吸收其他方言。针对第二条证据，笔者首先考察了指示代词"乜"在现代山东方言中的分布情况。其次结合《醒世姻缘传》和民国时期山东方志等材料，得出"乜"在明清时期也有可能不是整个山东方言的特征词。

附 注

① 文中的《金瓶梅》即《金瓶梅词话》。由于本文是对张惠英一文所提证据的进一步探究,因此在称呼上沿用该文。

② 本文所采用的《水浒传》是人民文学出版社1954年版,该版本以天都外臣序刻本为底本。郑振铎(1954)在《水浒全传》序中说:"(《水浒传》)最古的是郭勋本。但是,它已经只剩下我所藏的残本一卷,无法用作底本。其次,就是天都外臣序刻本,经我们拿它来和郭勋本残卷对照,证明它是郭勋本的一个很忠实的覆刻本。"

③ 李来兴(2010)根据前辈学者以及时人的研究认为目前问题比较少,证据比较确切,能为大多数人所接受的宋元小说话本不包括《错认尸》。

④ 据陈利娟、王齐洲(2017)考辨:"《金瓶梅词话》第三十八回回首诗与《水浒传》第六十五回证诗相似,首尾两联两句非常接近……中间四句不同。""《金瓶梅词话》第一百回回首诗格言与《水浒传》第五十七回回首诗非常接近。"这便是张文所举第8、24则例证。据笔者调查,《水浒传》作"丹脸笑回花萼丽,朱弦歌罢彩云停。愿教心地常相忆,莫学章台赠柳情",《金瓶梅》改作"勾引蜂狂桃蕊绽,潜牵蝶乱柳腰新。令人心地常相忆,莫学章台赠淡情";《水浒传》作"七擒孟获奇诸葛,两困云长羡吕蒙。珍重宋江真智士,呼延顷刻入囊中",《金瓶梅》改作"七擒孟获恃诸葛,两困云长羡吕蒙。珍重李安真智士,高飞逃出是非门"。以上两则例证是《金瓶梅》作者在征引《水浒传》时改变了韵脚字,从而使得真文韵和庚青韵相混押。

⑤ 现将该曲完整引之如下:《禳妒咒》十九[耍孩儿]:"张大哥无日生,纵着老婆养满村,石庵吃醋心不忿。他令兄出去随人情,半夜去听他嫂嫂的门,二捣鬼还撑什么棍?弄张致递上呈子,差夜捕给他拿人。"根据曲律,[耍孩儿]第一、二、三、五、六、八句押韵。笔者全面调查了《聊斋俚曲集》的押韵情况,唯见该支曲子真文韵和庚青韵混押。

⑥ 表2、表4同此。

⑦ 笔者在调查过程中综合了鲍明炜(1990)、耿志坚(1991)、孙捷(2001)、刘根辉(1999)、赵蓉(1999)、陈海波(1998)、朴柔宣(2001)、沈祥源(1985)、朱宰辰(2003)等研究。表格所列虽非穷尽性地反映唐代文人作品中真文(侵寻)韵和庚青韵相混押的情况,但亦能体现个大概。表中的籍贯是今地名,主要依据周祖谟(1992)。

⑧ 笔者在调查过程中参考了鲁国尧(1979、1981、1989、1992)、刘晓南(1997)、杜爱英(1998)、张令吾(1998)、胡运飚(1987)、白钟仁(2001)、谢洁瑕(2005)、丁治民(2006)等研究。

⑨ 笔者在调查过程中参考了陆元兵(2006)、余书婷(2017)、漆凡(2006)、谭湘衡(2007)、岳婕(2007)、彭绍伶(2014)、高永安(2008)、邓冲(2016)、谢荣娥(2004)、钱芳(2007)等研究。

⑩ 张续龙（2018）搜集到含有方言资料的山东方志共有26种，其中有12种日本波多野太郎的《汇编》漏收。笔者以此进一步查找。

⑪ 以上各点中，除宁夏（吴忠、盐池）、甘肃（瓜州、张掖、武威）等地的指示代词是三分外，其余都是二分。

参考文献

白钟仁（2001）《北宋山东诗文词用韵研究》，南京大学博士学位论文。
鲍明炜（1990）《唐代诗文韵部研究》，江苏古籍出版社，南京。
蔡敦勇（1989）《〈金瓶梅词话〉剧曲品探》，江苏文艺出版社，南京。
曹正义（1981） 元代山东人剧曲用韵析略，《山东大学文科论文集刊》第2期，64—73页，山东大学文史哲研究所。
曹志耘主编（2008）《汉语方言地图集·语法卷》，商务印书馆，北京。
陈海波、尉迟治平（1998） 五代诗韵系略说，《语言研究》第2期，16—24页。
陈利娟、王齐洲（2017）《金瓶梅词话》回前诗留文考论，《中南民族大学学报》第5期，192—196页。
崔　彦（2008）《〈全金诗〉韵部研究》，北京大学博士学位论文。
邓　冲（2016）《明清常德诗歌用韵研究》，湖南师范大学硕士学位论文。
邸宏香（2005）《〈醒世姻缘传〉语音研究》，吉林大学硕士学位论文。
丁治民（2006）《唐辽宋金北京地区韵部演变研究》，黄山书社，合肥。
杜爱英（1998）《北宋江西诗人用韵研究——附南宋杨万里诗韵研究》，南京大学博士学位论文。
傅想容（2014）《〈金瓶梅词话〉之诗词研究》，台湾学生书局，台北。
高永安（2008） 明末宣城诗人用韵考，《语言科学》第4期，415—424页。
耿振生（2016）《音韵学研究方法导论》，北京大学出版社，北京。
耿志坚（1991） 中唐诗人用韵考，《声韵论丛》第3辑，65—83页，台湾学生书局，台北。
韩　南（1987）《金瓶梅》探源，徐朔方编选校阅、沈亨寿等翻译《金瓶梅西方论文集》，1—48页，上海古籍出版社，上海。
胡运飚（1987） 吴文英张炎等南宋浙江词人用韵考，《西南师范大学学报》（人文社会科学版）第4期，78—86页。
胡运飚（2006） 宋代鲁浙赣词人阳声韵合用是方音的反映，中国音韵学研究会、汕头大学文学院编《音韵论集》，92—99页，中华书局，北京。
黄　霖（1989）《忠义水浒传》与《金瓶梅词话》，《金瓶梅考论》，151—169页，辽宁人民出版社，沈阳。
江蓝生（2015） 江蓝生先生发言，《汉语史学报》第15辑，106—110页，上海教育出版社，上海。
李爱平（1985） 金元山东词人用韵考，《语言研究》第2期，49—67页。

李来兴 （2010）《宋元话本动词语法研究》，复旦大学博士学位论文。
李莎莉 （2006）《明代江西诗人用韵研究》，广西师范大学硕士学位论文。
刘根辉、尉迟治平 （1999） 中唐诗韵系略说，《语言研究》第1期，34—46页。
刘钧杰 （1988） 从言语特征看蒲松龄跟《醒世姻缘传》的关系，《语文研究》第3期，47—55页。
刘丽辉 （2007）《南戏用韵研究》，北京大学博士学位论文。
刘晓南 （1997）《宋代福建诗人用韵研究》，南京大学博士学位论文。
鲁国尧 （1979） 宋代辛弃疾等山东词人用韵考，《南京大学学报》（哲学社会科学）第2期，104—117页。
鲁国尧 （1981） 宋代苏轼等四川词人用韵考，《语言学论丛》第8辑，85—117页，商务印书馆，北京。
鲁国尧 （1989） 宋代福建词人用韵考，吕叔湘等著《语言文字学术论文集——庆祝王力先生学术活动五十周年》，350—384页，知识出版社，上海。
鲁国尧 （1992） 宋元江西词人用韵研究，胡竹安、杨耐思、蒋绍愚编《近代汉语研究》，187—224页，商务印书馆，北京。
陆元兵 （2006）《明代福建诗人诗歌用韵研究》，广西师范大学硕士学位论文。
罗福腾 （1996）《醒世姻缘传》的反复问句，《语文研究》第1期，31—33页。
罗福腾 （1998） 山东方言"V他V"结构的历史与现状，《语言研究》第1期，118—126页。
孟昭连 （1991）《金瓶梅诗词解析》，吉林文史出版社，长春。
彭绍伶 （2014）《明清湘南诗人用韵研究》，湖南师范大学硕士学位论文。
朴柔宣 （2001）《唐五代河南诗人用韵研究》，南京大学博士学位论文。
漆凡 （2006）《明代浙江诗人用韵研究》，广西师范大学硕士学位论文。
钱芳 （2007）《明代江苏词人用韵研究》，安徽师范大学硕士学位论文。
沈祥源 （1985） 唐五代词用韵考，江苏古籍出版社编《研究生论文选集·语言文字分册》，43—63页，江苏古籍出版社，南京。
宋洪民 （2008） 金元词用韵与《中原音韵》，中国社会科学出版社，北京。
孙捷、尉迟治平 （2001） 盛唐诗韵系略说，《语言研究》第3期，85—94页。
索钰尧 （2015）《明初北曲杂剧用韵研究》，山西师范大学硕士学位论文。
谭湘衡 （2007）《明代浙江词人用韵考》，陕西师范大学硕士学位论文。
汤传扬 （2017）《宋元小说话本词汇研究》，南京师范大学硕士学位论文。
王衍军 （2004）《醒世姻缘传》的方音特点试析，《古汉语研究》第2期，33—38页。
吴葆勤 （2003）《元刊杂剧用韵研究》，南京大学博士学位论文。
吴晓铃 （1991）《金瓶梅词话》引用宋元平话的探索——《金瓶梅词话》研究之一，中国金瓶梅学会编《金瓶梅研究》（第2辑），1—24页，江苏古籍出版社，南京。

谢洁瑕 （2005）《宋代河南地区诗词用韵研究》，南京大学博士学位论文。
谢荣娥 （2004）《明清竟陵代表诗文用韵与现代天门方音》，华中师范大学硕士学位论文。
殷晓杰 （2010） 近代汉语"一会儿"义词的历时演变与共时分布，《南开语言学刊》第1期，126—133页。
余书婷 （2017）《明代福建词人用韵研究》，福建师范大学硕士学位论文。
岳 婕 （2007）《明代浙江词人用韵考》，福建师范大学硕士学位论文。
张鸿魁 （1996）《金瓶梅语音研究》，齐鲁书社，济南。
张令吾 （1998）《宋代江浙诗人用韵研究》，南京大学博士学位论文。
张绩龙 （2018） 山东方志所录方言资料的再认识，《东亚文献研究》第22辑，149—157页，韩国。
赵蓉、尉迟治平 （1999） 晚唐诗韵系略说，《语言研究》第2期，101—111页。
郑振铎 （1954）《水浒全传·序》，人民文学出版社，北京。
周钧韬 （1991）《金瓶梅素材来源》，中州古籍出版社，郑州。
周钧韬 （2010）《金瓶梅》抄引话本、戏曲考探，《周钧韬金瓶梅研究文集》（第1卷），201—239页，吉林人民出版社，长春。
周祖譔 （1992）《中国文学家大辞典·唐五代卷》，中华书局，北京。
朱宰辰 （2003）《唐五代黄淮海地区用韵研究》，南京大学博士学位论文。

本文所调查的《山东方言志丛书》
利津方言志
即墨方言志
德州方言志
平度方言志
牟平方言志
潍坊方言志
淄川方言志
荣成方言志
寿光方言志
聊城方言志
新泰方言志
沂水方言志
金乡方言志
诸城方言志
宁津方言志
临沂方言志
莱州方言志
汶上方言志

定陶方言志
郯城方言志
沂南方言志
章丘方言志
苍山方言志
宁阳方言志
泰安方言志
无棣方言志

Call in Question to the Article "Supplementary Evidences of *Jin Ping Mei* is not Shandong Dialect"

TANG Chuanyang

Abstract: This paper challenges the supplementary evidences of the article "Supplementary evidences of *Jin Ping Mei*（《金瓶梅》）is not Shandong dialect." The author studies the origin of poems that mix zhen wen（qin xun）真文（侵寻）rhyme and geng qing（庚青）rhyme in *Jin Ping Mei*（《金瓶梅》）by examining and analyzing carefully the related historical documents. This paper then distinguishes extraneous source and endogenesis. The mix of these two kinds of rhymes do not necessarily result from affects from other dialects. In modern Shandong, there are many dialects that do not have the demonstrative pronoun *nie*（乜）.

Keywords: *Jin Ping Mei*, zhenwen（真文）, qinxun（侵寻）, gengqing（庚青）, nie（乜）

（100732 北京，中国社会科学院语言研究所/辞书编纂研究中心 1090014537@qq.com）

图书在版编目(CIP)数据

语言学论丛.第 63 辑/北京大学中国语言学研究中心《语言学论丛》编委会编.—北京:商务印书馆,2021
ISBN 978-7-100-20062-2

Ⅰ.①语… Ⅱ.①北… Ⅲ.①语言学—丛刊 Ⅳ.①H0-55

中国版本图书馆 CIP 数据核字(2021)第 119494 号

权利保留,侵权必究。

语言学论丛
ESSAYS ON LINGUISTICS
(第六十三辑)
北京大学中国语言学研究中心
《语言学论丛》编委会编

商 务 印 书 馆 出 版
(北京王府井大街36号 邮政编码100710)
商 务 印 书 馆 发 行
北京虎彩文化传播有限公司印刷
ISBN 978-7-100-20062-2

2021年7月第1版　　开本 787×960　1/16
2021年7月北京第1次印刷　印张 24¼
定价:98.00元